시간과 주제를 따라가는
성경 여행

A Chronological Tour Through the Bible

Published by Harvest House Publishers, Eugene, OR, USA.
www.harvesthousepublishers.com

시간과 주제를 따라가는 성경 여행

1쇄 발행 2019년 8월 20일

지은이 론 로즈
옮긴이 김진선
펴낸이 고종율

펴낸곳 주) 도서출판 디모데 〈파이디온선교회 출판 사역 기관〉
등록 2005년 6월 16일 제 319-2005-24호
주소 서울특별시 서초구 서초대로 141-25(방배동, 세일빌딩)
전화 마케팅실 070) 4018-4141
팩스 마케팅실 031) 902-7795
홈페이지 www.timothybook.com

값 17,000원
ISBN 978-89-388-1652-8 03230

〈일러두기〉
이 책은 파이디온 선교회가 펴낸 교재 〈예수 빌리지〉의 가정용 자료와 연계하여 사용할 수 있도록 해당하는 과를 이 책 페이지 하단에 표기해두었습니다.

성경 여행

시간과 주제를 따라가는

365일 동안 완성하는 성경 핵심 정리

론 로즈 지음 | 김진선 옮김

감사의 글

아내 케리와 어엿한 성인이 된 두 자녀 데이비드와 카일리가 있어서
하루도 거르는 날 없이 매일 주님께 더욱 감사하게 된다.
이 멋진 세 사람 덕분에 참으로 풍성한 인생을 구가하다니
나는 정말 행운아다!
또 하비스트 하우스 출판사 대표 밥 호킨스 주니어와 전문 편집자들과
함께 일할 기회를 얻게 되어 감사하지 않을 수가 없다.
이렇게 훌륭한 팀과 함께하게 되어 기쁘다.
무엇보다, 글로 섬길 기회를 주신 주 예수님께 감사드린다.
감사 외에 달리 내가 할 수 있는 일이 없다.

차례

일 년간의 성경 **연대기 탐험**

흥미진진한 이 성경 탐험에 동참해주신 분들에게 감사드린다. 이 여정을 시작하면서 나는 다음과 같이 기대하고 기도한다.

- 하나님의 말씀에 대한 사랑이 더욱 깊어지기를.
- 하나님이 우리 개인을 위해 준비하신 놀라운 구원 계획을 확인하고 감사하는 마음이 더욱 커지기를.
- 하나님, 예수님과 친밀한 교제를 그 어느 때보다 더 풍성히 체험하기를.
- 인생의 어려움 속에서도 하나님에 대한 믿음과 신뢰가 더욱 견고해지기를.
- 영원을 바라보는 눈이 열림으로 인생의 어려움과 질곡을 하늘의 시각에서 보게 되기를.

성경을 연대순으로 탐험하며 내가 누렸던 축복을 당신도 똑같이 누리기를 기도한다.

연대기적 접근 방식의 이점

연대기적 성경 연구의 장점이 무엇인지 궁금한 사람이 있을 것이다. 이런 궁금증에 대해 성경은 하나님의 영감으로 쓰인 책, 더 정확히 말해 인간의 구속에 대한 진짜 이야기를 들려주는 책 모음집이라고 대답하고 싶다. 연대기적 접근 방식은 고대에 일어난 이 구속 드라마를 순서대로 이해하는 데 유익하다는 장점이 있다. 이런 방식은 이 드라마를 맥락 속에서 이해하는 데 도움이 된다. 즉, 실제 역사로서 이 드라마를 이해하도록 돕는 것이다. 충분히 동의할 수 있는 장점이다.

연대기적 접근 방식의 과제

성경을 연대기적으로 연구하는 일은 분명히 만만한 일이 아니다. 우선 고대 세계가 오늘날처럼 정확한 연대기적 배열에 그다지 큰 관심이 없었다는 점을 인정해야 한다. 고대인들은 보통 책의 내용을 사건 발생 순서가 아니라 의도한 목적에 맞게 배열했다.

또한 성경 자체는 무오하다 할지라도 성경을 연대기적으로 이해하고자 하는 인간의 시도에 오류 가능성이 있다는 점 역시 인정해야 한다. 성경 학자들은 성경에 기록된 사건들의 발생 순서에 이견을 보인다. 개인적인 견해를 밝힌다면, 지금까지 이 모든 과제에 대한 연구가 충분히 진행되었기에 이제는 대략적이나마 합의가 이루어졌으며, 따라서 성경의 연대기 작성이 가능해졌다고 본다. 큰 틀에서 성경 연대기적 그림을 도출할 수 있다 해도 무리가 없다고 생각한다. 격렬한 논쟁은 세부적인 내용을 정확히 정하는 데 집중된다. 이 책에서 소개하는 연대기는 성경 자료를 제대로 반영한 것이라고 자신 있게 말할 수 있다.

구약과 신약

테스터먼트(Testament)라는 영어 단어에는 언약 혹은 협정이라는 의미가 있다. 구약은 하나님과 이스라엘 백성의 옛 언약에 초점을 맞춘다. 이 언약(시내산 언약)에 따르면, 유대인들은 하나님의 백성으로서 그분에게 순종해야 하고 하나님은 이런 그들을 축복해주신다(출 19:3-25). 구약의 여러 책은 이 옛 언약에 관한 정보와 유대 역사에 나타난 그 결과를 알려준다. 물론 구약 역사에서 이스라엘이 계속 실패하고, 끊임없이 이 언약을 위반하는 것을 볼 수 있다.

문헌으로서 구약은 유대인에게는 '유일한 성경'이지만, 기독교 성경에서는 '1부'에 지나지 않는다. 새로운 언약이 있어야 함을 암시한다는 이유로 유대인이 구약(Old Testament)이라는 명칭을 선호하지 않는다는 점은 흥미롭다. 그들에게 하나님의 말씀은 구약의 성경책들뿐이다.

그러나 그리스도인들은 구약 시대에도 선지자들이 외형적인 율법 준수가 아니라 내면과 인간 마음의 변화에 초점을 맞출 새 언약(렘 31:31)에 대해 말했다는 점을 들어 그들의 의견에 반박한다. 구약과 달리 새 언약, 즉 신약은 죄 용서에 대한 확실한 방안을 제공한다. 신약 성경은 이 새 언약을 집중 조명한다(참조. 고전 11:25, 고후 3:6, 히 8:13).

구약의 중요성을 축소하려는 일부 그리스도인이 있지만 구약의 가르침은 실제로 우리의 일상생활과 밀접한 관련이 있다. "무엇이든지 전에 기록된 바는 우리의 교훈을 위하여 기록된 것이니"(롬 15:4). 또 사도 바울은 구약 시대 백성이 겪은 일을 거론하며 이렇게 말했다. "그들에게 일어난 이런 일은 본보기가 되고 또한 말세를 만난 우리를 깨우치기 위하여 기록되었느니라"(고전 10:11). 그러므로 그리스도를 믿는 사람이라면 신구약의 모든 샘에서 흘러나오는 물을 마음껏 마셔도 좋다.

신약은 여러 저자가 50여 년에 걸쳐 쓴 27권의 책을 모은 모음집이다. 신약의 가장 중요한 인물은 단연코 예수 그리스도시다. 주요 주제는 새 언약에 기초한 예수 그리스도 안에 있는 구원이다. 신약은 예수님과 새 언약에 대해 말해준다(더 상세한 내용은 뒤에서 다룰 것이다).

이 책의 활용법

매일 성경을 공부할 때 이런 기도로 시작하기를 권한다.

> 주님, 저의 눈을 열어주시고 이해력을 더해주셔서 오늘 제가 배우기를 원하는 말씀을 제대로 파악하게 도와주시기를 기도합니다(시 119:18). 또한 주의 성령으로 배운 진리를 일상생활에 적용하도록 도와주시고, 순간순간 당신의 말씀으로 인도받게 해주소서(시 119:105, 딤후 3:15–17). 감사드리며 예수님의 이름으로 기도합니다. 아멘.

이 책은 하루에 한 장씩 1년 365일 분량의 성경 공부 내용을 수록해 놓았다. 그리고 여기서 공부하는 성경의 시대는 모두 9분기로 구분할 수 있다.

시대 1	시작(?–주전 1800년)
시대 2	이스라엘의 시작(주전 1800–1406년)
시대 3	약속의 땅 정복(주전 1406–1050년)
시대 4	통일 왕국(주전 1050–930년)
시대 5	분열 왕국(주전 930–586년)
시대 6	포로 생활(주전 586–538년)
시대 7	포로 생활에서 귀환(주전 538–6년)
시대 8	예수 그리스도의 강림(주전 6–주후 30년)
시대 9	초대 교회(주후 30–95년)

이런 시대 구분은 연대기적 시각으로 성경을 바라보는 데 유용한 틀이다. 큰 그림을 보는 데 유익하기 때문에 각 성경의 세부 내용을 전체 상황에서 더 쉽게 이해할 수 있다.

각 장의 제목에서는 매일 연구할 주제가 잘 드러나며, 바로 이어 그날 연구할 성경 구절을 소개한다. 이렇게 하면 바로 본문을 접할 수 있다.

그날의 본문을 읽고 나면, 간단하지만 유용한 내용이 항목별로 다음과 같이 소개되어 있다.

| 핵심 개념 | 오늘의 성경 본문이 강조하는 포괄적인 주제문

| 큰 그림 | 오늘의 성경 본문이 말하려는 가장 중요한 측면을 요약한 내용

| 변화를 위한 진리 | 생활에 적용할 성경 원리

| 묵상 구절 | 개인 묵상을 위한 성구

| 생각해볼 문제 | 자기 점검을 돕는 질문

각 항목은 간단하게 제시된다. 이 책이 365장으로 구성되어 있으므로 각 장에 배당된 지면은 짧을 수밖에 없다. 그러나 이렇게 짧은 분량의 장이라고 해도 성경 구절을 읽고 생활에 적용하며 변화를 도모하는 데 최대한 도움이 되도록 구성했다.

이제 이 책을 최대한 활용하는 데 도움이 될 몇 가지 내용을 첨부하고자 한다.

1. 읽어야 할 성경 본문을 여러 군데에서 인용했을 경우, 가장 중요한 성경을 먼저 소개했다(그날 전하려는 주요 교훈의 배경을 제시하는 본문이라는 의미에서 중요하다는 뜻이다). 두 번째 혹은 세 번째 성경 본문은 보완하는 내용이라서 소개한 경우도 있다. 예를 들어, 3일 차 성경 본문은 창세기 4-6장과 역대기상 1장 1-4절이다. 그날의 본문은 창세기 말씀이며, 역대상은 아담의 후손에 대한 짧은 명단이 나오기 때문에 함께 올려두었다. 어떤 장이든 수록된 첫 본문에 우선 관심을 기울이고(두 번째 본문이 이 경우에 해당될 수도 있다), 다음으로 나머지 본문들을 짧게 읽는 식으로 활용하는 편이 좋다(특히 역대기나 열왕기의 경우). 역대기나 열왕기는 보완하는 역사적 자료를 소개하는 경우가 많다. 현대 문학에서 각주로 보완하는 내용을 소개하는 경우와 흡사하다.

2. 구약 선지자들이 쓴 책들은 같은 주제를 반복해서 제시하는 경우가 많다. 가령 죄를 회개하지 않는 완악함, 심판과 회개 요청, 회복과 남은 자의 보존이 대표적이다. 이렇게 주제가 반복된다고 이상하게 여길 필요가 없다. 선지자들이 다른 선지자들과 동시대인들로서 같은 문제를 다루고 있으므로, 주제 역시 같은 것을 다루었으리라고 충분히 생각할 수 있는 것이다.
3. 전체 성경 이야기의 흐름을 깨뜨리지 않고 성경을 연대순으로 365개의 본문으로 나누는 작업이 매우 어려운 일임을 잘 알 것이다. 그러나 또 그렇게 새삼스러운 일도 아니다. 이 점을 지적하는 이유는 소개한 대부분의 성경 본문이 대개 일정한 분량이지만, 어떤 경우는 더 짧고 어떤 경우는 더 긴 부분이 있음을 미리 일러두기 위해서다. 분량이 일정하지 않더라도 이렇게 분류해야 결과적으로 전체 내용을 더 쉽게 이해할 수 있다.

이제 성경을 들고 성경을 탐험하는 여정을 시작할 시간이다. 한마음으로 함께 기도하며 시작해보자.

주님, 각 성경에서 말하려는 중요한 영적 진리들을 이해하고 적용할 수 있도록 성령의 능력으로 도와주소서. 우리가 당신의 말씀으로 가슴 벅찬 도전을 받게 해주소서. 당신을 향한 경외감과 우리를 위해 준비해주신 구원에 대해 경이로운 마음을 불어넣어 주소서. 예수님의 이름으로 기도합니다. 아멘.

1일

시대 1: 시작

연대 미상의 과거 – 주전 1800년

창세기, 욥기, 역대상 발췌문

오늘은 '시작'이라고 명명한 분기에 대해 개략적으로 살펴볼 것이다. 제네시스(Genesis, 창세기)가 '태초에'라는 이 책의 첫 세 글자에서 파생한 사실을 알고 있는가? 제네시스는 '시작'을 의미한다. 창세기는 시작의 책이다.

창세기는 하나님이 우주와 인간을 창조하신 이야기(1-2장)를 다루고, 그 밖에 인간의 타락과 그 결과(3장), 아담과 그의 가족의 생활(4-5장), 노아와 전 세계에 일어난 홍수(6-10장), 바벨탑 심판과 그로 인한 민족들의 이동(11장), 족장이었던 아브라함, 이삭, 에서, 야곱의 생애(12-36장), 요셉이 형들에게 배신당하고 결국 화해한 이야기(37-45장), 야곱과 그의 대가족이 이집트로 이주한 내용(46-50장)을 다루고 있다.

창세기가 이후 성경의 기초가 된다는 말은 절대 과장이 아니다. 실제로 창세기가 저적하듯이 창조주가 정말로 계신다면, 인간은 피조물로서 그분께 순종할 책임이 있다. 또 창세기에 기록되었듯이 인간이 죄 때문에 타락했다면, 유죄이며 구속을 받아야 한다. 창세기의 이런 기본 진리들을 먼저 이해하지 않는다면 성경 전반에 걸쳐 기록되어 있는 하나님의 구속 사역은 이해되지 않을 것이다. 그러므로 창세기의 시작에 관한 내용은 전체 성경의 배경으로 작용한다.

다음 연대표는 당시의 역사와 고고학적 연구를 참고했다.

연대 미상	창조, 아담과 하와, 노아와 홍수
주전 2166년	아브람 출생
주전 2091년	아브람의 가나안 입성
주전 2080년	이스마엘 출생
주전 2067년	아브람이 아브라함으로 개명, 사라가 아들을 낳을 것이라는 약속을 주심
주전 2066년	이삭 출생
주전 2062년	하갈과 이스마엘이 추방당함
주전 2031년	데라(아브라함의 부친) 사망
주전 2026년	이삭이 리브가와 결혼
주전 2006년	야곱과 에서의 출생
주전 1991년	아브라함 사망
주전 1929년	야곱이 밧단 아람으로 피신, 에서가 이스마엘의 딸과 결혼
주전 1915년	요셉 출생, 라반 밑에서 일하면서 큰 재물을 얻은 야곱
주전 1909년	야곱이 라반에게서 도망함, 화해를 앞두고 야곱이 에서에게 선물을 보냄
주전 1898년	요셉이 존귀하게 되는 꿈을 꿈, 형들이 그를 노예로 팜
주전 1887년	요셉이 술 맡은 자와 빵 굽는 자의 꿈을 해몽해줌
주전 1885년	요셉이 바로의 꿈을 해몽해줌, 후에 이집트 총리가 됨
주전 1877년	요셉의 형제들이 이집트로 식량을 구하러 옴
주전 1876년	야곱과 그의 가족이 이집트로 이주함
주전 1859년	야곱 사망
주전 1805년	요셉 사망

욥은 아브라함과 같은 시기에 살았다. 이런 결론을 도출한 세 가

지 근거는 다음과 같다. (1) 욥은 140세에 사망했는데, 이는 족장 시대의 평균 수명에 해당했다(욥 42:16). (2) 가축을 소유한 정도가 욥의 재산을 평가하는 기준이었고(1:3), 이것은 족장 시대의 전형적인 셈 방식이었다. (3) 아브라함과 이삭, 야곱처럼 욥은 가정의 제사장 역할을 했다(1:5).

유대 전승은 욥기서를 모세의 저작이라고 본다. 솔로몬, 엘리후, 이사야, 히스기야, 예레미야, 에스라가 저자라고 주장하는 이도 있다. 저자가 누구이건, 욥기는 이 책의 주인공인 욥의 이름을 따서 지었고, 그 이름은 '박해받은 자'라는 뜻의 히브리어 단어에서 파생했다.

욥기가 유명해진 이유는 많은 사람이 씨름하는 문제, 즉 '하나님이 선하시고 의로우신 분이라면 왜 선한 사람들이 고통을 당하는가?'라는 문제를 다루고 있기 때문이다. 욥은 아무 죄도 짓지 않은 정직하고 선한 사람이었지만 사방에서 재앙이 덮쳤다. 가족뿐만 아니라 재물을 모두 잃고 지독한 육체의 고통에 시달렸다.

어쨌든 연대 미상의 과거와 주전 1800년 사이에 상당히 많은 사건이 있었다. 그러므로 연대기적 성경 탐험의 첫 시대를 '시작'이라고 명명한 것은 타당하다.

시작의 시대를 본격 탐험하기 앞서 마음을 준비하는 일환으로, 창조에 관한 다음 구절들을 묵상하기를 권한다.

- 하나님은 창조 이전에 계신 분이다(시 90:2).
- 태초에 하나님이 천지를 창조하셨다(창 1:1).
- 하나님만이 창조주시다(사 44:24).
- 하나님이 하늘과 땅을 창조하셨다(느 9:5-6).
- 하나님이 말씀하시자 그대로 이루어졌다(시 33:6, 9).
- 하나님의 권능으로 창조가 이루어졌다(렘 32:17).
- 엿새 동안 창조가 이루어졌다(출 20:11).
- 지혜로 세상이 창조되었다(잠 3:19).
- 창조주를 예배해야 한다(계 4:11).

이 여정을 시작하면서 창세기에 나타난 두 가지 사고 흐름을 유의해 살펴보아야 한다. 창세기 1-11장은 우주와 인간의 창조를 서술한 후 하나님을 배반한 민족과 열방을 광범위하게 추적한다. 창세기 12-50장에서는 하나님이 한 가족, 즉 아브라함, 이삭, 야곱, 요셉과 그의 형제를 집중적으로 다룬다. 이 가족은 장차 이스라엘 민족이 되며 이 민족을 통해 지상의 다른 모든 나라가 축복을 받는다.

창세기에서 유의해 보아야 할 또 다른 한 가지는 믿음의 중심성이다. 아브라함이 아들 이삭을 제물로 바치라는 하나님의 명령에 순종하는 모습에서 그의 믿음이 특별히 극적으로 드러난다(창 22:1-19). 하나님은 아슬아슬하게 때맞추어 그의 행위를 제지하셨다. 요셉 역시 형들에게 배신당했는데도 놀라운 믿음을 보여준다. 하나님은 그와 함께하시며 고통스러운 환경 속에서 섭리로 인도해주셨다(50:20). 결국 하나님은 요셉을 이집트의 이인자로 높여주셨다.

예습: 2일에는 창조와 그 후에 발생한 인류의 타락을 다룰 것이다.

2일 창조와 **타락**

창세기 1–3장

어제는 연대 미상의 과거에서 주전 1800년까지를 아우르는 시대를 '시작'이라는 이름으로 소개했다. **오늘은** 창조 이야기와 인류 타락의 비극적 사건을 중점적으로 살펴볼 것이다.

| 핵심 개념 | 하나님이 엿새 동안 우주를 창조하셨다. 최초의 부부인 아담과 하와가 죄를 지었다.

| 큰 그림 | 창세기는 성경 전체를 제대로 이해하기 위한 기초가 된다. 우주와 인류의 기원에 관해 알려줄 뿐 아니라 인간의 죄악과 고통, 죽음의 이유에 관해 이야기해준다. 나머지 성경 전체에 기록된 하나님의 구속 사역은, 이런 기본 진리를 먼저 이해하지 못하면 이해하기 쉽지 않다. 창세기에 기록된 사건들은 훨씬 이전에 발생했지만 창세기 자체는 주전 1445년과 1405년 사이에 모세가 기록했다. 창세기에 기록된 가장 최초의 사건들, 즉 창조, 아담과 하와의 이야기, 노아 시대의 홍수는 연대 미상의 과거에 발생했다. 그러나 이런 사건들이 역사적 사실이라는 점은 신약 성경에서 예수님이 직접 확인해주셨다(마 24:37, 막 10:6).

| 변화를 위한 진리 | 하나님이 우리를 창조하셨으므로 피조물로서 우리는 마땅히 그분을 공경해야 한다(창 1:26–27). 피조물은 창조주에게 순종할 책무가 있다(시 100:3, 95:6–7).

| 묵상 구절 | "하나님이 지으신 그 모든 것을 보시니 보시기에 심히 좋았더라"(창 1:31).

| 생각해볼 문제 | 하나님의 형상으로 창조되었다는 사실이 당신에게 어떤 의미로 다가오는가?

<예수 빌리지> 구약 I. 1-3과

3일 세상에 가득한 죄악: **노아가 방주를 만들다**

창세기 4-6장, 역대상 1:1-4

어제는 창조 이야기와 인류의 비극적 타락(창 1-3장)에 관해 살펴보았다. **오늘은** 인류가 더욱 극악한 범죄를 저지르고, 하나님이 노아에게 방주를 지으라고 명령하시는 내용을 살펴볼 것이다.

| 핵심 개념 | 하나님은 인간의 죄악을 심판하시지만 의인은 위험에서 구해주신다.

| 큰 그림 | 노아 시대는 연대를 확정할 수 없지만 매우 이른 시대로 아브라함, 이삭, 야곱 시대 이전이다. 대략 주전 5000년경이나 그 이전일 수 있다. 오늘 본문은 인간의 악함으로 홍수를 일으켜 온 세상을 멸망시키고자 하신 하나님의 결정을 기록하고 있다. 그러나 노아는 하나님의 은혜를 입었다. 그는 의인이었다. 하나님은 그에게 가족과 여러 짐승을 위해 큰 방주를 만들라고 지시하신다. 그는 하나님께 순종했다(창 6장).

| 변화를 위한 진리 | 창세기 5장 22절은 "에녹이 하나님과 동행했다"(ESV)고 말한다. 노아 역시 "하나님과 친밀한 교제를 나누며 살았다"(6:9). 우리는 하나님과 친밀한 영적 동행을 누릴 수 있다(잠 20:7). 우리는 정직하게 행하되(살전 4:11-12) 주님께 합당한 모습으로 행해야 한다(골 1:10). 겸허하게 하나님과 동행해야 한다(미 6:8).

| 묵상 구절 | "노아는 여호와께 은혜를 입었더라"(창 6:8).

| 생각해볼 문제 | 어떻게 해야 하나님께 은혜를 입을 수 있는가? 또 어떻게 해야 노아를 본받을 수 있는가?

<예수 빌리지> 구약 I. 4과

4일 노아와 **홍수**

창세기 7–10장, 역대상 1:5–23

어제는 노아에게 방주를 지으라고 하나님이 명령하신 일을 살펴보았다(창 4–6장, 대상 1:1–4). **오늘은** 노아 시대에 있었던 전 지구적 홍수를 중점적으로 살펴볼 것이다.

| 핵심 개념 | 하나님은 악인을 심판하시지만 의인에게는 자비를 베푸시고 그들을 구원해주신다.

| 큰 그림 | 노아와 그의 가족은 쌍을 이룬 수많은 짐승과 함께 방주에 들어갔다. 40일 밤낮으로 비가 내렸다. 이 비로 온 세상에 홍수가 일어났고, 그 상태는 150일 동안 지속되었다. 방주에 탄 노아, 그의 가족, 짐승들은 그동안 전혀 해를 입지 않고 안전하게 보호받았다(창 7장). 홍수가 물러나고 노아와 그의 가족과 짐승들은 방주에서 내렸다. 노아는 곧바로 하나님께 예배를 드렸다(8장).

| 변화를 위한 진리 | 성경을 보면 하나님이 반역한 자들을 심판하시기 전에 자기 백성을 먼저 구원하시는 모습이 종종 기록되어 있다(벧후 2:5–9). 에녹은 홍수 심판 전에 하늘로 올라갔고(창 5:24), 노아와 그의 가족은 홍수 심판이 닥치기 전에 방주에 들어갔다(창 7:1, 6–7). 또 롯은 소돔과 고모라가 심판당하기 전에 소돔을 탈출하였다(창 19:1–22).

| 묵상 구절 | "여호와께서 노아에게 이르시되 너와 네 온 집은 방주로 들어가라 이 세대에서 네가 내 앞에 의로움을 내가 보았음이니라"(창 7:1).

| 생각해볼 문제 | 의인들이 여전히 죄를 짓는 이유가 무엇이라고 생각하는가?(창 9:21, 롬 7:15–20)

〈예수 빌리지〉 구약 I. 5-6과

5일 아브람이 하나님께 **순종하다**

창세기 11-14장, 역대상 1:24-27

어제는 하나님이 홍수로 이 세상을 심판하신 일과 노아의 방주 이야기를 살펴보았다(창 7-10장, 대상 1:5-23). **오늘은** 아브라함이 하나님께 순종하여 가나안을 향해 가는 내용을 살펴볼 것이다.

| 핵심 개념 | 하나님은 아브람을 새로운 땅, 가나안으로 부르셨다. 그리고 그와 언약을 맺으시고, 그에게 많은 후손이 있을 거라고 약속하셨다.

| 큰 그림 | 아브함은 주전 2166년에 출생했다. 하나님은 아브람과 사라에게 하란을 떠나 가나안으로 가라고 지시하셨다. 아브라함은 그 말씀에 순종했다. 그리고 조카 롯이 그와 동행했다. 세 사람은 주전 2019년 가나안에 도착했다. 하나님은 아브람과 조건 없는 언약을 맺으시고 큰 축복을 내려주셨다. 또 그가 큰 나라를 이루며 헤아릴 수 없는 많은 자손이 있으리라고 약속하셨다(창 12:2-3).

| 변화를 위한 진리 | 아브람은 목초지를 두고 롯과 갈등이 일어나자 서로 평화롭게 사는 길을 택했다(창 13:1-18). 서로 조화를 이루며 평화롭게 사는 것이 항상 최선의 방책이다(고후 13:11).

| 묵상 구절 | "여호와께서 아브람에게 이르시되 너는 너의 고향과 친척과 아버지의 집을 떠나 내가 네게 보여 줄 땅으로 가라 내가 너로 큰 민족을 이루고 네게 복을 주어 네 이름을 창대하게 하리니 너는 복이 될지라 너를 축복하는 자에게는 내가 복을 내리고 너를 저주하는 자에게는 내가 저주하리니 땅의 모든 족속이 너로 말미암아 복을 얻을 것이라 하신지라"(창 12:1-3).

| 생각해볼 문제 | 아브라함은 하나님께 순종하고 전적으로 그분을 믿었다. 그것이 그의 성품의 특징이었다. 오늘날 우리는 하나님에 대한 순종과 믿음을 어떻게 표현할 수 있을까?

〈예수 빌리지〉 구약 I. 7-8과

6일 하나님이 언약을 **재확증하시다**

창세기 15–17장

어제는 아브람이 하나님께 순종해 가나안으로 가는 내용을 보았다(창 11–14장, 대상 1:24–27). **오늘은** 하나님이 아브람과 맺은 언약을 다시 확증해주시는 내용을 살펴볼 것이다.

| 핵심 개념 | 하나님은 땅과 헤아릴 수 없는 후손을 주시겠다는 구체적인 약속을 아브람에게 다시 확증해주신다.

| 큰 그림 | 하나님은 주전 2067년경 아브람과 맺었던 언약을 다시 확인해주신다. 나이가 들어 생식 능력이 사라진 아브람은 사라가 어떻게 약속의 자손을 잉태할 수 있는지 의심했다. 그런 그에게 하나님은 아브람의 후손이 하늘의 별처럼 많아질 것이라고 다시 확증해주셨다(창 22:17, 26:4, 출 32:13). 하나님은 아브람이 그분을 믿었기에 그를 의롭다고 여기셨다(창 15:6). 한편 사라는 하녀 하갈을 아브람에게 주어, 그녀가 남편의 아들을 낳아주기를 원했다. 아브람과 하갈 사이에서 이스마엘이 태어났지만, 그는 약속의 자녀는 아니었다(창 16장).

| 변화를 위한 진리 | 우리는 오직 믿음으로만 의롭다고 인정받는다(창 15:6, 롬 3:25, 28, 30). '의로워지다'는 법정 용어다. 소극적인 면에서 이 단어에는 하나님 앞에서 유죄가 아님이 단번에 선포된다는 뜻이 있다. 적극적인 면에서는 단번에 의롭다고 선포된다는 의미가 있다. 놀랍고 감사하다.

| 묵상 구절 | "이제 후로는 네 이름을 아브람이라 하지 아니하고 아브라함이라 하리니 이는 내가 너를 여러 민족의 아버지가 되게 함이니라"(창 17:5).

| 생각해볼 문제 | 하나님과 매일 맺는 관계에서 칭의의 교리는 어떤 영향을 미치는가?

<예수 빌리지> 구약 I. 9과

7일 하나님이 소돔과 고모라를 **심판하시다**

창세기 18:1–21:7

어제는 하나님이 아브라함과 맺은 언약을 다시 확증해주셨음을 살펴보았다(창 15–17장). **오늘은** 하나님이 소돔과 고모라를 심판하신 사건을 살펴볼 것이다.

| 핵심 개념 | 하나님은 극렬한 범죄를 저지른 성읍들을 심판하신다.

| 큰 그림 | 하나님은 아브라함에게 아들을 주겠다고 약속하셨다. 이제 하나님은 아브라함에게 그 일이 이루어질 시기를 말씀해주신다. "내년 이맘때"(창 18:10). 하나님은 그분에게 능치 못한 일이 없다고 말씀하셨다(18:14). 그런 다음 가공할 죄악을 저지른 소돔과 고모라를 멸하겠다고 말씀하셨다. 아브라함은 그 성읍을 구해달라고 간청했지만, 심판이 임박하고 말았다(19:1–22). 하나님은 주전 2056년 유황과 불을 비처럼 내리셔서 소돔과 고모라를 심판하셨다(19:23–29).

| 변화를 위한 진리 | 아브라함과 사라는 나이가 들어 자녀를 만들 수 없는 몸이었지만, 주님은 아브라함에게 "여호와께 능하지 못한 일이 있겠느냐?"(창 18:14)고 말씀하셨다. 하나님은 원하시면 무엇이든 하실 수 있다. "나의 뜻이 설 것이니 내가 나의 모든 기뻐하는 것을 이루리라"(사 46:10). 아무리 불가능해 보이는 상황이라도 하나님이 때가 되면 해결해주실 것을 믿으라.

| 묵상 구절 | "여호와께 능하지 못한 일이 있겠느냐 기한이 이를 때에 내가 네게로 돌아오리니 사라에게 아들이 있으리라"(창 18:14).

| 생각해볼 문제 | 하나님이 기도에 응답하시는데 너무 오래 지체하신다고 생각한 적이 있는가? 이 장에서 문제를 새로운 시선으로 볼 수 있는 교훈을 얻었다면 무엇인가?

〈예수 빌리지〉 구약 I. 10과

8일 언약의 아들이 **태어나다**

창세기 21:8-23:20, 11:32, 24장

어제는 하나님이 소돔과 고모라를 심판하신 사건을 살펴보았다(창 18:1-21:7). **오늘은** 약속하신 언약의 아들이 태어난 일을 살펴볼 것이다.

| 핵심 개념 | 하나님은 약속하신 그대로 이루어주셨다. 드디어 언약의 아들이 태어났다.

| 큰 그림 | 주전 2066년 이삭이 아브라함과 사라에게 태어났다. 아브라함은 이삭을 사랑했다. 주전 2046년, 하나님은 아브라함이 이제 스무 살이 된 약속의 자녀보다 하나님을 더 사랑하는지 확인하시고자 그의 믿음을 시험해보기로 하셨다. 그래서 "이삭을 번제물로 바치라"고 명령하셨다. 아브라함은 순종했다. 하지만 하나님은 때맞추어 아브라함을 저지하시고, 그의 믿음과 순종을 흡족하게 받아주셨다(창 22장). 사라는 향년 127세에 죽었고 아브라함은 가나안에서 땅을 매입해 아내를 매장했다(23장).

| 변화를 위한 진리 | 아브라함은 견고한 믿음을 보여주었고, 아들 이삭을 바치라는 하나님의 명령에 순종했다(창 22:1-19). 하나님은 때를 놓치지 않고 그를 저지하셨다. "그 아이에게 네 손을 대지 말라 그에게 아무 일도 하지 말라 네가 네 아들 네 독자까지도 내게 아끼지 아니하였으니 내가 이제야 네가 하나님을 경외하는 줄을 아노라"(22:12). 여기서 우리는 무슨 일이 있더라도 하나님을 신뢰해야 한다는 교훈을 얻을 수 있다.

| 묵상 구절 | "또 네 씨로 말미암아 천하 만민이 복을 받으리니 이는 네가 나의 말을 준행하였음이니라 하셨다 하니라"(창 22:18).

| 생각해볼 문제 | 지금까지 가장 힘들었던 믿음의 시험이 있었다면 무엇인가? 당신은 그 시험에서 어떤 교훈을 배웠는가?

〈예수 빌리지〉 구약 I. 10-11과

9일 이삭과 리브가의 **두 아들**

창세기 25:1-26, 역대상 1:28-34

어제는 이삭이 태어난 일을 살펴보았다(창 21:8-23:20, 11:32, 24장). **오늘은** 이삭과 리브가에게 야곱이 태어난 일을 살펴볼 것이다.

| 핵심 개념 | 이삭과 리브가에게 야곱이 태어남으로 약속의 계보가 이어진다.

| 큰 그림 | 주전 2006년 이삭과 리브가는 야곱과 에서를 낳았다. 리브가는 힘든 임신기를 보냈는데, 태중에서 두 자녀가 서로 싸웠기 때문이다(창 25:22). 하나님은 태 속에 두 민족이 있다고 알려주셨다(25:23). 에서는 에돔 족속의 조상이 되고, 야곱은 이스라엘 백성의 조상이 될 것이다. 태중의 이 싸움은 앞으로 일어날 일의 전주곡이었다. 또 하나님은 큰아들이 작은아들을 섬길 것이라고 말씀하셨다(25:23). 에서는 장자였지만 죽 한 그릇에 야곱에게 장자권을 팔았다.

| 변화를 위한 진리 | 야곱과 에서는 형제 간 경쟁의 대표적인 사례에 해당한다(창 25:21-26, 27:1-46, 33:11-20). 그 밖에 가인과 아벨(참조. 4:4-9), 요셉과 형들의 관계도 그런 경우였다(37장). 하나님은 형제들이 서로 불화하지 않기를 바라신다(시 133:1).

| 묵상 구절 | "여호와께서 그에게 이르시되 두 국민이 네 태중에 있구나 두 민족이 네 복중에서부터 나누이리라"(창 25:23).

| 생각해볼 문제 | 에서처럼 성령의 일보다 육신적 욕망의 지배가 더 강력해서 괴로웠던 적이 있는가?

10일 야곱이 에서의 **장자권을 가로채다**

창세기 25:27-28:5

어제는 야곱의 출생에 관한 내용을 집중적으로 살펴보았다(창 25:1-26, 대상 1:28-34). **오늘은** 야곱이 에서의 장자권을 얻기 위해 술수를 쓴 내용을 살펴볼 것이다.

| 핵심 개념 | 야곱은 노골적이고 기만적인 방법으로 에서의 장자권을 손에 넣었다.

| 큰 그림 | 야곱과 에서는 주전 2006년 이삭과 리브가의 아들로 태어났다. 야곱은 기진하고 허기진 상태로 사냥에서 돌아온 형, 이삭의 맏아들 에서를 속여 장자의 권리를 빼앗았다. 에서는 죽 한 그릇과 이 장자의 권리를 맞바꾸었다(창 25:33). 거의 앞이 보이지 않는 137세의 이삭은 숨을 거두기 전에 에서에게 축복을 빌어주고자 했다. 야곱을 더 사랑했던 리브가는 속임수를 써서 야곱이 에서의 축복을 가로채는 일을 도왔다(27:11-27). 분노한 에서는 복수를 맹세했다. 야곱은 분노한 에서를 피해 주전 1929년 밧단 아람으로 도망쳤다.

| 변화를 위한 진리 | 리브가가 야곱을 편애한 것은 잘못된 자녀 양육의 한 가지 예다(창 27:11-27). 부모는 자녀에게 긍정적 영향을 미칠 수 있다. 그 예로 웃시야가 있다. "웃시야가 그의 아버지 아마샤의 모든 행위대로 여호와 보시기에 정직하게 행하며"(대하 26:4).

| 묵상 구절 | "그의 아버지가 야곱에게 축복한 그 축복으로 말미암아 에서가 야곱을 미워하여"(창 27:41).

| 생각해볼 문제 | 이삭에게 "내가 너와 함께 있어"(창 26:24)라고 말씀하신 하나님은 우리에게도 "내가 결코 너희를 버리지 아니하고 너희를 떠나지 아니하리라"(히 13:5)고 말씀해주신다. 당신에게 이 말씀은 어떤 의미로 다가오는가?

〈예수 빌리지〉 구약 I. 12과

11일 야곱이 많은 **자녀를 낳다**

창세기 28:6–30:24

어제는 야곱이 속임수를 써서 에서의 장자권을 손에 넣은 일을 살펴보았다(창 25:27–28:5). **오늘은** 야곱이 낳은 여러 자녀에 대해 알아볼 것이다.

| 핵심 개념 | 야곱은 여러 여인의 몸을 통해 많은 자녀를 낳았다.

| 큰 그림 | 야곱은 주전 1900년대 초에 레아와 실바, 빌하를 통해 여러 자녀를 낳았다. 야곱은 라헬과 결혼하기 위해 그녀의 아버지인 라반을 위해 7년을 일하겠다고 약속했다. 7년 후 라반은 혼인 잔치가 끝나고 어둑해진 틈을 타 언니 레아를 몰래 야곱의 신방에 밀어넣었다. 어두운 밤이었고 레아가 베일을 쓰고 있었을 수도 있으므로, 야곱은 신부가 레아인 줄 알아차리지 못했다. 어쩌면 취한 상태였을 수도 있다. 결국 야곱은 레아와 부부가 되었다. 라반은 또다시 7년을 일하는 대가로 라헬을 주겠다고 약속했다. 야곱은 이런 우여곡절 끝에 레아와 레아의 여종 실바, 라헬의 여종 빌하, 마지막으로 라헬을 통해 여러 자녀를 낳았다(창 29:20–27). 주전 1915년에 야곱과 라헬 사이에서 요셉이 태어났다.

| 변화를 위한 진리 | 라반은 야곱을 속였다(창 29:27). 야곱은 에서의 장자권을 얻으려고 속임수를 쓴 적이 있었다(창 25:31). 성경은 사람을 대할 때 절대 속임수를 쓰지 말라는 교훈을 준다(잠 11:1, 20:10, 23).

| 묵상 구절 | "하나님이 라헬을 생각하신지라 하나님이 그의 소원을 들으시고 그의 태를 여셨으므로 그가 임신하여 아들을 낳고"(창 30:22–23).

| 생각해볼 문제 | 사람들이 남을 속이는 이유가 궁극적으로 무엇이라고 생각하는가?

<예수 빌리지> 구약 I. 13과

12일 야곱이 부자가 된 후 **라반에게서 도망가다**

창세기 30:25–31:55

어제는 야곱이 많은 자녀를 낳았다는 사실을 살펴보았다(창 28:6–30:24). **오늘은** 부자가 된 야곱이 라반에게서 도망가는 내용을 살펴볼 것이다.

| 핵심 개념 | 야곱은 부자가 되었고, 결국 가족이 있는 가나안으로 돌아갔다.

| 큰 그림 | 그동안 라반을 위해 무보수로 일하던 야곱은 드디어 삯을 받고 일하게 되었다(창 30:25–36). 야곱이 소유한 양 떼가 많이 늘어난 사실을 알자(이 때문에 야곱은 부자가 되었다) 야곱을 대하는 라반의 태도가 싸늘해졌다(30:37–31:2). 약 6년 후인 주전 1909년, 야곱과 그의 아내들은 가나안으로 돌아가기로 했다(31:3–21). 야곱이 가족을 데리고 몰래 집에서 나가자 라반은 그들을 뒤쫓았다. 하나님이 야곱을 보호해주셔서 라반에게 야곱을 해치지 말라고 꿈으로 경고하셨다. 두 사람은 격한 감정으로 서로 대치했지만, 그동안의 앙금을 털어내고 화해하기로 했다. 위태로운 합의였지만 두 사람은 휴전하기로 동의했고, 비로소 야곱의 가족은 가나안으로 갈 수 있었다(31:22–55).

| 변화를 위한 진리 | 라반은 약속을 잘 지키지 않는 사람으로 보인다(창 31:6–7). 예수님은 그리스도인이라면 한 입으로 두 말 하지 않고 신실해야 한다고 말씀하신다. 마태복음 5장 37절에서는 "오직 너희 말은 옳다 옳다, 아니라 아니라 하라"고 가르치셨다.

| 묵상 구절 | "우리 아버지의 하나님, 아브라함의 하나님 곧 이삭이 경외하는 이가 나와 함께 계시지 아니하셨더라면 외삼촌께서 이제 나를 빈손으로 돌려보내셨으리이다마는 하나님이 내 고난과 내 손의 수고를 보시고"(창 31:42).

| 생각해볼 문제 | 당신은 부당한 대우를 받을 때 하나님이 우리를 옹호해주심을 믿는가?

13일 야곱과 에서의 **화해**

창세기 32:1–35:27

어제는 야곱이 부자가 되어 라반의 집을 나와 고향으로 향한 내용을 살펴보았다(창 30:25–31:55). **오늘은** 야곱과 에서의 화해를 살펴볼 것이다.

| 핵심 개념 | 야곱은 에서와 재회를 앞두고 그의 분노를 누그러뜨릴 조치를 취했다. 그리고 마침내 그들은 화해했다.

| 큰 그림 | 야곱은 가나안이 가까워지자 에서에게 사자를 보내어 자신을 "주의 종 야곱"이라 부르며 예물을 바쳤다(창 32:4, 9–21). 드디어 형제가 상봉하자 에서는 아우를 환대하고 용서해주었다. 주전 1909년에 일어난 일이다. 크게 안도한 야곱은 하나님을 예배했다(33:1–20). 얼마 후에 야곱의 딸 디나가 가나안 청년에게 강간을 당했고, 야곱의 아들들은 보복을 감행했다(34:1–31). 야곱은 벧엘로 돌아가 하나님의 놀라운 약속을 기념하는 기념비를 세웠다(35:1–15).

| 변화를 위한 진리 | 장자권을 빼앗긴 에서는 계속 원한을 품을 수 있었다. 그러나 그는 그런 감정을 털어버렸다(창 33장). 원한을 품으면 자기 자신만 다친다. 사기를 당하거나 누군가 우리를 속였을 때 우리로서는 속인 사람을 용서하고(마 6:12, 14, 18:21–22, 눅 6:37, 엡 4:32), 그 상황을 하나님께 맡기는 것이 최선의 방법이다(빌 4:6–7).

| 묵상 구절 | "에서가 달려와서 그를 맞이하여 안고 목을 어긋맞추어 그와 입맞추고 서로 우니라"(창 33:4).

| 생각해볼 문제 | "모든 사람과 더불어 화평"(히 12:14)하게 살고자 의식적으로 노력하는가?

<예수 빌리지> 구약 I, 14과

14일 에서의 **후손**

창세기 36장, 대상 1:35-2:2

어제는 야곱과 에서가 화해한 일을 살펴보았다(창 32:1-35:27). **오늘은** 에서의 후손을 살펴볼 것이다.

| 핵심 개념 | 에서의 후손은 에돔 족속으로 야곱의 후손과 심한 적대 관계가 되었다.

| 큰 그림 | 에서는 동생 야곱이 정착한 곳에서 멀리 떨어진 곳인 에돔으로 완전히 이주했다. 각자 소유한 가축과 재물을 모두 수용할 땅이 없었기 때문이다(창 36:6-8). 에서의 후손은 에돔 족속이다. 에돔은 사해 남동쪽과 남서쪽 산악 지대에 위치하며, 대부분 준 사막 지대로 농업에 불리한 환경이었다(창 36:8, 수 24:4). 이스라엘 역사를 보면, 에서의 후손과 야곱의 후손이 원수지간이 되었음을 알 수 있다. 후대 유대 역사에서는, 주전 587년 예루살렘이 바벨론의 침략으로 파괴되었을 때 에돔 족속이 유다를 침공한 적도 있다.

| 변화를 위한 진리 | 성경에 수록된 족보는 하나님의 구속 계획이 실제 역사에서 이루어졌음을 증명한다(창 36:1-19). 에서의 족보는 후대 예수님의 족보(마 1:1-19, 눅 3:23-38)처럼 실제 존재했던 역사였다. 성경은 신뢰할 수 있는 역사적 문서다(참조. 요일 1:3, 벧후 1:16).

| 묵상 구절 | "이들은 그 구역과 거처를 따른 에돔 족장들이며 에돔 족속의 조상은 에서더라"(창 36:43).

| 생각해볼 문제 | 성경이 역사적으로 정확한 문서라는 사실이 당신에게 어떤 의미로 다가오는가?

15일 노예로 팔린 뒤 **감옥에 갇힌 요셉**

창세기 37–39장, 대상 2:3–6, 8

어제는 에서의 후손을 살펴보았다(창 36장, 대상 1:35–2:2). **오늘은** 요셉이 노예로 팔려 가고 얼마 지나지 않아 감옥에 갇힌 내용을 살펴볼 것이다.

| 핵심 개념 | 요셉은 하나님의 섭리로 장차 존귀한 자리에 오르는 꿈을 꾸었다. 꿈을 자랑하는 요셉에게 분개한 형들은 그를 노예로 팔아버렸다. 그는 이집트에서 감옥에 갇히는 신세가 되었다.

| 큰 그림 | 요셉의 형들은, 요셉이 그들보다 존귀해진다는 그의 꿈 이야기를 듣고 분개하며 주전 1898년 노예 상인에게 그를 팔아버렸다(창 37:1–28). 그들은 요셉이 입던 채색옷에 짐승의 피를 묻혀 아버지 야곱에게 가져가, 요셉이 죽었다고 거짓말했다(37:29–35). 요셉을 산 노예 상인들은 그를 이집트 관원에게 팔았다. 요셉은 그를 신실하게 섬겼다(37:36). 관원의 아내가 요셉을 유혹했지만 그는 거부했다. 분노한 그녀는 누명을 씌워 요셉을 고소했고, 그 일로 요셉은 감옥에 갇히게 되었다. 그러나 하나님이 언제나 그와 함께 계셨다(창 39장).

| 변화를 위한 진리 | 종종 죄를 지으면 또다시 죄를 짓게 된다. 요셉의 형 열 명은 요셉에게 죄를 지었다. 그리고 그 일을 숨기려고 다시 아버지를 속이는 죄를 지었다(창 37–39장). 죄는 방치하면 악성 종양처럼 점점 커진다.

| 묵상 구절 | "여호와께서 요셉과 함께하시므로 그가 형통한 자가 되어 그의 주인 애굽 사람의 집에 있으니"(창 39:2). "여호와께서 요셉과 함께하시고 그에게 인자를 더하사"(21절).

| 생각해볼 문제 | 질투심이나 적개심으로 괴로워해본 적이 있는가? 당신은 그런 감정이 생기면 어떻게 처리하는가?

<예수 빌리지> 구약 I. 15과

16일 하나님이 **요셉을 높이시다**

창세기 40장, 35:28-29, 41장

어제는 요셉이 노예로 팔렸다가 감옥에 갇히는 내용을 살펴보았다(창 37-39장, 대상 2:3-6, 8). **오늘은** 하나님이 요셉을 존귀한 자로 높이신 일을 살펴본다.

| 핵심 개념 | 하나님은 요셉이 감옥에서 풀려나 이집트에서 이인자의 자리에 오르기까지 섭리로 환경을 이끌어주셨다.

| 큰 그림 | 요셉이 감옥에 있을 때 술 맡은 자와 빵 굽는 자가 이해할 수 없는 꿈을 꾸었다. 요셉은 두 꿈을 정확히 해몽해주었다(창 40:1-23). 후에 바로도 두 가지 꿈을 꾸었는데, 도무지 그 꿈을 해몽할 수 있는 사람이 없었다. 감옥에서 풀려나 있던 술 맡은 관원은 요셉이 자기 꿈을 풀어주었던 것을 떠올리고 왕에게 그를 추천했다. 요셉은 감옥에서 풀려나 바로가 꾼 두 꿈을 정확하게 해석해준다. 바로는 기뻐하며 요셉을 총리로 기용했다(41장). 장차 높은 자리에 오르리라는 요셉의 어릴 적 꿈은 주전 약 1885년 실제로 이루어졌다.

| 변화를 위한 진리 | 요셉은 사람들을 기꺼이 도와주었다(창 40:1-23). 우리 역시 그런 사람이 되어야 한다(참조. 히 13:16, 요일 3:17, 마 25:35-40). 빌립보서 2장 4절에 이런 가르침이 나온다. "각각 자기 일을 돌볼뿐더러 또한 각각 다른 사람들의 일을 돌보아."

| 묵상 구절 | "요셉에게 이르되…너는 내 집을 다스리라 내 백성이 다 네 명령에 복종하리니 내가 너보다 높은 것은 내 왕좌뿐이니라"(창 41:39-40).

| 생각해볼 문제 | 당신은 사람들을 돕는 데 힘쓰는가? 빌립보서 2장 4절을 읽고, 이 말씀을 어떻게 실천할지 생각해보라.

17일 요셉이 형들과 **화해하다**

창세기 42:1-45:15

어제는 하나님이 요셉을 크게 높여주신 일을 살펴보았다(창 40장, 35:28-29, 41장). **오늘은** 요셉이 형들과 화해하는 내용을 알아볼 것이다.

| 핵심 개념 | 요셉은 이집트에서 형들과 화해했고, 자신이 살아 있음을 아버지 야곱에게 알리라고 지시했다.

| 큰 그림 | 요셉의 형들은 기근으로 고통을 겪었다. 그들이 식량을 구하러 이집트에 나타나자 요셉은 형들을 한눈에 알아보았다(창 42:7-8). 그의 복장과 헤어스타일, 언어가 철저히 이집트 사람 같았으므로 형들은 그를 알아보지 못했다. 요셉은 처음에 자기 정체를 밝히지 않았다. 그는 형들이 믿을 만한지 시험해보았다(42:9-14). 그리고 형들이 보여준 행동에 만족했다(44:18-34). 곧 형들에게 신분을 밝히고, 아버지에게 자신이 살아 있음을 알리라고 부탁했다(창 45:1-15). 이 일은 주전 약 1876년에 일어났다.

| 변화를 위한 진리 | 어린 시절 요셉은 자랑을 많이 했다. 그러나 나이가 들면서 겸손의 중요성을 배웠다(참조. 골 3:12, 벧전 1:5-6).

| 묵상 구절 | "그런즉 나를 이리로 보낸 이는 당신들이 아니요 하나님이시라 하나님이 나를 바로에게 아버지로 삼으시고 그 온 집의 주로 삼으시며 애굽 온 땅의 통치자로 삼으셨나이다"(창 45:8).

| 생각해볼 문제 | 자랑하고 싶은 유혹을 받는가? 고린도후서 10장 17절을 읽고 이 절이 요셉과 어떻게 연관되는지 생각해보라. 이 구절을 실제 생활에서 어떻게 실천할 수 있는가?

<예수 빌리지> 구약 I. 16과

18일 야곱이 가족과 함께 **이집트로 이주하다**

창세기 45:16-47:27

어제는 요셉이 형들과 화해한 일을 살펴보았다(창 42:1-45:15). **오늘은** 야곱이 가족을 데리고 이집트로 이주한 내용을 살펴볼 것이다.

| 핵심 개념 | 야곱은 요셉의 도움으로 가족을 데리고 기근을 피해 이집트로 이주했다.

| 큰 그림 | 요셉의 형들은 야곱에게 돌아가 요셉이 아직 살아 있으며 이집트에서 큰 권세자가 되었음을 알려주었다(창 45:21-28). 야곱과 그의 가족 70명은 주전 1876년 이집트로 갔고, 요셉과 감격적으로 재회했다(46:30). 야곱은 바로를 만나 거주할 땅을 하사받았다(47:1-12). 요셉은 아버지와 형들에게 식량을 주고 그들을 봉양했다(12절).

| 변화를 위한 진리 | 하나님은 요셉이 이집트에서 지존자의 자리에 오르기까지, 모든 고통스러운 상황을 수단으로 사용하셨다(창 45:1-50:26). 우리가 절대 잊지 말아야 할 말씀이 있다. "하나님을 사랑하는 자 곧 그의 뜻대로 부르심을 입은 자들에게는 모든 것이 합력하여 선을 이루느니라"(롬 8:28).

| 묵상 구절 | "그들이 애굽에서 올라와 가나안 땅으로 들어가서 아버지 야곱에게 이르러 알리어 이르되 요셉이 지금까지 살아 있어 애굽 땅 총리가 되었더이다 야곱이 그들의 말을 믿지 못하여 어리둥절하더니…기운이 소생한지라"(창 45:25-27).

| 생각해볼 문제 | 요셉은 말하면 그대로 지키는 사람이었다. 말한 것을 지키는 데 큰 어려움을 느낀 적이 있는가? 당신은 그때 어떻게 했는가?

〈예수 빌리지〉 구약 I. 17과

19일 축복, 사망, **장례**

창세기 47:28-50:26

어제는 야곱이 가족을 데리고 이집트로 이주하는 내용을 살펴보았다(창 45:16-47:27). **오늘은** 야곱과 요셉의 죽음을 살펴볼 것이다.

| 핵심 개념 | 야곱이 죽자 그의 아들들은 요셉이 보복할까 봐 다시 두려움에 사로잡혔다.

| 큰 그림 | 야곱은 요셉의 아들들을 축복하고(창 48장), 자신의 아들들에게 유언을 남겼다(49장). 주전 1859년 야곱이 사망하자 그의 시신을 가나안으로 옮겨 매장했다(50:1-14). 이제 부친이 사망하고 없자 요셉의 형들은 요셉이 자신들의 예전 잘못을 두고 보복할까 봐 두려워했다. 요셉은 형들에게 보복하지 않을 것이라고, 형들은 안전하다고 확인해 주었다(50:15-21). 요셉은 110세까지 살았고 주전 1805년에 사망했다.

| 변화를 위한 진리 | 요셉은 야곱 앞에 서자 "땅에 엎드려 절하[였다]"(창 48:12). 요셉은 이집트에서 서열상 왕 다음 권력자였지만, 나이든 아버지에게 절하며 존경심을 보여주었다(참조. 욥 12:12, 잠 16:31). 그리스도인이라면 요셉의 모범을 따라 연장자를 존경해야 하지 않겠는가?

| 묵상 구절 | "당신들은 나를 해하려 하였으나 하나님은 그것을 선으로 바꾸사 오늘과 같이 많은 백성의 생명을 구원하게 하시려 하셨나니"(창 50:20).

| 생각해볼 문제 | 오늘 말씀에서 보이는 것이 아니라 믿음으로 행해야 할 중요성에 대해 배운 점이 있는가?(참조. 창 50:20)

〈예수 빌리지〉 구약 II. 17과

20일 욥의 **고난**

욥기 1-4장

어제는 야곱이 임종하기 전에 한 일을 살펴보았다(창 47:28-50:26). **오늘은** 창세기에서 욥기로 옮겨와 욥의 고난을 살펴볼 것이다.

| 핵심 개념 | 하나님은 욥이 사탄의 손에 상당히 오랜 기간 고난을 당하도록 허용하셨다.

| 큰 그림 | 욥이 겪은 일은 대략 아브라함, 이삭, 야곱의 활동 시기인 주전 2200-1800년경에 일어난 것으로 보인다. 욥은 잇따라 아들과 딸을 잃고 설상가상으로 양 떼와 가축 떼와 종까지 잃었으며 결국에는 건강마저 잃었다(욥 1-2장). 그러나 그는 믿음을 포기하지 않았다(1:21). 그는 차라리 태어나지 않았더라면 좋았으리라고 한탄했다. 그랬더라면 그 모든 고통을 겪지 않아도 되었을 것이다(3장). 또 친구들에게서 부당한 비난을 받기도 했는데, 그들은 욥이 죄를 지었기 때문에 고난을 겪는다고 생각했다(4장).

| 변화를 위한 진리 | 욥은 온전하고 정직했다(2:3). 그러나 하나님은 사탄의 도발을 받아들이고 그가 고난을 당하도록 허용하셨다. 극심한 고난 중에도 하나님을 믿는 욥의 믿음은 흔들리지 않았다(1:21, 또한 참조. 행 14:22). 욥은 우리의 훌륭한 모범이다.

| 묵상 구절 | "우스 땅에 욥이라 불리는 사람이 있었는데 그 사람은 온전하고 정직하여 하나님을 경외하며 악에서 떠난 자더라"(1:1).

| 생각해볼 문제 | 욥처럼 하나님을 경외한다는 것이 무슨 의미라고 생각하는가?

〈예수 빌리지〉 구약 II. 21과

21일 잘못 판단한 **욥의 친구들**

욥기 5–7장

어제는 욥이 고난당한 이야기를 살펴보았다(욥 1–4장). **오늘은** 욥의 친구들이 잘못 판단하여 욥을 정죄한 이야기를 살펴볼 것이다.

| 핵심 개념 | 욥은 현재 겪는 고난으로 친구들에게 부당한 비판을 받았다.

| 큰 그림 | 욥의 친구들은 욥이 은밀하게 지은 죄 때문에 고난을 당하는 것이라고 주장했다(욥 5:1–7). 나아가 죄의 대가를 충분히 치르고 나면 하나님이 치유해주실 것이라고 욥을 설득했다(17–27절). 욥은 자신의 결백을 주장하며 친구들이 잘못 알고 있다고 응수했다(6:1–7:21). 또한 자신이 죄를 지은 증거를 가져와 보라고 반박하며, 자신의 유죄를 주장하는 친구들을 꾸짖었다(6:22–30). 하나님과 그분의 말씀에 대한 욥의 믿음이 약해지지는 않았지만, 그는 차라리 죽어서 모든 고통이 끝났으면 좋겠다고 한탄했다(7:1–5). 하나님이 왜 이런 고통을 허락하시는지 이해할 수가 없었다(11–21절).

| 변화를 위한 진리 | 친구들의 의도는 선했지만, 그들은 욥에게 잘못된 조언을 해주었다. 욥의 친구들과 같은 사고방식은 오늘날에도 여전히 만연하다. 다른 성도가 고난당하는 모습을 보면서 이렇게 조언한다. “아직 숨은 죄가 있을지도 몰라. 철저히 회개해야 해.” 이런 조언은 긍정적 영향보다는 악영향을 끼친다. 무너뜨리지 않고 세우는 데 우리 입술을 사용하겠다는 결단을 하자(참조. 엡 4:29).

| 묵상 구절 | “사람은 고생을 위하여 났으니 불꽃이 위로 날아가는 것 같으니라”(욥 5:7).

| 생각해볼 문제 | 친구가 당신을 비난해서 억울했던 적이 있는가? 그때 당신은 어떻게 반응했는가?

22일 욥이 친구들의 **비난을 반박하다**

욥기 8–11장

어제는 욥의 친구들이 잘못 판단하는 모습을 살펴보았다(욥 5–7장). **오늘은** 그에 대한 욥의 반응을 살펴볼 것이다.

| 핵심 개념 | 욥은 고난을 겪는 이유에 관해 친구 빌닷과 소발의 주장을 반박한다.

| 큰 그림 | 빌닷은 하나님이 공의롭고 공평하게 인간과의 관계를 다루신다고 주장한다. 욥이 자신에게는 죄가 없다고 한 주장에 대해, 빌닷은 하나님이 무고한 사람에게 벌을 주시는 분이 아니라고 주장하며 의아해한다(욥 8장). 욥은 하나님이 공의로우신 분이라는 점은 원칙적으로 인정하지만, 자신은 자기 경험을 바탕으로 이야기할 수 있을 뿐이라고 주장한다. 또한 하나님이 의로운 사람(욥 자신)을 처벌하고 계시는 것 같고, 자신이 차라리 나지 않았더라면 좋았으리라고 한탄한다(9–10장). 그러자 친구 소발이 발끈해서 욥이 은밀한 죄를 지었음이 분명하다고 비난한다(11장).

| 변화를 위한 진리 | 십계명 중 한 계명은 "네 이웃에 대하여 거짓 증거하지 말라"(출 20:16)고 지적한다. 우리는 말을 조심해서 해야 한다. 시편 기자는 "나의 행위를 조심하여 내 혀로 범죄하지 아니하리니"(시 39:1)라고 결단했다. 그는 "여호와여 내 입에 파수꾼을 세우시고 내 입술의 문을 지키소서"(시 141:3, 참조. 잠 12:18, 21:23, 약 1:26, 벧전 3:10)라고 기도했다. 우리도 이처럼 하기로 결단해야 한다.

| 묵상 구절 | "하물며 내가 감히 대답하겠으며 그 앞에서 무슨 말을 택하랴"(욥 9:14).

| 생각해볼 문제 | 당신이 친구를 잘못 판단하지 않도록 욥의 친구들에게서 배운 교훈이 있는가?

23일 욥이 계속 친구들의 **주장에 논박하다**

욥기 12–14장

어제는 욥이 친구들에게 보인 반응을 살펴보았다(욥 8–11장). **오늘은** 욥이 계속 반박하는 모습을 살펴볼 것이다.

| 핵심 개념 | 욥은 친구들의 그릇된 주장을 반박하고 하나님께 직접 자신의 결백을 주장하고 싶다고 말한다.

| 큰 그림 | 욥은 친구들의 비난에 넌덜머리가 났다. 그들은 마치 자신들이 의롭고 세상사를 통달한 사람인 것처럼 행동하고 있다. 욥은 친구들 못지않게 자기 역시 하나님과 그분의 길에 대해 잘 알고 있다고 주장한다. 그는 하나님께 직접 자신의 억울함을 호소하고, '무죄' 판결을 받고 싶어 한다(욥 12:1–14:22). 그리고 인간의 짧은 생애뿐 아니라 자신의 고통을 탄식한다(14:1–2, 5).

| 변화를 위한 진리 | 욥은 인생이 덧없이 짧고 고통만 있을 뿐이라고 말한다(욥 14:1–2, 참조. 시 39:5, 102:3, 약 4:14). 시편 기자는 이렇게 현명한 기도를 드렸다. "여호와여 나의 종말과 연한이 언제까지인지 알게 하사 내가 나의 연약함을 알게 하소서 주께서 나의 날을 한 뼘 길이만큼 되게 하시매 나의 일생이 주 앞에는 없는 것 같사오니"(시 39:4–5).

| 묵상 구절 | "여인에게서 태어난 사람은 생애가 짧고 걱정이 가득하며 그는 꽃과 같이 자라나서 시들며 그림자같이 지나가며 머물지 아니하거늘"(욥 14:1–2).

| 생각해볼 문제 | 하루하루를 욥기 14장 1–2절 말씀을 기억하며 살아가는 모습이 현명하다고 생각하지 않는가?

24일 논쟁이 **가열되다**

욥기 15–18장

어제는 욥이 계속 친구들과 논쟁을 벌이는 내용을 살펴보았다(욥 12–14장). **오늘도** 논쟁은 계속된다.

| 핵심 개념 | 엘리바스와 빌닷이 욥과 논쟁을 벌이면서 감정적으로 격해지기 시작한다.

| 큰 그림 | 엘리바스는 욥이 말이 많다고 비난하며, 욥이 죄 때문에 고통을 겪는 거라고 주장한다. 그리고 욥이 진정으로 하나님을 경외하는지 의심한다(욥 15장). 욥은 친구들이 "재난을 주는 위로자들"(16:2)이며 "헛된 말"밖에 하지 않는다고 한탄한다(3절). "나의 친구는 나를 조롱하고"(20절)라고 탄식하기도 한다. 그리고 직접 하나님께 이렇게 호소한다. "청하건대 나에게 담보물을 주소서 나의 손을 잡아 줄 자가 누구리이까"(17:3). 그러자 빌닷이 나서서 욥이 고난당하는 이유는 은밀하게 지은 죄가 있어서라고 다시 비난한다. 욥이 회개하기를 바라며 악인이 겪는 고통을 강한 어조로 다시 들먹인다. 욥에게 그의 말은 공허할 뿐이다(18장).

| 변화를 위한 진리 | 우리는 친구에게 '재난을 주는 위로자'가 되지 말고, 사도 바울의 다음 조언대로 행해야 한다. "그러므로 피차 권면하고 서로 덕을 세우기를 너희가 하는 것같이 하라"(살전 5:11). "너희가…모든 형제에 대하여 과연 이것을 행하도다 형제들아 권하노니 더욱 그렇게 행하고"(살전 4:10). "서로 덕을 세우는 일을 힘쓰나니"(롬 14:19).

| 묵상 구절 | "너희는 다 재난을 주는 위로자들이로구나 헛된 말이 어찌 끝이 있으랴 네가 무엇에 자극을 받아 이같이 대답하는가"(욥 16:2–3).

| 생각해볼 문제 | '재난을 주는 위로자'를 만나본 적이 있는가? 아니면 당신이 '재난을 주는 위로자'였던 적은 없는가?

25일 욥이 친구들에게 **자비를 구하다**

욥기 19–21장

어제는 욥이 친구들과 계속해서 주고받은 설전을 더 상세히 살펴보았다(욥 15–18장). 하지만 논쟁은 **오늘도** 이어진다.

| 핵심 개념 | 욥은 여전히 자신을 변호하면서도 빌닷과 소발에게 자신을 가엽게 여겨달라고 호소한다.

| 큰 그림 | 욥은 억울하게 자신을 비난한 친구들이 당연히 부끄러워해야 한다고 말한다. 그리고 자신을 조금만 더 너그러이 봐달라고 부탁한다. "나의 친구야 너희는 나를 불쌍히 여겨다오 나를 불쌍히 여겨다오 하나님의 손이 나를 치셨구나"(욥 19:21). 친구들은 그를 위로하는 것이 아니라 오히려 괴롭히고 고문했다. 소발은 욥이 악한 일을 했기 때문에 고통을 겪는 것이 분명하다는 주장을 굽히지 않는다(20장). 욥은 악인이 결국 심판을 받는다는 점을 인정한다. 그러나 세상을 살다 보면 때로 악인이 형통하고 고난이 없는 경우도 있으므로, 소발의 주장에는 문제가 있다(21장).

| 변화를 위한 진리 | 욥은 하나님이 자신을 원수처럼 보실지 모른다면서 거의 체념해버리고 만다(욥 19:6). 그러나 사실 하나님은 그에 대해 "그와 같이 온전하고 정직하여 하나님을 경외하며 악에서 떠난 자는 세상에 없느니라"(욥 1:8)고 말씀하셨다. 때로 우리는 하나님의 의도를 제대로 이해하지 못하고 오해한다.

| 묵상 구절 | "내가 알기에는 나의 대속자가 살아 계시니 마침내 그가 땅 위에 서실 것이라 내 가죽이 벗김을 당한 뒤에도 내가 육체 밖에서 하나님을 보리라"(욥 19:25–26).

| 생각해볼 문제 | 영원에 대한 욥의 시각(욥 19:25–26)이 개인적 고통이라는 인생의 폭풍을 헤쳐나가는 데 도움이 된다고 생각하는가? 당신은 영원한 시각을 견지하고자 노력하는가?

26일 욥이 인신공격을 **당하다**

욥기 22-25장

어제는 욥과 친구들의 계속된 논쟁을 살펴보았다(욥 19-21장). **오늘도** 이 논쟁을 더 살펴볼 것이다.

| 핵심 개념 | 욥은 인신공격에 맞서 계속 자신을 변호한다.

| 큰 그림 | 엘리바스는 "네 죄악이 끝이 없느니라"(욥 22:5)는 주장으로 욥을 인신공격한다. 그는 욥이 가난한 자들을 학대하고 목마른 자에게 물을 주지 않았으며 그 외 여러 죄를 지었을 것이라고 단정한다(6-7절). 욥은 법정에서 하나님을 뵙고 자신의 억울함을 신원하기 바란다. 자신에게는 죄가 없다고 주장하려는 것이다(23:11-12). 그러고서 인생은 불공평하다고 항변한다. 왜 악인이 이 생에서 보응을 받지 않는지 이해가 되지 않는다고 말한다(24장).

| 변화를 위한 진리 | 욥은 하나님이 얼굴을 가리시고 자신을 만나주지 않으신다고 생각한다(욥 23:9). 그의 이런 탄식은 시편 기자의 말과 비슷하다. "여호와여 어느 때까지니이까 나를 영원히 잊으시나이까 주의 얼굴을 나에게서 어느 때까지 숨기시겠나이까"(시 13:1). "잠잠하지 마옵소서 주여 나를 멀리하지 마옵소서"(시 35:22). "주여 깨소서 어찌하여 주무시나이까 일어나시고 우리를 영원히 버리지 마소서"(시 44:23). 그러나 성경은 하나님이 침묵하시는 것처럼 보일지라도 자신의 믿음을 견고히 지키라고 촉구한다(히 11장).

| 묵상 구절 | "내가 어찌하면 하나님을 발견하고 그의 처소에 나아가랴 어찌하면 그 앞에서 내가 호소하며 변론할 말을 내 입에 채우고"(욥 23:3-4).

| 생각해볼 문제 | 고통 속에서 하나님이 침묵하시는 것처럼 보일 때 어떻게 해야 하는가?

27일 빈정거리는 욥

욥기 26-29장

어제는 욥과 친구들 간에 지루하게 이어지는 언쟁을 계속 살펴보았다(욥 22-25장). **오늘도** 언쟁은 계속된다.

| 핵심 개념 | 욥은 자신을 공격하는 친구들을 신랄하게 빈정거린다.

| 큰 그림 | 욥은 빌닷에게 "네가 힘없는 자를 참 잘도 도와주는구나 기력 없는 팔을 참 잘도 구원하여 주는구나 지혜 없는 자를 참 잘도 가르치는구나 큰 지식을 참 잘도 자랑하는구나 네가 누구를 향하여 말하느냐 누구의 정신이 네게서 나왔느냐"(욥 26:2-4)고 빈정거린다. 빌닷은 자신의 모습은 함량 미달이라는 사실을 전혀 생각하지 않고, 조목조목 욥에 대해 비난했다. 욥은 친구들의 지적을 절대 인정할 수 없다고 하나님 앞에서 강하게 항변한다(27:5-6). 또 자신의 과거를 되돌아보고 현재의 비참한 상태와 비교한다. 그리고 그 과정에서 조금도 부끄럽지 않게 하나님 앞에서 신실하게 살아왔다고 생각한다. 무고하게 고통당하고 있다고 생각한 것이다(28-29장).

| 변화를 위한 진리 | 욥은 "내 마음이 비웃지 않는다"고 단언한다(욥 27:6). 사도 바울은 어린 디모데에게 깨끗한 양심을 지키는 일이 매우 중요하다고 강조했다(딤전 1:19). 양심을 깨끗하게 지키기 위해서는 (1) 죄를 피하고 (2) 죄를 지을 때마다 하나님께 고백해야 한다(요일 1:9).

| 묵상 구절 | "내가 내 공의를 굳게 잡고 놓지 아니하리니 내 마음이 나의 생애를 비웃지 아니하리라"(욥 27:6).

| 생각해볼 문제 | 양심의 가책으로 힘들었던 적이 있는가? 당신은 그 상황을 어떻게 극복했는가?

28일 무고하게 **고통당하는 욥**

욥기 30–31장

어제는 욥이 친구 빌닷을 비웃고 조소한 내용을 살펴보았다(26–29장). **오늘은** 욥이 자신을 무고하게 고통당하는 자라고 생각하는 내용을 더 자세히 살펴볼 것이다.

| 핵심 개념 | 욥은 심히 괴로웠다. 그는 하나님과 친구들 앞에서 자신의 결백을 계속 항변한다.

| 큰 그림 | 행복했던 지난날, 욥은 사람들의 존경을 받으며 풍족하게 살았다. 이제 그 모든 것은 과거가 되었다(욥 30:15). 하나님이 그의 고통을 돌아보지 않으시는 것 같아 괴롭다(20절). 하나님은 그를 구원해주시기는커녕 사람들에게 계속 조롱을 당하도록 내버려두신다. 그래서 욥은 스스로 변호하며, 악하게 살았더라면 지금처럼 고통을 겪어도 할 말이 없을 것이라고 말한다. 그러나 그는 의롭고 신실하게 살았다. 그는 자신을 변호하다 침묵한다(31장).

| 변화를 위한 진리 | 욥은 욕정을 품지 않으려고 진심으로 노력했다. "내가 내 눈과 약속하였나니 어찌 처녀에게 주목하랴"(욥 31:1). 예수님이 후대에 욕정에 대해 경고하신 말씀을 고려해보면, 그의 이런 노력은 현명한 행동이었다. "나는 너희에게 이르노니 음욕을 품고 여자를 보는 자마다 마음에 이미 간음하였느니라"(마 5:28, 참조. 15:19).

| 묵상 구절 | "내가 주께 부르짖으나 주께서 대답하지 아니하시오며 내가 섰사오나 주께서 나를 돌아보지 아니하시나이다"(욥 30:20).

| 생각해볼 문제 | 당신은 욥처럼 정결하고자 굳게 다짐한 적이 있는가?

29일

엘리후가 논쟁에 **합류하다**

욥기 32-34장

어제는 욥이 자기가 아무 이유 없이 고난당한다고 생각하는 내용을 살펴보았다(욥 30-31장). **오늘은** 엘리후의 주장을 살펴볼 것이다.

| 핵심 개념 | 엘리후는 연장자들이 언쟁을 벌이는 동안 침묵을 지켰다. 마침내 그들이 다툼을 그치고 침묵하자 자기 생각을 밝히며 언쟁에 끼어든다.

| 큰 그림 | 엘리후는 욥과 욥의 세 친구에게 화가 났다(욥 32:2-3). 그는 욥의 말을 인용한 다음 그의 말에 의문을 제기한다(32:11-12, 33:1, 31, 34:5-7, 35-36). 결백하다고 항변하는 욥을 비판하고, 의롭다고 자처하는 욥이 교만하다고 지적한다. 우주의 창조주를 의심하는 욥을 비난한다. 고난을 당하는 것으로 보아 욥은 의로울 수 없으며, 하나님은 부당하게 의인에게 벌을 주시지 않는다고 주장한다. 엘리후는 병마개가 열린 병처럼 거침없이 감정을 쏟아낸다.

| 변화를 위한 진리 | 엘리후의 생각과 달리 하나님은 때로 의인들이 고난당하도록 허락하신다. 육신의 가시로 괴로워한 사도 바울이 좋은 예다. "이것이 내게서 떠나가게 하기 위하여 내가 세 번 주께 간구하였더니 나에게 이르시기를 내 은혜가 네게 족하도다 이는 내 능력이 약한 데서 온전하여짐이라 하신지라"(고후 12:8-9).

| 묵상 구절 | "진실로 하나님은 악을 행하지 아니하시며 전능자는 공의를 굽히지 아니하시느니라"(욥 34:12).

| 생각해볼 문제 | 하나님의 공의를 의심해본 적이 있는가?

30일 엘리후가 독백을 **계속하다**

욥기 35–37장

어제는 엘리후가 펼친 첫 번째 변론을 살펴보았다(욥 32–34장). **오늘도** 엘리후는 욥과 친구들을 비판하는 독백을 이어나간다.

| 핵심 개념 | 엘리후는 자신이 무고하게 고난당한다는 욥의 항변이 어떤 면에서 문제가 있는지 계속 설명한다. 하나님이 욥에게 고난을 주신 이유는 그를 구속하시기 위해서일 수 있다고 주장한다.

| 큰 그림 | 엘리후는 하나님이 사람들을 교훈하시고 잘못을 고치시려고 고난을 사용하실 수 있다고 주장한다. "하나님이 그대를 환난에서 이끌어 내사 좁지 않고 넉넉한 곳으로 옮기려 하셨은즉"(욥 36:16). 따라서 하나님이 결국 도와주실 것을 인정하고 고난 중에 인내해야 한다고 욥에게 충고한다(16–21절). 엘리후는 하나님의 위대하심을 강조한다. 욥은 하나님을 경외하는 것으로 최선의 반응을 보여야 한다고 주장한다(37:14–24).

| 변화를 위한 진리 | 엘리후가 펼친 논리가 욥의 사례에는 꼭 적용되지 않는다 하더라도 일반 원리로는 상당히 일리가 있다. 하나님은 우리를 악에서 보호하시려고 고난을 사용하실 수 있다(욥 36:21). 시편 기자는 이렇게 말했다. "고난당하기 전에는 내가 그릇 행하였더니 이제는 주의 말씀을 지키나이다…고난당한 것이 내게 유익이라 이로 말미암아 내가 주의 율례들을 배우게 되었나이다"(시 119:67, 71).

| 묵상 구절 | "삼가 악으로 치우치지 말라 그대가 환난보다 이것을 택하였느니라"(욥 36:21).

| 생각해볼 문제 | 하나님이 고난을 이용하셔서 회개하고 순종하도록 인도하신 적이 있는가?

31일 여호와가 욥의 **말을 반박하시다**

욥기 38:1-40:5

어제는 엘리후가 계속해서 독백하는 내용을 살펴보았다(욥 35-37장). **오늘은** 여호와가 욥의 말을 반문하시고 겸허히 엎드리게 하신 내용을 살펴볼 것이다.

| 핵심 개념 | 하나님이 드디어 욥의 요청에 반응하시고 그가 얼마나 무지한지 그리고 고난을 당한다 해도 하나님을 신뢰해야 하는 이유가 무엇인지 보여주신다.

| 큰 그림 | 하나님이 욥의 말에 대답하신다. 하지만 욥이 고난당하는 이유는 설명해주시지 않는다. 대신 그분이 전능하시고 전지하시며 무소부재하신 온 우주의 하나님이자 주권자라고 알려주신다. 우주에서 진행되는 하나님의 활동은 인간이 이해할 수 있는 범위를 훨씬 벗어난다. 그러므로 인간은 이성적으로 이해되지 않는 상황에서도 하나님을 신뢰해야 한다. 욥은 하나님과 대면한 뒤 매우 겸허해졌다(욥 40:4-5).

| 변화를 위한 진리 | 하나님은 욥이 이해되지 않는다 해도 하나님을 신뢰해야 한다고 가르치셨다(욥 40장). 잠언 3장 5-6절은 꼭 기억해야 할 중요한 말씀이다. "너는 마음을 다하여 여호와를 신뢰하고 네 명철을 의지하지 말라 너는 범사에 그를 인정하라 그리하면 네 길을 지도하시리라."

| 묵상 구절 | "그 때에 여호와께서 폭풍우 가운데에서 욥에게 말씀하여 이르시되 무지한 말로 생각을 어둡게 하는 자가 누구냐 너는 대장부처럼 허리를 묶고 내가 네게 묻는 것을 대답할지니라"(욥 38:1-3).

| 생각해볼 문제 | 하나님이 우리 인생에 특정한 환경을 허용하시는 이유가 무엇인지 이해되지 않을 때에도 한결같이 하나님을 신뢰할 수 있는가?

32일 여호와가 계속해서 **욥을 책망하시다**

욥기 40:6-42:17

어제는 하나님이 욥을 책망하신 내용을 살펴보았다(욥 38:1-40:5). **오늘은** 하나님이 욥을 계속 책망하시는 내용을 마지막으로 욥기에 대한 공부를 마무리하자.

| 핵심 개념 | 하나님이 계속해서 욥의 무지를 드러내 보이셨고, 결국 욥은 회개한다. 하나님은 그의 인생을 다시 축복해주신다.

| 큰 그림 | 하나님은 당신이 주권자시며 전능하신 우주의 창조주이심을 반문 형식으로 욥에게 일깨워주신다. 욥은 하나님의 말씀을 분명하게 깨닫고(욥 40-41장) 이렇게 확인한다. "그러므로 내가 스스로 거두어들이고 티끌과 재 가운데에서 회개하나이다"(욥 42:6). 하나님은 쓸데없는 말을 지껄이는 욥의 친구들에게 화가 나셨음을 알리고 번제를 드리라고 명령하신다. 그리고 욥의 인생을 크게 축복해주신다.

| 변화를 위한 진리 | 욥이 은밀히 지은 죄가 있어서 고통당한다는 친구들의 주장은 맞지 않았다(욥 42:7-8). 고난당하는 사람들을 인신공격하는 것은 옳지 않다.

| 묵상 구절 | "욥이 그의 친구들을 위하여 기도할 때 여호와께서 욥의 곤경을 돌이키시고 여호와께서 욥에게 이전 모든 소유보다 갑절이나 주신지라…여호와께서 욥의 말년에 욥에게 처음보다 더 복을 주시니…그 후에 욥이 백사십 년을 살며…욥이 늙어 나이가 차서 죽었더라"(욥 42:10, 12, 16-17).

| 생각해볼 문제 | 욥기에서 배운 가장 중요한 영적 교훈은 무엇인가?

<예수 빌리지> 구약 II. 21과

33일

시대 2: **이스라엘의 시작**

주전 1800-1406년

출애굽기, 레위기, 민수기, 신명기, 시편 90편, 역대상

오늘은 성경 역사에서 이스라엘이 민족으로 첫발을 내딛는 시기인 두 번째 시대에 대한 고찰을 시작할 것이다. 출애굽기, 레위기, 민수기, 신명기를 위주로 살펴보겠지만, 이스라엘 역사의 시초는 아담으로 거슬러 올라간다. 창세기에서 하나님이 아브람에게 하신 무조건적인 놀라운 약속을 기억할 것이다. "그를 이끌고 밖으로 나가 이르시되 하늘을 우러러 뭇별을 셀 수 있나 보라 또 그에게 이르시되 네 자손이 이와 같으리라"(창 15:5).

하나님은 나중에 아브람의 아들 이삭에게도 같은 약속을 하셨다. "네 자손을 하늘의 별과 같이 번성하게 하며"(창 26:4). 또 이삭의 아들 야곱에게도 약속하셨다. "네 자손이 땅의 티끌 같이 되어"(창 28:14).

이제 출애굽기로 가보자. 출애굽기에서는 아브라함과 이삭과 야곱의 후손들(이스라엘 백성)이 수적으로 성장하는 모습이 기록되어 있다. 야곱이 처음 이집트로 이주했을 때 그와 함께 이동한 사람의 수는 상대적으로 매우 적었다. "야곱의 허리에서 나온 사람이 모두 칠십이요 요셉은 애굽에 있었더라"(출 1:5). 그러나 그들의 수는 빠른 속도로 늘어났다. "이스라엘 자손은 생육하고 불어나 번성하고 매우 강하여 온 땅에 가득하게 되었더라"(1:7). 이스라엘 백성이 수적으로 이집트인들을 압도할 정도가 되었다(9절). 그러자 이집트인들은 그들의 인구수를 억제할 목적으로 그들을 노예로 삼고 학대했다. "그러나 학대를 받을수록 더욱 번성하여 퍼져나가니"(12절). 하나님이 이스라엘 백성을 애굽의 예속에서 건져내실 즈음 "[여자와] 유아 외에 보행하는 장정이 육십만 가량"으로 늘어나(12:37), 이스라엘 백성은 총 200만 명에 육박했을 것으로 추정된다.

그렇다면 하나님이 아브라함과 이삭과 야곱에게 주신 약속을 이루시려고 출애굽기에서 본격적으로 일하기 시작하셨다는 결론을 내릴 수 있다. 실제로 이스라엘 백성의 후손은 헤아리기 어려울 정도로 늘어났다.

출애굽기는 창세기에서 시작된 이야기를, 특히 37–50장의 이야기를 이어가고 있다. 출애굽기 1장의 첫 일곱 절이 창세기의 내용을 반복할 뿐 아니라 히브리어 원문에서 1절의 첫 글자로 "그리고"라는 단어를 썼다는 사실에서도 이 점은 분명히 드러난다. 짧은 단어 하나가 출애굽기와 창세기를 연결해주고 있다.

히브리어 성경에서 출애굽기의 명칭은 "그리고 이름은 이러하니"다. 이 명칭은 출애굽기를 시작하는 첫 글자들(출 1:1)에서 딴 것이다. 고대인들은 책을 시작하는 첫 글자를 책의 명칭으로 삼았다.

히브리어 성경을 헬라어로 번역하면서 출애굽기는 명칭이 달라졌다. 헬라어 *exodos*(엑소도스)를 따서 'Exodus'라 불리게 되었다. 이 단어는 *ek*[에크, '(으)로부터'라는 의미]와 *odos*(오도스, '길'이라는 의미)라는 두 헬라어를 합친 복합어다. 두 단어를 합친 엑소도스(*exodos*)라는 단어는 '밖으로 벗어난 길' 혹은 '출발'이라는 의미가 있다. 이 명칭은 이 책의 핵심 사건, 곧 하나님이 바로와 이집트인들에게 내린 열 재앙의 결과로 이스라엘이 이집트를 떠나는 사건을 설명해준다.

출애굽기는 또한 하나님이 시내산 언약이라는 새 '법'으로 모세가 영도하는 신정 국가를 세우신 내용을 다룬다(16–40장). 하나님은 이 언약으로 시내산에서 모세에게 계명을 주셔서 이스라엘 백성이 준수할 생활 수칙을 지시하셨다.

이스라엘 백성이 광야에서 생활하던 중 시내산에서 하나님과 맺은 언약으로 그들과 하나님과의 구속 관계가 공식적으로 규정되었다(출 19:3-25). 이 언약은 왕과 신하들이 맺은 헷 족속의 고대 봉신 조약과 유사하다. 그런 조약에서는 항상 조약의 저술자를 언급한 서언, 개별 조약 당사자의 관계를 서술한 역사적 서론, 각 참여자의 책무를 설명한 조약 규정, 조약에 충실하거나 어길 경우에 따르는 축복이나 심판에 대한 약속, 엄중한 서약, 조약의 종교적 인준이 포함되었다. 이런 경우 조약이 준수되는 동력은 조약을 맺은 왕이 베푸는 일방적 호의였다. 백성은 감사함으로 조약 내용을 지켜야 했다.

고대 조약과 이스라엘이 하나님과 맺은 언약에서 보이는 이러한 유사성들은 하나님이 당시 사람들에게 익숙한 방식으로 자기 백성과 소통하셨음을 보여준다. 이런 유사성 중에는 하나님이 백성에게 책무를 설명하시면서 그들이 지켜야 할 조건을 제시하시는 내용(율법, 출 20:1-17), 율법에 순종하면 축복하시고 율법에 불순종하면 심판하시겠다는 내용(출 19:8, 24:3, 7)도 있다. 슬프게도 구약에는 이후 이스라엘이 하나님의 언약에 불순종한 사건들이 빈번하게 기록된다(출 32:1-31, 렘 31:32).

아래 연대표는 출애굽 역사를 일목요연하게 보여주는데, 각 사건의 핵심 인물과 발생 시기를 파악하는 데 도움이 된다.

주전 1885년	요셉이 이집트의 총리로서 통치하기 시작함
주전 1876년	야곱이 가족과 함께 이집트로 이주함
주전 1529년	아론의 탄생
주전 1526년	모세의 탄생
주전 1486년	모세가 이집트에서 미디안으로 도망감
주전 1446년	모세가 불타는 나무에서 하나님을 만남
	모세가 이집트로 돌아가고 이집트인들에게 열 가지 재앙이 닥침
	유대인이 처음으로 유월절을 지키고 이집트를 떠남
	바로와 이집트인들이 홍해에서 패배함(주전 1446년은 대단한 해였다!)

주전 1445년	십계명을 받고, 성막을 세우며, 봉헌함
	제사장들이 사역을 시작함
	이스라엘 최초로 인구 조사를 실시
주전 1444년	이스라엘이 시내산에 진을 침
주전 1406년	모세가 임종을 앞두고 백성에게 유언을 남김
	여호수아가 지도자로 임명됨
	이스라엘이 마침내 가나안으로 입성함

레위기와 민수기, 신명기 역시 이스라엘이 민족으로 태동한 이후 일어난 일을 기록한 매우 중요한 책이다. 레위기는 주전 1440년 이후 모세가 쓴 책으로 고대 이스라엘 백성의 모든 생활 영역에 적용할 목적으로 의식과 제의적 규례와 규율을 다루고 있다. 이스라엘은 이집트에서 나온 뒤 제사장과 성막 제사, 희생 제사 등과 같은 새로운 제도를 수용해야 했고, 따라서 관련 규례와 규율이 필요해졌다. 레위기는 제물과 제사에 대한 규례(레 1-7장), 제사장 임명과 행실에 관한 법(8-10장), 의식적 정결과 개인위생 그리고 음식에 관한 법(11-15장), 대속죄일에 관한 규례(16장), 이스라엘의 절기에 관한 정보와 규례(17-27장)를 담고 있다.

모세는 주전 1440년과 1405년 사이에 민수기를 저술했다(참조. 민 33:2, 36:13). 이 성경책의 명칭은 이 책에 기록된 두 번의 인구 조사에서 유래한 것으로 첫 조사는 시내산에서 시행했고(출애굽 세대), 두 번째는 모압 평지에서였다(광야에서 성장해 가나안을 정복한 세대, 1장, 26장). 이 책은 또한 이스라엘 지파들의 명단(2장), 제사장들과 레위인들에 관한 규례(3-8장), 유월절에 관한 규례(9장), 이스라엘이 시내산에서 가나안 접경 지역인 모압으로 이동하기까지 연대기(10-21장), 발람과 발락에 관한 기록(22-32장), 이스라엘이 마지막 종착지에 이르기까지 여정(33-36장)을 담고 있다. 민수기의 상당 부분을 관통하는 한 가지 주제는 이스라엘이 가나안 땅에서 축복을 받기 전 광야 생활을 하며 정결하게 되었다는 것이다.

신명기는 주전 약 1410-1405년에 모세가 쓴 책으로 모압 평지에서 이스라엘이 진을 치고 약속의 땅으로 들어가려고 준비할 때 모세가 이스라엘 백성에게 전한 말씀을 기록한 것이다(신 1:1). 한 마디로 모세의 고별 설교로서, 그는 여호수아를 차세대 지도자로 세웠다.

신명기를 뜻하는 영어 단어 듀터로노미(Deuteronomy)는 문자적으로 '두 번째 법'이라는 뜻으로 이 책의 일부 내용을 정확하게 표현한다. 실제로 출애굽기 20장에 기록된 십계명은 사소한 부분에 차이가 있지만 신명기 5장에서 다시 언급된다. 출애굽기에 기록된 다른 율법들 역시 신명기에서 반복된다.

신명기는 또한 이스라엘이 시내산에서 하나님과 맺은 언약을 재진술하고 재확증한 내용을 담고 있다(신 1-30장). 이 언약은 고대 헷 족속이 왕과 신하 사이에 맺은 조약과 유사하다.

이제부터 '이스라엘의 시작'이라는 시대의 세부 내용을 집중적으로 살펴볼 것이다. 특히 출애굽기, 레위기, 민수기, 신명기를 집중적으로 다룰 것이다. 다음은 각 책의 주제를 요약한 것이다. 주의 깊게 읽어보라.

출애굽기	하나님은 자기 백성을 구원하고 구속하시기 위해 필요한 모든 일을 행하신다.
레위기	하나님은 거룩한 분이며 자기 백성 역시 거룩하기 원하신다.
민수기	하나님의 백성은 큰 축복을 받을 수 있도록 때로 정화가 목적인 징계를 당한다. 불신은 경계해야 할 큰 장애물이다.
신명기	새로이 등장하는 각 세대는 순종하겠다는 도전 정신으로 하나님 말씀을 들어야 한다.

예습: 34일에는 모세와 불타는 나무에 관해 살펴볼 것이다.

34일 모세와 **불타는 나무**

출애굽기 1:1–4:17, 역대상 6:1–3

어제는 성경 역사 중 제2 시대인 '이스라엘의 시작' 편을 소개했다. **오늘은** 이집트에서 이스라엘 백성이 노예로 살았던 내용과 모세가 이스라엘 백성의 구원자로서 하나님께 위임받은 이야기를 살펴볼 것이다.

| 핵심 개념 | 모세는 이집트의 포로 생활에서 이스라엘 백성을 구하도록 하나님이 선택하신 사람이었다.

| 큰 그림 | 이스라엘 백성은 4세대에 걸쳐 이집트에서 노예로 살았다(출 1:1–2:15, 창 15:16). 주전 1486년 미디안으로 도망간 모세는 주전 1446년 불타는 나무에서 하나님을 만났다. 하나님은 모세를 통해 이스라엘 백성을 구원하기로 작정하시고 그 사명을 모세에게 위임하셨다. 모세가 망설이자 하나님은 확신을 주시고 사명을 받아들이도록 하셨다(2:16–4:31).

| 변화를 위한 진리 | 하나님이 정하신 때와 우리가 바라는 때는 다르다. 이스라엘 백성은 4세대가 지난 뒤에야 구원받으리라고는 생각지도 못했을 것이다(창 15:16). 하나님이 지체하신 것은 이유가 있었다. 그분이 정하신 때는 언제나 완벽하다(출 2:23–25, 전 3:1, 애 3:25–26, 행 1:7, 갈 4:4).

| 묵상 구절 | "여호와께서 이르시되 내가 애굽에 있는 내 백성의 고통을 분명히 보고 그들이 그들의 감독자로 말미암아 부르짖음을 듣고 그 근심을 알고…이제 내가 너를 바로에게 보내어 너에게 내 백성 이스라엘 자손을 애굽에서 인도하여 내게 하리라"(출 3:7, 10).

| 생각해볼 문제 | 당신의 기도에 하나님이 응답해주시기를 기다리는 것이 어려운가?

〈예수 빌리지〉 구약 I. 18-19과

35일 바로와 **대적하는 모세**

출애굽기 4:18-7:13

어제는 하나님이 이스라엘 백성을 구원할 자로 모세를 세우신 내용을 살펴보았다(출 1:1-4:17). **오늘은** 모세가 바로와 처음으로 대면한 이야기를 살펴볼 것이다.

| 핵심 개념 | 모세는 아론의 도움을 받아 이스라엘 백성을 구원하는 사명을 감당하기 위해 첫걸음을 시도한다.

| 큰 그림 | 모세는 주전 1446년 이집트로 돌아가 바로와 대면하고 이스라엘 백성을 놓아달라고 요청한다. 바로는 완강하게 거부하고 오히려 보복 조치로 짚도 없이 벽돌을 만들게 한다. 하나님은 이스라엘 백성에게 안심하라고 하셨지만, 그들은 여전히 두려움에서 벗어나지 못한다. 또한 하나님의 능력을 증명하기 위해 아론의 지팡이가 뱀으로 변했지만, 바로는 요동하지 않는다(출 4:18-7:13).

| 변화를 위한 진리 | 모세는 이스라엘 백성이 가게 해달라고 요청했지만, 바로는 오히려 더 강도 높게 노동을 시킨다(출 5장). 이 일에서 우리는 인생의 고난이 하나님의 은총이 아니라는 증거로 볼 수 없음을 배울 수 있다. 요셉의 삶이 좋은 사례다(창 39-50장). 사도 바울의 생애도 그것을 증거한다(고후 4장).

| 묵상 구절 | "그러므로 이스라엘 자손에게 말하기를 나는 여호와라 내가 애굽 사람의 무거운 짐 밑에서 너희를 빼내며 그들의 노역에서 너희를 건지며 편 팔과 여러 큰 심판들로써 너희를 속량하여 너희를 내 백성으로 삼고 나는 너희의 하나님이 되리니"(출 6:6-7).

| 생각해볼 문제 | 인생이 어렵고 곤고할 때 하나님의 은혜에서 멀어졌다고 생각한 적은 없는가?

〈예수 빌리지〉 구약 I. 20과

36일 이집트에 **내린 재앙**(1부)

출애굽기 7:14–9:35

어제는 모세가 바로와 대면한 내용을 살펴보았다(출 4:18–7:13). **오늘은** 하나님이 모세의 손을 빌리셔서 이집트에 내리신 재앙을 살펴볼 것이다.

| 핵심 개념 | 이집트 신들은 이스라엘 백성이 섬기는 하나님과 비교할 수 있는 존재가 아니었다. 그들은 기적을 일으킬 수 없었다. 모세는 "내 백성으로 가게 하라"고 말했다.

| 큰 그림 | 주전 1446년 이집트인들에게 열 가지 재앙이 내렸다. 이 재앙은 이집트 신들의 무능함을 보여주었다. 강의 신 닐루스(Nilus)는 나일강이 피로 변하는 것을 막지 못했다. 개구리 모양의 헤크트(Heqt) 여신은 개구리 떼를 막아낼 수 없었다. 태양신 레(Re)는 이집트 땅이 흑암으로 뒤덮여도 속수무책이었다. 모세의 하나님은 오직 그분만이 참 하나님이심을 증명했다. 모세는 "내 백성으로 가게 하라"고 말했다.

| 변화를 위한 진리 | 하나님의 위대하심은 측량할 수 없다. 바로는 "여호와가 누구이기에 내가 그의 목소리를 듣고 이스라엘을 보내겠느냐"(출 5:2)고 말했다. 여호와는 아무도 막을 수 없는 열 재앙으로 질문에 대답하셨다. 하나님은 "네가 이로 말미암아 나를 여호와인 줄 알리라"(출 7:17)고 말씀하셨다.

| 묵상 구절 | "볼지어다 내가 내 손의 지팡이로 나일 강을 치면 그것이 피로 변하고"(출 7:17).

| 생각해볼 문제 | 성경에서 하나님의 무한한 위대하심을 보여주는 다른 증거들은 무엇이 있는가?

〈예수 빌리지〉 구약 I. 20과

37일 이집트에 **내린 재앙**(2부)

출애굽기 10–12장

어제는 하나님이 모세의 손을 빌리셔서 이집트에 열 재앙을 내리시는 내용 중 일부를 살펴보았다(출 7:14–9:35). **오늘도** 계속해서 살펴볼 것이다.

| 핵심 개념 | 이집트 신들은 하나님이 보이신 기적 앞에서 무능했다. 하나님의 강하신 팔을 경험한 이집트인들은 이스라엘 백성을 보내줄 수밖에 없었다.

| 큰 그림 | 바로는 하나님을 향한 완악한 마음을 여전히 꺾지 않았다. 그러나 그는 메뚜기 재앙(출 10:1–20)과 온 이집트 땅이 깜깜해지는 재앙(10:21–29) 그리고 장자들의 죽음(12:29–30)이라는 재앙을 겪고 마침내 마음을 돌이켜 이스라엘 백성을 노예 생활에서 풀어주었다. 그들은 이집트 동쪽의 사막 지대를 향해 출발했다(12:31–51).

| 변화를 위한 진리 | 하나님은 이스라엘 백성을 이집트의 노예 생활에서 건져내신 역사를 "네 아들과 네 자손"(빌 2:14)에게 전해야 한다고 말씀하셨다. 우리는 하나님이 우리 삶에서 행하신 일들을 자녀와 후손에게 전해야 한다. 그들의 믿음을 양육하는 좋은 교재로 쓰일 수 있다.

| 묵상 구절 | "밤에 바로가 모세와 아론을 불러서 이르되 너희와 이스라엘 자손은 일어나 내 백성 가운데에서 떠나 너희의 말대로 가서 여호와를 섬기며…애굽 사람들은 말하기를 우리가 다 죽은 자가 되도다 하고 그 백성을 재촉하여 그 땅에서 속히 내보내려 하므로"(출 12:31, 33).

| 생각해볼 문제 | 바로가 굴복하기까지 그렇게 긴 시간이 걸린 이유는 무엇이라 생각하는가?

〈예수 빌리지〉 구약 I. 20과

38일 이집트를 탈출하여 **홍해를 건넘**

출애굽기 13-15장

어제는 하나님이 이집트인들에게 내리신 재앙을 모두 살펴보았다(출 10-12장). **오늘은** 이집트에서 나와 홍해를 건넌 사건을 살펴볼 것이다.

| 핵심 개념 | 이스라엘 백성이 이집트에서 탈출했다. 하지만 약속의 땅을 향한 여정은 이제 시작이었다.

| 큰 그림 | 이스라엘 백성은 주전 1446년 마침내 이집트를 떠나 홍해를 건넜다. 하나님은 낮에는 구름 기둥으로 밤에는 불기둥으로 그들을 인도하셨다(출 13:21-22). 이스라엘 백성을 보내고 아쉬움이 남은 바로는 결국 군대를 이끌고 그들을 추격하기 시작했다. 여호와는 "큰 동풍으로 물이 갈라져 마른 땅"이 생기게 하셔서 이스라엘 백성이 마른 땅을 밟고 홍해를 건널 수 있도록 하셨다(14:21). 그러나 추격하던 이집트 군대는 바닷물에 수장되고 말았다(14:1-31). 이스라엘은 이 구원 사건을 '모세의 노래'로 축하한다(15:1-21).

| 변화를 위한 진리 | 하나님은 낮에는 구름 기둥으로 밤에는 불기둥으로 이스라엘 백성을 인도해주셨다. 오늘날에는 말씀으로 인도해주신다. "주의 말씀은 내 발에 등이요 내 길에 빛이니이다"(시 119:105).

| 묵상 구절 | "여호와여 신 중에 주와 같은 자가 누구니이까 주와 같이 거룩함으로 영광스러우며 찬송할 만한 위엄이 있으며 기이한 일을 행하는 자가 누구니이까"(출 15:11).

| 생각해볼 문제 | 당신이나 혹은 주변 사람 중 하나님이 기적적으로 건져주신 경험을 한 적이 있는가?

〈예수 빌리지〉 구약 I. 21과

39일 하나님의 **공급하심**

출애굽기 16–19장

어제는 이스라엘 백성이 이집트에서 탈출해 홍해를 건너는 내용을 살펴보았다(출 13–15장). **오늘은** 하나님이 그들에게 기적을 베푸셔서 먹을 것을 주시는 이야기를 살펴볼 것이다.

| 핵심 개념 | 하나님은 구원자이실 뿐 아니라 우리의 필요를 채워주시고 부양해주시는 분이다.

| 큰 그림 | 주전 1446년 후반부터 하나님은 만나라고 하는 빵 같은 양식을 기적적으로 공급해주셔서 이스라엘 백성이 광야에서 생존하도록 해주셨다(출 16장). 또한 바위에서 물이 쏟아져 나오게 하셔서 마실 수 있도록 해주셨다(17:1–7). 모세의 장인 이드로는 모세가 다른 사람들과 책무를 분담하여 과로에서 벗어나도록 조언했다(18장). 하나님은 시내산에서 모세에게 자신을 계시해주셨다(19장).

| 변화를 위한 진리 | 이스라엘 백성은 힘든 일이 생길 때마다 원망했다(출 16:2–3, 17:2). 신약성경은 "모든 일을 원망과 시비가 없이 하라"(빌 2:14)고 가르친다. 우리는 또한 "감사함으로 그의 문에 들어가라"(시 100:4)는 지시를 받는다. "범사에 감사하라 이것이 그리스도 예수 안에서 너희를 향하신 하나님의 뜻이니라"(살전 5:18).

| 묵상 구절 | "세계가 다 내게 속하였나니 너희가 내 말을 잘 듣고 내 언약을 지키면 너희는 모든 민족 중에서 내 소유가 되겠고"(출 19:5).

| 생각해볼 문제 | 오늘 본문에서 원망을 줄이는 데 도움이 될 교훈을 배웠다면 무엇인가?

〈예수 빌리지〉 구약 I. 21과

40일 십계명과 율법

출애굽기 20:1-22:15

어제는 하나님이 자기 백성의 필요를 채워주신 내용을 살펴보았다(출 16-19장). **오늘은** 그들이 십계명과 율법을 받은 내용을 중점적으로 볼 것이다.

| 핵심 개념 | 하나님의 백성은 그분이 하시는 모든 명령에 순종하도록 부름받았다.

| 큰 그림 | 하나님은 모세에게 십계명을 알려주셨다(출 20:1-17). 십계명은 두 가지 범주로 분류할 수 있다. 첫 네 계명은 이스라엘과 하나님의 관계와 관련이 있다. (1) 다른 신들을 두지 말라. (2) 하나님의 형상을 만들지 말라. (3) 여호와의 이름을 헛되이 부르지 말라. (4) 안식일을 지키라. 그다음 여섯 계명은 이스라엘 백성의 상호 관계와 관련이 있다. (5) 부모를 공경하라. (6) 살인하지 말라. (7) 간음하지 말라. (8) 도적질하지 말라. (9) 거짓 증언하지 말라. (10) 탐내지 말라. 하나님이 이스라엘 백성에게 계명을 주신 것은 부담을 주기 위해서가 아니라 그들이 이방 민족과 구별되어 하나님이 기뻐하시는 현명하고 지혜롭고 거룩한 백성이 되게 하시려는 것이었다.

| 변화를 위한 진리 | 십계명은 두 개의 짧은 명령으로 요약할 수 있다. (1) 하나님을 사랑하라. (2) 이웃을 사랑하라(신 6:5, 레 19:18). 그래서 예수님은 "주 너의 하나님을 사랑하라"와 "네 이웃을 네 몸과 같이 사랑하라"가 가장 중요한 두 계명이라고 말씀하셨다(마 22:37-39).

| 묵상 구절 | "너는 나 외에는 다른 신들을 네게 두지 말라"(출 20:3).

| 생각해볼 문제 | 당신은 스스로 평가할 때 가장 중요한 두 계명을 제대로 지키고 있다고 생각하는가?

<예수 빌리지> 구약 I. 22과

41일 율법, 절기, **언약**

출애굽기 22:16-24:18

어제는 하나님이 십계명과 율법을 주신 내용을 살펴보았다(출 20:1-22:15). **오늘은** 그 밖의 다양한 규례와 절기, 하나님이 이스라엘 백성과 맺으신 언약을 살펴볼 것이다.

| 핵심 개념 | 사회적 책무, 유대 절기, 하나님이 이스라엘 백성과 맺으신 언약에 대한 상세한 가르침이 소개된다.

| 큰 그림 | 여러 부절적한 행위에 대한 교훈이 제시된다. 이는 대규모 인원이 이동하는 생활에 필요한 내용이었다(출 22:16-31). 정의와 자비에 관한 율례가 소개되고(23:1-9) 안식일 규례(23:10-13), 세 가지 연례 절기에 관한 규례(23:14-19, 비교. 레 23:4-44, 민 28:16-29:40, 신 16:1-17)가 소개된다. 하나님이 이스라엘 백성과 맺으신 언약이 확증된다(출 24:1-18).

| 변화를 위한 진리 | 누군가에게 잘못을 저질렀을 때, 특별히 타인의 재산에 손상을 입혔을 때 가능한 한 배상을 하는 것이 지혜롭고 현명하다(출 22:3-31). 이것은 예수님이 가르치신 황금률과 관련이 있다. "그러므로 무엇이든지 남에게 대접을 받고자 하는 대로 너희도 남을 대접하라 이것이 율법이요 선지자니라"(마 7:12). 이 황금률대로 실천하면 인생에 변화가 일어날 수 있다!

| 묵상 구절 | "너는 이방 나그네를 압제하지 말며 그들을 학대하지 말라 너희도 애굽 땅에서 나그네였음이라"(출 22:21).

| 생각해볼 문제 | 다른 민족이나 인종에 대한 편견의 문제로 고민해본 적이 있는가?

42일 성막에 관한 **규례**

출애굽기 25-28장

어제는 여러 율법과 절기, 하나님이 이스라엘 백성과 맺으신 언약에 관해 살펴보았다(출 22:16-24:18). **오늘은** 성막에 관한 규례를 살펴볼 것이다.

| 핵심 개념 | 성막은 이스라엘 백성에게 하나님이 임재하시는 장소다.

| 큰 그림 | '성막'(tabernacle)이라는 단어는 '거하는 곳'이라는 의미가 있다. 성막은 이집트를 탈출한 뒤 이스라엘 백성에게 종교 생활의 핵심이자 중심이 되었다. 출애굽기에는 성막 건축에 관한 규례와 더불어 성막과 관련한 여러 기구와 언약궤 그리고 번제단에 관한 규례가 제시된다(출 25-28장). 영광의 하나님이 실제로 성막에 거하실 수 있었다는 사실은 매우 의미심장하다. 이렇게 해서 하나님은 이제 자기 백성 가운데 거하실 수 있다.

| 변화를 위한 진리 | 이스라엘은 정기적인 희생 제사를 번제단에서 드렸다(출 27:1). 예수님은 우리 대신 피를 흘리심으로 마지막 제사를 드리셨다. 그 결과 우리는 모든 죄를 용서받았다(히 10:1-18).

| 묵상 구절 | "속죄소를 궤 위에 얹고 내가 네게 줄 증거판을 궤 속에 넣으라 거기서 내가 너와 만나고 속죄소 위 곧 증거궤 위에 있는 두 그룹 사이에서 내가 이스라엘 자손을 위하여 네게 명령할 모든 일을 네게 이르리라"(출 25:21-22).

| 생각해볼 문제 | 하나님이 성막에 거하신다는 사실이 그분의 무소부재하심과 어떻게 연관된다고 생각하는가?

43일 성막에 관한 **규례**

출애굽기 29–31장

어제는 성막에 관한 논의를 시작했다(출 25–28장). **오늘은** 성막에 관한 세부 내용을 살펴볼 것이다.

| 핵심 개념 | 성막은 하나님의 백성이 하나님의 임재를 누리는 장소다.

| 큰 그림 | 제사장의 위임식 규례, 제단의 속죄, 성소의 성결에 관한 규례가 제시된다(출 29:1–46). 또한 분향단 제작 계획(30:1–10), 성막 기금 마련을 위한 특별세에 관한 지침(30:11–16), 물두멍 제작에 관한 디자인 계획(30:17–21), 관유 제조 지침(30:22–38)이 제시된다. 성막 건축에는 숙련된 노동자들을 투입해야 했다(31:1–11). 다음으로 안식일에 관한 규례가 소개된다(31:12–18).

| 변화를 위한 진리 | 성별을 강조한 것은 하나님의 거룩하심을 보여준다(출 29:37). 거룩이라는 단어는 죄와 부정한 모든 것에서 구분된다는 의미를 함축한다. 히브리서 12장 14절은 우리에게 이렇게 가르친다. "모든 사람과 더불어 화평함과 거룩함을 따르라 이것이 없이는 아무도 주를 보지 못하리라."

| 묵상 구절 | "그들은 내가 그들의 하나님 여호와로서 그들 중에 거하려고 그들을 애굽 땅에서 인도하여 낸 줄을 알리라 나는 그들의 하나님 여호와니라"(출 29:46).

| 생각해볼 문제 | 어떻게 해야 '거룩함을 따를' 수 있다고 생각하는가?

44일 금송아지 **우상 숭배**

출애굽기 32–34장

어제는 성막에 관한 규례를 살펴보았다(출 29–31장). **오늘은** 이스라엘이 금송아지 우상을 숭배하여 심각한 죄악을 저지른 이야기를 살펴볼 것이다.

| 핵심 개념 | 모든 형태의 우상 숭배를 피하라. 우상 숭배는 멸망의 지름길이다.

| 큰 그림 | 모세가 시내산에 있는 동안 아론과 이스라엘 백성은 우상을 숭배하는 죄악을 저질렀다. 황금으로 송아지 모양의 우상을 만들어 신으로 숭배했다(출 32:1–15). 모세는 중보자로서 범죄한 동족을 용서해달라고 하나님께 간청했다. 하나님은 그들을 인도하시고 보호해주시겠다는 약속을 새롭게 해주셨다(31:1–34:35).

| 변화를 위한 진리 | 이방 민족은 일반적으로 여러 신을 믿었고, 이 신들은 종종 인간이나 짐승의 모양을 한 우상이라는 상징으로 표현되었다. 놀라운 것은 아론마저 우상 숭배의 죄를 저질렀다는 사실이다. 우상 숭배는 하나님 대신 다른 무엇인가를 숭배하는 행위다. 오늘날 우상 숭배는 돈에 대한 집착이나 물질주의, 명성에 대한 탐닉, 성적 부도덕 등의 수많은 모습으로 나타날 수 있다. 신약 성경은 그리스도인이 우상 숭배를 경계해야 한다는 사실을 지속적으로 일깨운다(고전 5:11, 10:7, 14, 고후 6:16, 갈 5:20).

| 묵상 구절 | "그들이 내가 그들에게 명령한 길을 속히 떠나 자기를 위하여 송아지를 부어 만들고 그것을 예배하며 그것에게 제물을 드리며 말하기를 이스라엘아 이는 너희를 애굽 땅에서 인도하여 낸 너희 신이라 하였도다"(출 32:8).

| 생각해볼 문제 | 당신이 삶에서 우상처럼 숭배한 것이 있다면 무엇인가?

45일 성막 건축

출애굽기 35–36장

어제는 이스라엘이 황금 송아지를 우상으로 섬기는 모습을 살펴보았다(출 32–34장). **오늘은** 성막 건축에 관한 내용을 살펴볼 것이다.

| 핵심 개념 | 성막은 하나님의 백성이 하나님의 임재를 누리는 장소다.

| 큰 그림 | 모세의 독려를 받은 이스라엘 백성은 성막 건축에 사용될 여러 물질을 헌납했다. 그들에게는 희생을 감수해야 하는 헌신적 행동이었다. 그들은 매우 적극적으로 반응했다(출 35:1–35). 그리고 드디어 하나님이 주신 구체적인 지시 사항에 따라 성막을 건축하기 시작했다(36장).

| 변화를 위한 진리 | 이스라엘 백성은 성막을 건축하기 위해 자신들의 물건을 즐거운 마음으로 바쳤다(출 35:5–31). 바울이 헌금에 관해 권면한 내용이 이 장면과 연결된다. 우리는 값없이 받았으므로 아낌없이 주어야 한다. 힘이 닿는 대로 베풀어야 한다. 바울은 "각각 그 마음에 정한 대로 할 것이요 인색함으로나 억지로 하지 말지니 하나님은 즐겨 내는 자를 사랑하시느니라"(고후 9:7)고 가르쳤다.

| 묵상 구절 | "일곱째 날은 너희를 위한 거룩한 날이니 여호와께 엄숙한 안식일이라 누구든지 이 날에 일하는 자는 죽일지니"(출 35:2).

| 생각해볼 문제 | "거룩한 날…여호와께 엄숙한 안식일"을 지금도 여전히 지켜야 한다고 생각하는가?

<예수 빌리지> 구약 I. 23과

46일 성막 기구 **제조**

출애굽기 37:1–39:31

어제는 성막 건축에 관해 살펴보았다(출 35–36장). **오늘은** 성막에서 사용될 여러 기구를 제작하는 내용을 살펴볼 것이다.

| 핵심 개념 | 백성은 "여호와께서 모세에게 명하신 대로" 성막에 쓰일 기구를 제조하였다.

| 큰 그림 | 성막과 관련된 다양한 비품과 기구가 제작되었다. 여기에는 언약궤(출 37:1–9), 상(37:10–16), 등잔(37:17–24), 분향단(37:25–29), 번제단(38:1–7), 물두멍(38:8), 성막 뜰(38:9–20) 그리고 정교한 제사장의 예복(39:1–31)이 포함된다. 모세는 모든 과정을 직접 감독하고 여호와의 지시대로 잘 이행되는지 확인하였다(39:32–43).

| 변화를 위한 진리 | 오늘 성경 본문에서는 모든 일이 "여호와께서 모세에게 명령하신 대로" 진행되었다는 내용이 거듭 등장한다(출 39:1, 5, 7, 21, 29, 31). 이것은 그들이 순종적인 태도로 임했음을 강조한다. 신약은 그리스도에 대한 우리의 사랑을 순종으로 증명해야 한다고 강조한다. "너희가 나를 사랑하면 나의 계명을 지키리라…나의 계명을 지키는 자라야 나를 사랑하는 자니…너희는 내가 명하는 대로 행하면 곧 나의 친구라"(참조. 요 14:15, 21, 15:14, 요일 5:3).

| 묵상 구절 | "여호와께서 모세에게 명령하신 대로 하였더라"(출 39:7).

| 생각해볼 문제 | 당신은 그리스도를 사랑하는 마음이 순종이라는 태도로 꾸준히 드러나고 있다고 생각하는가?

47일 성막의 **완성**

출애굽기 39:32-40:38, 민수기 9:15-23

어제는 성막에서 사용할 여러 기구와 비품을 제조한 내용을 살펴보았다(출 37:1-39:31). **오늘은** 마침내 성막이 완성된 이야기를 살펴볼 것이다.

| 핵심 개념 | 성막은 하나님의 백성이 하나님의 임재를 누리는 장소로 쓰이는 곳이었다. 성막이 완성되었다는 소식은 모든 백성에게 좋은 소식이었다.

| 큰 그림 | 성막이 완성되자 모세는 모든 것이 하나님의 계획대로 이루어졌는지 철저하게 살펴보았다(출 39:32-43). 그다음으로 거룩하게 사용되도록 성막을 봉헌했다(40:1-33). 이전에 시내산에 머물던 구름(24:15-18)이 이제 성막으로 내려왔고, 성막에는 하나님의 영광이 충만했다(40:34-38). 하나님은 이제 자기 백성 가운데 거하시게 되었다. 그들이 얼마나 기뻐했을지 상상해보라. 하나님이 성막 안에, 바로 그들 옆에 계셨다!

| 변화를 위한 진리 | 이스라엘 백성이 광야에서 유랑생활을 하는 동안 하나님은 성막 안에 거하셨다(출 40:38). 오늘날에는 우리 안에 거하신다. 사도 바울은 "너희 몸은 너희가 하나님께로부터 받은 바 너희 가운데 계신 성령의 전인 줄을 알지 못하느냐"(고전 6:19)고 말했다. 이 사실을 안다면 마땅히 삶에 변화가 일어나야 한다.

| 묵상 구절 | "낮에는 여호와의 구름이 성막 위에 있고 밤에는 불이 그 구름 가운데에 있음을 이스라엘의 온 족속이 그 모든 행진하는 길에서 그들의 눈으로 보았더라"(출 40:38).

| 생각해볼 문제 | 하나님이 당신 안에 거하신다는 사실을 기억하고 몸으로 하나님을 높이는가?(고전 6:19)

48일 봉헌 **예물**

민수기 7장

어제는 성막이 드디어 완성되고 하나님이 그 성막에 내주하시는 이야기를 살펴보았다(출 39:32-40:38, 민 9:15-23). **오늘은** 이스라엘 백성이 아낌없이 드린 봉헌 예물을 살펴볼 것이다.

| 핵심 개념 | 이스라엘 백성은 봉헌 예물을 아낌없이 드림으로 성막이 완성된 기쁨을 표현했다.

| 큰 그림 | 이스라엘 열두 지파의 대표들은 레위인들이 제사장의 직무를 수행할 수 있도록 예물을 드려 지원했다(민 7장). 레위인들이 성막과 성막 안의 기구와 비품을 옮기도록 수레와 소를 바쳤다. 그들이 성막 건축에 필요한 자재를 바칠 때처럼(출 35:4-29) 기꺼이 예물을 드리고 있는 모습을 눈여겨보라. 그들은 하나님이 그들 가운데 계신다는 사실에 설렘과 흥분을 감출 수 없었다!

| 변화를 위한 진리 | 성막에 들어간 모세는 하나님이 말씀하시는 음성을 귀로 들었다(민 7:89). 오늘날 우리는 성경으로 하나님의 음성을 '듣는다'(참조. 계 2:7, 11, 17, 29, 3:6). 하나님은 말씀을 듣는 것으로 그치지 말고 순종하라고 부르신다(약 1:22). 예수님은 "오히려 하나님의 말씀을 듣고 지키는 자가 복이 있느니라"(눅 11:28)고 말씀하셨다.

| 묵상 구절 | "모세가 회막에 들어가서 여호와께 말하려 할 때에 증거궤 위 속죄소 위의 두 그룹 사이에서 자기에게 말씀하시는 목소리를 들었으니"(민 7:89).

| 생각해볼 문제 | 당신은 하나님의 말씀을 듣고 순종하는 자가 되기로 결단하였는가?(약 1:22)

49일 레위인들과 **여러 제사**

민수기 8:1–9:23, 레위기 1–3장

어제는 봉헌 예물을 살펴보았다(민 7장). **오늘은** 레위인들이 성별되는 것과 제사에 관한 규례를 살펴볼 것이다.

| 핵심 개념 | 하나님은 유대인들이 하나님과 바른 관계를 맺도록 성별에 관한 규례 그리고 절기와 제사에 관한 규례를 제정해주셨다.

| 큰 그림 | 이스라엘은 성막에서 아론과 제사장들의 감독 아래 레위인들이 하나님을 섬길 수 있도록 그들을 정결케 하고 성별하였다(민 8:5–26). 모세의 영도 아래 유대인들이 이집트에서 탈출한 일을 기념하는 유월절은 연례 절기로 지켜야 했다(9:1–14). 하나님은 이스라엘 백성과 함께하시고 인도하시겠다고 확인해주셨다(9:15–23). 번제(레 1장)와 소제(2장), 화목제(3장)에 관한 규례가 소개된다.

| 변화를 위한 진리 | 희생 제사에 사용되는 짐승은 흠이 없어야 했다(레 1:3–4). 하나님의 어린양이신 예수님 역시 죄가 없으시므로 흠이 없는 분이었다. 예수님은 "죄는 없으신" 분이었다(히 4:15). "거룩하고 악이 없고 더러움이 없는" 분이었다(히 7:26). 그에게는 "죄가 없느니라"(요일 3:5). 그는 "오직 흠 없고 점 없는 어린 양 같은" 분이었다(벧전 1:19). 그러므로 우리 죄를 대속하시기에 완벽한 희생 제물이셨다.

| 묵상 구절 | "그는 번제물의 머리에 안수할지니 그를 위하여 기쁘게 받으심이 되어 그를 위하여 속죄가 될 것이라"(레 1:4).

| 생각해볼 문제 | 예수님이 단번에 드리신 완전한 제사로 우리가 구원을 받았다는 말은 당신에게 어떤 의미인가?

50일 다양한 **제사**

레위기 4–6장

어제는 레위인들의 성별과 제사에 관한 규례를 살펴보았다(민 8:1–9:23, 레 1–3장). **오늘도** 제사에 관한 규례를 살펴볼 것이다.

| 핵심 개념 | 이스라엘 백성이 하나님과 올바른 관계를 맺으려면 죄를 처리하고 규례에 따라 각종 제사를 드려야 했다.

| 큰 그림 | 속죄제에 관한 상세한 규례가 소개된다. 제사장, 온 이스라엘 회중, 각 지파의 지도자, 그 외 다른 공동체 지체들을 위한 속죄제도 포함되어 있다(레 4:1–5:13). 이어서 속건제에 관한 규례가 소개된다(5:14–6:7). 이스라엘 백성이 하나님과 올바른 관계를 맺으려면 이런 제사들을 잘 지키는 것이 핵심이었다.

| 변화를 위한 진리 | 이스라엘 백성이 하나님과 올바른 관계를 맺으려면 반드시 죄를 고백해야 했다(레 5:5). 우리 역시 죄를 지으면 하나님께 죄를 고백해야 한다. "만일 우리가 우리 죄를 자백하면 그는 미쁘시고 의로우사 우리 죄를 사하시며 우리를 모든 불의에서 깨끗하게 하실 것이요"(요일 1:9). '자백하다'로 번역된 헬라어는 문자적으로 '동일한 것을 말하다'는 뜻이 있다. 죄를 고백할 때 우리는 우리 죄에 대해 하나님이 말씀하시는 것과 같은 내용을 말하는 것이다.

| 묵상 구절 | "이 중 하나에 허물이 있을 때에는 아무 일에 잘못하였노라 자복하고"(레 5:5).

| 생각해볼 문제 | 당신은 자신이 지은 죄를 깨닫게 되면 성경에서 가르친 대로(요일 1:9) 하나님께 즉각 고백하는가?

<예수 빌리지> 구약 I. 24과

51일

제사장 **위임식**

레위기 7-8장

어제는 속죄제와 속건제를 살펴보았다(레 4-6장). **오늘은** 제사장 위임식을 살펴볼 것이다.

| 핵심 개념 | 구약 시대 이스라엘 백성에게는 하나님을 예배하기 위한 규례가 있었다. 제사장이 핵심 역할을 맡았다.

| 큰 그림 | 아론과 그의 아들들은 위임식을 치렀다(레 8:1-4). 아론은 제사장 예복을 착용했다(8:5-9). 성막의 제단과 그릇 그리고 다른 비품들을 관유로 거룩하게 하고 제사를 드렸다(8:10-13, 14-29). 다음으로 아론과 그의 아들들의 옷에 관유와 제단의 피를 뿌렸다. 그들은 다음 7일 동안 성막 뜰에 머물러야 했다(8:30-36). 이 의식은 이스라엘 백성이 드리는 전통적 예배에 그들의 역할이 중요하다는 것을 보여준다.

| 변화를 위한 진리 | 아론은 이스라엘 백성의 대제사장으로 임명을 받았다(참조. 레 8:12). 예수님은 우리 대신 피를 흘리신 우리의 영원한 대제사장이시다(히 7:27). 또한 그분은 우리를 위해 기도해주신다(히 7:25). 우리 연약함을 도와주신다. "우리에게 있는 대제사장은 우리의 연약함을 동정하지 못하실 이가 아니요 모든 일에 우리와 똑같이 시험을 받으신 이로되 죄는 없으시니라"(히 4:15).

| 묵상 구절 | "오늘 행한 것은 여호와께서 너희를 위하여 속죄하게 하시려고 명령하신 것이니"(레 8:34).

| 생각해볼 문제 | 우리의 대제사장이신 예수님이 당신을 위해 어떤 기도를 하실 것이라고 생각하는가?(참조. 히 7:25)

52일 제사장의 **직무와 행실**

레위기 9-11장

어제는 제사장의 위임식을 살펴보았다(레 7-8장). **오늘은** 제사장의 직무와 행실에 관해 살펴볼 것이다.

| 핵심 개념 | 제사장들은 정해진 규례대로 직무를 수행해야 했다. 백성을 위해 규례를 지켜야 했다.

| 큰 그림 | 위임식을 끝낸 제사장들은 직무를 보기 시작했다. 먼저 속죄제를 드린 다음 자원제를 드렸다(레 9:1-21). 그다음으로 아론은 백성을 축복했다(22절). 아론의 두 아들 나답과 아비후는 하나님이 명하시지 않은 불로 향을 드리다가 불이 나와 죽임을 당했다. 하나님의 규례를 소홀히 하다가 죽음의 형벌을 받는 비극적인 일이 벌어진 것이다(10:1-5). 다음으로 제사장의 행실에 관한 지침이 소개된다(8-20절). 또한 의식적 정결과 부정에 관한 지침이 소개된다(11장).

| 변화를 위한 진리 | 이스라엘 백성은 제의적 의식을 치러 정결해져야 했다(레 11장). 그러나 우리는 예수 그리스도의 피로 깨끗함을 받는다. "그가 빛 가운데 계신 것같이 우리도 빛 가운데 행하면 우리가 서로 사귐이 있고 그 아들 예수의 피가 우리를 모든 죄에서 깨끗하게 하실 것이요"(요일 1:7).

| 묵상 구절 | "그리하여야 너희가 거룩하고 속된 것을 분별하며 부정하고 정한 것을 분별하고"(레 10:10).

| 생각해볼 문제 | 아론의 아들들이 불순종한 것에 대해 하나님이 왜 그렇게 가혹하게 반응하셨다고 생각하는가?

53일 종교적 **의식법**

레위기 12:1-14:32

어제는 제사장의 직무와 행실에 관해 살펴보았다(레 9-11장). **오늘은** 정결과 관련한 여러 의식법을 살펴볼 것이다.

| 핵심 개념 | '부정한' 사람은 정결 의식을 시행해야 한다.

| 큰 그림 | 고대 유대인은 사람을 부정하게 하는 것들이 있다고 믿었다. 생리 중이거나 출산 직후의 여성은 의식적으로 부정하다고 여겼다(레 12:2-5). 피부 감염병에 걸린 사람도 부정하다고 여겼다(레 13:3). 부정한 사람은 모세 율법에서 규정한 정결 의식을 치러야 했다. 예를 들어, 피부병에 걸리면 정해진 정결 의식을 치렀다(레 13-14장).

| 변화를 위한 진리 | 예수님은 사람에게 가장 '부정한' 부분은 마음이라고 가르치셨다. "무엇이든지 밖에서 사람에게로 들어가는 것은 능히 사람을 더럽게 하지 못하되 사람 안에서 나오는 것이 사람을 더럽게 하는 것이니라"(막 7:15-16). 이런 상태에서 정결함을 얻는 유일한 방법은 거듭남과 변화시키시는 성령의 사역을 체험하는 것이다(고전 6:19, 고후 5:17, 갈 5:16-23, 딛 3:5).

| 묵상 구절 | "나병 환자는 옷을 찢고 머리를 풀며 윗입술을 가리고 외치기를 부정하다 부정하다 할 것이요"(레 13:45).

| 생각해볼 문제 | 당신은 그리스도인이면서도 '부정한' 마음에 여전히 악이 자리하고 있는 자신의 모습에 충격을 받은 적이 있는가?(더 자세한 내용은 롬 7:15-25 참조)

54일 대속죄일

레위기 14:33-16:34

어제는 정결을 목적으로 한 여러 의식법을 다루었다(레 12:1-14:32). **오늘은** 대속죄일에 관해 살펴볼 것이다.

| 핵심 개념 | 오직 피로만 죄를 대속할 수 있다.

| 큰 그림 | 대속죄일에 대제사장 아론은 먼저 자기 죄를 용서받아야 했다. 자신을 위해 수송아지를 속죄 제물로 드려 속죄함을 받았다. 이 과정을 거쳐야만 이스라엘 백성을 대신해 제사를 드릴 수 있었다. 백성을 위해서는 먼저 염소를 제물로 드렸다. 그런 다음 두 번째 염소에게 안수하고 백성의 죄를 그 염소에게 상징적으로 전가했다. 그리고 그 염소를 광야로 보내 그들의 죄가 제거되었음을 상징적으로 드러냈다(레 14:33-16:34).

| 변화를 위한 진리 | 아사셀 염소로 백성의 죄가 제거되었듯이 하나님의 어린양이신 예수님은 "세상 죄를 지고 가신다"(요 1:29). "그가 우리 죄를 없애려고 나타나신 것을 너희가 아나니 그에게는 죄가 없느니라"(요일 3:5).

| 묵상 구절 | "염소가 그들의 모든 불의를 지고 접근하기 어려운 땅에 이르거든 그는 그 염소를 광야에 놓을지니라"(레 16:22).

| 생각해볼 문제 | 당신은 구약의 제사 제도를 이해하고, 하나님의 어린양이신 예수님이 우리 대신 십자가에서 이루신 일을 잘 이해하게 되었는가?

55일 바른 생활에 관한 규례

레위기 17-19장

어제는 대속죄일에 관해 살펴보았다(레 14:33-16:34). **오늘은** 성결한 생활에 관한 규례를 살펴볼 것이다.

| 핵심 개념 | 다른 사람과 관계를 올바로 맺으라.

| 큰 그림 | 오늘 읽을 성경 본문은 성결한 삶, 특히 대인 관계와 관련해 성결한 생활을 강조한 규례들을 다루고 있다. 모세는 개인을 더럽히고 땅을 오염시키는 성적 관계를 집중적으로 다룬다. 죄악을 행한 이들은 땅에서 끊어졌다(레 18:1-28). 19장은 다른 사람들과의 관계에서 해야 할 일과 하지 말아야 할 일을 목록으로 정리해놓았다.

| 변화를 위한 진리 | 오늘 성경 본문은 편파적인 판정이나 불공정한 행위를 하지 말라고 명하고 있다(레 19:15). 신약은 "하나님께서 외모로 사람을 취하지 아니하심이라"(롬 2:11)고 강조한다. 하나님은 정하신 기준을 공의롭고 평등하게 실행하신다(습 3:5, 롬 3:26). 우리 역시 편파적으로 판단하거나 불공정하게 행동해서는 안 된다(약 2:4). 특별히 위로부터 오는 지혜는 "편견과 거짓이 없다"(약 3:17). 우리 모두 "그들과 너희의 상전이 하늘에 계시고 그에게는 사람을 외모로 취하는 일이 없는 줄" 기억해야 한다(엡 6:9, 골 3:25). 실제로 하늘의 아버지는 사람을 "외모로 보시지 않고 각 사람의 행위대로 심판하시는 이"다(벧전 1:17).

| 묵상 구절 | "너희는 재판할 때에 불의를 행하지 말며 가난한 자의 편을 들지 말며 세력 있는 자라고 두둔하지 말고 공의로 사람을 재판할지며"(레 19:15).

| 생각해볼 문제 | 사람들을 차별하고 싶은 유혹을 받은 적이 있는가?

56일 피해야 할 죄: **제사장들을 위한 규례**

레위기 20–22장

어제는 인간관계와 관련한 규례를 다루었다(레 17–19장). **오늘은** 특정한 죄를 피하는 내용을 살펴볼 것이다. 또한 제사장들을 위한 규례를 살펴볼 것이다.

| 핵심 개념 | 삶에서 하나님의 도를 행해야 한다.

| 큰 그림 | 레위기 20장에서 모세는 두 범주의 죄를 지적한다. 종교와 관련한 죄(2–6, 27절)와 가정과 관련한 죄(9–21절)가 그것이다. 이런 죄는 방치하면 공동체에 해가 되거나 공동체를 파괴할 수 있었다. 이스라엘 백성은 개인으로나 공동체로나 성결한 삶을 일관되게 쫓아야 했다(7–8, 22–26절). 다음으로 모세는 제사장들에게 요구되는 도덕적 규정과 의식적 규례들을 소개한다. 그들은 여호와를 섬기기 때문에 더 엄격한 수준의 삶이 요구되었다(21–22절).

| 변화를 위한 진리 | 모세는 성적인 죄를 경고하는 구체적인 명령과 위반할 경우 해당하는 처벌 조항들을 소개하였다(레 20:10–21). 바울은 이렇게 말한다. "음행을 피하라 사람이 범하는 죄마다 몸 밖에 있거니와 음행하는 자는 자기 몸에 죄를 범하느니라…값으로 산 것이 되었으니 그런즉 너희 몸으로 하나님께 영광을 돌리라"(고전 6:18–20).

| 묵상 구절 | "너희는 스스로 깨끗하게 하여 거룩할지어다 나는 너희의 하나님 여호와이니라 너희는 내 규례를 지켜 행하라 나는 너희를 거룩하게 하는 여호와이니라"(레 20:7–8).

| 생각해볼 문제 | "너희는 스스로 깨끗하게 하여 거룩할지어다"라는 말씀이 무슨 의미라고 생각하는가? 삶에서 이 말씀은 어떻게 드러나야 하는가?

57일 절기와 안식년과 **희년**

레위기 23:11-25:23

어제는 제사장들을 위한 규례와 함께 피해야 할 죄악에 관해 살펴보았다(레 20-22장). **오늘은** 각종 절기와 안식년과 희년을 살펴볼 것이다.

| 핵심 개념 | 이스라엘이 과거에 경험한 특별한 사건은 특별한 날과 절기로 정해 기억하고 기념해야 했다.

| 큰 그림 | 하나님은 이스라엘이 과거에 경험한 특별한 사건들을 특정한 날과 절기로 정해 기념하고 기리도록 이스라엘 백성에게 명령하셨다. 또한 모세는 7년마다 땅이 안식하는 해를 갖도록 지시했다(레 25:1-7). 또한 50년마다 희년이라고 하는 해방의 해를 기념하도록 지시했다(25:8-55). 희년에는 채무를 변제해주고, 노예로 팔린 사람들에게 자유를 주며, 매매된 땅은 원주인에게 돌려주어야 했다.

| 변화를 위한 진리 | 오늘날 그리스도인들은 절기나 특별한 날을 즐기지는 않지만, 주님이 우리 삶에서 행하신 일들을 예배하며 기념할 수 있다. "기쁨으로 여호와를 섬기며 노래하면서 그의 앞에 나아갈지어다… 그는 우리를 지으신 이요 우리는 그의 것이니 그의 백성이요 그의 기르시는 양이로다 감사함으로 그의 문에 들어가며"(시 100:2-4).

| 묵상 구절 | "일곱째 날은 쉴 안식일이니"(레 23:3).

| 생각해볼 문제 | 당신은 일주일에 하루를 완전한 안식의 날로 지켜야 한다고 생각하는가?

58일 축복과 **심판**

레위기 25:24-26:46

어제는 여러 절기와 안식년, 희년에 관해 살펴보았다(레 23:1-25:23). **오늘은** 순종에 따르는 축복과 불순종에 따르는 심판을 살펴볼 것이다.

| 핵심 개념 | 선택은 결과가 따른다.

| 큰 그림 | 하나님이 이스라엘과 맺으신 언약은 조건적이었다. (무조건적인 아브라함의 언약과 혼동하지 말라.) 하나님의 언약에 따르면 이스라엘 백성이 언약의 조건대로 순종하면 큰 축복을 받고 땅에서 번성할 것이며, 하나님이 그들과 함께하실 것이다(레 26:1-13). 그러나 이스라엘 백성이 언약의 조건을 이행하지 않으면 하나님이 그들을 외면하시고 그들은 언약에 명시된 벌을 받을 것이다(26:14-46). 구약 역사는 이스라엘 백성이 종종 하나님께 불순종했고, 결국 그 대가를 치렀다고 보여준다.

| 변화를 위한 진리 | 신약성경에서 그리스도인으로서 우리 삶은 새 언약을 중심으로 한다. 이것은 하나님이 인류와 맺으신 무조건적 언약으로, 하나님은 이 언약을 통해 오직 예수 그리스도의 희생적 죽음과 부활에 근거해 죄를 용서해주시겠다고 약속하셨다(렘 31:31-34, 고전 11:25).

| 묵상 구절 | "너희는 자기를 위하여 우상을 만들지 말지니 조각한 것이나 주상을 세우지 말며 너희 땅에 조각한 석상을 세우고 그에게 경배하지 말라 나는 너희의 하나님 여호와임이니라"(레 26:1).

| 생각해볼 문제 | 그리스도인들이 고대 이스라엘 백성보다 훨씬 더 나은 언약을 맺고 있다는 사실에 전율을 느끼는가?

59일 첫 번째 인구 조사

레위기 27장, 민수기 1장

어제는 순종에 따른 축복과 불순종에 따른 심판에 관해 살펴보았다(레 25:24-26:46). **오늘은** 이스라엘의 첫 인구 조사에 관해 살펴볼 것이다.

| 핵심 개념 | 이스라엘 지도자들은 인구 조사로 약속의 땅에서 이루어질 토지 분배를 준비하고 이스라엘의 군사력을 가늠해볼 수 있었다.

| 큰 그림 | 하나님은 모세에게 전장에 나갈 수 있는 스무 살 이상의 건장한 이스라엘 남자에 대한 인구 조사를 지시하셨다(민 1:2-3). 이 조사로 이스라엘의 군사력을 가늠해볼 수 있을 것이다. 또한 이스라엘이 약속의 땅을 정복할 경우 꼭 필요한 정보였다. 여러 지파의 대표가 계수를 도왔고(1:4-17), 레위인들은 이 조사에서 면제되었다(1:47-54). 전체 숫자는 603,550명으로, 엄청난 인원이었다.

| 변화를 위한 진리 | 인구 조사는 미래의 계획을 세울 목적으로 실시되었다. 미래를 준비하는 것은 현명하다. 요셉은 미리 계획을 세움으로 동족을 기아에서 구출할 수 있었다(창 41장). 미리 재정 계획을 세워야 풍요롭게 살 수 있다(잠 21:5). 천국에 가려면 그 나라에 보물을 쌓아야 하므로 미리 계획해야 한다(마 6:19-20).

| 묵상 구절 | "너희는 이스라엘 자손의 모든 회중 각 남자의 수를 그들의 종족과 조상의 가문에 따라 그 명수대로 계수할지니 이스라엘 중 이십 세 이상으로 싸움에 나갈 만한 모든 자를 너와 아론은 그 진영별로 계수하되"(민 1:2-3).

| 생각해볼 문제 | 당신은 계획을 세울 때 오직 이 땅의 세속적인 삶만을 고려하는가? 아니면 장차 펼쳐질 천국의 삶을 생각하며 계획을 세우는가?

60일

진영 정비와 **성별된 레위인**

민수기 2–3장

어제는 이스라엘의 첫 인구 조사를 살펴보았다(레 27장, 민 1장). **오늘은** 이스라엘이 진영을 정비한 내용과 레위인이 성별된 내용을 살펴볼 것이다.

| 핵심 개념 | 유대인은 여호와를 삶의 중심에 모셔야 했다.

| 큰 그림 | 민수기 2장은 이스라엘을 지파별로 배치한 내용을 기술하고 있다. 진의 정중앙에 성막이 놓이고 지파들은 그 주변으로 배정되었다는 점을 유의하라. 진영의 이런 배치는 하나님이 유대 공동체의 중심이자 핵심이 되셔야 했음을 보여준다. 민수기 3장에서 레위인들은 이스라엘의 다른 지파를 대신하여 그들의 종교적 직무를 위해 성별되었다.

| 변화를 위한 진리 | 기독교의 핵심이자 중심은 예수님이다. 예수님을 알면 하나님을 알 수 있다. 예수님을 만난다는 것은 하나님을 만난다는 뜻이며, 예수님을 믿는다는 것은 하나님을 믿는다는 것이다. 예수님을 영접하는 것은 하나님을 영접한다는 것이며, 예수님을 예배하는 것은 하나님을 예배하는 것이다(눅 24:27, 요 5:39–40, 히 12:2). 성경이 "자기에 관한" 것이며(눅 24:27) "나를 가리켜 기록"(44절)되었고 "내게 대하여 증언하는 것이니라"(요 5:39)는 예수님의 말씀은 당연하다.

| 묵상 구절 | "이스라엘 자손이 여호와께서 모세에게 명령하신 대로 다 준행하여"(민 2:34).

| 생각해볼 문제 | 예수님이 그리스도인의 신앙생활에 중심이 되셔야 한다는 말은 어떤 의미라고 생각하는가?

61일 레위 가문에 할당된 의무와 **정결 유지의 중요성**

민수기 4–5장

어제는 이스라엘의 진영이 정비되고 레위인이 성별된 것을 살펴보았다(민 2–3장). **오늘은** 레위 지파에 소속된 여러 가문이 맡은 직무와 정결 유지의 중요성을 살펴볼 것이다.

| 핵심 개념 | 성막은 하나님이 임재하시는 장소였기 때문에 레위인들의 성막 관리는 매우 중요한 일이었다.

| 큰 그림 | 모세는 레위인의 세 가문인 고핫 자손, 게르손 자손, 므라리 자손에게 성막의 직무를 할당했다(민 4:1–49). 이스라엘 백성의 영적 생활은 성막을 중심으로 이루어졌고 레위인들은 성막을 관리하는 책무가 있었기 때문에 그들은 이스라엘 모든 지파를 섬기는 종인 셈이었다. 다음으로 감염성 질병에 걸린 사람들과 간음하다 잡힌 사람들에 관한 규례가 소개된다(5장).

| 변화를 위한 진리 | 가정이 무너지면 사회가 무너진다. 간음 문제를 엄중하게 대처해야 하는 한 가지 이유다(민 5:11–31). 예수님은 심지어 마음에 음욕을 품어도 간음이라고 선언하셨다(마 5:27–28). 바울은 간음을 육체의 더러운 일이라고 말했다(갈 5:19). 욥은 간음 문제에 대해 현명한 자세를 견지했다. "내가 내 눈과 약속하였나니 어찌 처녀에게 주목하랴"(욥 31:1).

| 묵상 구절 | "남자나 여자나 사람들이 범하는 죄를 범하여 여호와께 거역함으로 죄를 지으면"(민 5:6).

| 생각해볼 문제 | 욥처럼 행동하는 것(욥 31:1)이 성적 죄악을 피하는 데 도움이 된다고 생각하는가?

62일 나실인 **서약**

민수기 6장, 10장

어제는 레위 지파에 소속된 가문의 직무와 정결 유지의 중요성을 다루었다(민 4–5장). **오늘은** 나실인 서약을 살펴볼 것이다.

| 핵심 개념 | 이스라엘 백성에게는 성결한 삶을 사는 것이 어떤 의미인지를 알려줄 모범적 사례가 필요했다.

| 큰 그림 | 나실인 서약을 한 이스라엘 백성은 특별한 방법으로 여호와께 자신을 성별해 드려야 했다(민 6:1–21). 일반적으로 이런 서약은 준수하는 기간이 짧은 편이었다. 이 서약을 한 이들은 모든 이스라엘 백성에게 성결한 삶의 필요성을 일깨우는 역할을 했다. 민수기 10장에서는 모세가 나팔 두 개를 만들어 전투에 참석하도록 소집할 때와 진을 이동해야 하는 것을 알릴 때 사용하도록 했다.

| 변화를 위한 진리 | 나실인 서약을 한 사람들이 백성의 모범이 되었듯이 신약 시대의 지도자들도 모범이 되는 삶을 살아야 했다(벧전 5:3). 그리스도인도 저마다 다른 사람들에게 모범이 될 수 있다. 바울은 데살로니가 교인들에게 "그러므로 너희가 마게도냐와 아가야에 있는 모든 믿는 자의 본이 되었느니라"(살전 1:7)고 말했다.

| 묵상 구절 | "여호와는 네게 복을 주시고 너를 지키시기를 원하며 여호와는 그의 얼굴을 네게 비추사 은혜 베푸시기를 원하며 여호와는 그 얼굴을 네게로 향하여 드사 평강 주시기를 원하노라"(민 6:24–26).

| 생각해볼 문제 | 당신은 지난 한 해 동안 사람들에게 어떤 모범을 보여주었다고 생각하는가?

63일 백성의 원망 – **가나안 정탐 활동**

민수기 11–13장

어제는 나실인 서약을 살펴보았다(민 6장, 10장). **오늘은** 원망하는 이스라엘 백성과 가나안 정탐 활동을 살펴볼 것이다.

| 핵심 개념 | 원망하지 말고 감사하라.

| 큰 그림 | 하나님은 이스라엘 백성에게 필요한 모든 것을 제공해주셨지만 그들은 불평하고 원망했다(민 11:1–35). 심지어 미리암과 아론도 모세를 원망했다(12:1–16). 이런 원망은 하나님의 얼굴을 치며 "우리를 제대로 대우해주지 않았잖아요"라고 덤비는 짓이었다. 하나님은 격노하셨다. 이후 모세는 열두 명의 정탐꾼을 보내어 가나안 땅을 정찰하게 했다(13:1–16). 그들은 그 땅이 풍요롭지만 그곳 거민들이 철통같은 방어를 하고 있다고 보고했다(13:17–33). 갈렙과 여호수아는 이 보고 내용을 인정하지 않고 이스라엘 백성이 충분히 그 땅을 정복할 수 있다고 설득했다.

| 변화를 위한 진리 | 원망하기보다는 감사하는 것이 훨씬 낫다. 시편 기자는 우리에게 올바른 자세를 보여준다. "감사함으로 그의 문에 들어가며 찬송함으로 그의 궁정에 들어가서 그에게 감사하며 그의 이름을 송축할지어다"(시 100:4). "여호와 나의 하나님이여 내가 주께 영원히 감사하리이다"(시 30:12). "내가 노래로 하나님의 이름을 찬송하며 감사함으로 하나님을 위대하시다 하리니"(시 69:30).

| 묵상 구절 | "여호와께서 들으시기에 백성이 악한 말로 원망하매 여호와께서 들으시고 진노하사"(민 11:1).

| 생각해볼 문제 | 당신의 삶에서 하나님께 감사하는 열 가지 일을 말해볼 수 있는가? 있다면 지금 바로 감사의 기도를 드리지 않겠는가?

〈예수 빌리지〉 구약 II. 1과

64일 백성의 반역과 **모세의 중재**

민수기 14-15장

어제는 이스라엘 백성의 원망과 가나안 정찰 활동을 살펴보았다(민 11-13장). **오늘은** 이스라엘 백성의 반역과 모세의 중재를 살펴볼 것이다.

| 핵심 개념 | 원망하고 반역한다는 것은 하나님을 온전히 믿지 못한다는 뜻이다.

| 큰 그림 | 이스라엘 백성은 정탐꾼들의 비관적 보고를 받고 반발했다. 백성을 위해 중재에 나선 모세는 그들을 진멸하지 말아달라고 하나님께 간청했다. 하나님은 모세의 요청을 존중하셨지만 이스라엘 백성은 이제 광야에서 40년 동안 유랑해야 할 운명에 처했다. 이 방랑 생활은 스무 살 이상의 백성이 모두 사망할 때까지 지속되었다. 선택에는 결과가 따른다(민 14장).

| 변화를 위한 진리 | 모세는 하나님 앞에서 백성을 위해 중보했다(민 14:13-25). 우리 역시 다른 사람들을 위해 중재해야 한다. "서로[를 위해] 기도"해야 한다(약 5:16). 바울은 "여러 성도를 위하여 구하라"(엡 6:18)고 권면했다. 또한 "모든 사람을 위하여 간구와 기도와 도고와 감사를 하되"(딤전 2:1)라고 말했다.

| 묵상 구절 | "내 영광과 애굽과 광야에서 행한 내 이적을 보고서도 이같이 열 번이나 나를 시험하고 내 목소리를 청종하지 아니한 그 사람들은"(민 14:22).

| 생각해볼 문제 | 당신 주위에 중보 기도가 필요한 상처 입은 사람이 있는가?

〈예수 빌리지〉 구약 II. 1과

65일 제사장의 **반역**

민수기 16-18장

어제는 이스라엘 백성의 반역과 모세가 그들을 중재한 일을 살펴보았다(민 14-15장). **오늘은** 일부 제사장이 일으킨 반역을 살펴볼 것이다.

| 핵심 개념 | 고의로 지은 죄에는 엄중한 대가가 따른다.

| 큰 그림 | 한 레위인과 일부 추종자가 모세의 리더십에 반기를 들고 제사장 직무를 진영의 다른 사람들에게 넘겨주어야 한다고 주장했다(민 16:1-15). 땅이 입을 벌려 반역한 그들을 집어삼켰고, 이 일로 하나님이 모세와 아론을 지도자로 인정하신다는 사실이 모든 백성에게 다시 한 번 명백히 입증되었다(16;16-34). 여호와의 불이 제사장 행세를 한 사람들을 불살랐다(16:35-40). 다음 날 이스라엘 온 회중이 모세가 하나님의 백성을 죽였다고 비난했다. 모세는 다시 중재했고 아론이 범죄한 이스라엘 백성을 위해 급히 속죄했지만 하나님이 내리신 심판으로 그들 중 14,700명이 죽임을 당했다(16:41-50).

| 변화를 위한 진리 | 하나님은 이스라엘 백성과 언약을 맺으시고 그들이 순종하면 복을 주겠다고 하셨다. 그러나 불순종하면 엄중한 대가를 치러야 했다(출 15:26, 19:5, 23:22, 레 26:3-4, 신 4:40, 7:12, 12:28, 15:5, 28:1). 우리 하나님은 사랑의 하나님이시지만(렘 31:3, 요일 4:8) 또한 거룩하신 심판의 하나님이시다(사 6:3, 계 20:11-15).

| 묵상 구절 | "너와 너의 무리가 다 모여서 여호와를 거스르는도다"(민 16:11).

| 생각해볼 문제 | 사랑과 같은 우리가 선호하는 하나님의 속성에만 주목하지 않고 하나님의 모든 속성을 균형 있게 바라보는 것이 왜 중요한가?

66일 하나님의 명령대로 **이행하지 않은 모세와 아론**

민수기 19–21장

어제는 일부 제사장이 일으킨 반역을 살펴보았다(민 16–18장). **오늘은** 모세와 아론이 하나님의 명령대로 이행하지 않은 내용을 살펴볼 것이다.

| 핵심 개념 | 순종의 길에서 벗어나지 말라. 지난날 한결같이 신실하셨던 하나님을 생각하면 일생 굳건히 주를 섬기겠다는 마음이 흔들리지 않을 것이다.

| 큰 그림 | 40년의 광야 생활이 거의 끝나가고 있었다. 하나님은 모세에게 반석에 명령하여 물이 나오게 하라고 하셨다. 하지만 모세는 화가 나서 지팡이로 반석을 두 번 내리쳤다. 이 일로 모세와 아론은 약속의 땅에 들어갈 기회를 스스로 저버렸다(민 20:1–13). 가나안에 들어가기 전에 두 사람은 죽을 것이다. 신명기 34장 4절은 모세가 죽기 전 멀리 떨어진 곳에서 약속의 땅을 볼 수 있도록 하나님이 배려해주셨다고 말한다.

| 변화를 위한 진리 | 하나님이 모세와 아론을 대하시는 모습(민 20:12)에서 그분이 누구도 편애하시지 않음을 확인할 수 있다. 누구도 하나님께 특별한 대우를 받지 못한다(신 10:17, 엡 6:9, 벧전 1:17). 하나님은 우리에게 이런 모습을 본받으라고 말씀하신다(약 2:4–5, 3:17).

| 묵상 구절 | "여호와께서 모세와 아론에게 이르시되 너희가 나를 믿지 아니하고 이스라엘 자손의 목전에서 내 거룩함을 나타내지 아니한 고로 너희는 이 회중을 내가 그들에게 준 땅으로 인도하여 들이지 못하리라 하시니라"(민 20:12).

| 생각해볼 문제 | 모세와 아론이 약속의 땅에 들어가지 못한다는 말씀에서 어떤 생각이 드는가?

67일 발람의 메시지와 **하나님의 섭리**

민수기 22–24장

어제는 모세와 아론이 하나님의 명령을 거스른 일을 살펴보았다(민 19–21장). **오늘은** 발람 선지자가 하나님의 섭리로 인도하심을 받고 메시지를 전한 내용을 살펴볼 것이다.

| 핵심 개념 | 하나님이 이미 뜻을 명확하게 밝히신 문제에 관해서는 다시 하나님께 확인할 필요가 없다.

| 큰 그림 | 이스라엘이 전쟁에서 연전연승을 거두자 발락 왕과 미디안 족속은 발람 선지자를 고용해 이스라엘을 저주하고자 했다(민 22:1–7). 발락은 하나님의 주권적 개입을 인정하지 않았다. 발람은 처음에는 이스라엘을 저주하고자 하나님을 찾았지만 오히려 이스라엘을 축복하라는 하나님의 지시를 받았다(23:1–10). 발락은 이런 발람에게 분노했다. 이제 이스라엘은 훨씬 강해졌다. 발람은 결국 이스라엘을 또다시 축복했다(24:1–9). 발락은 분노해서 발람에게 떠나라고 명령했다(24:10–14).

| 변화를 위한 진리 | 잠언 16:9은 "사람이 마음으로 자기의 길을 계획할지라도 그의 걸음을 인도하시는 이는 여호와시니라"고 말한다. 잠언 19:21은 "사람의 마음에는 많은 계획이 있어도 오직 여호와의 뜻만이 완전히 서리라"고 말한다. 잠언 21:30은 "지혜로도 못하고, 명철로도 못하고 모략으로도 여호와를 당하지 못하느니라"고 강조한다. 하나님도 직접 "내가 나의 모든 기뻐하는 것을 이루리라"(사 46:10)고 밝히셨다.

| 묵상 구절 | "하나님은 사람이 아니시니 거짓말을 하지 않으시고 인생이 아니시니 후회가 없으시도다"(민 23:19).

| 생각해볼 문제 | 오늘 본문에서 하나님과 그분의 주권적 계획에 관해 어떤 교훈을 배웠는가?

68일 모압이 이스라엘을 미혹하다–**두 번째 인구 조사**

민수기 25–26장

어제는 발람 선지자의 신탁에 관해 살펴보았다(민 22–24장). **오늘은** 모압이 이스라엘을 미혹한 내용과 이스라엘의 두 번째 인구 조사를 살펴볼 것이다.

| 핵심 개념 | 하나님의 백성이라도 언제나 육신의 죄악을 저지를 위험이 있다.

| 큰 그림 | 발람은 이스라엘을 저주하지 못했다(민 23–24장). 하지만 이스라엘이 스스로 타락하도록 유인할 수 있다면 하나님의 저주를 받을 것이라고 발락에게 조언했다. 이 조언을 듣고 발락은 젊은 여인들을 보내 이스라엘 백성이 우상을 숭배하도록 유혹했다(25:1–3). 많은 이스라엘 백성은 여인들과 잔치를 즐기며 우상들을 숭배했다. 변절한 이스라엘 백성은 하나님의 명령에 따라 처벌을 받았다(25:4–5). 이 일이 마무리되기 전에 24,000명이 넘는 사람이 죽었다(25:6–9). 두 번째 인구 조사는 갈렙과 여호수아를 제외한 모든 출애굽 세대가 사망했음을 보여주었다(26장).

| 변화를 위한 진리 | 죄악된 인간 본성의 욕망에는 성적 부도덕, 부정, 육신적 쾌락, 우상 숭배가 포함된다(갈 5:19–20). 유일한 치료 방법이 있다. "너희는 성령을 따라 행하라 그리하면 육체의 욕심을 이루지 아니하리라…오직 성령의 열매는 사랑과 희락과 화평과 오래 참음과 자비와 양선과 충성과 온유와 절제니"(갈 5:16, 22–23).

| 묵상 구절 | "모세가 이스라엘 재판관들에게 이르되 너희는 각각 바알브올에게 가담한 사람들을 죽이라 하니라"(민 25:5).

| 생각해볼 문제 | "성령을 따라 행하라"(갈 5:16)는 말씀이 어떤 의미라고 생각하는가?

69일 지도자로 임명된 **여호수아**

민수기 27-29장

어제는 모압이 이스라엘을 미혹한 사건을 살펴보았다(민 25-26장). **오늘은** 여호수아가 이스라엘 지도자로 임명된 내용을 살펴볼 것이다.

| 핵심 개념 | 유한한 우리의 운명을 생각하고 미래를 준비하는 책임감을 발휘해야 한다.

| 큰 그림 | 하나님은 모세가 곧 임종할 것이라고 알려주셨다. 모세는 하나님께 그의 뒤를 이를 새 지도자를 세워달라고 간청했다. 하나님은 미래의 지도자로 여호수아를 선택하셨다. 그리고 모세에게 여호수아를 제사장 엘르아살과 회중 앞에 세우고 공개적으로 지도자로 위임하라고 명령하셨다. 모세는 순종했다(민 27:12-23). 이렇게 해서 모세의 사후에 벌어질지 모를 권력 투쟁을 방지할 수 있었다. 모세는 여호수아에게 리더의 직무를 위임하고 백성이 리더십의 이양을 직접 목도하도록 한 뒤 숨을 거두었다.

| 변화를 위한 진리 | 우리의 목숨은 하나님의 손에 달려 있다. "나를 위하여 정한 날이 하루도 되기 전에 주의 책에 다 기록이 되었나이다"(시 139:16). "그의 날을 정하셨고 그의 달 수도 주께 있으므로"(욥 14:5).

| 묵상 구절 | "여호와, 모든 육체의 생명의 하나님이시여 원하건대 한 사람을 이 회중 위에 세워서 그로 그들 앞에 출입하며 그들을 인도하여 출입하게 하사 여호와의 회중이 목자 없는 양과 같이 되지 않게 하옵소서"(민 27:15-17).

| 생각해볼 문제 | 우리 목숨이 하나님의 주권적 손에 달려 있다는 사실이 위로가 되지 않는가?

70일 미디안 족속 **정벌**

민수기 30–31장

어제는 여호수아가 이스라엘의 차기 지도자로 임명된 것을 보았다(민 27–29장). **오늘은** 이스라엘이 미디안을 정복한 내용을 살펴볼 것이다.

| 핵심 개념 | 하나님은 자신을 섬기도록 부르신 자들을 축복해주신다.

| 큰 그림 | 이스라엘이 광야에서 유랑 생활을 하는 기간이 거의 끝나가고 있었다. 하나님은 12,000명의 이스라엘 병력을 보내어 그보다 훨씬 더 큰 미디안 군대를 공격하고 이스라엘 백성을 유혹했던 발람과 미디안 여자들을 죽이게 하셨다. 이스라엘 군대에는 단 한 명의 전사자도 없었다. 이런 전과를 통해 하나님은 자기 백성의 편이신 것을 보여주셨다(민 30–31장).

| 변화를 위한 진리 | "하나님 편에 한 명만 있어도 다수가 된다"는 말이 있다. 미디안 족속을 공격한 이스라엘 백성은 수적으로 크게 열세였지만 하나님이 함께하시므로 승리했다. 목동 다윗 역시 자신보다 더 크고 강한 골리앗과 싸울 때 이 사실을 배웠다(삼상 17장). 이것은 우리 능력으로 감당하기 벅찬 문제를 다룰 때 꼭 기억해야 하는 진리다.

| 묵상 구절 | "사람이 여호와께 서원하였거나 결심하고 서약하였으면 깨뜨리지 말고 그가 입으로 말한 대로 다 이행할 것이니라"(민 30:2).

| 생각해볼 문제 | 미디안 여자들을 죽이라는 모세의 명령(민 31:15–17)이 엄중하게 느껴지지 않는가? 이런 명령이 왜 필요하다고 생각하는가?

71일 세 지파의 **정착**

민수기 32–33장

어제는 이스라엘이 미디안 족속을 정복한 내용을 살펴보았다(민 30–31장). **오늘은** 이스라엘 세 지파가 정착한 내용을 살펴볼 것이다.

| 핵심 개념 | 임무를 완수하라. 가나안 족속을 모두 몰아내고 그 땅을 차지하라.

| 큰 그림 | 르우벤과 갓 지파, 므낫세 반 지파는 요단강 동쪽 비옥한 목초지를 자신들에게 할당해달라고 모세에게 요청했다. 모세는 나머지 지파들의 가나안 정복 작전에 끝까지 동참한다면 그 땅을 주겠다고 말했다(민 32장). 모세는 약속의 땅을 향한 이스라엘의 이동 경로를 계속 기록했다. 하나님은 이스라엘에게 가나안 땅을 주시겠다는 약속을 재확인해주셨다. 그러나 모든 가나안 족속을 몰아내야 한다는 조건이 충족되어야 했다(33장).

| 변화를 위한 진리 | 세 지파처럼 우리도 "일을 끝까지 완수한다"는 지침을 고수해야 한다(그들의 경우 가나안 족속을 모두 몰아내는 일). 시작한 일을 끝까지 완수할 때 지녀야 할 중요한 태도가 있다. 무슨 일을 하든지 주님께 하듯이 해야 한다는 것이다. "무슨 일을 하든지 마음을 다하여 주께 하듯 하고 사람에게 하듯 하지 말라"(골 3:23, 참조. 4:17).

| 묵상 구절 | "너희가 만일 그 땅의 원주민을 너희 앞에서 몰아내지 아니하면 너희가 남겨둔 자들이 너희의 눈에 가시와 너희의 옆구리에 찌르는 것이 되어 너희가 거주하는 땅에서 너희를 괴롭게 할 것이요"(민 33:55).

| 생각해볼 문제 | 과제를 완수하지 못해 결국 그 대가를 치른 적이 있는가?

72일 땅 분배

민수기 34–36장

어제는 이스라엘 세 지파의 정착 문제를 살펴보았다(민 32–33장). **오늘은** 이스라엘의 땅 분배를 살펴볼 것이다.

| 핵심 개념 | 땅 분배가 체계적이고 공평하게 진행되었다.

| 큰 그림 | 하나님은 이스라엘 백성이 정착해 살 땅의 경계를 정해주셨다(민 34:1–15). 각 지파마다 대표를 선출했는데, 그들은 여호수아와 엘르아살이 땅을 분배하는 작업을 도왔다(34:16–29). 레위 지파(제사장 지파)는 땅을 분배받지 않고 다른 지파들과 함께 살아야 했다(35장). 이렇게 분배된 땅은 미래에도 그대로 유지되어야 했다(36장).

| 변화를 위한 진리 | 하나님은 반드시 약속을 지키시는 분이다. 하나님은 이스라엘 백성에게 젖과 꿀이 흐르는 땅을 약속해주셨다. 이스라엘은 드디어 그 땅으로 들어가게 되었다. 그러나 가나안으로 들어가도 그 땅을 정복하는 일은 계속되었다(민 33장). 여호수아는 후에 "너희의 하나님 여호와께서 너희에게 대하여 말씀하신 모든 선한 말씀이 하나도 틀리지 아니하고 다 너희에게 응하여 그 중에 하나도 어김이 없음을"(수 23:14)이라고 확인해주었다. "여호와는 약속을 언제나 지키시는 분이로다"(시 145:13, 영어 성경 NLT, 한글 성경에는 생략됨). "또 약속하신 이는 미쁘시니"(히 10:23).

| 묵상 구절 | "여호와께서 모세에게 말씀하여 이르시되 너는 이스라엘 자손에게 명령하여 그들에게 이르라 너희가 가나안 땅에 들어가는 때에 그 땅은 너희의 기업이 되리니 곧 가나안 사방 지경이라"(민 34:1–2).

| 생각해볼 문제 | 당신은 성경에 기록된 하나님의 약속을 굳게 붙드는가?

73일 약속의 땅에 **들어감**

신명기 1:1–3:20

어제는 이스라엘의 땅 분배를 살펴보았다(민 34–36장). **오늘은** 신명기를 살펴볼 것이다. 신명기는 이스라엘이 약속의 땅에 들어가는 또 다른 이야기를 소개한다.

| 핵심 개념 | 모세는 약속의 땅에 들어갈 준비를 하는 이스라엘 백성에게 마지막 교훈을 전했다.

| 큰 그림 | 신명기는 주전 1405년 이스라엘 백성이 가나안 땅에 들어갈 준비를 하는 동안 모세가 주었던 교훈과 명령을 담고 있다(신 1:1). 모세의 고별 설교라 할 수 있다. 여호수아를 차세대 지도자로 삼은 모세는 이스라엘의 광야 역사를 회고한다. 정탐꾼 파송(1:19–25), 이스라엘 백성의 원망(1:26–46), 요단 동쪽 지방을 정복한 일(2:26–3:20)을 회고한다.

| 변화를 위한 진리 | 하나님께 불순종하면 힘든 삶을 자초하게 된다. 이스라엘 백성이 하나님을 원망하고 배역하자 하나님이 그들로 가나안 땅에 들어가기까지 40년간 광야를 유리방황하게 하신 것이 그 대표적인 일이다(신 2:15–16). 우리가 범죄하면 하나님은 자비를 거두신다. "거짓되고 헛된 것을 숭상하는 모든 자는 자기에게 베푸신 은혜를 버렸사오나"(욘 2:8).

| 묵상 구절 | "네 하나님 여호와께서 네가 하는 모든 일에 네게 복을 주시고 네가 이 큰 광야에 두루 다님을 알고 네 하나님 여호와께서 이 사십 년 동안을 너와 함께 하셨으므로 네게 부족함이 없었느니라 하시기로"(신 2:7).

| 생각해볼 문제 | 당신이 범죄하여 하나님이 자비를 거두어가신 적이 있었는가?

74일 모세가 백성에게 **설교하다**

신명기 3:21–5:33

어제는 모세가 유대 백성에게 고별 설교를 시작한 사실을 살펴보았다(신 1:1–3:20). **오늘도** 모세의 설교를 살펴볼 것이다.

| 핵심 개념 | 우리보다 앞서간 사람들에게 배울 교훈이 있다. 하나님께 순종하는 것이 가장 현명한 방법이라는 것이다.

| 큰 그림 | 모세는 주전 1405년에 백성에게 고별 설교를 했다. 그는 불순종하고 배역한 앞 세대와 같이 하지 말고 여호와께 순종하라고 백성에게 촉구한다(신 4:1–43). 이 순종의 핵심은 십계명이었다. 이제 모세는 십계명을 설명한다(5:7–21). 약 40년 전에 부모들이 십계명을 받을 당시 현 세대는 아이들이었기 때문에 이들에게는 이 설명이 꼭 필요했다.

| 변화를 위한 진리 | 우리는 다른 사람들의 실수에서 배워야 한다. 모세는 "여호와께서 바알브올의 일로 말미암아 행하신 바를 너희가 눈으로 보았거니와 바알브올을 따른 모든 사람을 너희의 하나님 여호와께서 너희 가운데에서 멸망시키셨으되 오직 너희의 하나님 여호와께 붙어 떠나지 않은 너희는 오늘까지 다 생존하였느니라"(신 4:3–4)고 촉구했다.

| 묵상 구절 | "내가 너희에게 명령하는 말을 너희는 가감하지 말고 내가 너희에게 내리는 너희 하나님 여호와의 명령을 지키라"(4:2).

| 생각해볼 문제 | 모세가 백성에게 하나님의 명령을 조금도 가감하지 말라고 촉구한 이유가 무엇이라고 생각하는가? 이스라엘 백성에게 실제로 이런 일이 일어날 위험이 있었는가?

〈예수 빌리지〉 구약 II. 2과

75일 여호와를 **사랑하라, 성결하라, 순종하라**

신명기 6-9장

어제는 모세가 백성에게 마지막 설교를 한 내용을 살펴보았다(신 3:21-5:33). **오늘은** 이 설교에 추가된 세부 내용을 살펴볼 것이다.

| 핵심 개념 | 우리는 성결과 순종으로 하나님을 향한 사랑을 표현한다.

| 큰 그림 | 부모는 자녀에게 하나님의 명령을 가르칠 책임이 있다(신 6장). 하나님은 이스라엘 백성이 가나안 땅의 이방인들에게 승리하고 그 땅에서 번성하도록 해주겠다고 말씀하셨다(7장). 그러나 삶이 풍요로울 때 하나님을 무시하지 않도록 스스로 경계해야 한다(8장). 하나님을 무시하지 말고 거짓 신들을 섬기지 않아야 한다(9장).

| 변화를 위한 진리 | 모세는 "오늘 내가 네게 명하는 이 말씀을 너는 마음에 새기고 네 자녀에게 부지런히 가르치며 집에 앉았을 때에든지 길을 갈 때에든지 누워 있을 때에든지 일어날 때에든지 이 말씀을 강론할 것이며"(신 6:6-7)라고 촉구했다. 신명기 6장의 히브리어 본문은 부모가 자녀에게 하나님의 일을 좋아하고 소망하게 해야 한다고 암시한다. 부모는 자녀가 하나님의 일을 하게 함으로 그 소망이 자라도록 해야 한다.

| 묵상 구절 | "이스라엘아 들으라 우리 하나님 여호와는 오직 유일한 여호와이시니 너는 마음을 다하고 뜻을 다하고 힘을 다하여 네 하나님 여호와를 사랑하라"(신 6:4-5).

| 생각해볼 문제 | "마음을 다하고 뜻을 다하고 힘을 다하여" 하나님을 사랑하라는 말씀이 무슨 의미라고 생각하는가?

76일 순종과 **축복**

신명기 10–12장

어제는 모세의 고별 설교를 더 자세히 살펴보았다(신 6–9장). **오늘은** 하나님을 사랑하고 순종하라는 모세의 명령을 살펴볼 것이다.

| 핵심 개념 | 우리는 (1) 하나님께 신실함으로 축복을 받거나 (2) 불순종함으로 저주를 받거나 둘 중 하나를 선택할 수 있다.

| 큰 그림 | 모세는 주전 1405년 하나님이 새로운 세대에게 돌판에 새긴 십계명을 두 번째로 주신 일(신 10:1–5)과 자기 백성을 위해 놀라운 기적을 일으키셨음(10:6–22)을 알려준다. 하나님은 그들이 내릴 수 있는 두 가지 선택에 관해 가르쳐주신다. (1) 하나님께 신실함을 지키고 놀라운 축복을 누린다. 아니면 (2) 거짓 신들을 섬기고 하나님의 심판을 받는다(11:1–32).

| 변화를 위한 진리 | 모세는 백성에게 "이러므로 너희는 나의 이 말을 너희의 마음과 뜻에 두고 또 그것을 너희의 손목에 매어 기호를 삼고 너희 미간에 붙여 표를 삼으며"(신 11:18)라고 권면했다. 하나님을 향한 온전한 헌신이 성경의 공통된 주제다. 시편 기자는 "주께서 명령하사 주의 법도를 잘 지키게 하셨나이다 내 길을 굳게 정하사 주의 율례를 지키게 하소서"(시 119:4–5)라고 고백했다.

| 묵상 구절 | "이스라엘아 네 하나님 여호와께서 네게 요구하시는 것이 무엇이냐 곧 네 하나님 여호와를 경외하여 그의 모든 도를 행하고 그를 사랑하며 마음을 다하고 뜻을 다하여 네 하나님 여호와를 섬기고"(신 10:12).

| 생각해볼 문제 | '여호와를 경외한다'는 것이 무슨 뜻이라고 생각하는가?

77일 모세의 **또 다른 교훈**

신명기 13:1–16:17

어제는 하나님께 순종할 때 축복을 받는다는 모세의 교훈을 살펴보았다(신 10–12장). **오늘도** 모세의 교훈을 살펴볼 것이다.

| 핵심 개념 | 하나님의 모든 명령에 순종하라.

| 큰 그림 | 모세는 다양한 교훈을 제시했다. 거짓 선지자들을 처형해야 한다(신 13:1–18). 식용 가능한 짐승과 먹을 수 없는 짐승에 관한 규례를 지켜야 한다(14:1–21). 십일조를 성실하게 드려야 한다(14:22–29). 가난한 사람들을 공평하게 대해야 한다(15:1–18). 처음 난 짐승은 하나님께 제물로 바쳐야 한다(15:19–23). 모세는 절기에 관한 규례도 설명했다(16:1–17).

| 변화를 위한 진리 | 모세는 가난한 사람들에 대해 "네 마음을 완악하게 하지 말며 네 손을 움켜 쥐지 말고 반드시 네 손을 그에게 펴서 그에게 필요한 대로 쓸 것을 넉넉히 꾸어주라"(신 15:7–8)고 가르쳤다. 잠언 14:31은 가난한 이들에게 아낌없이 베푸는 것이 하나님을 공경하는 것이라고 확인해준다. 잠언 19:17도 "가난한 자를 불쌍히 여기는 것은 여호와께 꾸어 드리는 것이니 그의 선행을 그에게 갚아 주시리라"고 말한다. 반대로 "귀를 막고 가난한 자가 부르짖는 소리를 듣지 아니하면 자기가 부르짖을 때에도 들을 자가 없으리라"(21:13)고 경고한다.

| 묵상 구절 | "너는 네 하나님 여호와의 성민이라 여호와께서 지상 만민 중에서 너를 택하여 자기 기업의 백성으로 삼으셨느니라"(신 14:2).

| 생각해볼 문제 | 이스라엘 백성이 어떤 면에서 하나님의 특별한 기업이라고 생각하는가?

78일 국가 통치에 **관한 규정**

신명기 16:18–21:9

어제는 모세가 전한 여러 교훈에 관해 살펴보았다(신 13:1–16:17). **오늘은** 국가 통치에 관한 규정을 살펴볼 것이다.

| 핵심 개념 | 민족이 존속하려면 세속 지도자의 리더십과 종교 지도자의 리더십에 관한 법이 반드시 필요하다.

| 큰 그림 | 주전 1405년 이스라엘의 사법 제도에 관한 규정이 마련되었다(신 16:18–17:13). 이로써 세속 리더십(왕)에 관한 규정이 제시되었다. 왕의 가장 중요한 의무는 하나님의 율법을 배우는 것이었다(17:14–20). 그다음으로 종교 지도자에 관한 규정이 제시되었다. 여기에는 제사장과 레위인의 지원에 관한 조항, 우상 숭배 금지, 참된 선지자의 증표에 관한 내용이 포함된다(18:1–22). 또한 도피성과 경계표에 관한 규정(19:1–21), 교전에 관한 규정(20:1–20), 미제로 남은 살인 사건을 처리하는 규정(21:1–9)도 제시되었다.

| 변화를 위한 진리 | 신명기 19장의 기본 주제는 공의를 추구하라는 것이다. 이것은 성경의 공통된 주제다. 하나님은 공의를 사랑하시므로(시 99:4) 그분의 백성은 공의를 굽게 하지 말아야 한다(레 19:15). 하나님이 억압당하는 모든 자를 위해 몸소 공의를 실현하시며(시 103:6), 공의를 행하는 자들이 복을 받을 것이라고 확인해주신다(시 106:3). 공의를 구하는 자들이 형통할 것이다(시 112:5).

| 묵상 구절 | "생명에는 생명으로, 눈에는 눈으로, 이에는 이로, 손에는 손으로, 발에는 발로이니라"(신 19:21).

| 생각해볼 문제 | "생명에는 생명으로, 눈에는 눈으로"라는 공의의 원칙에 당신은 어떻게 부응하고 있는가?

79일 인간관계에 **관한 규례**

신명기 21:10–25:19

어제는 국가를 통치하기 위한 규정을 살펴보았다(신 16:18–21:9). **오늘은** 인간관계에 관한 규정을 살펴볼 것이다.

| 핵심 개념 | 인간관계에서 해야 할 일과 하지 말아야 할 일이 있다.

| 큰 그림 | 모세는 여성 포로(신 21:10–14), 장자의 권리(21:15–17), 패역한 아들을 처리하는 문제(21:18–21)에 관한 규례를 제시한다. 또한 개인 재산(22:1–12), 성적 부도덕(22:13–30)에 관한 규례도 제시한다. 이 규례들은 우리가 보기에 가혹한 측면도 있지만 공동체를 보호하는 데 목적이 있었다. 의식적 정결, 정의, 공평, 계대 결혼과 같은 다양한 문제들에 관한 규례도 제시한다(23:1–25:19).

| 변화를 위한 진리 | 모세는 성적 부도덕에 관한 여러 규례를 제시한다(신 22:13–30). 그가 이 문제에 많은 비중을 할애한 것은 성적 죄악이 인간관계를 해치고 심지어 무너뜨릴 수 있기 때문이다(참조. 골 3:5–9). 300만 명에 이르는 사람이 약속의 땅으로 들어가려고 하는 중대한 시기임을 감안할 때 이것은 중요한 문제였다.

| 묵상 구절 | "네 하나님 여호와께 서원하거든 갚기를 더디하지 말라 네 하나님 여호와께서 반드시 그것을 네게 요구하시리니 더디면 그것이 네게 죄가 될 것이라"(신 23:21).

| 생각해볼 문제 | 이스라엘 백성에게 하나님의 율법이 그토록 엄격하게 적용된 이유는 무엇이라 생각하는가? 하나님의 의도는 무엇일 것 같은가?

80일 순종과 **불순종**

신명기 26:1-29:1

어제는 인간관계에 관한 규례를 살펴보았다(신 21:10-25:19). **오늘은** 순종과 불순종에 따르는 결과를 다시 한번 살펴볼 것이다.

| 핵심 개념 | 하나님께 순종하면 축복을 받지만 불순종하면 저주를 받는다.

| 큰 그림 | 이스라엘 백성은 주전 1405년에 약속의 땅에 들어갈 것이다. 그들은 가나안에 입성하면 두 가지 감사 의식을 행해야 한다(신 26:1-15). 또한 하나님의 명령에 순종해야 한다(26:6-19). 이어서 모세는 이스라엘 백성에게 가나안에 들어가는 즉시 에발산에서 하나님의 율법을 돌에 새기고 제단을 쌓으라고 말한다(27:1-10). 다소 특이한 이런 의식을 통해 하나님께 순종하면 여호와의 복을 받지만 불순종하면 저주를 받을 것이라는 명확한 메시지를 전달하고자 했다(27:11-29:1). 이 모든 것은 하나님이 이스라엘 백성과 맺은 언약의 일부였다.

| 변화를 위한 진리 | 오늘 성경 본문은 선택에는 대가가 따른다는 사실을 알려준다(신 28장). 성경 주석가 매튜 헨리(Matthew Henry, 1662-1714)는 "죄를 지었다면 괴로움이 배가된다고 해도 놀랄 것이 없다"고 말했다. 이스라엘 백성은 종종 이 진리를 아주 어렵게 배웠다.

| 묵상 구절 | "오늘 네 하나님 여호와께서 이 규례와 법도를 행하라고 네게 명령하시나니 그런즉 너는 마음을 다하고 뜻을 다하여 지켜 행하라"(신 26:16).

| 생각해볼 문제 | "죄를 지으면 괴로움이 배가된다"는 사실을 개인적으로 경험한 적이 있는가?

81일 헌신하라는 **요청**

신명기 29:2-31:29

어제는 순종과 불순종의 결과를 살펴보았다(신 26:1-29:1). **오늘은** 모세가 이스라엘 백성에게 헌신하라고 요청하는 내용을 살펴볼 것이다.

| 핵심 개념 | 올바른 선택을 하라. 살기 위해 하나님께 순종하라.

| 큰 그림 | 모세는 하나님께 순종하면 복을 받고 불순종하면 고통과 재앙이 따를 것이라고 거듭 강조한다(신 29:2-30:20). 또한 이스라엘 백성이 용기를 갖고 가나안 족속과 용감하게 싸울 것을 요청한다(31:1-13). 하나님은 모세에게 이스라엘 백성이 실제로는 불순종할 것이며 그 대가를 치를 것이라고 미리 알려주신다(31:14-29).

| 변화를 위한 진리 | 신명기 29:29은 "감추어진 일은 우리 하나님 여호와께 속하였거니와"라고 확인해준다. 이 말씀은 이사야 55:8-9과 비슷하다. "이는 내 생각이 너희의 생각과 다르며 내 길은 너희의 길과 다름이니라 여호와의 말씀이니라 이는 하늘이 땅보다 높음 같이 내 길은 너희의 길보다 높으며 내 생각은 너희의 생각보다 높음이니라." 이 세상에서 우리가 원하는 응답을 다 받지 못한다고 실망할 필요가 없다.

| 묵상 구절 | "내가 오늘 하늘과 땅을 불러 너희에게 증거를 삼노라 내가 생명과 사망과 복과 저주를 네 앞에 두었은즉 너와 네 자손이 살기 위하여 생명을 택하고"(신 30:19).

| 생각해볼 문제 | 하나님의 "감추어진 일"(신 29:29)을 알고 싶은 본능적인 호기심이 있더라도 어떤 면에서는 그 비밀을 모르는 것이 우리에게 유익이라고 생각되지 않는가?

82일 모세의 **노래**

신명기 31:30-32:52, 시편 90편

어제는 헌신으로 부르는 모세의 요청을 살펴보았다(신 29:2-31:29). **오늘은** 모세의 노래를 살펴볼 것이다.

| 핵심 개념 | 하나님은 이스라엘을 선택하셨다. 이스라엘은 범죄했다. 그러나 하나님은 여전히 이스라엘에게 미래를 허락하신다.

| 큰 그림 | 주전 1405년 모세가 부른 노래는 이스라엘의 과거와 미래를 아우른다. 시의 형식을 띤 이 노래는 이스라엘이 하나님이 택하신 백성이라고 선포한다. 그러나 이스라엘은 우상을 섬기고 하나님을 배반했다. 그런데도 하나님은 여전히 이스라엘을 위한 미래를 계획하신다(신 32:1-43, 참조. 롬 9-11장). 시편 90편은 인간의 연약함(90:3-6), 인간의 죄악 됨(90:7-8), 인간 수명의 짧음(90:9-12)을 고백하는 모세의 기도다. 모세는 백성에게 은혜를 베풀어달라고 기도한다(90:13-17).

| 변화를 위한 진리 | 시편 기자는 하나님께 "우리에게 우리 날 계수함을 가르치사 지혜로운 마음을 얻게 하소서"(시 90:12)라고 요청한다. 이 시편은 시편 39:4과 비슷하다. "여호와여 나의 종말과 연한이 언제까지인지 알게 하사 내가 나의 연약함을 알게 하소서." 우리에게는 인간이 유한한 존재임을 깨닫는 지혜가 필요하다.

| 묵상 구절 | "이제는 나 곧 내가 그인 줄 알라 나 외에는 신이 없도다 나는 죽이기도 하며 살리기도 하며 상하게도 하며 낫게도 하나니 내 손에서 능히 빼앗을 자가 없도다"(신 32:39).

| 생각해볼 문제 | 하나님은 이스라엘 백성에게 자신을 왜 이런 식으로(신 32:39) 묘사해주셨다고 생각하는가?

83일 모세가 백성을 축복하고 **숨을 거두다**

신명기 33–34장

어제는 모세의 노래를 살펴보았다(신 31:30–32:52, 시 90편). **오늘은** 모세가 이스라엘 백성을 마지막으로 축복하고 숨을 거두는 장면을 살펴볼 것이다.

| 핵심 개념 | 모세가 백성을 축복하고 숨을 거두었다.

| 큰 그림 | 모세는 백성에게 작별 인사를 하고 하나님께 그들을 축복해 달라고 간구했다(신 33:1–29). 그런 다음 주전 1405년 느보산에서 숨을 거두었다. 하지만 숨을 거두기 전 약속의 땅을 멀리서 바라볼 수 있었다(34:1–12). 신명기는 모세가 저술했지만 여호수아로 추정되는 인물이 모세의 죽음에 관한 이 마지막 장을 기록해 모세의 저술에 추가한 것으로 보인다. 물론 이 모든 일은 성경을 영감하신 성령의 감독으로 이루어졌다(딤후 3:16).

| 변화를 위한 진리 | 죽음은 누구에게나 평등하게 찾아온다. 남녀노소, 빈부, 왕과 평민, 교육받은 자와 무식한 자를 나누지 않으며 피부색을 가리지 않는다. 죽음은 누구도 차별하지 않는다. 모두가 이 무서운 추수꾼의 희생자가 된다. 불확실한 이 세상에서 죽음은 확실한 사실이다. 그러므로 이 땅에서 사는 동안 영원을 바라보는 시각을 견지하는 사람이 현명하다(골 3:1–2).

| 묵상 구절 | "영원하신 하나님이 네 처소가 되시니 그의 영원하신 팔이 네 아래에 있도다"(신 33:27).

| 생각해볼 문제 | 하나님이 '당신의 처소(피난처)'가 되신다는 사실로 인해 당신은 날마다 안전감을 누리고 있는가?

84일

시대 3: 약속의 땅 정복

주전 1406-1050년

여호수아, 사사기, 룻기, 사무엘상과 역대상 발췌문

'약속의 땅 정복'이라는 제목의 이 시대를 살펴보면 주전 1406-1050년에 이스라엘에 어떤 일들이 일어났는지를 대략 파악할 수 있다. 성경에서 이 시대를 기록한 책은 여호수아, 사사기, 룻기, 사무엘상과 역대상 일부다. 우리가 집중적으로 살펴볼 내용은 이스라엘이 가나안 땅을 차지함으로 하나님이 아브라함에게 주신 약속(창 12:1)의 성취다.

하나님이 히브리인을 애굽의 노예 생활에서 건져주시고 그 후 그들이 약속의 땅으로 가기까지 40년 동안 광야에서 방랑한 내용이 배경이다. 이제 그들은 그 땅을 바로 눈앞에 두고 있었고 여호수아의 강력한 영도 아래 정복 전쟁을 시작하려 한다.

여호수아서는 주전 1405년과 1385년 사이에 여호수아가 기록했다. 여호수아는 이스라엘이 출애굽과 광야 생활을 하던 기간에 모세를 보좌한 조력자였다(수 1:1). 그는 매우 유능한 군대 사령관이자 지도자였기에 자연스럽게 모세의 후계자가 되었다(참조. 신 34장, 수 1:1-8). 모세를 계승할 때 여호수아의 나이는 약 90세였다.

여호수아는 하나님을 믿는 믿음과 용기가 있었기 때문에 출애굽 세대로서 유일하게 가나안에 들어간 두 명 중 하나가 될 수 있었다(나머지 한 사람은 갈렙이었다, 민 14:38). 가나안 정복 전쟁을 이끌기 위해서는 확실히 용기와 믿음이 필요했을 것이다. 여호수아란 문자적으로 '여호와는 구원이시다'는 뜻으로 예수아, 또는 여수아로 줄여 쓸 수 있다. 가나안 거민들과 싸워 승리함으로 여호와의 '구원'이 명백히 드러날 것이다.

여호수아서의 개요는 간단하다. 이스라엘이 가나안 땅에 들어가고(수 1:1–5:15), 그 땅을 정복하며(6:1–12:24), 이스라엘 열두 지파가 그 땅을 분배한 내용이다(13:1–24:33). 이 모든 일은 여호수아가 발휘한 효과적 리더십 아래 진행되었다. 이것은 아브라함과 그 후손이 그 땅에 대해 받은 약속의 성취였다(창 15:7, 26:2).

여호수아서의 핵심 주제는 하나님에 대한 믿음의 필요성과 그분에 대한 순종이다. 책의 말미에서 고령의 여호수아는 백성에게 하나님의 언약을 다시 상기시키며 계속해서 하나님께 순종하라고 촉구한다. 믿고 순종하지 않으면 하나님은 그들에게서 축복을 거두어가실 것이다. 이스라엘 백성은 이 교훈을 잘 배워야 했다. 그들은 강력한 적을 맞아 싸우더라도 순종하면 하나님이 승리하게 해주시는 것을 수없이 경험했다(참조. 수 6–8장).

사사기는 주전 1043년과 1000년 사이에 무명의 저자가 기록한 책이다. 탈무드의 유대 전승은 저자를 사무엘 선지자로 본다. 이 책은 여호수아의 죽음으로 시작해 사무엘의 등장으로 마무리되는 기간을 다룬다(삿 2:6–9).

사사기는 당시 이스라엘 사사들에 대한 내용이 주를 이룬다. 사사기로 불리지만 그에 해당하는 히브리어(쇼페트, *Shophet*)는 '구원자' 혹은 '구세주'라는 의미가 있다. 여기서 사사들에게 기대되는 역할이 무엇인지 짐작할 수 있다. 사사기 2:16은 이렇게 말씀한다. "여호와께서 사사들을 세우사 노략자의 손에서 그들을 구원하게 하셨으나."

사사기는 여호수아의 정복 전쟁이 큰 성과를 거두었지만 여전히 저항하는 가나안 족속이 남아 있었고, 이들이 계속 이스라엘에 골칫거리가 되었던 사실을 배경으로 한다. 사사들은 특별히 군사 지도자로서 이 무리에 맞서 이스라엘 지파를 이끌고 최종적이고 완전한 정복을 달성해야 하는 임무를 부여받았다. 사사들이 필요했던 이유는 당시 이스라엘 열두 지파를 이끌 중앙 리더십이 부재했기 때문이다. 히브리서 11장에 나오는 믿음의 명예의 전당에는 네 명의 사사가 포함되어 있다. 바로 기드온, 바락, 삼손, 입다이다(참조. 삿 6:11–8:35, 4:6–5:31, 8:32, 10:6–12:7, 13:1–16:31).

불행히도 이 시기에 이스라엘은 하나님을 떠나 범죄했고 심지어 이방인들의 우상을 섬기기까지 했다. 하나님이 계속 축복해주셨는데도 그들은 늘 하나님의 길이 아닌 자신들의 길을 고집하며 하나님께 패역하였다(삿 3:7, 6:1, 10:6, 13:1).

룻기는 사사 시대인 주전 약 1000년에 기록된 것으로 보인다. 일부 학자는 이 책을 사무엘 선지자가 썼다고 믿지만 이것을 뒷받침할 결정적 증거는 없다. 룻이라는 단어는 '우정'을 의미하는 히브리어 레위트(*reuit*)에서 파생했을 수 있다. 이 용어가 적절한 이유는 이것이 룻의 인품을 잘 설명하기 때문이다. 하나님은 룻이 가나안 땅에 정착할 수 있도록 섭리하시고 놀라운 기적을 베푸셨다.

사무엘상은 주전 931년 이후 어느 시점에 같은 이름의 선지자가 기록한 책이다. 사무엘은 이스라엘 사사 중 마지막이자 가장 위대한 사사로서 훌륭한 선지자이기도 했다. 그는 평생 이스라엘을 다스렸고 백성이 하나님의 율법을 지키게 한 큰 공로를 세웠다. 사무엘상하는 이스라엘의 지도력이 사사 시대에서 왕정으로 넘어가는 과도기를 다룬다. (주전 1050–930년의 '통일 왕국'에 해당하는 성경 시대 왕들에 관해서는 뒤에서 더 살펴볼 것이다.)

역대상하는 주전 450년에서 425년 사이에 무명의 저자가 기록하였다. 이 두 책은 내용 대부분을 사무엘상하와 열왕기상하에서 가져다 쓰고 있다. 역대기는 이전 책들과 마찬가지로 이스라엘 민족이 순종할 때 하나님의 축복을 받지만 불순종하면 심판을 받는다는 사실을 강조한다.

앞으로 여러 장을 할애해 이 시기에 관한 많은 흥미로운 내용을 살펴볼 것이다. 아래 연대표는 연대기적으로 유익한 정보를 제공한다.

주전 1446년	유대인이 최초로 유월절을 지키다. 유대인이 애굽을 떠나다.
주전 1444년	이스라엘이 시내산에서 진을 치다.
주전 1443년	정탐꾼들이 가나안 땅을 정찰하다.
주전 1406년	모세가 사망하다. 여호수아가 새 지도자로 임명되다. 이스라엘이 가나안으로 들어가다.
주전 1405–1385년	여호수아가 여호수아서를 쓰다.
주전 1375년	사사들이 이스라엘을 다스리기 시작하다.
주전 1367년	옷니엘이 사사로 활동하기 시작하다.
주전 1209년	드보라가 사사로 활동하기 시작하다.
주전 1162년	기드온이 사사로 활동하기 시작하다.
주전 1105년	선지자 사무엘이 태어나다.
주전 1100–1000년	룻기에 기록된 사건들이 발생하다.
주전 1075년	삼손이 사사로 활동하기 시작하다.
주전 1043–1000년	사사기가 기록되다.
주전 1000년	룻기가 기록되다.
주전 931년	사무엘상이 기록되다.

예습: 85일에는 이스라엘이 가나안을 정복한 사건을 살펴볼 것이다.

85일 가나안에 **입성하다**

여호수아 1–6장

어제는 '약속의 땅 정복'이라는 제목의 제3 시대를 다루었다. **오늘부터는** 이스라엘의 가나안 정복 전쟁을 살펴볼 것이다.

| 핵심 개념 | 여호수아는 약속의 땅을 정복하라는 하나님의 명령에 순종했다.

| 큰 그림 | 모세는 주전 1406년에 사망했다. 하나님은 여호수아를 지도자로 임명하셨다(수 1:9). 지도자로 위임받은 여호수아는 백성에게 가나안 땅을 정복하도록 명령했다(1:10–18). 두 명의 정탐꾼이 파견되어 가나안 땅을 정찰했고, 기생 라합은 왕의 부하들의 추격을 피해 이들을 숨겨주었다(2:1–24). 이어서 이스라엘 백성이 요단강을 건넜고(3:1–17) 여호수아는 이 사건을 기념하는 돌 비석을 세웠다(4:1–24). 여호수아는 이스라엘의 이 새 세대를 위해 언약의 표징인 할례를 실시했다(5:1–12). 여리고가 함락되었다(6장).

| 변화를 위한 진리 | 하나님의 말씀을 규칙적으로 묵상하면 성공적인 삶을 살 수 있다(수 1:8). 성경 묵상은 하나님의 말씀과 그분의 신실하심을 깊이 생각하는 것이다(시 119:148).

| 묵상 구절 | "이 율법책을 네 입에서 떠나지 말게 하며 주야로 그것을 묵상하여 그 안에 기록된 대로 다 지켜 행하라 그리하면 네 길이 평탄하게 될 것이며 네가 형통하리라"(수 1:8).

| 생각해볼 문제 | 성경을 규칙적으로 묵상하는 습관이 유익한 이유는 무엇인가?

〈예수 빌리지〉 구약 II. 3-4과

86일 순종과 **승리**

여호수아 7–9장, 역대상 2:7

어제는 이스라엘이 가나안에 입성한 내용을 살펴보았다(수 1–6장). **오늘은** 하나님께 순종해야 승리할 수 있음을 살펴볼 것이다.

| 핵심 개념 | 자만하고 범죄한 결과는 신속한 패배다.

| 큰 그림 | 여호수아의 군대는 아이 성을 공격했으나 대패했다. 이들이 패배한 이유는 자만심과 진영 안에서 벌어진 범죄 때문이었다(수 7:3, 15, 24). 아간은 여호수아의 군사로서 여리고 성에서 보물을 훔쳐 가족의 장막에 숨기는 죄를 지었다. 이 죄로 아간과 그의 가족이 처벌받았다. 이후 감행한 아이성 공격에서는 승리를 거두었다(8장).

| 변화를 위한 진리 | 자만심을 경계해야 한다. 여호수아와 그의 군대는 여리고에서 대승을 거두었다(수 6장). 승리감에 도취된 이들은 이제 훨씬 더 작은 성인 아이 성을 공격할 예정이었다. 승리를 확신한 그들은 여리고 전투보다 훨씬 적은 수의 군대를 파견했으나(수 7:1–5) 대패하고 말았다. 우리는 자신을 믿지 말고 하나님을 의지해야 한다(잠 3:26).

| 묵상 구절 | "백성을 다 올라가게 하지 말고 이삼천 명만 올라가서 아이를 치게 하소서 그들은 소수이니 모든 백성을 그리로 보내어 수고롭게 하지 마소서"(수 7:3).

| 생각해볼 문제 | 당신은 자신을 의지하는가, 아니면 하나님을 의지하는가?

87일 성공적인 **정복 전쟁**

여호수아 10:1–12:6

어제는 하나님께 순종하는 것이 승리의 필수 요소임을 살펴보았다(수 7–9장, 대상 2:7). **오늘은** 이스라엘이 정복 전쟁에서 승리한 이야기를 살펴볼 것이다.

| 핵심 개념 | 이스라엘이 치른 정복 전쟁이 요약된다.

| 큰 그림 | 이스라엘은 남부 동맹군과 싸워 이기고(수 10:1–15) 동굴에 숨은 남부 지역 왕 다섯 명을 죽인 후(10:16–27) 성읍들을 파괴했다(10:28–43). 다음으로 북부 동맹군을 쳐서 이기고(11장) 요단 동쪽 왕들을 무너뜨렸다(12:1–6). 하나님이 섭리하셔서 승리한 전쟁이었다.

| 변화를 위한 진리 | 성공은 하나님이 주신다. "그 때에 여호와께서 여호수아에게 이르시되 그들을 두려워하지 말라 내가 그들을 네 손에 넘겨주었으니 그들 중에서 한 사람도 너를 당할 자 없으리라 하신지라"(수 10:8). 인생에서 치러야 하는 전쟁에 늘 하나님이 개입하시도록 구하라.

| 묵상 구절 | "이와 같이 여호수아가 여호와께서 모세에게 말씀하신 대로 그 온 땅을 점령하여 이스라엘 지파의 구분에 따라 기업으로 주매 그 땅에 전쟁이 그쳤더라"(수 11:23).

| 생각해볼 문제 | 여호와의 말씀대로 순종하는 것과 인생의 성공이 밀접한 관계임을 알고 있는가?

88일 땅이 **분배되다**

여호수아 12:7–15:19

어제는 이스라엘이 치른 성공적인 정복 전쟁을 살펴보았다(수 10:1–12:6). **오늘은** 땅 분배에 관해 살펴볼 것이다.

| 핵심 개념 | 이스라엘 일부 지파에게 땅이 분배되었다.

| 큰 그림 | 여호수아의 지휘 아래 요단강 서편에서 이스라엘이 정복한 땅과 왕들의 명단이 소개된다(수 12:7–24). 하나님은 고령의 여호수아에게 이스라엘이 아직 정복해야 할 땅이 많이 남아 있음을 알려주셨다(13:1–7). 르우벤과 갓과 므낫세 반 지파가 할당받았던 요단 동편 땅의 목록이 소개된다(13:8–31). 또한 유다 지파에게 할당된 땅(15:1–12)과 갈렙에게 특별히 할당된 땅이 소개된다(15:13–19).

| 변화를 위한 진리 | 성경은 갈렙처럼 전심으로 여호와를 따르라고 이야기한다(수 14:8). 시편 기자도 이와 유사한 말을 한다. “여호와의 증거들을 지키고 전심으로 여호와를 구하는 자는 복이 있도다”(시 119:2). 또한 “나로 하여금 깨닫게 하여 주소서 내가 주의 법을 준행하며 전심으로 지키리이다”(34절)라고 말하며 “내 마음으로 주의 율례들에 완전하게 하사”(80절)라고 말한다.

| 묵상 구절 | “나는 내 하나님 여호와께 충성하였으므로”(수 14:8).

| 생각해볼 문제 | 하나님께 전심으로 충성하는 것이 왜 그토록 중요한가?

89일 계속해서 **땅이 분배되다**

여호수아 15:20-17:18

어제는 이스라엘의 땅 분배에 관해 살펴보았다(수 12:7-15:19). **오늘도** 계속해서 살펴볼 것이다.

| 핵심 개념 | 이스라엘 지파들에게 계속해서 땅이 분배된다.

| 큰 그림 | 유다 지파가 특정 성읍들을 할당받았고(수 15:20-63) 에브라임 지파와 서쪽 므낫세 지파가 땅을 분배받았다(16:1-17:13). 므낫세와 에브라임 지파는 수가 많으므로 땅을 더 분배해달라고 요청했고 여호수아는 이것을 수락했다(17:14-18).

| 변화를 위한 진리 | 여호수아의 인생 목표는 여호와의 명령대로 순종하는 것이었다(수 17:4, 8:18, 27, 10:40, 11:13, 15). 신약 성경 역시 우리가 하나님과 교제하려면 하나님의 명령에 순종해야 한다고 말한다(요일 3:24). 우리는 순종함으로써 그리스도에 대한 사랑을 증명한다. "너희가 나를 사랑하면 나의 계명을 지키리라"(요 14:15). 우리는 오직 은혜로 구원받는다(엡 2:8-9). 그러나 그것이 우리가 계속 하나님께 순종하며 동행하기를 바라시는 그분의 소원과 배치되지 않음을 기억해야 한다.

| 묵상 구절 | "여호와의 명령을 따라 그들에게 그들의 아버지 형제들 중에서 기업을 주므로"(수 17:4).

| 생각해볼 문제 | 하나님께 받은 기적적인 은혜를 마치 그분의 명령에 불순종해도 되는 면허증인 양 남용하고 싶은 유혹을 받지는 않는가?

90일 계속해서 **땅이 분배되다**

여호수아 18:1-19:48

어제는 땅 분배 작업이 계속되었음을 살펴보았다(수 15:20-17:18). **오늘도** 계속해서 살펴볼 것이다.

| 핵심 개념 | 이스라엘 지파들에게 땅이 계속 분배되었다.

| 큰 그림 | 여호수아는 각 지파의 대표들을 보내어 남은 땅을 살펴보게 하고 아직 땅을 할당받지 못한 지파들에게 분배하였다(수 18:1-10). 그런 다음 베냐민 지파(18:11-28), 시므온 지파(19:1-9), 스불론 지파(19:10-16), 잇사갈 지파(19:17-23), 아셀 지파(19:24-31), 납달리 지파(19:32-39), 단 지파(19:40-48)에게 땅을 분배하였다.

| 변화를 위한 진리 | 이스라엘 지파 가운데 땅을 완전히 정복하는 일을 지체하는 이들이 있었다(수 18:3). 힘들다고 생각하면 일을 미루는 것이 인간의 본성이다. 우리는 안전지대에 머물기를 좋아한다. 그러나 여호수아는 백성에게 멈추지 말고 땅을 완전히 정복하라고 촉구한다. 여기서 우리가 배울 교훈이 있다. 해야 할 일을 미루지 말라는 것이다(마 8:21-22).

| 묵상 구절 | "여호수아가 이스라엘 자손에게 이르되 너희가 너희 조상의 하나님 여호와께서 너희에게 주신 땅을 점령하러 가기를 어느 때까지 지체하겠느냐"(수 18:3).

| 생각해볼 문제 | 하나님이 당신을 안전지대 밖으로 밀어내셨을 때 어떤 일을 겪었는가?

91일 특수한 땅의 **사용 용도**

여호수아 19:49–21:45, 역대상 6:54–81

어제는 땅 분배에 관해 계속 살펴보았다(수 18:1–19:48). **오늘은** 여호수아가 분배받은 땅과 도피성, 레위인에게 할당된 거주지를 살펴볼 것이다.

| 핵심 개념 | 여호수아가 땅을 분배받았고 도피성이 지정되었다.

| 큰 그림 | 여호수아는 지도자로서 충실히 행한 공을 인정받아 성을 할당받았다(19:49–51). 열두 지파에 고루 분포된 6개의 성이 도피성으로 지정되었다(20:1–9). 누군가가 의도치 않게 사람을 죽였을 경우 도피성으로 피할 수 있었고, 그곳에서 피해자의 가족이나 친구에게 보복을 당하지 않고 안전하게 머무를 수 있었다. 레위인들은 땅을 유업으로 받지 않았으므로 전국에 걸쳐 고루 48개의 성읍을 할당받았다(21:1–45).

| 변화를 위한 진리 | 고대 이스라엘 백성만 하나님의 약속을 받은 것이 아니다(수 21:45). 하나님은 우리에게도 약속을 주셨다. "그 보배롭고 지극히 큰 약속을 우리에게 주사"(벧후 1:4).

| 묵상 구절 | "여호와께서 이스라엘 족속에게 말씀하신 선한 말씀이 하나도 남음이 없이 다 응하였더라"(수 21:45).

| 생각해볼 문제 | 성경에 기록된 하나님의 약속을 당신 자신에게 적용하고 있는가?

92일 끝까지 하나님을 **섬기라**

여호수아 22-24장

어제는 여호수아가 땅을 분배받은 것과 도피성이 배정된 것, 레위인들이 할당받은 거주지에 관해 살펴보았다(수 19:49-21:45, 대상 6:54-81). **오늘은** 여호수아가 이스라엘 백성에게 하나님께 끝까지 신실하라고 당부하는 내용을 살펴볼 것이다.

| 핵심 개념 | 여호수아는 이스라엘 백성에게 거룩하신 구원자를 사랑하고 신실함을 지키라고 당부한다.

| 큰 그림 | 이제 연로해진 여호수아는 하나님이 이스라엘이 거할 땅에 대해 하신 약속을 모두 이루셨다고 백성에게 선포한다. 그러므로 이스라엘은 하나님께 끝까지 순종해야 한다고 촉구한다(23:1-16). 하나님이 이스라엘에 베푸신 사랑과 신실하심을 돌이켜보고 그들도 역시 하나님을 사랑하고 하나님께 신실해야 한다(24:1-28).

| 변화를 위한 진리 | 여호수아는 백성에게 다음과 같은 인생 계획에 따라 살라고 도전한다. "너희의 하나님 여호와를 사랑하고 그의 모든 길로 행하며 그의 계명을 지켜 그에게 친근히 하고 너희의 마음을 다하며 성품을 다하여 그를 섬길지니라"(수 22:5). 마치 예수님이 제안하신 인생 계획을 듣는 것 같다. "네 마음을 다하고 목숨을 다하고 뜻을 다하여 주 너의 하나님을 사랑하라"(마 22:37).

| 묵상 구절 | "너희가 섬길 자를 오늘 택하라 오직 나와 내 집은 여호와를 섬기겠노라"(수 24:15).

| 생각해볼 문제 | 당신은 온 생을 다해 누구를 섬길 것인지 결정했는가?

〈예수 빌리지〉 구약 II. 5과

93일 여호수아의 죽음-**사사들의 등장**

사사기 1:1-3:30

어제는 하나님을 끝까지 섬기라는 여호수아의 당부를 살펴보았다(수 22-24장). **오늘은** 여호수아가 죽고 사사들이 등장하는 이야기를 살펴볼 것이다.

| 핵심 개념 | 하나님은 사사들을 일으키셔서 가나안 정복 작업을 계속해 나가신다.

| 큰 그림 | 여호수아의 영도 아래 진행된 정복 전쟁은 성공적이었지만 저항하는 무리가 여전히 남아 있어서 이스라엘에 골칫거리가 되었다. 이스라엘 열두 지파를 이끌고 이 무리와 싸워 정복 전쟁을 완료할 군대 지도자로 사사들이 등장하였다. 그 당시 사사가 필요했던 이유는 이스라엘을 이끌 중앙 리더십이 없었기 때문이다. 사사들은 주전 1375년부터 활동하기 시작했다.

| 변화를 위한 진리 | 죄를 짓고 후회한다고 능사가 아니다. 사사기 2:3-4은 하나님이 이스라엘 백성의 죄를 지적하시자 그들이 눈물을 흘렸다고 말한다. 그러나 그들의 이런 태도는 오래가지 않았다. 이스라엘은 그 뒤에도 여전히 하나님께 불충했다(2:11-23). 눈물을 흘렸지만 회개하지는 않았다. 잠시 후회했지만 곧 범죄하던 모습으로 되돌아갔다. 그들은 어리석었다.

| 묵상 구절 | "이스라엘 자손이 여호와께 부르짖으매 여호와께서 이스라엘 자손을 위하여 한 구원자를 세워 그들을 구원하게 하시니"(삿 3:9).

| 생각해볼 문제 | 우리는 왜 한결같이 하나님께 순종하지 못하고 변덕스러운 것일까?

<예수 빌리지> 구약 II. 6과

94일 특정 사사들의 **역할**

사사기 3:31–6:40

어제는 여호수아의 죽음과 사사들이 등장한 이야기를 살펴보았다(삿 1:1–3:30). **오늘은** 특정 사사들이 어떤 역할을 했는지 살펴볼 것이다.

| 핵심 개념 | 특정 사사들은 하나님이 임명하신 구원자로서 역할을 수행했다.

| 큰 그림 | 사사 삼갈은 블레셋 족속과 싸워 이스라엘을 승리로 이끌었다(삿 3:31). 드보라는 이스라엘 백성을 가나안의 압제에서 구원했다(4:1–24). 드보라는 이 구원에 대해 노래한다(5장). 그러나 그 후 이스라엘 백성은 범죄했고 하나님은 그들을 7년 동안 미디안 족속에게 넘기셨다. 하나님은 사사 기드온을 일으키셔서 그들을 구원하셨다. 하지만 기드온은 하나님의 도우심을 증명하는 표를 구했다(6장).

| 변화를 위한 진리 | 기드온은 여호와의 사자를 보았으므로 자신이 죽을 것이라고 생각했지만 하나님은 안심시켜주셨다(삿 6:23). 오늘날 하나님은 당신을 따르는 이들에게 초자연적 평강을 약속해주신다. 예수님은 이렇게 말씀하셨다. "평안을 너희에게 끼치노니 곧 나의 평안을 너희에게 주노라 내가 너희에게 주는 것은 세상이 주는 것과 같지 아니하니라 너희는 마음에 근심하지도 말고 두려워하지도 말라"(요 14:27).

| 묵상 구절 | "너는 안심하라 두려워하지 말라 죽지 아니하리라"(삿 6:23).

| 생각해볼 문제 | 당신은 주로 어떤 환경에서 마음의 평강을 잃는가?

<예수 빌리지> 구약 II. 7과

95일 기드온이 미디안 족속을 **물리치다**

사사기 7:1–9:21

어제는 특정 사사들의 역할에 관해 살펴보았다(삿 3:31–6:40). **오늘은** 기드온이 미디안 족속에게 승리한 이야기를 살펴볼 것이다.

| 핵심 개념 | 기드온과 그가 이끄는 작은 군대는 하나님의 섭리로 미디안 족속과 싸워 승리를 거두었다.

| 큰 그림 | 하나님은 기드온이 이끌 군사를 32,000명에서 22,000명으로, 다시 10,000명에서 300명으로 줄이셨다. 이것은 이 전투의 승리가 오직 하나님께만 달려 있음을 보여주시기 위해서였다(삿 7:1–8). 그날 밤 기드온의 기습 공격은 성공적이었다(7:16–25). 기드온이 죽은 뒤 이스라엘은 바알 숭배에 빠졌다(8:28–35). 기드온의 아들 아비멜렉이 아버지 대신 이스라엘을 다스렸다. 그는 기드온의 남은 아들 70명을 죽여 사사 자리를 두고 벌어질 잠재적 위험을 제거했다(9:1–6, 기드온의 아들 중 요담만 살아남았다). 요담은 그를 저주했다.

| 변화를 위한 진리 | 부패한 지도자들은 악한 영향을 미친다. 기드온(삿 8:24–27), 입다(11:30–31, 34–40), 삼손(14–16장)은 모두 범죄했고, 그것은 이스라엘 백성의 고통에 일조했다. 이스라엘 백성에게 끝까지 긍정적 영향을 미친 사사는 오직 드보라뿐이었다(4:6, 14, 5:7).

| 묵상 구절 | "여호와께서 기드온에게 이르시되 내가 이 물을 핥아 먹은 삼백 명으로 너희를 구원하며 미디안을 네 손에 넘겨 주리니 남은 백성은 각각 자기의 처소로 돌아갈 것이니라 하시니"(삿 7:7).

| 생각해볼 문제 | 당신은 오직 하나님만으로 만족하는가?

〈예수 빌리지〉 구약 II. 7과

96일 하나님이 죄를 **심판하시다**

사사기 9:22-11:28

어제는 기드온이 미디안 족속을 물리치고 승리한 사건을 살펴보았다(삿 7:1-9:21). **오늘은** 하나님이 악한 아비멜렉과 우상을 숭배하는 이스라엘 백성을 어떻게 심판하셨는지 살펴볼 것이다.

| 핵심 개념 | 하나님이 아비멜렉과 이스라엘 백성을 심판하셨다.

| 큰 그림 | 하나님은 아비멜렉이 기드온의 아들 70명을 죽인 죄를 물어 세겜 사람들이 그에게 반기를 들도록 하셨다. 그는 한 여인이 떨어뜨린 맷돌에 머리를 맞아 죽었다(삿 9:22-57). 이스라엘은 다시 우상 숭배의 길에 빠져들었다. 하나님은 블레셋과 암몬 자손을 일으켜 이스라엘을 압제하게 하셨다(10:6-18). 결국 사사 입다가 이스라엘을 이끌고 암몬과 싸워 승리했다(11장).

| 변화를 위한 진리 | 하나님의 때는 우리 때와 다르다. 아비멜렉은 포악한 사사였지만 하나님은 3년을 기다리셨다가 그를 심판하셨다(삿 9:22-24). 하나님은 때로 즉각 심판하시지 않고 회개할 시간을 주신다(계 2:21). 하나님은 그분의 때에 심판하신다.

| 묵상 구절 | "너희가 나를 버리고 다른 신들을 섬기니 그러므로 내가 다시는 너희를 구원하지 아니하리라 가서 너희가 택한 신들에게 부르짖어 너희의 환난 때에 그들이 너희를 구원하게 하라 하신지라"(삿 10:13-14).

| 생각해볼 문제 | 하나님이 명백한 죄악에도 심판을 지체하시는 이유가 무엇이라고 생각하는가?

97일 입다와 **삼손**

사사기 11:29-15:20

어제는 하나님이 아비멜렉과 우상을 섬기는 이스라엘 백성을 어떻게 심판하셨는지 살펴보았다(삿 9:22-11:28). **오늘은** 하나님이 약점이 많은 두 사람, 곧 입다와 삼손을 사용하셔서 이스라엘이 대적과 싸우도록 하신 이야기를 살펴볼 것이다.

| 핵심 개념 | 하나님은 입다가 암몬 자손과 싸워 이기도록 인도하셨다. 블레셋 족속과의 싸움에서는 삼손을 사용하셨다.

| 큰 그림 | 입다는 자신이 보기에('하나님이 보시기에'가 아니라, 참조. 삿 21:25) 옳은 일이라고 판단하고 아말렉 자손에게 승리한 뒤 딸을 제물로 드렸다. 삼손은 결함이 있었지만 하나님은 블레셋 족속과 싸우는 데 그를 사용하셨다(13:1-15:20).

| 변화를 위한 진리 | 삼손은 하나님께 전심으로 헌신하지 않았다. 그의 자기 중심성은 탐욕스러운 삶으로 드러났다(삿 14:3-4). 삼손은 하나님께 헌신하는 마음으로 블레셋과 싸우지 않았다. 그래서 하나님은 삼손의 이기심을 이용하셔서 블레셋 족속에게 진노하게 하셨고, 그것은 결국 이스라엘의 구원으로 이어졌다. 하나님은 악으로 선을 이루신다(롬 8:28).

| 묵상 구절 | "어찌할꼬 내 딸이여 너는 나를 참담하게 하는 자요 너는 나를 괴롭게 하는 자 중의 하나로다 내가 여호와를 향하여 입을 열었으니 능히 돌이키지 못하리로다"(삿 11:35).

| 생각해볼 문제 | 하나님의 뜻대로 행하고 있다고 확신하지만 실제로는 전혀 그렇지 않은 사람을 본 적이 있는가?

<예수 빌리지> 구약 II. 8과

98일 삼손이 블레셋 **사람들을 죽이다**

사사기 16–18장

어제는 하나님이 입다와 삼손을 사용하셔서 이스라엘의 대적과 싸우도록 하신 내용을 살펴보았다(삿 11:29–15:20). **오늘도** 이 내용을 연결해 삼손이 수많은 블레셋 사람을 죽인 이야기를 살펴볼 것이다.

| 핵심 개념 | 삼손은 블레셋 사람들을 죽이기 위해 자기 목숨을 포기했다.

| 큰 그림 | 삼손은 들릴라에게 자신의 힘이 약해지는 법에 대해 가짜 정보를 주었다(삿 16장). 그때마다 삼손의 힘을 약화시키려는 시도가 있었다. 그러므로 삼손이 그 실제 비밀(머리카락을 자르는 것)을 알린 것은 참으로 어리석은 행동이었다. 삼손의 긴 머리는 하나님 앞에서 서약한 나실인의 증표였다. 따라서 머리카락을 자른다는 것은 하나님께 한 맹세를 위반하는 행동이었다.

| 변화를 위한 진리 | 삼손은 대의를 위해 자신을 희생했다(삿 16장). 예수님이 가르치신 교훈을 생각해보라. "사람이 친구를 위하여 자기 목숨을 버리면 이보다 더 큰 사랑이 없나니"(요 15:13). 삼손이 바로 그렇게 한 것이다.

| 묵상 구절 | "그 때에는 이스라엘에 왕이 없었으므로 사람마다 자기 소견에 옳은 대로 행하였더라"(삿 17:6).

| 생각해볼 문제 | 성경의 가르침과 반대로 "자기 소견에 옳은 대로" 하고 싶은 유혹을 받은 적이 있는가?

99일 치정 **범죄**

사사기 19-21장

어제는 삼손이 수많은 블레셋 사람을 죽인 내용을 살펴보았다(삿 16-18장). **오늘은** 기브아 성읍에서 일어난 치정 범죄에 관해 살펴볼 것이다.

| 핵심 개념 | 도덕적으로 추악한 성적 범죄는 큰 대가가 따랐다.

| 큰 그림 | 베냐민 지파의 땅에 속한 기브아에서 불량배들이 한 레위인의 첩을 강간하고 죽음에 이르게 했다. 이 레위인은 다른 이스라엘 지파에 즉각 이 사실을 알렸고 그들은 기브아 성읍과 베냐민 지파에 대해 응분의 조치를 취했다(삿 19장). 여러 지파가 기브아의 베냐민 지파를 쳐서 이 지파에 속한 대다수 사람이 죽었다(20장). 그러나 베냐민 지파의 멸족을 막기 위해 남은 베냐민 자손에게 아내를 찾아주었다(21장).

| 변화를 위한 진리 | 이스라엘 역사의 이 시기에 도덕적 상대주의가 기승을 부렸다. 그러나 절대적 도덕은 절대적으로 도덕적이신 하나님께 뿌리를 내리고 있다(마 5:48). 도덕법은 우주의 도덕적 입법자이신 하나님께 근거를 둔다. 하나님은 도덕적 상대주의자와 대척점에 계신다(신 12:8, 삿 17:6, 21:2).

| 묵상 구절 | "그 때에 이스라엘에 왕이 없으므로 사람이 각기 자기의 소견에 옳은 대로 행하였더라"(삿 21:25).

| 생각해볼 문제 | 하나님의 절대적 진리에 당신 자신을 세우는 훈련을 매일 습관처럼 실천해야 하는 이유는 무엇인가?

100일 나오미, 룻 그리고 보아스

룻기 1:1-4:12

어제는 기브아에서 발생한 범죄를 알아보았다(삿 19-21장). **오늘은** 보아스가 "기업 무르는 자"로서 룻과 나오미를 구제해준 내용을 살펴볼 것이다.

| 핵심 개념 | 하나님은 우리가 예측할 수 없을 정도로 우리의 필요를 풍성하게 채워주신다.

| 큰 그림 | 나오미의 남편과 아들들이 모압 땅에서 사망했다. 나오미는 곤경에 빠질 수밖에 없었다. 성경 시대 여성들은 남편과 아들에게 생계를 철저히 의지했다. 나오미는 베들레헴으로 돌아갔고 모압 여인인 며느리 룻이 나오미와 함께했다(룻 1:6-18). 그러나 고향에 돌아와서도 궁핍한 생활을 벗어날 수 없었다(1:19-22). 다행히 하나님의 섭리로 룻은 보아스라고 하는 남편의 먼 친척을 만났다(2:1-7). 보아스는 "기업 무르는 자"로서 친족의 의무를 다했고 룻과 결혼했다(4:1-12). 이 일들은 주전 1100-1000년에 일어났다.

| 변화를 위한 진리 | 룻기를 관통하는 주제는 인애다. 룻은 나오미에게 인애를 베풀었다(룻 1:16-17, 2:11, 18, 23). 보아스는 룻에게 인애를 베풀었다(2:20, 4:9-10, 13). 하나님은 룻과 나오미와 보아스를 모두 한 가족으로 이어주심으로 그들에게 인애를 베푸셨다(4:1-17).

| 묵상 구절 | "어머니께서 가시는 곳에 나도 가고 어머니께서 머무시는 곳에서 나도 머물겠나이다 어머니의 백성이 나의 백성이 되고 어머니의 하나님이 나의 하나님이 되시리니"(룻 1:16).

| 생각해볼 문제 | 인애가 전염성이 있는 이유는 무엇이라고 생각하는가?

〈예수 빌리지〉 구약 II. 9과

101일 자식이 없어 **애통한 한나**

사무엘상 1:1–8, 룻기 4:13–22, 역대상 2:9–55, 4:1–23

어제는 보아스가 "기업 무르는 자"로서 룻과 나오미를 구제한 내용을 살펴보았다(룻 1:1–4:12). **오늘은** 자식이 없어 슬퍼하는 한나에 관해 살펴볼 것이다.

| 핵심 개념 | 한나는 자녀가 생기기를 학수고대했다.

| 큰 그림 | 보아스는 룻과 결혼했고 부부는 곧 오벳이라는 아들을 낳았다. 오벳은 후에 다윗 왕을 낳은 이새의 아버지가 되었다(룻 4:13–22). 이런 룻과 달리 한나는 자식이 생기지 않아 상심했다(삼상 1:1–8).

| 변화를 위한 진리 | 낙심한 사람을 대할 때는 엘가나가 한나에게 한 것처럼 용기를 주고 격려해주어야 한다(삼상 1:8). 성경 주석가 윌리엄 바클레이(William Barclay)는 이렇게 말했다. "가장 중요한 인간의 의무 가운데 격려가 있다…누군가를 낙심시키기는 쉽다. 세상은 낙담시키는 이들로 가득하다. 그리스도인은 서로 격려할 의무가 있다"(참조. 살전 4:18, 5:11).

| 묵상 구절 | "그의 남편 엘가나가 그에게 이르되 한나여 어찌하여 울며 어찌하여 먹지 아니하며 어찌하여 그대의 마음이 슬프냐 내가 그대에게 열 아들보다 낫지 아니하냐 하니라"(삼상 1:8).

| 생각해볼 문제 | 당신 주위에 격려가 필요한 사람이 있는가? 무슨 말을 해주겠는가?

102일 한나가 아들을 낳다

사무엘상 1:9–4:11

어제는 한나가 자식이 없어 슬퍼한 것을 살펴보았다(삼상 1:1–8, 룻 4:13–22, 대상 2:9–55, 4:1–23). **오늘은** 하나님이 한나의 기도에 응답하셔서 아들을 주신 이야기를 살펴볼 것이다.

| 핵심 개념 | 하나님이 한나의 기도에 응답하셨다.

| 큰 그림 | 한나는 하나님께 아들을 달라고 기도했고, 만일 기도에 응답해주시면 아들을 바치겠다고 약속했다(삼상 1:9–18). 곧 사무엘이 태어났고 한나는 엘리 제사장에게 사무엘을 데리고 가 하나님께 바쳤다(1:19–28). 한나는 감사의 노래를 불렀다(2:1–10). 사무엘은 엘리의 일을 도왔다(2:11–21). 이런 사무엘과 달리 엘리의 아들들은 성적으로 문란하고 방탕했다(2:22–36). 하나님은 그들에게 곧 심판을 내리실 것이라고 사무엘에게 알려주셨다(3:10–4:11).

| 변화를 위한 진리 | 엘리의 아들들은 제사장이었지만 성적인 죄를 범했다(삼상 2:22). 하나님은 그들을 심판하셨다. 하나님의 백성을 이끄는 영적 지도자는 결코 그런 죄를 지어서는 안 된다.

| 묵상 구절 | "만군의 여호와여 만일 주의 여종의 고통을 돌보시고 나를 기억하사 주의 여종을 잊지 아니하시고 주의 여종에게 아들을 주시면 내가 그의 평생에 그를 여호와께 드리고 삭도를 그의 머리에 대지 아니하겠나이다"(삼상 1:11).

| 생각해볼 문제 | 하나님께 서약하는 문제를 어떻게 생각하는가?

<예수 빌리지> 구약 II. 10과

103일 블레셋 족속이 **언약궤를 돌려주다**

사무엘상 4:12-7:17

어제는 하나님이 한나의 기도에 응답하셔서 아들을 주신 이야기를 살펴보았다(삼상 1:9-4:11). **오늘은** 언약궤와 관련한 사건을 살펴볼 것이다.

| 핵심 개념 | 블레셋 족속이 언약궤를 이스라엘에 돌려주었다.

| 큰 그림 | 엘리는 두 아들의 죽음과 블레셋 족속에게 언약궤를 빼앗겼다는 소식을 듣고 바로 숨을 거두었다(삼상 4:1-11). 하나님은 언약궤를 빼앗아간 블레셋 족속에게 역병을 내리셨다(5:1-12). 블레셋 사람들은 결국 이스라엘에 언약궤를 돌려주었다(6:1-21). 사무엘은 이스라엘 백성에게 회개를 촉구했다(7:3-17).

| 변화를 위한 진리 | 블레셋 사람들은 몸에 독한 종기가 나는 재앙을 당하고서야 언약궤를 돌려주었다(삼상 5:6-7). 고통을 겪고서야 순종하는 하나님의 백성이 많다는 것은 비극이다. "고난 당한 것이 내게 유익이라 이로 말미암아 내가 주의 율례들을 배우게 되었나이다"(시 119:71).

| 묵상 구절 | "만일 너희가 전심으로 여호와께 돌아오려거든 이방 신들과 아스다롯을 너희 중에서 제거하고 너희 마음을 여호와께로 향하여 그만을 섬기라 그리하면 너희를 블레셋 사람의 손에서 건져내시리라"(삼상 7:3).

| 생각해볼 문제 | 고통스러운 일을 겪고 나서 주께 다시 헌신한 경험이 있는가?

〈예수 빌리지〉 구약 II. 11과

104일

시대 4: **통일 왕국**

주전 1050–930년

사무엘상, 사무엘하, 열왕기상, 역대상, 역대하, 시편, 잠언, 전도서, 아가

오늘부터 주전 1050–930년에 일어난 '통일 왕국 시대'라는 명칭의 새로운 성경 시대를 살펴볼 것이다. 이 시대와 관련한 성경으로는(부분으로든, 전체로든) 사무엘상, 사무엘하, 열왕기상, 역대상, 역대하, 시편, 잠언, 전도서, 아가서가 포함된다.

이스라엘은 하나님이 통치하시는 신정 국가였다. 하나님은 애굽의 노예 생활에서 이스라엘을 건져내신 뒤에도 계속 그들을 돌봐주셨다. 그러나 그들은 주변 이방 나라들처럼 인간 왕을 원하기 시작했다.

사무엘 선지자는 인간 왕의 부정적 측면을 설명했지만(삼상 8:10–18) 그들은 들으려 하지 않았다. 그들의 눈에는 장점만 보였다. 결국 그들이 인간 왕을 원한 것은 하나님에 대한 믿음이 부족하기 때문이었다. 백성은 그들을 사랑하는 하나님 대신 결국 그들을 착취할 인간 왕을 구한 셈이었다.

사무엘 선지자는 이스라엘의 초대 왕을 임명하였다(삼상 10–11장). 그의 이름은 사울로 "이스라엘 자손 중에 그보다 더 준수한 자가 없고 키는 모든 백성보다 어깨 위만큼 더 컸다"(9:2). 이보다 적격자는 없었다. 백성이 왕으로 원하던 바로 그 사람이었다. 이스라엘은 그의 통치 아래 통일 왕국을 이루었다.

그러나 곧 문제가 생기기 시작했다. 왕이 된 사울은 하나님께 온전히 순종하지 않았다. 하나님은 사울에게 "지금 가서 아말렉을 쳐서 그들의 모든 소유를 남기지 말고 진멸하되 남녀와 소아와 젖 먹는 아이와 우양과 낙타와 나귀를 죽이라"(삼상 15:3)고 명령하셨다. 그러나 사울은 하나님의 명령을 일부만 순종했다. "사울과 백성이 아각과 그의 양과 소의 가장 좋은 것 또는 기름진 것과 어린 양과 모든 좋은 것을 남기고 진멸하기를 즐겨 아니하고 가치 없고 하찮은 것은 진멸하니라"(9절). 사울은 하나님의 명령을 온전히 순종하지 않았다.

결국 하나님은 "내가 사울을 왕으로 세운 것을 후회하노니 그가 돌이켜서 나를 따르지 아니하며 내 명령을 행하지 아니하였음이니라"(삼상 15:11)고 탄식하셨다. 이어지는 성경 본문은 "사무엘이 근심하여 온 밤을 여호와께 부르짖으니라"(11절)고 말한다. 부분적 순종은 불순종과 같다.

한편 다윗이 이스라엘에서 점차 명성을 떨치기 시작하자 사울 왕은 점점 그를 시기하였고 심지어 죽이려고 하였다. 이로 인해 다윗은 추방자가 되어 오랜 기간 쫓기는 신세에서 벗어나지 못했다. 그런데도 그는 당한 대로 갚지 않고 기회가 있음에도 사울의 목숨을 빼앗지 않았다. 아이러니하게도 이 시기에 다윗이 사울의 아들 요나단과 깊은 우정을 가꾸었다(삼상 20장).

다윗이 이스라엘의 새 왕으로 기름부음 받을 때가 이르자 하나님은 사무엘에게 중요한 사실을 확인해주셨다. "그의 용모와 키를 보지 말라 내가 이미 그를 버렸노라 내가 보는 것은 사람과 같지 아니하니 사람은 외모를 보거니와 나 여호와는 중심을 보느니라 하시더라"(삼상 16:7). "여호와께서 그의 마음에 맞는 사람을 구하"셨다(13:14). 그가 바로 다윗이었다.

인간적인 관점에서 볼 때 다윗은 위대한 위인으로 자랄 가능성 때문에 선택된 것이 아니었다. 무엇보다 다윗은 이새의 막내 아들로서 천한 목동에 지나지 않았고 목동은 당시 비천한 직업으로 여겨졌다. 그러나 하나님의 주권적 계획 속에서 다윗은 이스라엘의 두 번째 왕으로 선택받았다.

다윗은 거대한 블레셋 전사 골리앗을 죽인 공로로 유명인이 되었다

(삼상 17장). 다윗이 어린 소년으로서 그런 거대한 전사와 맞서 싸웠다는 사실에서 하나님을 향한 그의 믿음이 얼마나 견고한지 알 수 있다. 물론 다윗은 목동으로서 양을 쳐야 했기에 물맷돌을 사용하는 실력이 날로 늘어났을 것이다. 그러나 그 덕분에 골리앗을 죽이는 도구로 쓰이는 축복을 받았다. 즉 하나님은 다윗이 소년 시절부터 그가 장차 맡을 역할을 감당할 수 있도록 준비시키신 것이었다.

마침내 다윗은 30세에 이스라엘의 왕이 되었다(삼하 2:1-7). 사울이 죽고 나서 왕으로 등극했다. 그는 훌륭한 왕이었고 왕국을 통일했다. 예루살렘을 수도로 삼고 40년을 다스렸다. 다윗은 노년에 자신의 아들 솔로몬을 왕으로 임명했다. 그는 71세에 숨을 거두었다.

솔로몬은 주전 970년 약 20세의 나이에 왕이 되었다(왕상 11:42). 그는 부친 다윗에게서 평화로운 나라를 물려받았고, 막강한 군사력으로 평화를 유지하는 데 공을 들였다. 솔로몬이라는 이름도 '평화롭다'는 뜻이다. 이스라엘은 솔로몬 치하에서 황금기를 구가했다. 솔로몬은 이스라엘을 강력한 산업 통상 국가로 만들었다(참조. 왕상 11-8장). 그렇다고 모든 것이 완벽한 것은 아니었다. 대규모 건축 프로젝트를 진행하느라 백성에게 무거운 세금을 부과했다(12:4). 세금을 납부할 여력이 안 되는 사람들은 중노동으로 내몰렸다.

성경 시대에 명백한 한 가지 사실은 하나님이 참되신 왕이라는 것이다. 사울이든 다윗이든 혹은 솔로몬이든 간에 인간 왕이 거룩하신 왕의 명령대로 순종하는 한 번영을 누리고 성공했다. 그러나 인간 왕들이 하나님의 뜻을 저버리면 심판을 받았다. 여기서 우리는 세상의 왕들이 아무리 강력해 보인다 해도 거룩하신 왕의 능력에 비하면 아무것도 아님을 알 수 있다.

이제 사무엘상, 사무엘하, 열왕기상, 역대상, 역대하, 시편, 잠언, 전도서, 아가서를 발췌해 살펴볼 것이다. 시편의 일부는 이 시기의 왕인 다윗이 쓴 것이므로 시편의 저작 연대는 통일 왕국 시대로 거슬러 올라간다. 마찬가지로 전도서는 솔로몬의 노래로서 이 시기의 왕인 솔로몬이 썼으며, 잠언 역시 대부분 이 시기의 것이다.

아래 연대표는 연대기적으로 유익한 정보를 제공한다.

주전 1105년	사무엘이 태어나다.
주전 1080년	사울이 태어나다.
주전 1050년	사울이 왕으로 기름부음을 받고 그의 리더십 아래 왕국이 통일되다.
주전 1040년	다윗이 태어나다.
주전 1025년	다윗이 골리앗을 죽이다.
주전 1010년	사울이 죽다. 다윗이 유다의 왕이 되다.
주전 1003년	다윗이 온 이스라엘의 왕이 되다.
주전 1000년	다윗이 예루살렘을 정복하다. 하나님이 다윗과 언약을 맺으시다.
주전 997년	다윗이 밧세바를 범하는 죄를 짓다.
주전 991년	솔로몬이 태어나다.
주전 970년	솔로몬이 왕이 되다.
주전 931년	사무엘상하가 기록되다.

예습: 105일에서는 사울이 왕으로 기름부음 받은 내용을 살펴볼 것이다.

105일 사울이 왕으로 **기름부음을 받다**

사무엘상 8-12장

어제는 주전 1050-930년을 아우르는 '통일 왕국 시대'라는 제목의 제4시대를 소개했다. **오늘은** 구체적으로 사울이 왕으로 기름부음 받은 일을 살펴볼 것이다.

| 핵심 개념 | 사울이 이스라엘 초대 왕으로 기름부음을 받았다.

| 큰 그림 | 이스라엘은 하나님이 통치하시는 신정 국가였다. 그러나 이스라엘 백성은 인간 왕을 요구했다. 주변의 다른 민족들처럼 되고 싶었던 것이다(삼상 8장). 사무엘은 이들을 단념시키려고 했지만 허사였다. 사울은 주전 1050년에 왕으로 기름부음을 받았다.

| 변화를 위한 진리 | 우주의 참되신 왕은 하나님이다. 왕이신 하나님은 세상의 모든 왕을 통치하신다. 그래서 선지자 사무엘은 백성과 왕에게 하나님께 순종해야 한다고 경고했다(삼상 12:14, 참조. 시 102:12).

| 묵상 구절 | "여호와께서 사무엘에게 이르시되 백성이 네게 한 말을 다 들으라 이는 그들이 너를 버림이 아니요 나를 버려 자기들의 왕이 되지 못하게 함이니라"(삼상 8:7).

| 생각해볼 문제 | 하나님이 왕이시라는 말이 당신에게 어떤 의미로 다가오는가?

〈예수 빌리지〉 구약 II. 12과

106일 사울의 **성공과 실패**

사무엘상 13-14장, 역대상 9:35-39

어제는 사울이 왕으로 기름부음 받은 내용을 살펴보았다(삼상 8-12장). **오늘은** 사울의 성공과 실패에 관해 살펴볼 것이다.

| 핵심 개념 | 사울은 군대 지휘관으로서는 유능했지만 하나님께 순종하지 않았다.

| 큰 그림 | 사울은 암몬 족속(삼상 11:11), 블레셋 족속(13:3, 14:20-23) 그리고 그 밖의 여러 족속(14:47-48)과 싸워 승리를 거두었다. 그러나 여기서 더 중요한 것은 그가 하나님께 불순종했다는 사실이다. "왕이 왕의 하나님 여호와께서 왕에게 내리신 명령을 지키지 아니하였도다"(13:13). 결국 하나님은 불충한 사울에게서 왕의 자리를 박탈하셨다(13:13-14, 15:26). 그리고 "그의 마음에 맞는 사람"으로 왕을 다시 세우기로 하셨다(13:14).

| 변화를 위한 진리 | 사울은 요나단이 블레셋 수비대를 무너뜨린 공을 가로챘다(삼상 13:3-4). 그는 오만했다. "교만은 패망의 선봉이요 거만한 마음은 넘어짐의 앞잡이니라"(잠 16:18). 야고보서 4:4은 이렇게 촉구한다. "주 앞에서 낮추라 그리하면 주께서 너희를 높이시리라."

| 묵상 구절 | "여호와께서 그의 마음에 맞는 사람을 구하여 여호와께서 그를 그의 백성의 지도자로 삼으셨느니라"(삼상 13:14).

| 생각해볼 문제 | 사울의 인생에서 본받고 싶지 않은 모습이 있다면 무엇인가?

<예수 빌리지> 구약 II. 13과

107일 사울의 **부분적 순종**

사무엘상 15:1–17:31

어제는 사울의 성공과 실패를 살펴보았다(삼상 13–14장, 대상 9:35–39). **오늘은** 사울이 거둔 부분적 성공을 살펴볼 것이다.

| 핵심 개념 | 하나님은 온전히 순종하지 않는 사울을 보시고 그를 왕으로 삼으신 것을 후회하셨다.

| 큰 그림 | 사울과 그의 군대는 아말렉 족속을 완전히 말살하지 않았다(삼상 15장). 아말렉 왕과 상태가 좋은 짐승은 살려두었다. 이에 사무엘은 "순종이 제사보다 낫고"(15:22)라고 경고했다. 백성은 사울의 외모를 보았지만 하나님은 마음을 보셨다. 목동 다윗을 다음 왕으로 택하신 이유도 이 때문이었다(16:7). 골리앗과 싸워 이긴 다윗은 큰 명성을 얻었다(17장).

| 변화를 위한 진리 | 하나님은 부분적 순종을 인정하시지 않는다(삼상 15:3, 9). 하나님은 이렇게 탄식하셨다. "내가 사울을 왕으로 세운 것을 후회하노니 그가 돌이켜서 나를 따르지 아니하며 내 명령을 행하지 아니하였음이니라"(11절). 하나님은 온전한 순종을 바라신다.

| 묵상 구절 | "여호와께서 사무엘에게 이르시되…내가 보는 것은 사람과 같지 아니하니 사람은 외모를 보거니와 나 여호와는 중심을 보느니라 하시더라"(삼상 16:7).

| 생각해볼 문제 | 다윗의 생애에서 닮고 싶은 모습이 있다면 무엇인가?

<예수 빌리지> 구약 II. 13-14과

108일 다윗이 **골리앗을 죽이다**

사무엘상 17:32–19:24, 시편 59편

어제는 사울이 하나님께 부분적으로 순종한 것을 살펴보았다(삼상 15:1–17:31). **오늘은** 다윗이 골리앗을 죽인 이야기를 살펴볼 것이다.

| 핵심 개념 | 다윗은 하나님을 굳게 믿고 골리앗을 쓰러뜨렸다.

| 큰 그림 | 다윗은 목동 생활을 하면서 물매를 사용하는 실력을 갈고 닦았고, 이 물매로 골리앗과 싸웠다(삼상 17장). 사울의 아들 요나단은 왕위 계승자였지만 다윗을 하나님이 선택하신 왕으로 인정했다(18장). 사울은 다윗이 백성의 인기를 독차지하는 모습에 분개해 그를 죽이려고 하였다(19장).

| 변화를 위한 진리 | 장애물이 얼마나 큰지는 중요하지 않다. 중요한 것은 하나님의 능력과 축복이다. 다윗이 하나님을 향한 믿음으로 골리앗과 싸워 이겼듯이(삼상 17장) 우리도 하나님을 믿는 믿음으로 거대한 장애물을 극복할 수 있다(엡 3:20).

| 묵상 구절 | "다윗이 블레셋 사람에게 이르되 너는 칼과 창과 단창으로 내게 나아 오거니와 나는 만군의 여호와의 이름 곧 네가 모욕하는 이스라엘 군대의 하나님의 이름으로 네게 나아가노라"(삼상 17:45).

| 생각해볼 문제 | 당신에게는 하나님의 도움을 의지해서 싸워야 할 '골리앗'이 있는가?

<예수 빌리지> 구약 II. 15-16과

109일 다윗이 생명의 위협을 **느끼고 도망하다**

사무엘상 20-21장, 시편 34편

어제는 다윗이 골리앗을 죽인 내용을 살펴보았다(삼상 17:32-19:24). **오늘은** 다윗이 목숨을 지키기 위해 도망자 생활을 한 내용을 살펴볼 것이다.

| 핵심 개념 | 요나단은 다윗에게 사울을 피해 도망가서 생명을 구하라고 경고했다.

| 큰 그림 | 사울의 아들이자 다윗의 친구인 요나단은 사울이 그를 죽이려 하니 도망가야 한다고 경고했다. 그것은 두 사람이 한동안 이별해야 한다는 뜻이었고, 두 사람 모두 받아들이기 어려운 일이었다(삼상 20장). 다윗은 놉의 제사장 아히멜렉을 찾아가 음식을 취하고 골리앗의 검을 얻었다(21:1-9). 그런 다음 블레셋 땅의 가드 왕 아기스에게 자신을 의탁하려고 미친 사람 행세를 했다. "대문짝에 그적거리며 침을 수염에 흘리매"(21:13).

| 변화를 위한 진리 | 요나단과 다윗은 우정이 깊은 친구였다. 요나단은 다윗에게 훗날 자기 아이들을 보살펴달라고 부탁했다. 다윗은 이 약속을 지키기로 했다. 다윗은 왕위에 오른 뒤 요나단의 아들 므비보셋을 궁궐에 살도록 배려했다(삼상 20:15-삼하 9장). 여기서 다윗은 우리에게 약속을 지키는 사람이 되어야 한다는 교훈을 남긴다.

| 묵상 구절 | "사울이 죽인 자는 천천이요 다윗은 만만이로다"(삼상 21:11).

| 생각해볼 문제 | 요나단과 다윗의 깊은 우정에서 깨달은 것이 있다면 무엇인가?

〈예수 빌리지〉 구약 II. 16과

110일 다윗을 **추격하는 사울**

사무엘상 22:1-23:12, 역대상 12:8-18, 시편 52편, 57편, 142편

어제는 다윗이 목숨을 지키기 위해 도망한 내용을 살펴보았다(삼상 20-21장, 시 34편). **오늘은** 유사한 내용으로, 사울이 다윗의 뒤를 쫓는 이야기를 살펴볼 것이다.

| 핵심 개념 | 다윗은 분기탱천한 사울을 피해 계속 도망자로 살 수밖에 없었다.

| 큰 그림 | 다윗은 400명 정도 되는 부랑자들의 보호를 받으며 아둘람 동굴에 숨었다(삼상 22:1-5). 그리고 부모가 모압에서 안전하게 살 수 있도록 조치를 취했다. 사울은 다윗을 도운 놉의 제사장 85명을 죽였다(22:6-23). 다윗과 그의 무리는 사울에게 쫓기는 와중에도 그일라성을 지키기 위해 블레셋 군대와 싸웠고 승리했다(23:1-5). 다윗은 사울을 피해 계속 광야를 전전했다(23:6-29).

| 변화를 위한 진리 | 85명의 무고한 제사장처럼 선량한 사람들에게도 때로 나쁜 일이 일어난다(삼상 22:18-19). 이 세상에 악이 존재하는 한 누구도 이런 일을 피할 수 없다. 언젠가 악인은 크고 흰 보좌 심판대에서 하나님과 대면할 것이다(계 20:11-15). 결국 정의가 승리할 것이다.

| 묵상 구절 | "에돔 사람 도엑이 돌아가서 제사장들을 쳐서 그 날에 세마포 에봇 입은 자 팔십오 명을 죽였고"(삼상 22:18).

| 생각해볼 문제 | 악의 존재가 우리 믿음에 어떤 식으로 도전하는가?

111일 다윗이 사울과 **대면하다**

사무엘상 23:13–25:44, 시편 54편

어제는 다윗이 사울에게 쫓기는 내용을 살펴보았다(삼상 22:1–23:12). **오늘은** 다윗이 거리를 두고 사울과 대면한 내용을 살펴볼 것이다.

| 핵심 개념 | 다윗이 사울과 대면하였다.

| 큰 그림 | 다윗은 어두운 동굴에서 옷자락을 베어낼 수 있을 정도로 사울에게 가까이 접근했다. 그를 죽일 수 있는 절호의 기회였지만 그렇게 하지 않았다. 그것은 하나님의 뜻을 어기는 것이라고 생각했기 때문이다. 멀리서 다윗은 사울에게 기회가 있었음에도 자제한 것은 그를 해칠 의도가 전혀 없다는 증거라고 소리쳤다(삼상 24:1–15). 사울은 다윗이 옳다고 인정했고 틀림없이 이스라엘의 다음 왕이 될 것이라고 말했다(24:16–22).

| 변화를 위한 진리 | 아비가일은 다윗에게 "사람이 일어나서 내 주를 쫓아 내 주의 생명을 찾을지라도 내 주의 생명은 내 주의 하나님 여호와와 함께 생명 싸개 속에 싸였을 것이요"(삼상 25:29)라고 확신을 주었다. 하나님은 우리의 방패가 되신다(시 3:3, 7:10, 18:2, 30, 28:7).

| 묵상 구절 | "사울의 아들 요나단이 일어나 수풀에 들어가서 다윗에게 이르러 그에게 하나님을 힘 있게 의지하게 하였는데"(삼상 23:16).

| 생각해볼 문제 | 당신 주위에 하나님을 굳게 믿고 의지하라고 격려해야 할 사람이 있는가?

〈예수 빌리지〉 구약 II. 17과

112일 사울이 신접한 **여인에게 묻다**

사무엘상 26-29장, 역대상 12:1-7, 19, 시편 56편

어제는 다윗이 사울과 대면한 내용을 살펴보았다(삼상 23:13-25:44, 시 54편). **오늘은** 사울이 신접한 여인을 찾아간 내용을 살펴볼 것이다.

| 핵심 개념 | 사울은 신접한 여인을 찾아가서 블레셋 군대에 패배할 것이라는 예언을 들었다.

| 큰 그림 | 다윗은 다시 근접한 곳에서 사울을 죽일 기회가 있었지만 그렇게 하지 않았다. 다윗은 멀리서 사울과 대면하였고 사울은 다시 자신이 틀렸음을 인정했다(삼상 26장). 다윗과 그의 부하들은 블레셋 땅으로 피했다. 극한 상황에서는 극한 해결책이 필요하다(27장). 블레셋 사람들은 군사를 모아 사울과 싸우러 올라왔고 사울은 하나님의 인도하심을 구했지만 아무 응답도 받지 못했다. 궁여지책으로 신접한 여인을 찾아가 사무엘의 영을 불러냈다. 하나님은 사무엘이 나타나는 것을 허락하시고 사울이 블레셋 군대에 패배할 것을 알려주셨다(28장).

| 변화를 위한 진리 | 다윗은 하나님을 두려워하여 사울을 죽이지 않았다(삼상 26:9-11). 여호와를 두려워하는 것이 건강한 영성을 증명하는 지표 중 하나다(신 5:29, 6:13).

| 묵상 구절 | "사울이 여호와께 묻자오되 여호와께서 꿈으로도, 우림으로도, 선지자로도 그에게 대답하지 아니하시므로"(삼상 28:6).

| 생각해볼 문제 | 하나님을 두려워하는 건강한 영성이란 어떤 것인가?

〈예수 빌리지〉 구약 II. 17과

113일 블레셋 군대에 **패한 사울**

사무엘상 30–31장, 역대상 9:40–44, 10:1–14, 12:20–22, 사무엘하 1장, 4:4

어제는 사울이 신접한 여인을 찾아간 내용을 살펴보았다(삼상 26–29장). **오늘은** 사울이 블레셋 군대에 패한 이야기를 살펴볼 것이다.

| 핵심 개념 | 블레셋이 사울과 그의 군대와 싸워 승리했다.

| 큰 그림 | 다윗과 그의 무리가 아말렉 사람들을 쳐부수었다(삼상 30:1–21). 다윗은 전리품을 부상당한 부하들과 여러 성읍의 동족에게 나누어주었다(30:22–31). 반면 블레셋은 길보아산에서 사울과 그의 군대와 싸워 승리했다. 전사자 중에는 사울과 그의 세 아들도 있었다(31:1–13).

| 변화를 위한 진리 | 생사는 하나님의 주권적 손에 달려 있다. 사무엘상 31:4–5은 사울이 스스로 죽음을 택했다고 말한다. 그러나 이것은 하나님의 주권적 뜻에 속한 일이었다. 역대상 10:13은 사울의 죽음에 대해 "사울이 죽은 것은 여호와께 범죄하였기 때문이라"고 기록한다. 실제로 "여호와께서 그를 죽이시고 그 나라를 이새의 아들 다윗에게 넘겨 주셨더라"고 성경은 말한다(대상 10:14, 참조. 신 32:39, 시 139:16).

| 묵상 구절 | "다윗이 크게 다급하였으나 그의 하나님 여호와를 힘입고 용기를 얻었더라"(삼상 30:6).

| 생각해볼 문제 | 사무엘상을 전반적으로 살펴보면 하나님의 주권성에 대해 어떤 통찰을 얻을 수 있는가?

114일 다윗이 유다의 **왕이 되다**

사무엘하 2:1-3:5, 23:8-39, 역대상 3:1-4, 11:10-47

어제는 사울이 블레셋 군대에 패한 내용을 살펴보았다(삼상 30-31장). **오늘은** 다윗이 유다 왕이 된 내용을 살펴볼 것이다.

| 핵심 개념 | 다윗은 유다의 왕이 되었고 자신의 삶에서 하나님을 공경하였다.

| 큰 그림 | 다윗은 주전 1010년 유다의 왕이 되었다(삼하 2:1-7). 반면 사울의 아들 이스보셋이 이스라엘 나머지 지파의 왕이 되었다(2:8-11). 두 세력은 서로 충돌했고 다윗의 군대가 이스보셋의 군대와 싸워 이겼다(2:12-32). 다윗 왕조는 점점 강성해졌고 이스보셋은 쇠락해갔다(3:1-15).

| 변화를 위한 진리 | 다윗은 자신이 언젠가 왕이 될 것을 이미 알고 있었다. 그러나 그는 날마다 하나님을 의지했다. 하나님께 "내가 유다 한 성읍으로 올라가리이까"(삼하 2:1)라고 물은 것도 그 연장선상이다. "나의 앞날이 주의 손에 있사오니"(시 31:15)라고 인정한 시편 기자의 고백과 유사하다.

| 묵상 구절 | "사울의 집과 다윗의 집 사이에 전쟁이 오래매 다윗은 점점 강하여 가고 사울의 집은 점점 약하여 가니라"(삼하 3:1).

| 생각해볼 문제 | 사울과 다윗이 시편 1편의 가르침과 관련해 어떤 교훈을 제시한다고 생각하는가?

115일 동맹과 **살인자**

사무엘하 3:6–4:12

어제는 다윗이 유다 왕이 된 이야기를 살펴보았다(삼하 2:1–3:5). **오늘은** 아브넬이 다윗에게 동맹을 요청한 것과 요압이 그를 죽인 이야기를 살펴볼 것이다.

| 핵심 개념 | 아브넬은 다윗에게 동맹을 요청하였지만 요압이 그를 죽였다.

| 큰 그림 | 이스라엘의 실권자인 아브넬이 다윗을 지지하겠다는 의사를 밝히고 "그의 왕위를…이스라엘과 유다에 세우"고자(삼하 3:10) 하였다. 그러나 그는 곧 요압에게 암살당했다. 다윗은 그의 죽음에 책임이 없음을 온 이스라엘에 알렸다(3:22–39). 일단의 사람이 이스보셋을 죽이고 다윗에게 그 머리를 가져다 바쳤다(4:1–8). 다윗은 이스보셋을 암살한 자들을 처형했다(4:9–12).

| 변화를 위한 진리 | 아브넬은 하나님이 다윗에게 왕위를 약속하셨음을 알았다(삼하 3:9–10, 17–18). 그러나 그는 이전에 사울 왕과 함께 다윗을 죽이려 했다. 하나님의 진리를 아는 것과 하나님의 진리를 직접 적용하는 것은 크게 다르다. 누구나 빠질 수 있는 함정이다.

| 묵상 구절 | "내가 내 종 다윗의 손으로 내 백성 이스라엘을 구원하여 블레셋 사람의 손과 모든 대적의 손에서 벗어나게 하리라"(삼하 3:18).

| 생각해볼 문제 | 성경의 진리를 알았지만 받아들이고 실천하지 못한 적이 있는가?

116일 다윗이 온 **이스라엘의 왕이 되다**

사무엘하 5:1-13, 17-25, 6:1-11, 역대상 3:4, 11:1-9, 12:23-14:2, 8-17

어제는 아브넬이 다윗과 동맹을 맺었으나 곧바로 요압에게 암살당한 일을 살펴보았다(삼하 3:6-4:12). **오늘은** 다윗이 온 이스라엘의 왕이 된 내용을 살펴볼 것이다.

| 핵심 개념 | 다윗이 온 이스라엘의 왕이 된 후 예루살렘을 점령했다.

| 큰 그림 | 이스보셋이 죽고 다윗이 주전 1003년 온 이스라엘의 왕으로 공식 등극했다(삼하 5:1-5). 다윗은 여부스족에게서 예루살렘을 빼앗아 수도로 삼았다(5:6-10). 블레셋 사람들과 싸워 승리했다(5:17-25). 그리고 아비나답의 집에서 오벧에돔의 집으로 언약궤를 옮겼다. 언약궤를 옮기는 도중에 웃사가 언약궤에 손을 대는 부적절한 행동을 하고 죽음을 당했다(6:1-11).

| 변화를 위한 진리 | 웃사가 언약궤를 만지다가 죽자 "다윗이 그날에 여호와를 두려워하였다"(삼하 6:6-9). 아마 다윗이 이전에 하나님을 이토록 두려워한 적은 없었을 것이다. 그러나 이제 여호와를 두려워하는 법을 확실하게 배웠다(신 13:4).

| 묵상 구절 | "만군의 하나님 여호와께서 함께 계시니 다윗이 점점 강성하여 가니라"(삼하 5:10).

| 생각해볼 문제 | "여호와를 두려워하는" 것이 왜 그렇게 중요한가?(참조. 신 6:2, 13:4, 전 12:13)

〈예수 빌리지〉 구약 II. 17과

117일 미갈이 다윗을 **멸시하다**

사무엘하 6:12-23, 역대상 15-16장

어제는 다윗이 온 이스라엘의 왕이 된 내용을 살펴보았다(삼하 5:1-13, 17-25, 6:1-11, 대상 3:4, 11:1-9, 12:23-14:2, 8-17). **오늘은** 미갈이 다윗을 업신여긴 내용을 살펴볼 것이다.

| 핵심 개념 | 다윗의 아내 미갈이 체통을 지키지 않고 춤을 춘다고 다윗을 업신여겼다.

| 큰 그림 | 언약궤를 오벧에돔의 집에서 예루살렘으로 이동할 때 다윗은 음악에 맞추어 힘을 다해 춤을 추었다(삼하 6:12-19). 다윗의 아내 미갈은 그 광경을 보고 망측스럽다고 생각했다. 다윗은 그의 춤이 여호와 앞에서 드리는 예배의 행위라고 말했다(삼하 6:20-23). 그리고 언약궤 앞에서 하나님께 제사를 드리고(대상 16:1-6) 찬양과 감사의 기도를 올려드렸다(대상 16:7-36).

| 변화를 위한 진리 | 미갈은 다윗이 축제 행렬에 끼어서 춤을 추는 모습이 망측스럽다고 생각했다(삼하 6:20-22). 그녀는 눈에 보이는 외면에 관심을 쏟았지만 다윗은 하나님 앞에서 자신의 영적 상태를 표현하는 데 관심이 있었다. 다윗에게는 사람들의 눈에 자신이 어떻게 보이는지는 중요하지 않았다. 오로지 하나님을 마음껏 예배하고 싶었다.

| 묵상 구절 | "다윗이 여호와 앞에서 힘을 다하여 춤을 추는데 그 때에 다윗이 베 에봇을 입었더라"(삼하 6:14).

| 생각해볼 문제 | 당신은 하나님을 공개적으로 예배하는 데 거리낌이 없는가?

118일 다윗 **언약**

사무엘하 7:1-8:14, 역대상 17:1-18:13, 시편 60편

어제는 미갈이 다윗을 업신여긴 내용을 살펴보았다(삼하 6:12-23). **오늘은** 하나님이 다윗과 무조건적 언약을 맺으신 내용을 살펴볼 것이다.

| 핵심 개념 | 하나님은 다윗과 조건 없는 언약을 맺으셨다.

| 큰 그림 | 하나님은 다윗에게 그의 후손이 영원히 다스릴 것이라고 약속해주셨다(삼하 7:12-13, 22:51). 이것은 무조건적인 언약으로 그 성취 여부는 다윗과는 상관이 없었다. 다윗은 이 사실을 깨닫고 하나님의 약속을 겸손히 받아들이며 인간사를 다스리시는 하나님의 주권을 인정하였다.

| 변화를 위한 진리 | 다윗의 후손을 통한 하나님의 메시아적 약속은 구약성경에서 100개가 넘는 메시아적 약속 중 하나에 불과하다. 성경은 예수님에 관한 책이다. 심지어 구약도 마찬가지다. 예수님이 직접 "모세와 모든 선지자의 글"이 "나를 가리켜" 말한 것이라고 인정하셨다(눅 24:27, 44). 구약을 소홀히 여겨서는 안 된다.

| 묵상 구절 | "주 여호와여 이러므로 주는 위대하시니 이는 우리 귀로 들은 대로는 주와 같은 이가 없고 주 외에는 신이 없음이니이다"(삼하 7:22).

| 생각해볼 문제 | 이 밖에 구약에서 확인할 수 있는 다른 메시아적 약속은 무엇인가?

〈예수 빌리지〉 구약 II. 18과

119일 므비보셋을 **환대한 다윗**

사무엘하 8:15-10:19, 역대상 6:16-53, 18:14-19:19

어제는 하나님이 다윗과 맺으신 무조건적 언약을 살펴보았다(삼하 7:1-8:14, 대상 17:11-18, 시 60편). **오늘은** 다윗이 므비보셋을 보살펴준 내용을 살펴볼 것이다.

| 핵심 개념 | 다윗은 요나단의 아들인 므비보셋을 보살피고 보호해주었다.

| 큰 그림 | 다윗의 사랑하는 친구 요나단은 "여호와께서 영원히 나와 너 사이에 계시고 내 자손과 네 자손 사이에 계시리라"(삼상 20:42)고 말하였다. 요나단은 이제 죽고 없었다. 그러나 다윗은 요나단의 아들을 찾아서 보살펴주었다. 그가 바로 므비보셋이다.

| 변화를 위한 진리 | 다윗은 유능한 지도자였다. 그는 "온 이스라엘을 다스려…모든 백성에게 정의와 공의를 행하"였다(삼하 8:15). 다윗은 적극적으로 긍휼과 사랑을 베풀었으며(9:1, 3, 7) 성실하게 신의를 지켰다(10:2). 훌륭한 지도자는 정의와 평등, 사랑과 신의를 베푸는 사람이다.

| 묵상 구절 | "내가 반드시 네 아버지 요나단으로 말미암아 네게 은총을 베풀리라 내가 네 할아버지 사울의 모든 밭을 다 네게 도로 주겠고 또 너는 항상 내 상에서 떡을 먹을지니라"(삼하 9:7).

| 생각해볼 문제 | 사무엘하 9:7은 다윗이 친구에 대한 신의를 어떻게 지켰다고 말하는가?

120일 다윗이 **범죄하다**

역대상 3:5-9, 14:3-7, 20:1, 사무엘하 5:14-16, 11:1-11:25, 시편 51편

어제는 다윗이 므비보셋을 보살펴준 내용을 살펴보았다(삼하 8:15-10:19). **오늘은** 다윗이 범죄한 내용을 살펴볼 것이다.

| 핵심 개념 | 다윗은 심각한 성범죄를 저질렀다.

| 큰 그림 | 다윗은 하나님의 마음에 합당한 사람이었지만(행 13:22) 여전히 죄에 취약했다. 그는 어느 날 옥상에서 목욕하는 밧세바를 보았다. 그는 그녀를 불러와 동침했고 그녀는 임신하였다(삼하 11:1-5). 다윗은 여기서 그치지 않고 죄를 은폐하려 하면서 십계명 중 네 계명을 어겼다. "살인하지 말라"(출 20:13), "간음하지 말라"(14절), "도둑질하지 말라"(15절), "네 이웃의 아내[를]…탐내지 말라"(17절). 다윗은 하나님께 큰 죄를 지었다.

| 변화를 위한 진리 | 나단 선지자는 다윗을 책망했다(삼하 12:1-7). 나단은 끔찍한 죄를 지은 한 남자의 예를 들었고 다윗은 그 남자에게 분노했다. 나단은 다윗에게 "당신이 바로 그 남자다"라고 지적했다. 하나님이 보시기에 우리 죄는 참으로 추하고 끔찍하다.

| 묵상 구절 | "그러한데 어찌하여 네가 여호와의 말씀을 업신여기고 나 보기에 악을 행하였느냐 네가 칼로 헷 사람 우리아를 치되 암몬 자손의 칼로 죽이고 그의 아내를 빼앗아 네 아내로 삼았도다"(삼하 12:9).

| 생각해볼 문제 | 오늘 본문은 인간의 죄가 일으키는 '도미노 효과'를 어떻게 설명하는가?

121일 암논과 **압살롬의 갈등**

사무엘하 12:26–14:33, 역대상 20:2–3

어제는 다윗이 범죄한 내용을 살펴보았다(대상 3:5–9, 14:3–7, 20:1, 삼하 5:14–16, 11:1–11:25, 시 51편). **오늘은** 다윗의 두 아들 암논과 압살롬 사이에 갈등이 벌어진 이유를 살펴볼 것이다.

| 핵심 개념 | 다윗의 두 아들, 암논과 압살롬 사이에 심각한 갈등이 생겼다.

| 큰 그림 | 다윗의 아들 암논은 이복 누이인 다말을 강간했다(삼하 13:1–19). 다윗의 아들이자 다말의 친 오빠이며 암논과 이복 형제인 압살롬은 암논을 죽여 다말의 원수를 갚았다(13:20–33). 하지만 보복이 두려웠던 압살롬은 아버지를 피해 몸을 숨겼다(13:34–39). 이 일로 다윗과 압살롬의 관계가 소원해졌다. 몇 년이 지나서야 두 사람은 화해했다(14:29–33).

| 변화를 위한 진리 | 다윗의 아들 압살롬은 살인을 저질렀다(삼하 13:20–33). 허세가 심하고 오만한 그는(14:25–28) 결국 다윗의 왕위까지 찬탈하고자 했다(16–17장). 하지만 다윗의 부하에게 목숨을 잃었다(18장). “사람이 무엇으로 심든지 그대로 거두리라”는 갈라디아서 6:7 말씀이 이루어졌다.

| 묵상 구절 | “우리는 필경 죽으리니 땅에 쏟아진 물을 다시 담지 못함 같을 것이오나”(삼하 14:14).

| 생각해볼 문제 | “사람이 무엇으로 심든지 그대로 거두리라”는 말씀에서 어떤 도전을 받는가?

122일 압살롬의 **반역**

사무엘하 15:1–17:14

어제는 다윗의 두 아들 암논과 압살롬 사이에 일어난 갈등을 살펴보았다(삼하 12:26–14:33). **오늘은** 다윗의 아들 압살롬이 반역을 일으킨 사건을 살펴볼 것이다.

| 핵심 개념 | 다윗의 아들 압살롬이 반역을 일으키고 아버지의 왕위를 노렸다.

| 큰 그림 | 압살롬은 백성이 아버지 다윗을 배신하고 자신을 왕으로 옹립하도록 선동했다. 헤브론에서 군대를 모아 다윗의 왕권에 도전했다(삼하 15:1–12). 다윗과 그의 일행은 예루살렘에서 빠져나와 광야로 피했다(15:13–23). 압살롬은 스스로 왕이라 선언하기를 원했지만 후새는 먼저 큰 군대를 모아 다윗을 공격하라고 조언했다(17:1–14).

| 변화를 위한 진리 | 다윗은 전략적으로 행동했다. 압살롬의 반역을 신속하고 용이하게 진압할 수 있었지만(삼하 15:14) 예루살렘이 전쟁에 휘말려 파괴되기를 원하지 않았다. 압살롬이 죽는 것도 바라지 않았다. 제대로 대처하면 예루살렘과 압살롬 모두 구할 수 있다고 생각했다. 그러나 다윗의 바람과 달리 압살롬은 그의 부하들의 손에 죽임을 당했다.

| 묵상 구절 | "전령이 다윗에게 와서 말하되 이스라엘의 인심이 다 압살롬에게로 돌아갔나이다 한지라"(삼하 15:13).

| 생각해볼 문제 | 오늘 본문에서 하나님의 주권성에 대해 어떤 증거를 볼 수 있는가?

123일 압살롬이 죽고 **다윗이 슬퍼하다**

사무엘하 17:15–19:30, 시편 3편, 63편

어제는 다윗의 아들 압살롬이 모반을 일으킨 사실을 살펴보았다(삼하 15:1–17:14). **오늘은** 압살롬이 죽고 다윗이 슬퍼한 내용을 살펴볼 것이다.

| 핵심 개념 | 압살롬이 죽자 다윗은 누구도 위로할 수 없는 비통함에 빠졌다.

| 큰 그림 | 다윗의 군대는 요압과 아비새, 잇대라는 세 지휘관이 이끌었다. 그들은 압살롬의 군대를 공격했지만 다윗은 압살롬의 목숨을 해치지 말라고 지시했다(삼하 18:1–8). 요압은 다윗의 지시를 어기고 나뭇가지에 머리가 걸린 압살롬을 죽였다(18:9–18). 압살롬의 사망 소식을 들은 다윗은 크게 슬퍼하며 비탄에 젖었다(18:19–33).

| 변화를 위한 진리 | 다윗은 아들 압살롬의 죽음에 어떤 말로도 위로할 수 없는 비통함에 빠졌다(삼하 18:33). 하나님의 백성이라고 슬픈 일을 겪지 않는 것은 아니다. 하지만 "소망 없는 다른 이와 같이 슬퍼하지 않아야" 한다(살전 4:13). 그리스도인은 하늘에서 사랑하는 이들과 멋지게 재회할 것이다(4:14–18, 참조. 고전 15:55).

| 묵상 구절 | "[왕이] 말하기를 내 아들 압살롬아 내 아들 내 아들 압살롬아 차라리 내가 너를 대신하여 죽었더면 압살롬 내 아들아 내 아들아 하였더라"(삼하 18:33).

| 생각해볼 문제 | 주위에 슬픈 일을 겪고 위로가 필요한 사람이 있는가?

124일 기브온 족속의 **원한을 풀어주다**

사무엘하 19:31-21:22, 역대상 20:4-8, 시편 7편

어제는 압살롬의 죽음과 다윗의 슬픔을 살펴보았다(삼하 17:15-19:30). **오늘은** 기브온 족속의 일을 바로잡고자 하는 다윗의 노력을 살펴볼 것이다.

| 핵심 개념 | 다윗은 기브온 족속과 관계를 회복하기 원했다.

| 큰 그림 | 다윗 시대로부터 400년 전 여호수아는 기브온 족속과 화친을 맺고 그들의 안전을 보장해주었다(수 9:3-27). 그러나 사울은 기브온 족속을 일부 죽임으로 화친 조약을 어겼다. 다윗은 그 일을 바로잡기 원했고 기브온 족속이 사울의 후손 중 7명을 처형하도록 허락해주었다(삼하 21:1-9).

| 변화를 위한 진리 | 이 세상의 누구도 죄를 피할 수 없다. 요압은 아마사를 죽임으로 살인죄를 저질렀다(삼하 20:7-10, 참조. 3:26-27). 그러나 얼마 지나지 않아 그는 그 대가를 치렀다(왕상 2:28-35). 사후에도 정의는 실현된다. 악인들은 거대한 흰 보좌 심판대에서 그리스도와 대면하게 될 것이다(계 20:11-15).

| 묵상 구절 | "다윗이 그들에게 묻되 내가 너희를 위하여 어떻게 하랴 내가 어떻게 속죄하여야 너희가 여호와의 기업을 위하여 복을 빌겠느냐 하니"(삼하 21:3).

| 생각해볼 문제 | 당신이 과거에 지은 잘못으로 인해 보상해주어야 할 사람이 있는가?

125일 다윗의 **노래**

사무엘하 22장, 시편 18편

어제는 다윗이 기브온 사람들의 일을 바로잡고자 한 이야기를 살펴보았다(삼하 19:31-21:22, 대상 20:4-8, 시 7편). **오늘은** 다윗이 하나님을 찬양한 노래를 살펴볼 것이다.

| 핵심 개념 | 다윗은 승리를 주신 하나님께 진심을 다해 찬양의 노래를 불렀다.

| 큰 그림 | 다윗은 수많은 적을 이기고 승리하게 해주신 하나님께 찬양과 감사의 노래를 올려드렸다(삼하 22장). 이 찬양의 노래는 시편 18편에도 기록되어 있다. 다윗은 "나의 반석", "나의 산성", "나의 구원자", "나의 방패", "나의 피난처"와 같은 호칭으로 하나님을 부른다. 기도에 응답해주시고 환난에서 자기 백성을 건져주시는 분으로 하나님을 묘사한다.

| 변화를 위한 진리 | 다윗의 찬양은 우리가 구약에서 볼 수 있는 아름다운 찬양의 예라고 할 수 있다(삼하 22장). 신약에서도 찬양을 볼 수 있다. 에베소서 5:19은 "시와 찬송과 신령한 노래들로 서로 화답하며 너희의 마음으로 주께 노래하며 찬송하며"라고 말한다.

| 묵상 구절 | "여호와께서 내 공의를 따라 상 주시며 내 손의 깨끗함을 따라 갚으셨으니"(삼하 22:21).

| 생각해볼 문제 | 사무엘하 22장에 기록된 다윗의 찬양에서 하나님에 대해 배운 가장 중요한 교훈은 무엇인가?

126일 다윗의 **인구 조사**

사무엘하 24장, 역대상 21:1–22:19

어제는 다윗이 하나님을 찬양한 노래를 살펴보았다(삼하 22장, 시 18편). **오늘은** 다윗이 실시한 인구 조사를 살펴볼 것이다.

| 핵심 개념 | 다윗은 이스라엘의 군사력을 확인할 목적으로 인구 조사를 실시하였고 그 과정에서 하나님의 진노를 샀다.

| 큰 그림 | 다윗은 요압에게 이스라엘 모든 지파에서 싸울 수 있는 사람의 수를 조사하도록 지시했다. 다윗의 이 조사는 하나님께 범죄하는 것이나 마찬가지였다. 이 조사의 목적은 하나님의 영광이 아니라 그 자신을 위한 것이었기 때문이다. 다윗은 하나님의 나라보다 자신의 나라에 더 관심이 있었다(삼하 24장).

| 변화를 위한 진리 | 다윗이 병력을 조사한 이면에는 오만함이 서려 있었다. 군대의 크기를 과시하고 싶었던 것이다. 이 일로 하나님은 다윗을 징계하셨다. 성경은 "교만은 패망의 선봉이요 거만한 마음은 넘어짐의 앞잡이니라"(잠 16:18)고 말한다.

| 묵상 구절 | "왕의 땅에 칠 년 기근이 있을 것이니이까 혹은 왕이 왕의 원수에게 쫓겨 석 달 동안 그들 앞에서 도망하실 것이니이까 혹은 왕의 땅에 사흘 동안 전염병이 있을 것이니이까 왕은 생각하여 보고 나를 보내신 이에게 무엇을 대답하게 하소서"(삼하 24:13).

| 생각해볼 문제 | 교만으로 곤란에 빠지는 이유는 무엇인가? 반대로 겸손해야 하는 이유는 무엇인가?

127일 레위인과 제사장과 **성전 음악가들의 직무**

역대상 23–25장

어제는 다윗이 인구 조사를 실시한 이야기를 살펴보았다(삼하 24:1, 대상 21:1–22:19). **오늘은** 레위인들과 제사장들과 성전 음악가들에게 주어진 직무를 살펴볼 것이다.

| 핵심 개념 | 특정 집단과 레위인들과 제사장들과 음악가들의 직무가 소개된다.

| 큰 그림 | 다윗은 레위인을 여러 집단으로 나누어 각기 특정한 직무를 맡겼다. 문지기와 제사장을 돕는 이들이 대표적이다(대상 23:2–32). 다음으로 제사장을 24개 조로 나누어 순번대로 섬기게 하였다(24:1–19). 음악가들 역시 순번대로 섬기도록 했다(25:1–31).

| 변화를 위한 진리 | 구약에서 찬양과 음악은 매우 밀접한 관련이 있다. 모세와 이스라엘 백성은 물론이고(출 15:1–21) 드보라와 바락이 찬양할 때 역시 음악이 동반되었다(삿 5:1–12). 시편 중에는 음악에 맞추어 부른 노래가 적지 않다. 성경은 신자들에게 찬양의 새 노래를 부르라고 한다(참조. 시 33:3, 40:3, 계 5:9, 14:3).

| 묵상 구절 | "이들이 다 그들의 아버지의 지휘 아래 제금과 비파와 수금을 잡아 여호와의 전에서 노래하여 하나님의 전을 섬겼으며 아삽과 여두둔과 헤만은 왕의 지휘 아래 있었으니"(대상 25:6).

| 생각해볼 문제 | 현대 예배 음악과 전통적인 찬송 중 어느 쪽이 더 신앙에 유익하다고 생각하는가? 혹은 둘 다인가?

128일 다윗이 **솔로몬에게 준 교훈**

역대상 26-28장

어제는 레위인들과 제사장들과 음악가들의 직무를 살펴보았다(대상 23-25장). **오늘은** 여러 인사 명부와 다윗이 솔로몬에게 내린 지시 사항을 살펴볼 것이다.

| 핵심 개념 | 다윗은 솔로몬에게 교훈을 주면서 하나님께 온전히 헌신하라고 권면한다.

| 큰 그림 | 오늘 성경 본문은 다양한 명부를 소개한다. 성전 문지기로 섬기는 레위인(26:1-19), 성전 곳간을 관리하는 레위인(26:20-32), 다윗의 군대(27:1-15), 지파의 지도자(27:16-24), 자문관 명단(27:25-34)이 그것이다. 다윗은 솔로몬이 다음 왕이 될 것임을 공식적으로 천명했다(28:1-8). 다윗은 솔로몬에게 하나님을 끝까지 섬기도록 권면한다(28:9-21).

| 변화를 위한 진리 | 다윗은 "너는 강하고 담대하게 이 일을 행하라 두려워하지 말며 놀라지 말라…여호와 하나님 나의 하나님이 너와 함께 계시사 네게서 떠나지 아니하시고 너를 버리지 아니하시리라"(대상 28:20)고 권면했다. 우리 모두가 귀담아들어야 할 좋은 말씀이다.

| 묵상 구절 | "내 아들 솔로몬아 너는 네 아버지의 하나님을 알고 온전한 마음과 기쁜 뜻으로 섬길지어다 여호와께서는 모든 마음을 감찰하사 모든 의도를 아시나니 네가 만일 그를 찾으면 만날 것이요 만일 네가 그를 버리면 그가 너를 영원히 버리시리라"(대상 28:9).

| 생각해볼 문제 | 다윗이 솔로몬에게 준 조언에서 우리가 적용할 수 있는 교훈은 무엇인가?

129일 성전 건축을 **위한 예물**

역대상 29장, 열왕기상 1장

어제는 다양한 명부와 다윗이 솔로몬에게 준 교훈을 살펴보았다(대상 26-28장). **오늘은** 성전 건축을 위해 백성이 드린 예물을 살펴볼 것이다.

| 핵심 개념 | 이스라엘 백성은 성전을 건축하기 위해 예물을 드렸다.

| 큰 그림 | 다윗은 이스라엘 지도자들에게 성전 건축을 위해 이미 드린 예물 외에 금과 은을 더 드리라고 독려했다(대상 29:1-9). 그는 하나님께 감사의 기도를 드렸고(29:10-19), 지도자들은 하나님께 희생 제물을 바쳤다. 솔로몬이 이스라엘의 새 왕으로 인정을 받았다(29:10-25).

| 변화를 위한 진리 | 다윗과 이스라엘의 지도자들은 성전 건축을 위해 예물을 드렸다(대상 29:1-9). 신약에서는 자발적으로 드리는 것을 강조한다. 이른바 '은혜에 감사해 드리는 예물'이다. 우리는 값없이 받았으므로 값없이 드려야 한다. 능력이 닿는 대로 드려야 한다(고후 8:12).

| 묵상 구절 | "부와 귀가 주께로 말미암고 또 주는 만물의 주재가 되사 손에 권세와 능력이 있사오니 모든 사람을 크게 하심과 강하게 하심이 주의 손에 있나이다"(대상 29:12).

| 생각해볼 문제 | 당신은 즐거운 마음으로 헌금을 드리고 있는가?(참조. 고후 9:7)

130일 솔로몬에게 **유언을 남기는 다윗**

열왕기상 2:1-12, 사무엘하 23:1-7, 역대상 29:26-30, 시편 4-6편, 8-9편, 11편

어제는 성전 건축을 위해 백성이 드린 예물을 살펴보았다(대상 29장, 왕상 1장). **오늘은** 다윗이 솔로몬에게 남긴 마지막 교훈을 살펴볼 것이다.

| 핵심 개념 | 다윗은 솔로몬에게 마지막 유훈을 남기며 하나님을 공경하고 순종하라고 권고한다.

| 큰 그림 | 다윗이 솔로몬에게 마지막 교훈을 주면서 가장 강조한 내용은 하나님께 순종하라는 것이었다(왕상 2:1-12). 솔로몬이 왕으로서 성공할지 실패할지 여부는 여기서 결정될 것이다. 다윗은 고된 시련을 통해 이 사실을 깨달았다. 그는 주전 970년에 사망했다.

| 변화를 위한 진리 | 다윗은 죽음이 "세상 모든 사람이 가는 길"(왕상 2:2)이라고 말한다. 누구나 죽는다. 그러나 그리스도인에게는 영원한 소망이 있다. 사도 바울은 그리스도인에게 "위의 것을 찾으라…위의 것을 생각하라"(골 3:1-2)고 조언하였다.

| 묵상 구절 | "네 하나님 여호와의 명령을 지켜 그 길로 행하여 그 법률과 계명과 율례와 증거를 모세의 율법에 기록된 대로 지키라 그리하면 네가 무엇을 하든지 어디로 가든지 형통할지라"(왕상 2:3).

| 생각해볼 문제 | 인간은 반드시 죽는다는 사실이 당신이 그리스도인으로서 삶을 대하는 태도에 변화를 줄 수 있는가?

131일 하나님을 **신뢰함**

시편 12-17편, 19-21편

어제는 다윗이 솔로몬에게 남긴 유언을 살펴보았다(왕상 2:1-12). **오늘은** 하나님과 그분 말씀의 신실하심을 살펴볼 것이다.

| 핵심 개념 | 하나님이 미쁘신 분이므로 그분 말씀도 신뢰할 수 있다.

| 큰 그림 | 이 시편과 이후의 시편들은 주전 1050년과 930년 사이, 즉 통일 왕국 시대에 기록된 것이다. 이 시편들에 담긴 의미는 풍부하다. 하나님의 말씀과 그분이 하신 약속들은 신뢰할 수 있다(시 12편). 우리는 절망하지 말고 믿음으로 하나님을 의지해야 한다(13편). 하나님의 살아 계심을 부정하는 것은 어리석다(14편). 우리는 하나님을 섬기는 데 방해가 되는 어떤 것도 해서는 안 된다(15편). 유일하신 참 하나님은 우리의 유일한 주가 되신다(16편). 힘들 때 하나님께 기도하라. 응답해주실 것이다(17편). 하나님의 창조 세계는 그분이 계시다는 명백한 증거다(19편). 어려운 일이 있을 때 하나님을 의지하라(20-21편).

| 변화를 위한 진리 | 시편 기자는 하나님께 "여호와여 어느 때까지니이까 나를 영원히 잊으시나이까"(시 13:1)라고 말했다. 시편에는 시편 기자가 하나님께 "깨어나소서", "침묵하지 마소서", "서두르소서", "그를 구원하소서"라고 강권하는 내용이 종종 등장한다(35:22-23, 40:13, 44:23).

| 묵상 구절 | "나의 반석이시요 나의 구속자이신 여호와여 내 입의 말과 마음의 묵상이 주님 앞에 열납되기를 원하나이다"(시 19:14).

| 생각해볼 문제 | "주의 종에게 고의로 죄를 짓지 말게 하사 그 죄가 나를 주장하지 못하게 하소서"(시 19:13)라고 매일 기도하는 것이 왜 현명하다고 생각하는가?

132일 여호와는 **우리 목자**

시편 22-26편

어제는 하나님과 그분 말씀의 신실하심을 살펴보았다(시 12-17편, 19-21편). **오늘은** 하나님이 우리 삶의 목자 되심을 살펴볼 것이다.

| 핵심 개념 | 하나님은 날마다 우리 곁에 가까이 계시며 거룩하신 목자가 되어주신다.

| 큰 그림 | 하나님은 침묵하시는 것처럼 보일 때라도 신뢰할 수 있는 분이다(시 22편). 그분은 우리 목자시며 늘 가까이 계신다. 우리를 지켜보신다(23편). 세상의 창조주이신 하나님은 찬양을 받으시기에 합당하다(24편). 우리는 우리를 보호하시고 인도하시며 용서해주실 하나님을 신뢰할 수 있다(25편). 하나님은 우리를 악인들이 처할 운명에서 건져주실 수 있다(26편).

| 변화를 위한 진리 | 시편 기자는 "내가 사망의 음침한 골짜기로 다닐지라도 해를 두려워하지 않을 것은 주께서 나와 함께 하심이라"(23:4)고 말했다. 하나님이 늘 가까이 계시므로 그리스도인은 아무리 힘든 환경에서도 두려워할 필요가 없다(시 145:18). 그분은 또한 전능하시다(시 147:5, 사 14:27, 43:13, 엡 1:19-21).

| 묵상 구절 | "여호와는 나의 목자시니 내게 부족함이 없으리로다 그가 나를 푸른 풀밭에 누이시며 쉴 만한 물 가로 인도하시는도다"(시 23:1-2).

| 생각해볼 문제 | 주님이 당신 인생의 목자가 되신다는 사실이 어떤 위로가 되는가?

133일 죄를 고백하라

시편 27–32편

어제는 하나님이 우리 인생의 목자 되심을 살펴보았다(시 22–26편). **오늘은** 우리 죄를 하나님께 고백하는 것이 중요함을 살펴볼 것이다.

| 핵심 개념 | 죄를 고백하지 않으면 하나님은 징계의 손으로 우리를 짓누르실 것이다.

| 큰 그림 | 하나님을 신뢰하고 그분을 기다리라. 그분이 역사하실 것이다(시 27편). 악인들은 행한 대로 심판받을 것이다(28편). 하나님은 자연 세계를 다스리시며 그 속에서 자신을 계시하신다(29편). 그분은 위대한 구원자시며 찬양받으시기에 합당한 분이다(30편). 고통과 위험에 처할 때 구원해주실 주를 바라보라(31편). 우리가 죄를 고백하지 않으면 하나님은 징계하실 것이다(32편).

| 변화를 위한 진리 | 시편 기자는 "내가 입을 열지 아니할 때에 종일 신음하므로 내 뼈가 쇠하였도다 주의 손이 주야로 나를 누르시오니…주께 내 죄를 아뢰고 내 죄악을 숨기지 아니하였더니 곧 주께서 내 죄악을 사하셨나이다"(시 32:3–5)고 고백하였다. 우리는 죄를 고백하는 데 주저하지 말아야 한다.

| 묵상 구절 | "허물의 사함을 받고 자신의 죄가 가려진 자는 복이 있도다 마음에 간사함이 없고 여호와께 정죄를 당하지 아니하는 자는 복이 있도다"(시 32:1–2).

| 생각해볼 문제 | 하나님께 죄를 고백하는 것이 습관이 되도록 훈련해야 하는 이유는 무엇인가?

134일 경건한 삶의 **중요성**

시편 35–38편

어제는 하나님께 죄를 고백하는 것의 중요성을 살펴보았다(시 27–32편). **오늘은** 경건함의 중요성을 살펴볼 것이다.

| 핵심 개념 | 모든 일을 하나님께 맡기라. 그러면 우리를 도와주실 것이다.

| 큰 그림 | 시편 35편은 다윗이 사울에게 쫓기던 시기에 쓰였다. 그런 상황에서 다윗은 하나님께 자신을 구원해주시고 원수들을 파멸해달라고 간구했다. 또한 지속적으로 보호해주시고 적이 패배하게 해달라고 기도했다(36편). 의인들은 주를 의뢰하고 악인들로 인해 불평하지 말아야 한다(37편). 다윗은 죄로 인한 괴로움과 하나님의 징계가 그 고통의 원인임을 다시 확인해준다(38편).

| 변화를 위한 진리 | 시편 기자는 "의인의 적은 소유가 악인의 풍부함보다 낫도다"(시 37:16)라고 말한다. 이 말씀은 디모데전서 6:6과 비슷하다. "그러나 자족하는 마음이 있으면 경건은 큰 이익이 되느니라." 돈을 사랑하지 않도록 경계하라(딤전 6:10).

| 묵상 구절 | "또 여호와를 기뻐하라 그가 네 마음의 소원을 네게 이루어 주시리로다 네 길을 여호와께 맡기라 그를 의지하면 그가 이루시고"(시 37:4–5).

| 생각해볼 문제 | "여호와를 기뻐한다"는 것이 무슨 의미라고 생각하는가?

135일 짧은 인생

시편 39-41편, 55편, 58편

어제는 경건의 중요성을 살펴보았다(시 35-38편). **오늘은** 인생의 짧음을 살펴볼 것이다

| 핵심 개념 | 인생은 짧다. 우리는 너무나 빨리 늙는다. 그리고 죽는다.

| 큰 그림 | 다윗은 하나님께 너무나 짧은 인생을 올바로 바라볼 수 있는 시각을 갖게 해달라고 간구한다(시 39편). 그런 다음 과거에 주님이 베푸신 구원을 회상하고 새로운 구원의 필요성을 하나님께 아뢴다(40편). 자비를 베푸는 자가 자비를 받는다는 사실을 확인한다(41편). 그는 고통으로 짓눌릴 때 올바른 방법으로 대처했다. 바로 하나님께 기도하는 것이었다(55편). 또한 그는 악인들이 파멸함으로 의인들이 기뻐할 수 있도록 해달라고 요청한다(58편).

| 변화를 위한 진리 | 시편 기자는 "여호와여 나의 종말과 연한이 언제까지인지 알게 하사 내가 나의 연약함을 알게 하소서"(시 39:4)라고 말한다. 성경은 종종 인생의 덧없음을 말한다(욥 7:7, 14:1, 시 102:3, 약 4:14). 이런 인생을 생각하면서 우리는 천국을 사모해야 한다.

| 묵상 구절 | "주께서 나의 날을 한 뼘 길이만큼 되게 하시매 나의 일생이 주 앞에는 없는 것 같사오니 사람은 그가 든든히 서 있는 때에도 진실로 모두가 허사뿐이니이다"(시 39:5).

| 생각해볼 문제 | 우리가 죽을 수밖에 없는 존재라는 사실을 어떻게 받아들이는가?

136일 죄를 고백함과 **기도 응답**

시편 61-62편, 64-67편

어제는 인생의 짧음을 살펴보았다(시 39-41편, 55편, 58편). **오늘은** 기도 응답을 받기 위한 전제 조건으로 하나님께 죄를 고백해야 함을 살펴볼 것이다.

| 핵심 개념 | 죄를 고백하지 않으면 기도 응답을 받을 수 없다.

| 큰 그림 | 다윗은 하나님의 신실하심에 대한 확신을 근거로 힘과 안정감을 주시기를 기도한다(시 61편). 그는 자신이 처한 상황에 하나님이 역사해주시기를 기다리면서 사람들이 주를 신뢰하도록 촉구한다(62편). 적에게서 보호해달라고 하나님께 호소한다(64편). 그런 다음 하나님의 은혜와 위대하심을 고백하며 찬양한다(65편). 그분의 기이하신 행적을 보고 그분을 찬양하라고 세상 모든 사람에게 권면한다(66편). 하나님께 감사하게 해달라고 요청한다(67편).

| 변화를 위한 진리 | 시편 기자는 "내가 나의 마음에 죄악을 품었더라면 주께서 듣지 아니하시리라"(시 66:18)고 단언한다. 이것은 "만일 우리 마음이 우리를 책망할 것이 없으면 하나님 앞에서 담대함을 얻고"라고 말씀하는 요한일서 3:21과 통한다. 기도가 응답받기를 원한다면 기도할 때 먼저 하나님께 죄를 고백하라.

| 묵상 구절 | "우리 구원의 하나님이시여 땅의 모든 끝과 먼 바다에 있는 자가 의지할 주께서 의를 따라 엄위하신 일로 우리에게 응답하시리이다"(시 65:5).

| 생각해볼 문제 | 현재 기도 생활에 만족하는가? 만족한다면 그 이유는 무엇인가? 그렇지 않다면 왜 그런가?

137일 성결한 **생활**

시편 68-70편, 86편, 101편

어제는 기도 응답을 받기 위한 전제 조건으로 하나님께 죄를 고백해야 함을 살펴보았다(시 61-62편, 64-67편). **오늘은** 성결한 삶에 관해 살펴볼 것이다.

| 핵심 개념 | 성결한 삶을 살아야 한다.

| 큰 그림 | 시편 68편은 다윗이 오벧에돔의 집에서 예루살렘으로 언약궤를 옮기는 행렬에 참여한 내용과 관련이 있다(참조. 삼하 6:12). 이 시편은 하나님이 이스라엘의 대적들을 흩어주시기를 요청한다. 이어서 부당한 핍박을 받은 다윗의 좌절과 원수들이 처벌받기를 바라는 간청이 등장한다(시 69편). 시편 70편은 구원을 바라는 기도를 담고 있다. 다음으로 다윗은 구원과 보호와 자비를 베푸시고 행복을 주시기를 기도한다(86편). 다윗은 성실하고 신실하게 살기로 작정하였다(101편).

| 변화를 위한 진리 | 시편 기자는 "나는 비천한 것을 내 눈 앞에 두지 아니할 것이요"(시 101:3)라고 선언한다. 그리스도인이라면 누구나 이런 결단을 내려야 하며, 특히 인터넷 포르노와 관련해 이런 결단이 필요하다(참조. 행 15:20, 고전 6:18, 골 3:5, 딤후 2:22).

| 묵상 구절 | "여호와여 주의 도를 내게 가르치소서 내가 주의 진리에 행하오리니 일심으로 주의 이름을 경외하게 하소서"(시 86:11).

| 생각해볼 문제 | "마음의 순결함을 주셔서 주를 경외하게 하옵소서"라고 매일 기도하는 것이 왜 지혜롭다고 생각하는가?

138일 죄 **용서**

시편 103편, 108–110편, 122편, 124편

어제는 성결한 삶에 관해 살펴보았다(시 68–70편, 86편, 101편). **오늘은** 죄 용서에 관해 살펴볼 것이다.

| 핵심 개념 | 죄를 온전히 용서받는 것은 놀라운 축복이다.

| 큰 그림 | 하나님은 형언하기 어려운 축복과 사랑, 특히 아무 조건 없는 용서를 베푸시기에 찬양을 받으신다(시 103편). 다윗은 하나님의 다함 없는 사랑에 찬양과 감사를 드린다(시 108편). 그는 무고하는 거짓된 자들을 심판해주시기를 기도하고 하나님의 구원을 간청한다(109편). 하나님이신 메시아를 왕이자 제사장, 강한 용사로 묘사한다(110편). 시편 기자는 이스라엘의 영적 수도인 예루살렘의 평안과 번영을 위해 기도한다(122편). 다음으로 하나님이 이스라엘을 구원해주셨던 역사에 대해 감사를 드린다(124편).

| 변화를 위한 진리 | 시편 기자는 "동이 서에서 먼 것 같이 우리의 죄과를 우리에게서 멀리 옮기셨으며"(시 103:12)라고 선언한다. "동이 서에서 먼 것 같이" 우리 죄를 옮긴다는 것은 누구도 찾을 수 없도록 죄를 제거해주신다는 뜻이다(참조. 사 43:25, 히 10:17).

| 묵상 구절 | "내 영혼아 여호와를 송축하며 그의 모든 은택을 잊지 말지어다"(시 103:2).

| 생각해볼 문제 | 하나님을 지속적으로 꾸준히 찬양해야 하는 이유는 무엇인가?

139일 기도 그리고 **하나님을 신뢰함**

시편 131편, 133편, 138-141편, 143편

어제는 죄 용서에 관해 살펴보았다(시 103편). **오늘은** 기도와 삶의 모든 것에 대해 하나님을 신뢰해야 함을 살펴볼 것이다.

| 핵심 개념 | 모든 일에 하나님을 신뢰하며 기도하라.

| 큰 그림 | 다윗은 하나님을 어린아이처럼 신뢰했다(시 131편). 온 형제가 하나 되는 것은 소중한 일이다(133편). 시편 기자는 하나님의 기도 응답을 찬양한다(138편). 그는 하나님이 모든 것을 아시고 어디에나 계시며 전능하시고 거룩하신 분으로 묘사한다(139편). 악인들에게서 건져주시기를 기도한다(140편). 잘못된 말과 행동에서 지켜주시기를 하나님께 간청한다(141편). 대적에게서 구해주시고 낙심에서 건져주시기를 기도한다(143편).

| 변화를 위한 진리 | 시편 기자는 "하나님이여 나를 살피사 내 마음을 아시며 나를 시험하사 내 뜻을 아옵소서 내게 무슨 악한 행위가 있나 보시고 나를 영원한 길로 인도하소서"(시 139:23-24)라고 기도한다. 하나님이 싫어하시는 것을 모두 제거하면 우리는 하나님께 더 가까이 나아갈 수 있다.

| 묵상 구절 | "내 형질이 이루어지기 전에 주의 눈이 보셨으며 나를 위하여 정한 날이 하루도 되기 전에 주의 책에 다 기록이 되었나이다"(시 139:16).

| 생각해볼 문제 | 하나님이 우리를 잘 알고 계시며 이것이 평생 계속된다고 생각하면 어떤 마음이 드는가?

140일 놀라우신 **하나님**

시편 144-145편, 88-89편

어제는 기도와 하나님을 신뢰함에 관해 살펴보았다(시 131편, 133편, 138-141편, 143편). **오늘은** 하나님이 얼마나 놀라우신 분인지 살펴볼 것이다.

| 핵심 개념 | 하나님은 놀라우시며 찬양받기에 합당하신 분이다.

| 큰 그림 | 시편 144편은 승리를 거두게 해주셨던 하나님을 찬양하고 지금 구원해달라는 요청과 미래에 축복하실 것을 기대하는 마음을 담고 있다. 다음 시편에서 시편 기자는 하나님의 위대하심, 속성, 영원한 왕국, 계속된 자비, 의로우심을 찬양한다(145편). 시편 기자는 지금 당하는 어려움으로 탄식하며 혼란스러워한다(88편). 변치 않는 사랑, 신실하심, 언약, 기이한 기사들, 주권적 통치, 놀라운 능력에 대해 하나님을 찬양한다(89편).

| 변화를 위한 진리 | 시편 기자는 자신의 유한함을 깊이 자각한다. "나의 때가 얼마나 짧은지 기억하소서 주께서 모든 사람을 어찌 그리 허무하게 창조하셨는지요 누가 살아서 죽음을 보지 아니하고 자기의 영혼을 스올의 권세에서 건지리이까"(시 89:47-48). 우리의 유한성을 자각하면 영원한 시각을 견지할 수 있다.

| 묵상 구절 | "대대로 주께서 행하시는 일을 크게 찬양하며 주의 능한 일을 선포하리로다"(시 145:4).

| 생각해볼 문제 | 하나님이 베푸신 기적의 역사를 부모가 들려주면 자녀에게 어떤 유익이 있겠는가?

141일 감사

시편 50편, 73–74편

어제는 하나님이 얼마나 놀라우신 분인지 살펴보았다(시 144–145편, 88–89편). **오늘은** 감사의 중요성을 살펴볼 것이다.

| 핵심 개념 | 부실한 제물로 드리는 제사보다 감사가 더 나은 제사다.

| 큰 그림 | 하나님은 진실하지 못한 제사를 드린다고 백성을 기소하신다. 감사가 더 나은 제사다. 하나님은 또한 백성의 비윤리적인 행태를 정죄하신다. 이 모든 것을 고치라고 명령하신다(시 50편). 시편 기자는 악인들이 땅에서 번성하는 것처럼 생각되지만 그들의 궁극적 운명이 파멸임을 인정한다. 반대로 의인에게는 영광스러운 미래가 기다리고 있다(73편). 시편 기자는 예루살렘 성전을 파괴한 이스라엘의 대적을 처벌해주시도록 하나님께 기도한다(74편).

| 변화를 위한 진리 | 하나님은 "감사로 하나님께 제사를 드리며"(시 50:14)라고 말씀하신다. 감사는 시편의 공통된 주제다. "우리가 감사함으로 그 앞에 나아가며"(95:2). "감사함으로 그의 문에 들어가며"(100:4). 신약의 공통된 주제이기도 하다(마 11:25, 엡 5:20, 빌 4:6, 골 2:7).

| 묵상 구절 | "하늘에서는 주 외에 누가 내게 있으리요 땅에서는 주 밖에 내가 사모할 이 없나이다 내 육체와 마음은 쇠약하나 하나님은 내 마음의 반석이시요 영원한 분깃이시라"(시 73:25–26).

| 생각해볼 문제 | 당신은 시편 기자처럼 하나님을 간절히 바라는가?

142일 하나님께 **끝까지 충성하기**

시편 75-78편

어제는 감사의 중요성을 살펴보았다(시 50편, 73-74편). **오늘은** 하나님께 끝까지 신실한 것이 얼마나 중요한 일인지를 살펴볼 것이다.

| 핵심 개념 | 하나님은 자기 백성에게 시종일관 성실하셨다. 이제 그들이 하나님께 충실해야 한다.

| 큰 그림 | 시편 75편에서 아삽은 온 세상을 심판하실 하나님을 찬양한다. 악인들은 이 심판의 경고를 받아야 한다. 시편 76편은 하나님이 이스라엘을 대적에게서 구원해주신 일을 찬양한다. 시편 77편은 하나님이 이스라엘을 위해 행하신 놀라신 역사들을 읊조린다. 시편 78편은 이스라엘의 변덕스러운 과거를 회상하면서 미래 세대는 하나님께 충성하고 그분의 계명을 충실히 지키는 지혜로운 처신을 해야 한다고 촉구한다.

| 변화를 위한 진리 | 시편 기자는 광야 생활을 하던 이스라엘 백성에 관해 이야기하면서 "그들이 입으로 그에게 아첨하며 자기 혀로 그에게 거짓을 말하였으니 이는 하나님께 향하는 그들의 마음이 정함이 없으며 그의 언약에 성실하지 아니하였음이로다"(시 78:36-37)고 탄식한다. 하나님은 입으로 아첨하는 것이 아닌 마음의 진실함을 원하신다.

| 묵상 구절 | "그들로 그들의 소망을 하나님께 두며 하나님께서 행하신 일을 잊지 아니하고 오직 그의 계명을 지켜서"(시 78:7).

| 생각해볼 문제 | 신앙생활을 하면서 마음의 진실함이 아닌 입으로만 번드르르하게 하나님을 섬겼던 적은 없는가?

143일 구원과 **회복**

시편 79-82편

어제는 하나님께 신실한 것의 중요성을 살펴보았다(시 75-78편). **오늘은** 이스라엘의 구원과 회복에 대한 열망을 살펴볼 것이다.

| 핵심 개념 | 하나님께 자기 백성을 구원해주시기를 호소한다.

| 큰 그림 | 시편 79편은 이스라엘에 국가적으로 임한 재난을 서술하며 수치에서 구원해주시기를 하나님께 호소한다. 시편 80편은 이스라엘이 한때 건강한 포도나무였지만 이제 베임을 당했다고 말한다. 시편 기자는 하나님께 이스라엘이 누렸던 이전 영광을 회복해달라고 구한다. 시편 81편은 하나님의 신실하심과 이스라엘의 변덕스러움을 대조한다. 시편 82편은 권한을 남용해 사람들을 압제하는 지도자들을 하나님이 심판하실 것이라고 말한다.

| 변화를 위한 진리 | "내 백성아 내 말을 들으라 이스라엘아 내 도를 따르라 그리하면 내가 속히 그들의 원수를 누르고 내 손을 돌려 그들의 대적을 치리니"(시 81:13-14). 선택에는 결과가 따른다. 하나님께 불순종하기로 선택할 때 그분이 세우신 축복의 계획은 허사로 돌아간다.

| 묵상 구절 | "만군의 하나님 여호와여 우리를 돌이켜 주시고 주의 얼굴의 광채를 우리에게 비추소서 우리가 구원을 얻으리이다"(시 80:19).

| 생각해볼 문제 | 회개하지 않고 불순종함으로 하나님의 축복을 스스로 저버리지 않는지 살펴본 적이 있는가?

144일 솔로몬이 하나님께 **지혜를 구하다**

역대상 29:23-25, 역대하 1장, 열왕기상 2:13-3:15, 시편 83편

어제는 이스라엘의 구원과 회복에 대한 열망을 살펴보았다(시 79-82편). **오늘은** 솔로몬의 유명한 기도를 살펴볼 것이다.

| 핵심 개념 | 솔로몬은 하나님께 지혜를 구했다.

| 큰 그림 | 솔로몬은 주전 970년에 왕이 되었다. 그는 지혜롭고 정의롭게 이스라엘을 다스릴 수 있도록 하나님께 지혜를 구했다. 하나님은 이 요청을 기뻐하셨다. 솔로몬에게 지혜뿐 아니라 재물과 명성도 허락하셨다(왕상 3:3-15, 대하 1:1-13).

| 변화를 위한 진리 | 솔로몬은 하나님께 "누가 주의 이 많은 백성을 재판할 수 있사오리이까 듣는 마음을 종에게 주사 주의 백성을 재판하여 선악을 분별하게 하옵소서"(왕상 3:9)라고 기도했다. 우리도 하나님께 지혜를 구할 수 있다. "너희 중에 누구든지 지혜가 부족하거든 모든 사람에게 후히 주시고 꾸짖지 아니하시는 하나님께 구하라 그리하면 주시리라"(약 1:5).

| 묵상 구절 | "내가 네 말대로 하여 네게 지혜롭고 총명한 마음을 주노니 네 앞에도 너와 같은 자가 없었거니와 네 뒤에도 너와 같은 자가 일어남이 없으리라 내가 또 네가 구하지 아니한 부귀와 영광도 네게 주노니 네 평생에 왕들 중에 너와 같은 자가 없을 것이라"(왕상 3:12-13).

| 생각해볼 문제 | 하나님의 지혜가 필요한 상황에 직면해 있지는 않은가?

〈예수 빌리지〉 구약 II. 19과

145일 솔로몬이 **성전을 건축하다**

열왕기상 3:16-28, 5-6장, 역대하 2:1-3:14

어제는 솔로몬이 하나님께 지혜를 구한 일을 살펴보았다(대상 29:23-25). **오늘은** 솔로몬이 성전을 건축한 내용을 살펴볼 것이다.

| 핵심 개념 | 솔로몬은 하나님을 위해 아름다운 성전을 건축했다.

| 큰 그림 | 성전 건축은 주전 966년에 시작되었다. 솔로몬은 두로의 히람 왕과 무역 협상을 벌여 성전 건축에 필요한 물자를 조달했다(왕상 5장). 히람 왕 역시 유능한 장인들을 파견해 이 일을 도왔다(대하 2장). 솔로몬 성전은 착공한 지 7년만인 주전 959년에 완공되었다(왕상 6장).

| 변화를 위한 진리 | 하나님은 실제 상황에서 사용할 수 있도록 지혜를 주신다. 열왕기상 3:16-28에는 두 여인이 한 아기를 두고 자기 아이라고 싸우는 사건이 등장한다. 솔로몬은 하나님이 주신 지혜로 이 문제를 해결한다. 솔로몬처럼 우리 역시 하나님이 주신 지혜를 사용해야 한다(참조. 약 1:5).

| 묵상 구절 | "내가 건축하고자 하는 성전은 크니 우리 하나님은 모든 신들보다 크심이라 누가 능히 하나님을 위하여 성전을 건축하리요 하늘과 하늘들의 하늘이라도 주를 용납하지 못하겠거든"(대하 2:5-6).

| 생각해볼 문제 | 오늘날은 신자들이 성령이 거하시는 성전이라는 사실을 알고 있는가?(고전 6:19)

146일 솔로몬이 **왕궁을 건축하다**

열왕기상 7장, 역대하 3:15-4:22

어제는 솔로몬이 성전을 건축한 내용을 살펴보았다(왕상 3:16-28, 5-6장). **오늘은** 솔로몬이 왕궁을 건축한 내용을 살펴볼 것이다.

| 핵심 개념 | 솔로몬의 왕궁이 건축되었고 여러 성전 기구가 제작되었다.

| 큰 그림 | 솔로몬이 왕궁과 행정 업무를 위한 여러 건물을 완공하기까지 13년이 걸렸다(왕상 7:1-12). 솔로몬은 유능한 금속 장인들을 고용해 성전에 필요한 여러 기구를 만들었다(7:23-51). 성전 기구에는 중앙 제단, 거대한 물그릇, 작은 그릇, 상, 촛대를 비롯해 여러 비품이 포함되었다(대하 4장).

| 변화를 위한 진리 | 너무나 많은 사람이 일이나 프로젝트를 거창하게 시작하지만 끝까지 마무리하는 사람은 많지 않다. "여호와의 성전을 위하여 만드는 모든 일을 마친" 솔로몬처럼 우리도 시작한 일이 있다면 끝까지 마쳐야 한다(왕상 7:51, 참조. 딤후 4:7, 고후 8:10-12).

| 묵상 구절 | "솔로몬 왕이 여호와의 성전을 위하여 만드는 모든 일을 마친지라 이에 솔로몬이 그의 아버지 다윗이 드린 물건 곧 은과 금과 기구들을 가져다가 여호와의 성전 곳간에 두었더라"(왕상 7:51).

| 생각해볼 문제 | 중요한 일이나 프로젝트를 맡으면 끝까지 완수하는 편인가? 아니면 대개 중도에 포기하는가?

147일 하나님의 영광이 **성전에 임하다**

열왕기상 8장, 역대하 5–6장

어제는 솔로몬이 왕궁을 지은 내용을 살펴보았다(왕상 7장). **오늘은** 하나님의 영광이 성전에 임재한 내용을 살펴볼 것이다.

| 핵심 개념 | 하나님의 영광이 완공된 성전에 임했다.

| 큰 그림 | 언약궤는 지성소에서 가장 거룩한 곳에 배치되었다. 이후 주의 영광이 영광스러운 구름의 형태로 성전을 가득 채웠다(왕상 8:1–11). 솔로몬은 백성을 인도하여 성전 봉헌식을 드렸고, 주님께 순종하겠다는 헌신의 의미로 희생 제물을 바쳤다(8:12–66). 솔로몬은 백성이 하나님께 신실하게 해달라고 기도했다(대하 5–6장).

| 변화를 위한 진리 | 솔로몬은 “하나님이 참으로 땅에 거하시리이까 하늘과 하늘들의 하늘이라도 주를 용납하지 못하겠거든 하물며 내가 건축한 이 성전이오리이까”(왕상 8:27)라고 말했다. 실제로 하나님은 어디에나 계시는 무소부재하신 분이다(시 139:2–12, 사 66:1).

| 묵상 구절 | “여호와를 찬송할지로다 그가 말씀하신 대로 그의 백성 이스라엘에게 태평을 주셨으니 그 종 모세를 통하여 무릇 말씀하신 그 모든 좋은 약속이 하나도 이루어지지 아니함이 없도다”(왕상 8:56).

| 생각해볼 문제 | 당신은 하나님이 성경을 통해 주신 약속들을 주장하는 훈련을 하고 있는가?

148일 하나님과 **성전**

열왕기상 9:1-14, 역대하 7장

어제는 하나님의 영광이 성전에 임한 것을 살펴보았다(왕상 8장). **오늘은** 하나님이 백성에게 자신을 공경하는 한 성전에 거하겠다고 약속하시는 내용을 살펴볼 것이다.

| 핵심 개념 | 하나님을 공경하지 않으면 하나님은 임재를 거두실 것이다.

| 큰 그림 | 하나님은 성전을 귀하게 생각하셨다. 이스라엘 백성이 하나님께 순종하면 성전에 거하실 것이라고 말씀하셨다. 그러나 백성이 하나님을 귀하게 여기지 않고 불순종하면 성전에서 떠나실 것이고 성전을 파괴하며 이스라엘을 뿌리째 뽑으시겠다고 말씀하셨다(왕상 9:1-14, 대하 7장).

| 변화를 위한 진리 | "내 이름으로 일컫는 내 백성이 그들의 악한 길에서 떠나 스스로 낮추고 기도하여 내 얼굴을 찾으면 내가 하늘에서 듣고 그들의 죄를 사하고 그들의 땅을 고칠지라"(대하 7:14). 이것은 하나님이 이스라엘에 주신 말씀이다. 하지만 하나님은 스스로 겸손하고 기도하며 그분의 얼굴을 구하는 이는 누구라도 축복해주시는 분이다.

| 묵상 구절 | "여호와께서 그에게 이르시되 네 기도와 네가 내 앞에서 간구한 바를 내가 들었은즉 나는 네가 건축한 이 성전을 거룩하게 구별하여 내 이름을 영원히 그 곳에 두며 내 눈길과 내 마음이 항상 거기에 있으리니"(왕상 9:3).

| 생각해볼 문제 | 역대하 7:14 말씀이 오늘 우리나라에도 훌륭한 지침으로 사용될 수 있다고 생각하는가?

149일 솔로몬이 **명성을 떨치다**

역대하 1:14-17, 8장, 9:1-28, 왕상 9:15-10:29

어제는 그 백성이 순종하는 한 성전에 거하시겠다는 하나님의 약속을 살펴보았다(왕상 9:1-14). **오늘은** 솔로몬이 그의 놀라운 지혜로 명성을 얻은 내용을 살펴볼 것이다.

| 핵심 개념 | 솔로몬은 지혜로운 왕으로 큰 명성을 얻었다.

| 큰 그림 | 솔로몬은 막대한 재물과 지혜로 다른 왕들에게 존경을 받았다(왕상 9:15-28). 시바의 여왕이 대표적이다(10:1-13). 다른 국가들과 교류하면서 솔로몬의 재물은 더욱 늘어났다(10:14-29).

| 변화를 위한 진리 | 시바의 여왕은 솔로몬의 명성을 "여호와의 이름으로 말미암은 것"(왕상 10:1)이라고 말했다. 솔로몬을 왕으로 만드신 이는 "당신의 하나님 여호와"였다(왕상 10:9). 세계 곳곳에서 사람들이 "하나님께서 솔로몬의 마음에 주신 지혜를 들으러"(10:24) 찾아왔다.

| 묵상 구절 | "솔로몬 왕의 재산과 지혜가 세상의 그 어느 왕보다 큰지라 온 세상 사람들이 다 하나님께서 솔로몬의 마음에 주신 지혜를 들으며 그의 얼굴을 보기 원하여"(왕상 10:23-24).

| 생각해볼 문제 | 지혜가 인생의 모든 진로에 영향을 미칠 수 있다면 오늘 그 지혜를 구하는 기도를 드리지 않겠는가?(약 1:5)

150일 솔로몬의 **놀라운 위업**

열왕기상 4장, 시편 72편, 127편

어제는 솔로몬이 놀라운 지혜로 널리 명성을 떨친 일을 살펴보았다(대하 8장). **오늘은** 솔로몬이 이룬 놀라운 위업을 살펴볼 것이다.

| 핵심 개념 | 솔로몬은 누구와도 비교할 수 없는 위업을 달성했다.

| 큰 그림 | 솔로몬 왕실에서 행정을 담당하는 여러 관리의 명단이 소개되어 있다(왕상 4:1-10). 솔로몬이 소유한 재물과 통치의 범위가 소개되어 있다(4:21-28). 놀라운 지혜로 유명한 솔로몬은 수천 곡의 노래와 잠언을 지었다(4:29-34). 시편 72편에서 솔로몬은 의(1-4절), 평화(5-7절), 힘(8-11절), 긍휼(12-14절), 번성(15-17절)을 특징으로 하는 통치를 하게 해달라고 기도한다. 시편 127편은 하나님을 의지하는 삶을 살아야 한다고 강조한다. 이것이 바로 솔로몬의 초기 모습이었다.

| 변화를 위한 진리 | 시편 72편에서 솔로몬은 "하나님이여 주의 판단력을 왕에게 주시고 주의 공의를 왕의 아들에게 주소서 그가 주의 백성을 공의로 재판하며 주의 가난한 자를 정의로 재판하리니"(시 72:1-2)라고 기도했다. 왕으로서 솔로몬의 능력은 분명히 하나님이 주신 것이었다.

| 묵상 구절 | "그는 벤 풀 위에 내리는 비 같이, 땅을 적시는 소낙비 같이 내리리니"(시 72:6).

| 생각해볼 문제 | 하나님이 당신에게 주를 섬기는 데 사용하도록 주신 특별한 은사가 있다면 무엇인가?

151일 지혜의 **유익**

잠언 1–4장

어제는 솔로몬이 이룬 놀라운 위업을 살펴보았다(왕상 4장). **오늘은** 인생의 정도(正道)에서 벗어나지 않게 도와주는 지혜에 관해 살펴볼 것이다.

| 핵심 개념 | 지혜는 사람의 모든 걸음을 인도할 수 있다.

| 큰 그림 | 솔로몬이 잠언을 지은 시기는 주전 971년과 931년 사이이다. 이때는 통일 왕국 시기에 해당한다. 주전 729년과 686년 사이 히스기야 치하의 서기관들은 솔로몬이 쓴 잠언을 증보 편찬했다. 잠언은 '지혜의 책'으로 도덕적 지혜에 관한 금언을 담고 있으며 대부분 솔로몬이 지었다. 이 금언들은 청년들이 지혜로운 삶을 추구하는 데 필요한 내적 힘을 기르는 것이 목적이었다. 솔로몬은 잠언 첫 4장에서 지혜의 가치를 강조한다. 지혜는 죄를 꾸짖는다(잠 1:8–33). 지혜는 그것을 구하는 자에게 보상해준다(2–3장). 위험한 길에서 지켜준다(4장).

| 변화를 위한 진리 | 성경의 지혜대로 살면 평안(잠 3:2), 성공(3:4), 장수와 명예(3:16, 35, 4:8), 기쁨(3:17), 안정(3:23, 4:12), 안전(3:24), 건강(4:22), 평생 따라갈 곧은 길(4:25–27)을 얻는다. 성경의 지혜를 얻으면 얻을수록 삶은 더 형통하다.

| 묵상 구절 | "너는 마음을 다하여 여호와를 신뢰하고 네 명철을 의지하지 말라"(잠 3:5).

| 생각해볼 문제 | 때로 하나님보다 우리 자신의 지혜를 과신하는 이유는 무엇인가?

〈예수 빌리지〉 구약 II. 23과

152일 지혜로 **위험을 피하다**

잠언 5-7장

어제는 우리가 지혜로 인하여 바른 인생길을 갈 수 있음을 살펴보았다(잠 1-4장). **오늘은** 지혜가 위험한 길에서 우리를 지켜줄 수 있음을 살펴볼 것이다.

| 핵심 개념 | 지혜는 우리가 평생 안전한 길로 가도록 지켜줄 수 있다.

| 큰 그림 | 솔로몬은 지혜가 음욕의 위험을 경계하도록 경고하고(잠 5장), 게으른 자들에게 의욕을 불러일으키며(6:1-19), 음란한 욕망을 벗어버리도록 돕고(6:20-35), 남자를 노리는 음부를 경계하게 한다고 말한다(7장).

| 변화를 위한 진리 | 솔로몬은 음란한 여인들이 호리는 말로 남자를 꾀어 음행을 저지르게 한다고 경고한다(잠 5:3, 7:21). 유혹에 무너지는 사람은 혹독한 대가를 치를 것이다(7:22-23). "네 우물에서 물을 마시는" 것이(5:15), 다시 말해 성관계는 오직 배우자와만 하는 것이 옳다.

| 묵상 구절 | "사람이 불을 품에 품고서야 어찌 그의 옷이 타지 아니하겠으며 사람이 숯불을 밟고서야 어찌 그의 발이 데지 아니하겠느냐 남의 아내와 통간하는 자도 이와 같을 것이라 그를 만지는 자마다 벌을 면하지 못하리라"(잠 6:27-29).

| 생각해볼 문제 | 우리 문화는 어떤 식으로 순결한 삶을 살지 못하도록 조장하는가?

153일 지혜를 **따라 사는 삶**

잠언 8–10장

어제는 지혜가 위험한 길에서 우리를 지켜줄 수 있음을 살펴보았다(잠 5–7장). **오늘은** 지혜롭게 살 때 긍정적 결과를 거둘 수 있음을 살펴볼 것이다.

| 핵심 개념 | 선택은 결과가 따르므로 어리석음이 아닌 지혜를 따라 살아야 한다.

| 큰 그림 | 지혜는 하나님을 기뻐하며(잠 8장) 어리석은 길과 큰 대조를 보인다(9장). 솔로몬은 지혜로운 삶과 악하고 어리석은 삶을 여러 방면으로 대조해 보여준다. 개인의 선택에는 분명한 결과가 따른다는 사실을 지적한다. 이런 이유로 우리는 지혜로운 선택을 해야 한다(10장).

| 변화를 위한 진리 | 잠언 9:10은 "여호와를 경외하는 것이 지혜의 근본"이라고 말씀한다. 여호와를 경외하는 자는 모든 일이 형통하다(삼상 12:14). 하나님은 그분을 경외하는 자에게 자비를 베푸시고(눅 1:50) 그들의 소원을 만족시키시며(시 145:19) 복을 주신다(시 115:13). 여호와를 경외하면 장수를 누릴 수 있다(잠 10:27).

| 묵상 구절 | "나 지혜로 말미암아 네 날이 많아질 것이요 네 생명의 해가 네게 더하리라 네가 만일 지혜로우면 그 지혜가 네게 유익할 것이나 네가 만일 거만하면 너 홀로 해를 당하리라"(잠 9:11–12).

| 생각해볼 문제 | 하나님을 올바로 경외하기 위해 인생에 어떤 변화가 있었으면 하는가?

154일 말을 **조심하라**

잠언 11–13장

어제는 지혜롭게 살 때 인생의 좋은 결과를 맺는다는 것을 살펴보았다(잠 8–10장). **오늘은** 말조심에 관해 살펴볼 것이다.

| 핵심 개념 | 지혜로운 말을 선택하라.

| 큰 그림 | 솔로몬은 지혜로운 자와 어리석은 자, 의로운 자와 불의한 자, 경건한 자와 악한 자를 계속해서 대조한다(잠 10–12장). “의인의 입은 생명의 샘이라도 악인의 입은 독을 머금었느니라”(10:11). “슬기로운 자는 지식을 감추어도 미련한 자의 마음은 미련한 것을 전파하느니라”(12:23). “의인은 그 이웃의 인도자가 되나 악인의 소행은 자신을 미혹하느니라”(12:26).

| 변화를 위한 진리 | 말로 사람들을 세울 수도 있고 넘어뜨릴 수도 있다. “칼로 찌름 같이 함부로 말하는 자가 있거니와 지혜로운 자의 혀는 양약과 같으니라”(잠 12:18). “유순한 대답은 분노를 쉬게 하여도 과격한 말은 노를 격동하느니라”(15:1). “온순한 혀는 곧 생명 나무이지만 패역한 혀는 마음을 상하게 하느니라”(15:4, 참조. 16:24, 25:11).

| 묵상 구절 | “입을 지키는 자는 자기의 생명을 보전하나 입술을 크게 벌리는 자에게는 멸망이 오느니라”(잠 13:3).

| 생각해볼 문제 | 솔로몬이 잠언에서 혀와 입과 입술에 관해 150회 이상 언급하며 적절한 말이 대단히 중요한 우선순위임을 강조했다는 사실을 알고 있는가?

155일 지혜롭게 행하고 **어리석음을 피하라**

잠언 14-16장

어제는 말조심의 중요성을 살펴보았다(잠 11-13장). **오늘은** 늘 지혜로 행하고 어리석지 말아야 함을 살펴볼 것이다.

| 핵심 개념 | 항상 지혜로 행하라. 그러면 낭패를 당하지 않을 것이다.

| 큰 그림 | 솔로몬은 계속해서 지혜로운 자와 어리석은 자, 의로운 자와 불의한 자, 경건한 자와 악한 자를 대조한다(잠 14-16장). 예를 들면 다음과 같다. "정직하게 행하는 자는 여호와를 경외하여도 패역하게 행하는 자는 여호와를 경멸하느니라"(잠 14:2). "지혜로운 아들은 아비를 즐겁게 하여도 미련한 자는 어미를 업신여기느니라"(15:20). 그다음으로 솔로몬은 여러 주제에 대해 도덕적이고 윤리적인 조언을 제시한다(16장).

| 변화를 위한 진리 | 솔로몬은 "여호와께서…정직한 자의 기도는 그가 기뻐하시느니라"(잠 15:8)고 말한다. 또한 "여호와는 악인을 멀리 하시고 의인의 기도를 들으시느니라"(15:29)고 말한다. 의롭게 살면 하나님은 우리 기도를 들어주신다. 시편 66:18은 이렇게 말한다. "내가 나의 마음에 죄악을 품었더라면 주께서 듣지 아니하시리라."

| 묵상 구절 | "어떤 길은 사람이 보기에 바르나 필경은 사망의 길이니라"(잠 14:12).

| 생각해볼 문제 | 잠언 14:12과 잠언 3:5-6을 종합하면 어떤 교훈을 얻을 수 있는가?

156일 도덕적 삶의 유익

잠언 17–19장

어제는 지혜로 행하고 어리석게 행하지 말아야 함을 살펴보았다(잠 14–16장). **오늘은** 도덕적인 삶이 주는 유익을 살펴볼 것이다.

| 핵심 개념 | 도덕적인 삶은 인생에 많은 유익을 준다.

| 큰 그림 | 솔로몬은 도덕적이고 윤리적 조언으로 가득한 많은 잠언을 썼다(잠 17–19장). 예를 들면 다음과 같다. "마음이 굽은 자는 복을 얻지 못하고 혀가 패역한 자는 재앙에 빠지느니라"(17:20). "사람의 마음의 교만은 멸망의 선봉이요 겸손은 존귀의 길잡이니라"(18:12). "계명을 지키는 자는 자기의 영혼을 지키거니와 자기의 행실을 삼가지 아니하는 자는 죽으리라"(19:16).

| 변화를 위한 진리 | 현명한 사람은 친구를 잘 고른다. 형제보다 더 가까울 수 있는 친구를 찾으라(잠 18:24). 돈을 보고 아첨하는 친구는 멀리하라(19:4). 그런 사람은 진정한 친구가 아니다. 화를 내는 사람과 친구가 되지 말라(19:11). 또한 개인적인 일을 털어놓았을 때 신뢰하기 어려운 사람을 피하라(17:9). 참된 친구는 어떤 일이 있어도 나를 사랑하며 사랑으로 대해준다(17:17).

| 묵상 구절 | "많은 친구를 얻는 자는 해를 당하게 되거니와 어떤 친구는 형제보다 친밀하니라"(잠 18:24).

| 생각해볼 문제 | 당신에게는 솔로몬이 말하는 좋은 친구의 기준에 부합하는 친구가 있는가?

157일 선택에는 부정적이든 **긍정적이든 결과가 따른다**

잠언 20:1-22:16

어제는 도덕적으로 살 때 많은 유익이 있음을 살펴보았다(잠 17-19장). **오늘은** 선택에는 긍정적으로든 부정적으로든 결과가 따름을 살펴볼 것이다.

| 핵심 개념 | 도덕적으로 살면 긍정적 결과가 따르지만 부도덕하게 살면 부정적 결과가 따른다.

| 큰 그림 | 솔로몬은 윤리적이고 도덕적인 조언이 담긴 수많은 잠언을 지었다(잠 20:1-22:16). "두루 다니며 한담하는 자는 남의 비밀을 누설하나니 입술을 벌린 자를 사귀지 말지니라"(잠 20:19). "사람의 행위가 자기 보기에는 모두 정직하여도 여호와는 마음을 감찰하시느니라"(21:2). "겸손과 여호와를 경외함의 보상은 재물과 영광과 생명이니라"(22:4).

| 변화를 위한 진리 | 잠언 22:6은 하나님의 방식으로 자녀를 훈련하거나 가르치면 나이가 들어도 그 길을 떠나지 않을 것이라고 말한다. '훈련하다', '지도하다'에 해당하는 히브리어는 '입천장'을 의미하는 어근에서 파생했다. 고대의 산파들은 신생아의 입안을 올리브 기름으로 문질러 식욕을 돋우어주었다. 그리스도인 부모는 자녀에게 하나님의 일을 갈망하는 마음이 생기도록 힘써야 한다.

| 묵상 구절 | "마땅히 행할 길을 아이에게 가르치라 그리하면 늙어도 그것을 떠나지 아니하리라"(잠 22:6).

| 생각해볼 문제 | 잠언 22:6은 약속인가, 원리인가? 그 차이는 무엇이라고 생각하는가?

158일 윤리 그리고 **바른 생활**

잠언 22:17-24:34

어제는 모든 선택에는 긍정적이든 부정적이든 결과가 따른다는 사실을 살펴보았다(잠 20:11-22:16). **오늘도** 동일한 내용을 살펴보되 윤리적으로 살 때 인생이 어떻게 더 나아지는지를 중점적으로 볼 것이다.

| 핵심 개념 | 윤리적으로 살면 형통한 삶을 살 수 있다.

| 큰 그림 | 솔로몬은 도덕적이고 윤리적으로 중요한 지침이 담긴 수많은 잠언을 지었다(잠 22:17-24:34). "노를 품는 자와 사귀지 말며 울분한 자와 동행하지 말지니 그의 행위를 본받아 네 영혼을 올무에 빠뜨릴까 두려움이니라"(22:24-25). "부자 되기에 애쓰지 말고 네 사사로운 지혜를 버릴지어다"(23:4). "네가 말하기를 나는 그것을 알지 못하였노라 할지라도 마음을 저울질 하시는 이가 어찌 통찰하지 못하시겠으며"(24:12).

| 변화를 위한 진리 | 게으른 사람은 아무것도 하지 않고 빈둥거리며 꼭 해야 할 일도 하기 싫어한다(잠 24:30-34, 21:25). 미래를 준비하지 않는다(20:4). 항상 변명을 늘어놓으며 일을 회피한다(22:13). 올바른 길로 가도록 도와줄 수 있는 사람들의 조언을 듣지 않는다(26:16).

| 묵상 구절 | "네가 좀더 자자, 좀더 졸자, 손을 모으고 좀더 누워 있자 하니 네 빈궁이 강도 같이 오며 네 곤핍이 군사 같이 이르리라"(잠 24:33-34).

| 생각해볼 문제 | 솔로몬은 어떤 면에서 게으른 사람과 정반대되는 사람인가?

159일 부부가 나누는 **사랑의 기쁨**

아가 1-8장

어제는 윤리적으로 살 때 인생이 얼마나 형통할 수 있는지를 살펴보았다(잠 22:17-24:34). **오늘은** 부부가 나누는 사랑의 기쁨을 살펴볼 것이다.

| 핵심 개념 | 부부 사이의 사랑은 하나님이 인간에게 주신 가장 아름다운 선물 중 하나다.

| 큰 그림 | 솔로몬은 주전 968년 통일 왕국 시대에 아가서(솔로몬의 노래)를 지었다. 은유와 심상이 풍부한 긴 시로서 남편(연인)과 아내(그의 사랑하는 자)가 나누는 풍성한 성적 사랑을 노래한다(1:8-2:7). 물론 어떤 관계든 깊이 있는 관계는 기쁨과 고통을 동시에 맛본다. 이 노래는 이 점을 반영하며 부부가 나누는 사랑의 기쁨과 고통을 모두 보여준다(5:2-7:9).

| 변화를 위한 진리 | 아가서에서 젊은 여인은 뙤약볕을 맞으며 오랜 시간 일한다. 그러나 그녀는 형언하기 어려울 정도로 아름답다(1장). 그녀는 사랑하는 연인에 대해서도 아름답다는 감정을 느낀다. 그가 와서 함께 하는 시간을 꿈꾼다(2:16). 그가 없으면 좌절감에 휩싸인다. 그를 향한 사랑에 흠뻑 빠져 있다(3:1-5).

| 묵상 구절 | "나는 내 사랑하는 자에게 속하였도다 그가 나를 사모하는구나"(아 7:10).

| 생각해볼 문제 | 죄가 어떤 면에서 이런 깊은 관계를 깨뜨릴 수 있다고 생각하는가?

160일 솔로몬이 **범죄하다**

역대상 11장, 역대하 9:29-31, 전도서 1:1-11

어제는 부부가 나누는 사랑의 기쁨을 살펴보았다(아 1-8장). **오늘은** 솔로몬이 인생 후기에 범죄한 것과 그가 인생에 대해 내린 결론을 살펴볼 것이다.

| 핵심 개념 | 솔로몬은 인생 후반에 거짓 신들을 섬기는 죄를 지었다. 그는 또한 참되신 한 분 하나님이 아니면 인생이 허무하다는 결론을 내렸다.

| 큰 그림 | 솔로몬은 주전 935년 통일 왕국 시대에 전도서를 썼다. 이방 여인들과 결혼한 솔로몬은 노년에 거짓 신들을 섬기게 되었다(왕상 11장). 솔로몬은 후에 밤낮으로 같은 일을 하거나 끝없이 반복되는 일을 하는 것이 무의미하다고 판단했다. 삶의 의미는 하나님을 두려워하고 순종할 때 얻을 수 있다.

| 변화를 위한 진리 | 일부일처제는 하나님이 정해주신 기준이다. 하나님은 한 남자와 한 여자를 창조하셨다(창 1:27, 2:21-25). 예수님은 남자가 부모를 떠나 아내와 연합해야 한다고 말씀하셨다(마 19:4-6). 바울은 "음행을 피하기 위하여 남자마다 자기 아내를 두고 여자마다 자기 남편을 두라"(고전 7:2)고 말했다.

| 묵상 구절 | "모든 만물이 피곤하다는 것을 사람이 말로 다 말할 수는 없나니 눈은 보아도 족함이 없고 귀는 들어도 가득 차지 아니하도다"(전 1:8).

| 생각해볼 문제 | 인생이 무의미하다는 생각이 드는가? 왜 그렇게 생각하는가?

<예수 빌리지> 구약 II. 20과

161일 무의미한 **세속의 인생**

전도서 1:12–6:12

어제는 솔로몬이 범죄한 것과 그가 인생에 대해 내린 결론을 살펴보았다(왕상 11장, 대하 9:29–31, 전 1:1–11). **오늘은** 세상의 것을 추구하면 인생의 무의미함에 시달릴 수밖에 없음을 살펴볼 것이다.

| 핵심 개념 | 이 세상의 일은 인생에 의미를 주지 못한다.

| 큰 그림 | 솔로몬은 지식과 지혜(전 1:17–18), 웃음과 기쁨(2:2), 포도주(2:4), 거대한 규모의 건축(2:4–6), 재물의 축적(2:7–8, 5:8–17), 음악과 여자(2:8), 세상적인 인정(2:9), 세속적 쾌락(2:10)에서 의미를 찾을 수 있는지 살펴보았다. 결국 그는 그 모든 것이 헛되다는 사실을 깨닫는다(2:11). 우리는 주어진 인생을 누리며 하나님의 섭리와 축복에 만족해야 한다(2:24–3:13, 5:18–20, 6:1–9).

| 변화를 위한 진리 | 솔로몬은 하나님이 "사람들에게는 영원을 사모하는 마음을 주셨음"을 확인한다(전 3:11). 우리는 모두 이생이 다가 아니며 죽음 이후에도 삶이 이어진다는 것을 본능적으로 느낀다. 성경의 첫 책에서 마지막 책에 이르기까지 우리 마음에 영원이 스며 있음을 증거하는 하나님의 위대한 사람들의 이야기를 볼 수 있다(참조. 히 11:13–16).

| 묵상 구절 | "범사에 기한이 있고 천하 만사가 다 때가 있나니"(전 3:1).

| 생각해볼 문제 | 당신 인생에 의미를 주는 것은 무엇인가?

〈예수 빌리지〉 구약 II. 24과

162일 인생을 최대한 **향유하라**

전도서 7:1-11:6

어제는 세속적인 것으로는 인생의 의미를 얻을 수 없음을 살펴보았다(전 1:12-6:12). **오늘은** 인생을 어떻게 향유해야 하는지 살펴볼 것이다.

| 핵심 개념 | 인생은 고달프다. 할 수 있는 한 인생을 누려라.

| 큰 그림 | 솔로몬은 인간이 하나님의 계획을 헤아릴 수 없다고 말한다(전 7:1-15). 인생에는 납득할 수 없는 일들이 많다. 악의 문제는 설명하기 어렵다. 이처럼 수수께끼같고 이해하기 어려운 인생에서 우리가 할 수 있는 최선의 선택은 그 인생을 향유하는 것이다(8장). 모두에게 죽음이 찾아오므로(9:11-12) 열심히 일하고 최대한 인생을 누리며 사는 것이 가장 좋다(9:7-10). 지혜의 길은 인생을 잘 살아가기 위한 최고의 전략이다(9:15-11:6).

| 변화를 위한 진리 | 솔로몬은 "옛날이 오늘보다 나은 것이 어찜이냐 하지 말라 이렇게 묻는 것은 지혜가 아니니라"(전 7:10)고 말했다. 과거에 매여 살지 말라. 바로 앞에 있는 현재에 집중하는 것이 더 낫다. 바울의 표현대로 "아직 내가 잡은 줄로 여기지 아니하고 오직 한 일 즉 뒤에 있는 것은 잊어버리고 앞에 있는 것을 잡으려고" 달려가야 한다(빌 3:13).

| 묵상 구절 | "지혜자의 마음은 초상집에 있으되 우매한 자의 마음은 혼인집에 있느니라"(전 7:4).

| 생각해볼 문제 | 사망의 "쏘는 것"을 제거해주는 것은 무엇인가?(참조. 고전 15:54-57)

163일 하나님을 **경외하고 순종하라**

전도서 11:7-12:14

어제는 인생을 어떻게 향유해야 하는지 살펴보았다(전 7:1-11:6). **오늘은** 하나님을 경외하고 순종하는 것의 중요성을 살펴볼 것이다.

| 핵심 개념 | 우리는 모두 심판받을 것이므로 하나님을 두려워하고 순종해야 한다.

| 큰 그림 | 누구나 죽음과 맞닥뜨릴 것이므로 기쁘게 살아야 한다(전 11:7-8). 미래에 심판이 있음을 잊지 않고 기억하되 젊을 때 인생을 누리는 것이 특히 중요하다(11:9-10). 하나님을 두려워하고 그분의 계명을 지켜야 한다(12:13-14).

| 변화를 위한 진리 | 하나님은 우리가 한 모든 일을 심판하실 것이다(전 12:14). 신자들은 하나님의 심판대 앞에 설 것이다(롬 14:8-10). 육신을 입고 살면서 행한 모든 일에 대해 모든 신자는 평가를 받을 것이다. 개인적 동기와 마음의 의도 역시 판단받을 것이다. 이 심판은 그리스도인이 되고 나서 신실하게 살았는지 그렇지 않았는지에 대해 보상의 유무와 관련이 있다(고전 3:10-15).

| 묵상 구절 | "일의 결국을 다 들었으니 하나님을 경외하고 그의 명령들을 지킬지어다 이것이 모든 사람의 본분이니라 하나님은 모든 행위와 모든 은밀한 일을 선악 간에 심판하시리라"(전 12:13-14).

| 생각해볼 문제 | 하나님의 심판대에 관한 성경 말씀을 알고 나서 변화된 인생을 살아야겠다는 마음이 생기는가?

164일

시대 5: **분열 왕국**

주전 930-586년

열왕기상, 열왕기하, 역대하, 시편, 잠언, 이사야, 예레미야, 에스겔, 다니엘, 호세아, 아모스, 요나, 미가, 나훔, 하박국, 스바냐 일부나 전체

오늘부터 주전 930-586년까지 해당하는 '분열 왕국 시대'라는 제목으로 살펴볼 것이다. 이 시대와 관련한 성경으로는 열왕기상, 열왕기하, 역대하, 시편, 잠언, 이사야, 예레미야, 에스겔, 다니엘, 호세아, 아모스, 요나, 미가, 나훔, 하박국, 스바냐가 포함된다. 이 시기에 많은 일이 일어났다.

지금까지 이스라엘은 호시절을 구가했다. 이스라엘 백성은 목동 출신인 다윗 왕의 유능한 리더십으로 전쟁에서 수많은 승리를 거두었다. 다윗의 아들 솔로몬은 왕이 된 뒤 아름다운 성전을 완공했고, 외국과 많은 조약을 맺었다. 하지만 그 후 영적 타협이라는 종양이 생겼고 이스라엘은 엄청난 손상을 입었다. 심지어 솔로몬도 이방 여인들과 결혼함으로 이 일에 일조했다. 그가 죽은 다음 상황은 급격히 악화되었다.

문제는 성전뿐 아니라 솔로몬의 화려한 왕궁과 여러 건물을 짓느라 막대한 물질과 재물이 소요되었다는 점이다. 백성은 과도한 세금에 시달렸고 궁핍했다.

솔로몬의 뒤를 이어 그의 아들 르호보암이 이스라엘 왕이 되었다. 백성은 그에게 세금을 감면해달라고 요청했다(왕상 12:2-5). 그러나 르호보암은 그것을 들어주지 않았다. 화려한 생활에 젖어 있던 그는 변화를 원하지 않았다(12:12-15). 결국 이스라엘은 두 왕국으로 분열되었다. 북쪽 열 지파가 반역을 일으켜 여로보암을 왕으로 삼았다(12:16-20). 르호보암의 왕국은 두 지파만 남았고 이들이 남 유다 왕국을 이루었다. 하나님의 백성은 이제 두 왕국으로 쪼개져 오랜 기간 반목하게 되었다.

하나님은 계속해서 선지자들을 보내셔서 백성에게 다가가려 하셨다. 그러나 그들은 선지자들을 무시하고 박해했다. 두 왕국 백성 모두 회개의 메시지를 들으려 하지 않았다.

상황은 점점 더 악화되었다. 주전 722년 이스라엘 북왕국이 앗수르에 멸망했다. 앗수르는 사마리아의 수도를 파괴했다. 얼마 후 남유다 왕국이 바벨론에 무너졌다. 바벨론은 유다를 물리치고 유다 백성을 세 번에 걸쳐 포로로 끌고 갔다. 첫 번째 포로 이동은 주전 605년에 일어났고 다니엘과 그의 친구들이 포함되었다. 두 번째 포로 이동은 주전 597년에 있었고 에스겔이 포함되었다. 세 번째 포로 이동이 일어난 해는 주전 586년이었는데 이때 바벨론은 예루살렘 성과 성전을 완전히 파괴했다. 유다는 약 70년간 포로 생활을 했다. 앗수르와 바벨론은 범죄한 자기 백성을 징계하시는 하나님의 채찍이었다.

이스라엘 백성이 포로 생활을 하는 동안 하나님은 선지자들을 통해 계속 말씀하셨다. 이제 회복과 소망과 관련한 위로의 메시지가 주를 이루었다. 주전 586-538년에 걸친 '포로 생활'이라는 제목의 제6시대에서 이때의 포로 생활에 관해 더 깊이 살펴볼 것이다.

이제부터는 열왕기상, 열왕기하, 역대하, 시편, 잠언, 이사야, 예레미야, 에스겔, 다니엘, 호세아, 아모스, 요나, 미가, 나훔, 하박국, 스바냐를 살펴볼 것이다. 두 왕국에서 활동한 선지자가 누구인지 궁금하다면 아래 요약 자료가 도움이 될 것이다.

분열

- 이스라엘은 주전 930년 북왕국(이스라엘)과 남왕국(유다)으로 분열되었다.
- 열왕기상은 이스라엘(북왕국)과 유다(남왕국)의 왕들에 대한 역사를 소

개한다(12:1–22:53).

- 열왕기하는 열왕기상의 2부에 해당한다. 원래는 한 권의 책이었다.
- 역대하는 르호보암에서 시드기야까지 모든 유다 왕을 소개한다. 분열 왕국을 본격적으로 다룬다.

북왕국 이스라엘에 파송된 선지자

- 요나의 예언 사역은 주전 793년에 시작되었다. 그의 목적은 모든 백성을 향한 하나님의 놀라운 은혜와 사랑을 알리는 것이었다.
- 아모스의 예언 사역은 주전 760년에 시작되었다. 그의 사명은 안일함과 우상숭배, 가난한 자를 압제한 죄로 북왕국에 심판을 선언하는 것이었다.
- 호세아의 예언 사역은 주전 753년에 시작되었다. 그가 책을 쓴 목적은 범죄한 자기 백성을 향한 하나님의 위대한 사랑을 알리는 것이었다.
- 북왕국은 주전 722년 앗수르에 포로로 끌려갔다.

남왕국 유다에 파송된 선지자

- 미가의 예언 사역은 주전 750년에 시작되었다. 그의 사역은 심판이 임박했음을 하나님의 백성에게 경고하는 것이었다.
- 이사야의 예언 사역은 주전 740년에 시작되었다. 그의 목적은 남왕국이 하나님께로 돌아오도록 부르고 미래의 메시아를 통해 하나님의 구원을 예언하는 것이었다.
- 하박국의 예언 사역은 주전 612년에 시작되었다. 그의 소명은 온 세상에 악이 편만하더라도 여전히 하나님이 세상을 통치하고 계심을 증언하는 것이었다.
- 나훔의 예언 사역은 주전 600년대 중반에 시작되었다. 그의 소명은 악한 앗수르인들에 대한 하나님의 심판을 선언하고 이 사실로 유다를 위로하는 것이었다.
- 예레미야의 예언 사역은 주전 627년에 시작되었다. 그의 소명은 하나님의 백성이 회개하고 하나님께 돌아오도록 하는 것이었다.

- 스바냐의 예언 사역은 주전 약 625년에 시작되었다. 그의 소명은 유다 백성이 나태함을 버리고 하나님께 돌아오도록 하는 것이었다.
- 다니엘의 예언 사역은 주전 약 600년에 시작되었다. 그의 예언은 세 성경 시대, 즉 분열 왕국 시대, 포로 생활기, 포로 생활 후 귀환기와 관련이 있다. 그는 바벨론에서 포로 생활을 하는 유대인들이 이스라엘을 향한 하나님의 장기 계획을 이해하도록 도울 것이다.
- 에스겔의 예언 사역은 주전 593년에 시작되었다. 그의 목적은 유다 백성에게 소망과 위로를 전하는 것이었다.
- 남유다의 바벨론 강제 이주(바벨론 유수)는 주전 605년, 597년, 586년의 세 단계에 걸쳐 이루어졌다.

시편과 잠언

- 이 시기에 많은 시편이 쓰이거나 재발견되었다. 이 시편들은 주전 약 726년에 통치하기 시작한 유다의 존경받는 왕 히스기야 시대에 수집되었다(왕하 18:20, 사 36–39장, 대하 29–32장). 이 중 일부는 이 시기 이전에 쓰였다가 재발견되었을 가능성이 있다. 그러나 많은 시편은 히스기야 통치기에 쓰였을 것이다. 일부는 고라의 자손들이 썼지만 대부분 익명이다.
- 히스기야 시대에 수많은 잠언이 수집되었다. 그러므로 이 시기에 포함시키는 것이 적절하다.

이 시기와 관련한 성경책을 살펴볼 때 선지자들이 자주 사용한 기법에 유의할 필요가 있다. 때로 그들은 사건이 현재 발생 중인 것처럼 현재 시제로 말하거나 아직 일어나지 않은 일임에도 이미 일어난 것처럼 과거 시제로 말하기도 한다. 이런 기법을 쓰는 이유는 예언한 사건이 실제로 이루어질 것을 강조하기 위해서다. 더 구체적으로 말하면 선지자들은 때로 바벨론 유수가 실제로 일어난 것처럼 말하거나 바벨론의 포로들이 해방된 것처럼 말하는 것이다. 실제로는 일어나지 않았지만 선지자의 시각에서는 이미 이루어진 셈이었다. 선지자들은 포로로 잡혀갈 것이 확실하고 남은 자들이 분명히 있을 것을 알리기 위해 이런 방식을 사용하였다.

추가로 살펴볼 필요가 있는 것은 선지자들이 종종 죄와 회개의 필요성, 임박한 심판에 대해 거듭 이야기함으로 마치 고장난 레코드처럼 같은 내용을 되풀이했다는 점이다. 그들은 줄기차게 이 주제를 말하였다. 이런 반복은 하나님이 자기 백성을 축복하기 원하신다는 사실이 반영되어 있다. 그러나 하나님이 자기 백성을 축복하시기 위해서는 그들이 축복받을 상태가 되어 있어야 했다. 먼저 그들이 죄에서 돌이켜야 하는 것이다. 그러므로 선지자들이 거듭 말하는 것처럼 보이는 이유는 자기 백성의 유익을 위해 하나님이 소망을 포기하시지 않았기 때문이라 할 수 있다.

예습: 165일에는 하나님의 백성이 두 왕국으로 분열된 이유를 구체적으로 살펴볼 것이다.

165일 왕국의 **분열**

열왕기상 12-15장, 역대하 10:1-15:19

어제는 이스라엘의 제 5시대인 주전 930-586년까지의 역사를 분열 왕국이라는 제목으로 살펴보았다. **오늘은** 왕국이 분열된 배경을 살펴볼 것이다.

| 핵심 개념 | 북 지파들과 남 지파들은 주전 930년 두 왕국으로 분열되었다.

| 큰 그림 | 르호보암은 백성을 점점 더 가혹하게 학대했다. 북 지파들은 반역을 일으켜 여로보암을 왕으로 삼았다(왕상 12:1-15). 이제 왕국은 북 지파(이스라엘)와 남 지파(유다)로 갈라지고 두 왕이 각기 다스리게 되었다(12:16-24). 이 시기에는 왕이 죽으면 아들이 왕위를 물려받았다(13-15장). 아비야의 아들인 아사는 유다에서 우상과 이방 제단을 제거하고 하나님을 기쁘시게 해드린 왕으로 유명하다(15:9-24).

| 변화를 위한 진리 | 이제 죽은 지 오래된 다윗은 전심으로 하나님을 따르고 순종한 왕으로 후손에게 인정을 받았다(왕상 14:8). 그러나 그는 밧세바와 간음함으로 십계명 중 네 계명을 어겼다(삼하 11장). 하나님이 인정하시는 위대한 사람도 넘어질 수 있다(참조. 고전 10:12).

| 묵상 구절 | "나라를 다윗의 집에서 찢어내어 네게 주었거늘 너는 내 종 다윗이 내 명령을 지켜 전심으로 나를 따르며 나 보기에 정직한 일만 행하였음과 같지 아니하고"(왕상 14:8).

| 생각해볼 문제 | 하나님을 충직하게 섬긴 경건한 사람도 심각한 죄를 저지를 수 있다는 사실이 놀랍지 않은가?

<예수 빌리지> 구약 III. 1과

166일 선한 왕과 **악한 왕**

열왕기상 15:16–17:7, 역대하 16–17장

어제는 이스라엘이 두 왕국으로 분열된 이야기를 살펴보았다(왕상 12–15장, 대하 10:1–15:19). **오늘은** 선한 왕과 악한 왕 등 여러 왕에 관해 살펴볼 것이다.

| 핵심 개념 | 악한 왕들은 하나님의 뜻을 어기고 우상 숭배를 조장했다. 선한 왕들은 회개를 촉구하고 개혁을 위해 노력했다.

| 큰 그림 | 유다 왕 아사는 우상 숭배를 척결하고 종교 개혁을 주도한 다윗 계열의 네 왕 중 첫 왕이다(왕상 15:16–24). 바아사는 이스라엘의 왕이 되어 주전 909–886년까지 24년을 통치했다. 바아사는 여로보암처럼 하나님이 보시기에 악을 행했다(15:33–16:7). 오므리와 아합은 둘 다 악한 왕으로 바아사의 뒤를 좇았다(16:21–34).

| 변화를 위한 진리 | 여로보암의 아들 나답은 아버지처럼 악한 길로 행했다(왕상 15:26). 성경은 많은 자녀가 부모의 악행을 그대로 답습한다고 지적한다(창 26:6–11, 37:3–4, 왕상 22:52, 대하 22:3, 렘 9:14). 의로운 부모의 모범을 본받는 자녀도 있다(대하 17:3, 26:4, 딤후 1:5).

| 묵상 구절 | 나답은 "여호와 보시기에 악을 행하되 그의 아버지의 길로 행하"였다(왕상 15:26).

| 생각해볼 문제 | 좋은 습관이든 나쁜 습관이든 부모의 습성을 그대로 답습하는 그리스도인을 알고 있는가?

167일 바알보다 **뛰어나신 하나님**

열왕기상 17:8–20:22

어제는 악한 왕과 선한 왕 등 여러 왕에 관해 살펴보았다(왕상 15:16–17:7, 대하 16–17장). **오늘은** 하나님이 바알보다 우월하심을 살펴볼 것이다.

| 핵심 개념 | 거짓 신 바알은 유일한 참된 신인 하나님보다 열등한 신이었다.

| 큰 그림 | 하나님은 자신이 바알보다 뛰어나신 것을 증명하셔서 바알 선지자들을 치욕스럽게 하셨다(왕상 7:8–18:46). 하나님께 패한 사악한 왕비 이세벨은 엘리야 선지자의 목숨을 위협했다. 그러자 그는 남쪽 유다로 도망가 호렙으로 갔다(19:1–8). 하나님은 그에게 즉각 나타나셔서 또 다른 사명을 위임하셨다(19:9–18). 엘리사가 엘리야의 후계자로 기름 부음을 받았다(19:19–21).

| 변화를 위한 진리 | 열왕기상 18:40에는 엘리야가 대표하는 유일한 참되신 하나님과 850명의 선지자가 대표하는 바알 사이에 벌어진 대결이 기록되어 있다. 바알은 불을 내려 제물을 불살라달라는 간청에 침묵했지만 참되신 하나님은 즉각 제물을 붙태워주셨다. 하나님은 비길 자가 아무도 없는 분이다. "하나님 같은 이가 없도다"(신 33:26).

| 묵상 구절 | "너희가 어느 때까지 둘 사이에서 머뭇머뭇하려느냐 여호와가 만일 하나님이면 그를 따르고 바알이 만일 하나님이면 그를 따를지니라 하니 백성이 말 한마디도 대답하지 아니하는지라"(왕상 18:21).

| 생각해볼 문제 | 우리를 영적 장님으로 만드는 일에는 어떤 것들이 있는가?

<예수 빌리지> 구약 III. 2-3과

168일 아합이 **심판을 피하다**

열왕기상 20:23-22:9, 역대하 18:1-8

어제는 하나님이 바알을 이기신 내용을 살펴보았다(왕상 17:8-20:22). **오늘은** 아합이 심판을 피한 내용을 살펴볼 것이다.

| 핵심 개념 | 아합 왕은 그가 저지른 악행으로 심판을 받아 마땅했지만 하나님 앞에 겸허한 태도를 보임으로 심판을 피했다.

| 큰 그림 | 아합은 백성을 배교의 길로 이끌었고 악한 이세벨과 결혼함으로 이스라엘을 파멸로 몰아갔다. 그는 나봇의 재산을 강탈하고자 했다(왕상 21:1-2). 나봇은 왕의 시도에 완강히 저항했고 아합은 낙심하였다(21:3-4). 이를 본 이세벨이 나봇을 죽이고 그 재산을 빼앗아 아합에게 주었다(21:13). 하나님은 엘리야를 통해 아합에게 심판이 임할 것을 선언하게 하셨다(21:17-24). 그러나 아합은 하나님 앞에 엎드림으로 심판을 피했다(21:29).

| 변화를 위한 진리 | 아합은 "그의 이전의 모든 사람보다 여호와 보시기에 악을 더욱 행하"였다(왕상 16:30). 그러나 하나님 앞에서 겸비하자 하나님은 자비를 베푸셔서 심판을 보류하기로 결정하셨다(21:29). 사람들이 하나님 앞에서 겸비할 때 하나님은 항상 자비와 은혜로 응답해주신다. 너무 늦은 때는 없다.

| 묵상 구절 | "아합이 내 앞에서 겸비함을 네가 보느냐 그가 내 앞에서 겸비하므로 내가 재앙을 저의 시대에는 내리지 아니하고"(왕상 21:29).

| 생각해볼 문제 | 당신은 하나님의 자비와 용서를 받기 어렵다는 생각이 들 정도로 심각한 죄를 지은 적이 있는가?

169일 선한 지도자들도 **넘어질 수 있다**

열왕기상 22:10-43, 51-53, 역대하 18:9-20:30

어제는 아합 왕이 회개하고 심판을 피한 내용을 살펴보았다(왕상 20:23-22:9). **오늘은** 선한 지도자라도 넘어질 수 있음을 살펴볼 것이다.

| 핵심 개념 | 선한 지도자라도 하나님의 기대를 저버리고 백성에게 해악을 미칠 수 있다.

| 큰 그림 | 선지자 미가야는 아합이 하나님 앞에서 잠시 겸비했지만 아람 군대와 전투하는 중에 목숨을 잃을 것이라고 선언했다(왕상 22:10-28). 예언대로 그는 길르앗 라못 전투에서 전사했다(22:29-40). 아합의 왕위를 그의 아들 아하시야가 계승하였으나 그 역시 악한 왕이었다(22:51-53).

| 변화를 위한 진리 | 유다의 여호사밧 왕은 백성이 하나님을 찾고 하나님께 돌아오도록 권면하라는 조언을 받았다. 그러나 그는 모든 이방 산당을 다 제거하지 못했다(대하 19장, 왕상 22:43). 악이 승리하기 위한 필수 조건은 선한 사람들이 아무것도 하지 않는 것이라는 말이 있다.

| 묵상 구절 | "여호사밧이 그의 아버지 아사의 모든 길로 행하며 돌이키지 아니하고 여호와 앞에서 정직히 행하였으나 산당은 폐하지 아니하였으므로 백성이 아직도 산당에서 제사를 드리며 분향하였더라"(왕상 22:43).

| 생각해볼 문제 | 여호사밧처럼 선한 사람이 왜 이런 실패를 한다고 생각하는가?

170일 대대로 이어지는 **왕들의 죄악**

열왕기하 1장, 3장, 8:16–22, 22:41–50, 역대하 20:31–37, 21:1–7

어제는 선한 지도자들이 실패할 수 있음을 살펴보았다(왕상 22:10–43, 51–53). **오늘은** 왕들이 대대로 저지른 악행을 살펴볼 것이다.

| 핵심 개념 | 왕위가 아버지에게서 아들로 이어지면서 세대간 악의 낙수 효과가 일어났다.

| 큰 그림 | 엘리야는 주전 862–852년까지 분열 왕국 시대에 사역을 수행했다. 열왕기하는 이스라엘 북왕국의 왕들과 남유다 왕국의 왕들을 다룬다. 더 구체적으로는 이 두 왕국의 쇠락을 추적하며 악이 다음 세대로 계승되는 내용을 좇아간다. 오늘 본문에 등장하는 왕 중에는 아하시야와 여호람도 있다(열왕기하 1장, 3장).

| 변화를 위한 진리 | 음악으로 영적인 일에 마음이 열릴 수 있다. 엘리사 선지자가 음악 소리를 듣고 하나님의 기름 부으심을 경험한 내용이 바로 이 경우에 해당한다(왕하 3:15). 성경 시대에 하나님의 백성은 "잣나무로 만든 여러 가지 악기와 수금과 비파와 소고와 양금과 제금으로 여호와 앞에서 연주하고" 노래를 부르며 하나님께 예배를 드렸다(삼하 6:5, 시 150:3–4).

| 묵상 구절 | "거문고 타는 자가 거문고를 탈 때에 여호와의 손이 엘리사 위에 있더니"(왕하 3:15).

| 생각해볼 문제 | 당신이 하나님을 예배하는 데 음악이 중요한 역할을 하는가?

171일 엘리사가 엘리야의 **후계자가 되다**

열왕기하 2장, 4장

어제는 왕들이 대를 이어 악행을 저질렀음을 살펴보았다(왕하 1장, 3장, 8:16-22, 22:41-50, 대하 20:31-37, 21:1-7). **오늘은** 엘리사가 엘리야의 후계자가 된 내용을 살펴볼 것이다.

| 핵심 개념 | 엘리사는 엘리야의 예언 사역을 계승했다.

| 큰 그림 | 엘리사는 엘리야의 합법적 후계자로서 공개적으로 인정을 받았다(왕하 2:12-18). 일부 청년이 하나님이 선지자로 임명하신 그를 조롱했다. 그들은 이방 문화 속에서 여호와 하나님을 대변하는 사람을 거부한 것이다. 이 조롱은 결국 하나님께 도전하는 것이었다. 청년들은 하나님과 그 종을 조롱한 대가를 치렀다. 곰 두 마리가 나타나 그들을 찢어서 죽였다(2:24). 이후 엘리사는 여러 가지 기적을 행하며 하나님을 높여드렸다(4장).

| 변화를 위한 진리 | 엘리사는 엘리야에게 "성령이 하시는 역사가 갑절이나 내게 있게" 해달라고 요청했다(왕하 2:9). 자기 욕심에서 나온 요청이 아니었다. 하나님을 위해 더 큰 역사를 이루기 위한 순수한 동기에서였다. 하나님을 위해서라면 그분의 능력이나 축복을 구하는 데 주저하거나 두려워할 필요가 없다.

| 묵상 구절 | "엘리야가 엘리사에게 이르되 나를 네게서 데려감을 당하기 전에 내가 네게 어떻게 할지를 구하라 엘리사가 이르되 당신의 성령이 하시는 역사가 갑절이나 내게 있게 하소서 하는지라"(왕하 2:9).

| 생각해볼 문제 | 당신은 하나님께 큰 은사를 요청하는 데 주저하지 않는가?

<예수 빌리지> 구약 III. 4과

172일 엘리사의 기적

열왕기하 5-8장

어제는 엘리사가 엘리야의 후계자가 된 이야기를 살펴보았다(왕하 2장, 4장). **오늘은** 엘리사가 사역할 때 일어난 기적을 살펴볼 것이다.

| 핵심 개념 | 엘리사의 사역에는 수많은 놀라운 기적이 따랐다.

| 큰 그림 | 엘리사는 아람 장관의 나병을 고쳐주었다. 그는 감사의 답례로 엘리사에게 예물을 주었지만 엘리사는 받지 않았다. 그러나 욕심이 생긴 엘리사의 종이 그 예물을 가로챘다. 엘리사는 아람 장군이 걸렸던 나병이 그 종을 칠 것이라고 선언했다(왕하 5장). 6장과 7장에는 엘리사가 행한 여러 기적이 소개된다. 8장에는 왕들이 죽고 다음 왕이 그들을 계승한 내용이 소개된다.

| 변화를 위한 진리 | 엘리사와 그의 시종은 적군이 가하는 위협 속에서 강력한 천사 군대에 에워싸여 보호를 받았다(왕하 6:17). 천사들의 중요한 사역 중 하나는 구원의 후계자들을 보호하는 일이다(마 18:10, 행 12:15, 히 2:14). 시편 91:11 말씀 그대로다. "그가 너를 위하여 그의 천사들을 명령하사 네 모든 길에서 너를 지키게 하심이라."

| 묵상 구절 | "[엘리사가] 기도하여 이르되 여호와여 원하건대 그의 눈을 열어서 보게 하옵소서 하니 여호와께서 그 청년의 눈을 여시매 그가 보니 불말과 불병거가 산에 가득하여 엘리사를 둘렀더라"(왕하 6:17).

| 생각해볼 문제 | 하나님이 보내신 수호 천사들이 우리를 지켜준다는 사실에 어떤 생각이 드는가?

<예수 빌리지> 구약 III. 5과

173일 부분적인 개혁에 그친 **예후의 개혁**

열왕기하 9:1–10:31, 역대하 21:8–22:9

어제는 엘리사가 사역하는 동안 많은 기적이 일어났음을 살펴보았다(왕하 5–8장). **오늘은** 예후가 이스라엘에서 단행한 개혁이 부분적인 선에서 그쳤음을 살펴볼 것이다.

| 핵심 개념 | 여호사밧의 아들 예후는 북왕국 이스라엘에서 부분적 개혁을 단행했다.

| 큰 그림 | 엘리사는 예후에게 기름을 붓고 왕으로 삼았다(왕하 9:1–10). 예후는 이스라엘의 바알 숭배자들을 제거하고 바알의 신전을 허물었다(10:18–28). 이처럼 출발은 좋았지만 그는 여전히 이스라엘에 거짓 종교를 허용했고 그의 개혁은 부분적인 차원에서 그치고 말았다(10:29–31).

| 변화를 위한 진리 | 열왕기하 9:6은 이스라엘 백성을 "여호와의 백성"이라고 부른다. 이스라엘 백성이 끊임없이 죄를 지었는데도 하나님은 그들을 자기 백성이라고 부르셨다. 이 죄는 여러 세대에 걸쳐 계속되었다. 하나님은 그들을 진멸하실 수도 있었다. 하지만 여전히 그들을 자신의 소중한 백성으로 여기고 포기하지 않으셨다. 참으로 놀라운 은혜가 아닌가!

| 묵상 구절 | "여호람이 삼십이 세에 즉위하고 예루살렘에서 팔 년 동안 다스리다가 아끼는 자 없이 세상을 떠났으며 무리가 그를 다윗 성에 장사하였으나 열왕의 묘실에는 두지 아니하였더라"(대하 21:20).

| 생각해볼 문제 | 여호람이 맞은 비극적인 최후와 달리 당신은 후세대에게 어떤 긍정적 유산을 물려주고 싶은가?

174일 종교 개혁의 **실패**

열왕기하 10:32–12:21, 역대하 22:10–24:22

어제는 예후가 이스라엘에 실시한 종교 개혁이 부분적이었음을 살펴보았다(왕하 9:1–10:31, 대하 21:8–22:9). **오늘은** 요아스가 시도한 개혁을 살펴볼 것이다.

| 핵심 개념 | 유다(남왕국) 왕 요아스는 개혁을 시도했지만 이교도 신앙의 위세를 극복하지 못해 실패하고 말았다.

| 큰 그림 | 요아스는 유다와 예루살렘에서 진정한 여호와 신앙을 회복하고자 노력했다. 파손된 성전을 수리하고자 했다(왕하 12:4–16). 그러나 이러한 시도는 관철되지 못했다. 이교 신앙의 부정적 기세가 너무 강고해 극복하기가 쉽지 않았다. 백성은 여전히 이방 산당에서 제사를 드렸다(12:3). 요아스에 대한 저항은 더욱 거세졌고 그는 결국 관리들에게 암살당하고 말았다(12:20).

| 변화를 위한 진리 | "요아스는 제사장 여호야다가 그를 교훈하는 모든 날 동안에는 여호와 보시기에 정직히 행하였으되"(왕하 12:2). 요아스는 제사장 여호야다에게 신앙적으로 유익한 조언을 받았고 그대로 실천했다. 존경받는 영적 지도자의 조언을 받아들이는 것은 현명하다(참조. 잠 12:15, 13:10).

| 묵상 구절 | "하나님이 이같이 말씀하시기를 너희가 어찌하여 여호와의 명령을 거역하여 스스로 형통하지 못하게 하느냐 하셨나니 너희가 여호와를 버렸으므로 여호와께서도 너희를 버리셨느니라 하나"(대하 24:20).

| 생각해볼 문제 | 영적으로 성숙한 그리스도인의 조언을 구하고 실천하는가? 이것이 왜 유익한가?

175일 반복되는 **죄악과 반역**

열왕기하 13:1-1, 14-25, 역대하 24:23-27, 욥 1-3장

어제는 개혁을 위한 요아스의 노력을 살펴보았다(왕하 10:32-12:16, 대하 22:10-24:22). **오늘은** 이스라엘의 반복되는 범죄와 반역의 패턴을 살펴볼 것이다.

| 핵심 개념 | 이스라엘(북 왕국)에서 아주 잠시나마 신앙이 회복되는 듯했지만 전체적인 추세는 부정적이었고 죄악은 날로 심각성을 더해갔다.

| 핵심 개념 | 여호아하스는 부친 예후를 이어 이스라엘 왕이 되었다. 그는 여로보암의 길을 따라 하나님이 보시기에 악을 행했다(왕하 13:1-3). 그러나 이웃 나라 아람의 공격에서 구원해달라고 기도하며 하나님을 의지했다(13:4-5). 그런데도 백성은 "이스라엘에게 범죄하게 한 여로보암 집의 죄에서 떠나지 아니하고 그 안에서 따라 행하"였다(13:6).

| 변화를 위한 진리 | 하나님은 그분을 의지하는 이스라엘 백성에게 심판을 보류하셨다(왕하 13:4-6). 그러나 그들의 결심은 오래가지 않았다. "그 안에서 따라 행하며"(13:6). 이스라엘 백성은 하나님을 향한 성실함을 회복했다가 다시 더 긴 불순종의 나락으로 떨어지는 모습을 반복했다. 전반적으로 더욱 그릇된 방향으로 계속 나아갔다. 그들에게서 하나님의 백성으로서 피해야 할 모습을 배우도록 하자.

| 묵상 구절 | "여호와께서 이스라엘에게 노하사 늘 아람 왕 하사엘의 손과 그의 아들 벤하닷의 손에 넘기셨더니"(왕하 13:3).

| 생각해볼 문제 | 요즈음 당신 삶의 전반적 모습을 어떻게 평가하고 싶은가?

176일 모든 열국을 **사랑하시는 하나님**

요나서 1-4장, 열왕기하 13:12-13, 14:1-27, 15:1-5, 역대하 25:1-26:21

어제는 이스라엘이 계속해서 범죄하고 반역하는 패턴을 살펴보았다(왕하 13:1-11, 14-25, 대하 24:23-27). **오늘은** 하나님의 보편적 긍휼을 살펴볼 것이다.

| 핵심 개념 | 하나님은 세상 모든 사람에게 긍휼을 베푸신다.

| 큰 그림 | 요나는 주전 760년에 요나서를 기록했다. 그는 이스라엘 북왕국의 선지자였고 니느웨 성민들에게 말씀을 전하라는 하나님의 명령을 받았다. 그러나 요나는 그들이 이전에 이스라엘을 공격하고 파괴한 적이 있기 때문에 그들에게 말씀을 전하라는 명령이 달갑지 않았다. 그리고 이 명령대로 순종하기 싫어서 하나님을 피해 달아났다. 하나님은 환경을 조성하셔서 요나가 니느웨로 갈 수밖에 없도록 섭리하셨다. 니느웨 백성은 요나의 설교를 듣고 즉각 회개하여 심판을 면했다(욘 1-4장).

| 변화를 위한 진리 | 하나님은 긍휼이 많으시다. 니느웨 사람들에게 요나를 보내셔서 말씀을 전하게 하심으로 긍휼을 베풀어주셨다(욘 4:11). 선원들에게 긍휼을 베푸셔서 생명을 위협하는 폭풍에서 그들을 건져주셨다(1:15). 바다에 빠진 요나를 건져주심으로 그에게 긍휼을 베푸셨다(1:17).

| 묵상 구절 | "하물며 이 큰 성읍 니느웨에는 좌우를 분변하지 못하는 자가 십이만여 명이요 가축도 많이 있나니 내가 어찌 아끼지 아니하겠느냐 하시니라"(욘 4:11).

| 생각해볼 문제 | 요나서에서 하나님이 자연을 주권적으로 통치하신다는 증거를 볼 수 있는가?

177일 하나님은 가난한 이들을 **돌보아주신다**

아모스 1–6장

어제는 하나님의 보편적 긍휼을 살펴보았다(욘 1–4장). **오늘은** 가난한 사람들과 억압받는 이들을 보살펴주시는 하나님에 관해 살펴볼 것이다.

| 핵심 개념 | 하나님은 사회적 불의를 행하는 이들을 심판하신다.

| 큰 그림 | 아모스는 주전 755년 동일한 이름의 선지자가 쓴 책이다. 그는 이스라엘 북왕국에 파송된 선지자였고(암 7:14–15), 당대 기승을 부리던 죄악과 불의를 집중적으로 비판했다(5:24). 그 시대에 이스라엘은 경제적으로 풍요로웠지만 부자들은 약자들을 외면하고 돕지 않았다. 아모스는 심판의 날이 임박했다고 예언했다(7:1–9:10). 그로부터 얼마 지나지 않아 앗수르인들이 이스라엘 백성을 포로로 잡아갔다.

| 변화를 위한 진리 | 하나님은 가난한 이들을 돌보시는 분이므로 우리 역시 그들을 돌보아야 한다. 아모스는 "힘 없는 자를 학대하며 가난한 자를 압제하는" 자들에게 경고했다(암 4:1). 하나님은 우리가 가난한 자들을 도울 때 기뻐하신다.

| 묵상 구절 | "이스라엘 자손들아 여호와께서 너희에 대하여 이르시는 이 말씀을 들으라…모든 족속에 대하여 이르시기를 내가 땅의 모든 족속 가운데 너희만을 알았나니 그러므로 내가 너희 모든 죄악을 너희에게 보응하리라"(암 3:1–2).

| 생각해볼 문제 | 가난하고 소외된 이들을 도울 수 있는 기독교 쉼터나 선교 기관이 근처에 있는가?

〈예수 빌리지〉 구약 III. 7과

178일 심판이 **임박하다**

아모스 7-9장, 열왕기하 14:28-29, 15:6-29, 역대하 26:22-23, 이사야 6:1-13

어제는 하나님이 가난한 사람들과 압제당하는 이들을 돌보아주심을 살펴보았다(암 1-6장). **오늘은** 이스라엘에 임박한 심판에 관해 살펴볼 것이다.

| 핵심 개념 | 이스라엘 백성이 죄를 회개하지 않으므로 심판이 임박했다.

| 큰 그림 | 아모스는 영적으로 나태한 북왕국 백성에게 임할 다섯 가지 심판에 관한 환상을 보여준다. 메뚜기 떼(암 7:1-3), 삼키는 불(7:4-6), 다림줄(7:7-17), 여름 과실이 든 광주리(8:1-14), 제단 옆의 하나님(9:1-10)이 그것이다. 각 환상은 다가올 심판에 드리운 재앙을 암시한다. 하나님은 또한 그들을 최종적으로 회복해주시고 축복하실 것을 약속해주신다(9:13-15).

| 변화를 위한 진리 | 아모스는 비천한 목자이자 무화과를 기르는 사람이었다. 하나님은 종종 비천한 자들을 사역에 사용하신다(고전 1:26-27). 다윗은 불품없는 목동이었지만 왕이 되었다(삼하 5장). 베드로는 한낱 어부였지만 사도가 되었다(마 4:18-22). 하나님은 우리 같은 이들도 사용하신다!

| 묵상 구절 | "그 날에 내가 다윗의 무너진 장막을 일으키고 그것들의 틈을 막으며 그 허물어진 것을 일으켜서 옛적과 같이 세우고"(암 9:11).

| 생각해볼 문제 | 아모스서에서 배운 가장 중요한 영적 교훈은 무엇인가?

179일 이방 종교의 **득세**

열왕기하 15:32-16:9, 역대하 27:1-28:15, 미가 1:1-16, 이사야 7장

어제는 이스라엘에 임박한 심판을 살펴보았다(암 7-9장). **오늘은** 남왕국 유다에 이방 종교가 얼마나 깊이 파고들었는지 살펴볼 것이다.

| 핵심 개념 | 의로운 왕이 통치하는 기간에도 이방 종교는 위축되지 않고 백성에게 계속 악영향을 미쳤다.

| 큰 그림 | 요담은 25세에 유다의 왕이 되었다. 그는 16년 동안 통치했다. 그는 하나님이 기뻐하시는 일을 했지만 이방 산당을 없애지는 못했다. 그가 죽자 아들 아하스가 20세에 왕위에 올라 16년을 통치했다(왕하 15:32-38). 그는 하나님을 노엽게 했고 심지어 자기 아들을 제물로 바치며 이방 산당에서 희생 제사를 드리기까지 했다(16:1-4).

| 변화를 위한 진리 | "요담이 그의 아버지 웃시야의 모든 행위대로 여호와께서 보시기에 정직히 행하였으나 오직 산당을 제거하지 아니하였으므로 백성이 여전히 그 산당에서 제사를 드리며 분향하였더라"(왕하 15:34). 하나님은 부분적 순종이 아닌 온전한 순종을 기뻐하신다. 시편 119:1-4을 묵상하라.

| 묵상 구절 | [메시아에 관한 예언] "보라 처녀가 잉태하여 아들을 낳을 것이요 그의 이름을 임마누엘['하나님이 우리와 함께 계시다'는 뜻]이라 하리라"(사 7:14).

| 생각해볼 문제 | 임마누엘이라는 예수님의 이름이 당신에게는 어떤 의미인가?

180일 다가오는 **심판**

이사야 8-11장

어제는 유다 남왕국에 이방 종교가 얼마나 깊이 뿌리내렸는지 살펴보았다(왕하 15:32-16:9, 사 7장). **오늘은** 임박한 심판을 살펴볼 것이다.

| 핵심 개념 | 심판이 다가오고 있지만 남은 자들은 살아남을 것이고 결국 축복과 회복이 있을 것이다.

| 큰 그림 | 이사야는 유다 백성이 회개하지 않으면 심판이 있을 것이라고 경고했다. 그들은 회개하지 않았고 결국 심판이 임했다. 그러나 하나님은 남은 자들이 살아남아 축복을 받을 것이라고 약속해주셨다(사 8-10장). 또한 백성에게 축복과 평화를 주실 메시아를 약속해주셨다(9, 11장). 그의 통치는 완전할 것이다.

| 변화를 위한 진리 | 하나님의 백성은 '하나님의 교훈'을 보존하여 세대에서 세대로 전수할 소명을 부여받았다(사 8:16). 우리도 그 일을 감당해야 한다. 그리스도인 부모는 성경에 기록된 하나님의 진리를 자녀들에게 전달해주어야 한다. 그러면 그들 역시 자녀들에게 그 진리를 계승해줄 것이다(참조. 딤후 3:17, 신 6:6-9).

| 묵상 구절 | [메시아에 관한 예언] "그 정사와 평강의 더함이 무궁하며…지금 이후로 영원히 정의와 공의로 그것을 보존하실 것이라"(사 9:7).

| 생각해볼 문제 | 그리스도가 통치하시지 않아도 세상이 참되고 영원한 평화를 얻을 수 있다고 생각하는가?

181일 하나님의 **가없는 사랑**

호세아 1-2장, 이사야 12:1-6, 17:1-14, 역대하 28:16-25, 29:1-2, 열왕기하 15:30-31, 16:10-18, 17:1-4, 18:1-8

어제는 임박한 심판에 관해 살펴보았다(사 8-11장). **오늘은** 자기 백성을 향한 하나님의 끝없는 사랑을 살펴볼 것이다.

| 핵심 개념 | 하나님은 영적으로 불성실한 자기 백성을 여전히 사랑하신다.

| 큰 그림 | 호세아는 주전 753년 이스라엘 북왕국을 대상으로 예언 사역을 시작하였다. 호세아는 주전 약 710년 여로보암 통치 말기에 이 책을 썼다. 호세아서는 호세아가 그의 아내 고멜의 부정으로 말미암은 고통스러운 감정을 묘사한다. 호세아는 이 경험으로 자기 백성이 불성실할 때 하나님이 느끼시는 감정을 깊이 깨닫는다(호 2:2-5, 6:4-11, 8:1-14).

| 변화를 위한 진리 | 고멜이 다른 남자들을 찾아다녔듯이 이스라엘(북왕국)은 다른 신들을 찾아다녔다(호 1-2장). 그러나 호세아가 고멜을 돈으로 구속하기로 작정하듯이 하나님도 자기 백성을 구속하기로 작정하신다(참조. 롬 5:8).

| 묵상 구절 | "너는 가서 음란한 여자를 맞이하여 음란한 자식들을 낳으라 이 나라가 여호와를 떠나 크게 음란함이니라"(호 1:2).

| 생각해볼 문제 | 오늘날 사람들이 하나님 대신 의지하는 '거짓 신(혹은 우상)'은 무엇이 있는가?

182일 하나님의 **놀라운 사랑**

호세아 2:14-8:14

어제는 자기 백성을 향한 하나님의 끝없는 사랑을 살펴보았다(호 1-2장). **오늘도** 하나님의 사랑에 관해 살펴볼 것이다.

| 핵심 개념 | 하나님은 계속해서 불성실한 이스라엘을 사랑하셨다.

| 큰 그림 | 고멜은 노비로 팔릴 수밖에 없었지만 호세아는 기꺼이 그녀를 구속해주었다(호 3:1-3). 하나님도 이스라엘을 계속 구속해주셨다(3:4-5). 호세아 4-8장은 이스라엘이 계속해서 행한 부정과 임박한 심판과 관련한 중요한 내용을 소개한다.

| 변화를 위한 진리 | 호세아는 "이 땅에는 진실도 없고 인애도 없고 하나님을 아는 지식도 없고"(호 4:1)라고 선언한다. 하나님을 아는 지식이 없기 때문에 죄가 기승을 부렸고 백성은 심판을 향해 달려가고 있었다. 호세아는 또한 "내 백성이 지식이 없으므로 망하는도다"(호 4:6)라고 선언했다. 제사장들은 백성에게 하나님의 말씀을 먹이지 않았고 결국 도덕적 파산을 향해 치달았다.

| 묵상 구절 | "여호와께서 내게 이르시되 이스라엘 자손이 다른 신을 섬기고 건포도 과자를 즐길지라도 여호와가 그들을 사랑하나니 너는 또 가서 타인의 사랑을 받아 음녀가 된 그 여자를 사랑하라"(호 3:1).

| 생각해볼 문제 | 당신을 향한 하나님의 지칠 줄 모르는 사랑을 알 때 그분을 성실히 사랑하고 싶은 마음이 생기는가?

183일 심판 후의 **회복**

호세아 9–14장

어제는 하나님의 사랑을 살펴보았다(호 2:14–8:14). **오늘은** 하나님의 심판 뒤 회복이 있음을 살펴볼 것이다.

| 핵심 개념 | 심판의 때가 온다. 하지만 하나님은 자기 백성을 잊지 않으신다. 언젠가 회복의 날이 올 것이다.

| 큰 그림 | 하나님은 이스라엘에 심판이 임박했음을 상세히 알려주셨다(호 9:1–10:15). 그리고 곧이어 이스라엘을 향한 지극한 사랑을 말씀해 주셨다(11:1–12). 심판이 머지 않았지만 하나님은 자기 백성을 버리지 않으실 것이다. 이스라엘 역사는 배교의 사례로 가득하지만(12:1–13:6) 하나님은 자기 백성을 회복해주겠다고 약속하셨다(14:1–9).

| 변화를 위한 진리 | 호세아 10:2은 "그들이 두 마음을 품었으니"라고 말한다. 영어 성경 확대역(Amplified Bible)은 "그들의 마음이 나뉘었다"고 이 구절을 번역한다. 나뉜 마음은 항상 타락으로 이어진다. 하나님은 마음을 온전히 바치는 사람들을 찾고 계신다(참조. 시 119편). 하나님은 온전히 헌신할 때만 축복하신다.

| 묵상 구절 | "오라 우리가 여호와께로 돌아가자 여호와께서 우리를 찢으셨으나 도로 낫게 하실 것이요 우리를 치셨으나 싸매어 주실 것임이라 여호와께서 이틀 후에 우리를 살리시며 셋째 날에 우리를 일으키시리니 우리가 그의 앞에서 살리라"(호 6:1–2).

| 생각해볼 문제 | 하나님께 당신의 마음을 온전히 드리지 않고 다른 데 관심을 두고 있지는 않은가?

184일 죄와 **포로 생활**

이사야 1:1-20, 28장, 열왕기하 17:5-41, 18:9-12

어제는 심판 후 회복을 약속하신 하나님의 말씀을 살펴보았다(호 9-14장). **오늘은** 죄를 회개하지 않을 때 포로로 끌려갈 것이라는 하나님의 경고를 살펴볼 것이다.

| 핵심 개념 | 하나님이 언약하신 대로 이스라엘이 죄를 회개하지 않으면 결국 이방의 포로로 전락할 것이다.

| 큰 그림 | 신명기에서 하나님은 모세를 통해 이스라엘 백성이 언약에 순종하면 큰 복을 내리겠다고 약속하셨다. 그러나 명령에 불순종하면 언약에 제시된 처벌을 받을 것이라고 경고하셨다. 이 경고에는 이방 땅으로 끌려간다는 내용이 포함되었다(신 28:15-68). 구약 역사에는 이스라엘 백성이 하나님께 불성실했던 이야기로 가득하다. 그들은 곧 앗수르에게 포로로 끌려갈 것이다.

| 변화를 위한 진리 | 열왕기하 17:33은 말씀한다. "이와 같이 그들이 여호와도 경외하고 또한 어디서부터 옮겨왔든지 그 민족의 풍속대로 자기의 신들도 섬겼더라." 얼마나 어리석은가. 이것은 참되신 한 분 하나님께 심각한 모욕이었다(신 5:29, 6:13, 욥 28:28, 시 111:10, 잠 1:7, 3:7, 8:13, 16:6, 전 12:13).

| 묵상 구절 | "여호와께서 각 선지자와 각 선견자를 통하여 이스라엘과 유다에게 지정하여 이르시기를…내 종 선지자들을 통하여 너희에게 전한 모든 율법대로 행하라 하셨으나 그들이 듣지 아니하고"(왕하 17:13-14).

| 생각해볼 문제 | 이스라엘 백성은 왜 그렇게 어리석음을 버리지 못하고 완악하게 행했을까?

<예수 빌리지> 구약 III. 8과

185일

심판 후의 **축복**

이사야 1:21-31, 2-5장

어제는 죄를 회개하지 않을 때 이방의 포로가 된다는 하나님의 경고를 살펴보았다(사 1:1-20, 28장, 왕하 17:5-41, 18:9-12). **오늘은** 하나님의 심판 후 받을 미래의 복에 관해 살펴볼 것이다.

| 핵심 개념 | 하나님의 심판 후 복이 임할 것이다.

| 큰 그림 | 이사야는 그리스도가 다스리시는 완전한 평화의 나라가 도래할 종말론적 미래를 미리 보았다(사 2:1-4, 4:2-6). 또한 당대(3:1-4:1)와 미래(2:5-22)에 패역한 죄인들이 당할 심판도 보았다. 유다는 땅은 비옥하지만 정성들여 가꾸어도 원하는 대로 열매를 내지 못하는 포도원으로 비유되고 있다(5장).

| 변화를 위한 진리 | 하나님은 자기 백성의 도덕적 타락, 사회적 불의, 종교적 위선을 보고 슬퍼하셨다. 이사야는 회개하지 않으면 심판이 임할 것이라고 유다에 경고했다(사 2-5장). 그들은 결국 회개하지 않았고 약속대로 심판이 임했다. 이사야서에서 강조하는 한 가지 분명한 사실은 하나님이 순종하는 자를 축복하시고 불순종하면 심판하신다는 것이다.

| 묵상 구절 | "너희는 의인에게 복이 있으리라 말하라 그들은 그들의 행위의 열매를 먹을 것임이요 악인에게는 화가 있으리니 이는 그의 손으로 행한 대로 그가 보응을 받을 것임이니라"(사 3:10-11).

| 생각해볼 문제 | 하나님의 백성이 그분의 경고와 약속을 무시하는 이유가 무엇이라고 생각하는가?

186일 하나님, **거룩한 심판자**

이사야 13-16장, 열왕기하 16:19-20, 역대하 28:26-27

어제는 하나님의 심판과 미래에 임할 축복을 살펴보았다(사 1:21-31, 2-5장). **오늘은** 하나님이 인간과 타락한 천사들을 심판하시는 것에 관해 살펴볼 것이다.

| 핵심 개념 | 하나님은 인간과 타락한 천사들을 모두 심판하시는 심판자시다.

| 큰 그림 | 하나님은 온 세상의 심판자시다. 이스라엘과 유다를 넘어 주변의 많은 열국까지 심판하실 것이다. 이 심판에는 바벨론(13:1-14:23), 앗수르(14:24-27), 블레셋(14:28-32), 모압(15:1-16:14)과 다른 나라들이 포함될 것이다.

| 변화를 위한 진리 | 이사야 14:4-11은 루시퍼가 교만하여 스스로 신이 되고자 했다고 밝힌다. 그는 타락하였고 사탄('대적'이라는 의미)으로 이름이 바뀌었다. 천사들 3분의 1이 그의 반란에 동참한 것으로 보인다(계 12:4). 하나님은 루시퍼/사탄을 심판하시고 지상으로 내던지셨다. 오늘날 사탄과 귀신들은 여러 방법으로 그리스도인을 공격한다(마 13:38-39, 행 5:3, 고전 7:5, 엡 2:1-3, 6:11-12). 그리스도인은 경계심을 늦추어서는 안 된다.

| 묵상 구절 | "네가 네 마음에 이르기를 내가 하늘에 올라…가장 높은 구름에 올라가 지극히 높은 이와 같아지리라 하는도다"(사 14:13-14).

| 생각해볼 문제 | "[당신을] 피하도록" 매일 "마귀를 대적하는" 노력을 하고 있는가?(약 4:7)

187일 히스기야의 **부흥 운동**

역대하 29:3–31:21

어제는 하나님이 인간뿐 아니라 타락한 천사들을 심판하시는 것에 관해 살펴보았다(사 13–16장). **오늘은** 히스기야가 남유다 왕국에서 일으킨 부흥 운동을 살펴볼 것이다.

| 핵심 개념 | 히스기야는 백성을 대상으로 중요한 개혁과 부흥 운동을 일으켰다.

| 큰 그림 | 히스기야는 아버지 아하스 왕 때 훼손된 하나님의 성전을 복구하고 제사장들에게 성결할 것을 명령했다. 그리고 백성에게는 성전을 다시 봉헌하도록 했다(대하 29:3–31). 또한 유월절 절기를 다시 회복했고(30:1–27), 전국의 이방 신전과 우상들을 제거했다(31:1). 히스기야는 백성에게 첫 열매와 제물로 레위인과 제사장들의 필요를 제공하라고 명령했다(31:2–21).

| 변화를 위한 진리 | 역대하는 여호사밧의 부흥 운동(17:1–19)과 히스기야의 부흥 운동(29:1–31:21) 그리고 요시야의 개혁(34:1–13)을 요약해 설명한다. 영적 타락 후 영적 부흥이 일어나는 식으로 하나님의 백성은 회복과 타락을 오갔다. 흔들림 없이 끝까지 주님을 구해야 한다.

| 묵상 구절 | "레위 사람들아 내 말을 들으라 이제 너희는 성결하게 하고 또 너희 조상들의 하나님 여호와의 전을 성결하게 하여 그 더러운 것을 성소에서 없애라"(대하 29:5).

| 생각해볼 문제 | 우리 삶에 지속적인 부흥이 일어날 수 있는 방법은 무엇이라고 생각하는가?

<예수 빌리지> 구약 III. 9과

188일 솔로몬의 **잠언**

잠언 25-29장

어제는 히스기야가 주도한 부흥 운동을 살펴보았다(대하 29:3-31:21). **오늘**은 사람들과의 관계에서 도움이 될 솔로몬의 잠언 몇 가지를 살펴볼 것이다.

| 핵심 개념 | 솔로몬은 인간관계에 관한 잠언을 지었다.

| 큰 그림 | 솔로몬은 주전 970년과 931년 사이에 잠언을 지었다. 히스기야 왕의 서기관들은 주전 729년과 686년 사이에 솔로몬의 잠언을 편찬해 잠언서를 만들었다. 오늘 본문은 왕, 이웃, 신뢰하기 어려운 사람들, 적, 다툼이 끊이지 않는 배우자, 어리석은 자, 게으른 자, 친구, 험담꾼을 비롯해 사람들과의 관계에 관한 지혜를 알려준다(잠 25:1-26:28). 또한 인생(27:1-27), 법(28:1-10), 재물(28:11-28), 완악함(29:1-27)에 관한 지혜를 얻을 수 있다.

| 변화를 위한 진리 | 언제 죽음이 찾아올지 모른다. 그러므로 솔로몬은 "너는 내일 일을 자랑하지 말라 하루 동안에 무슨 일이 일어날는지 네가 알 수 없음이니라"(잠 27:1, 비교. 눅 12:16-21)고 촉구한다. 야고보서 4:14과 유사하다. "내일 일을 너희가 알지 못하는도다 너희 생명이 무엇이냐 너희는 잠깐 보이다가 없어지는 안개니라." 우리는 영원을 생각하며 살아야 한다(골 3:1-2).

| 묵상 구절 | "자기의 죄를 숨기는 자는 형통하지 못하나 죄를 자복하고 버리는 자는 불쌍히 여김을 받으리라"(잠 28:13).

| 생각해볼 문제 | 인생이 유한함을 생각하면 영원을 바라보게 되는가?

189일

현숙한 **아내**

잠언 30-31장

어제는 사람들과의 관계에 도움을 주는 몇 가지 잠언을 살펴보았다(잠 25-29장). **오늘은** 현숙한 아내에 관해 살펴볼 것이다.

| 핵심 개념 | 지혜롭고 어진 아내는 보석보다 귀하다.

| 큰 그림 | 잠언은 아굴(잠 30:1-33)과 르무엘(31:1-9)의 지혜로 끝을 맺는다. 그런 다음 잠언 31:10-31에서는 현숙한 아내에 관한 소개가 등장한다.

| 변화를 위한 진리 | 현숙한 아내는 지혜롭고 남편과 가정을 부지런히 돌본다. 외적인 아름다움보다 내면의 덕을 소중히 여긴다. "입을 열어 지혜를 베풀며 그의 혀로 인애의 법을 말하며 자기의 집안 일을 보살피고 게을리 얻은 양식을 먹지 아니하나니"(잠 31:26-27).

| 묵상 구절 | "누가 현숙한 여인을 찾아 얻겠느냐 그의 값은 진주보다 더 하니라 그런 자의 남편의 마음은 그를 믿나니 산업이 핍절하지 아니하겠으며 그런 자는 살아 있는 동안에 그의 남편에게 선을 행하고 악을 행하지 아니하느니라"(잠 31:10-12).

| 생각해볼 문제 | 배우자를 선택할 때 하나님의 인도하심(기도로)을 구하는 지혜를 발휘할 수 있는가?

190일 하나님을 **사모함**

시편 42-46편

어제는 현숙한 아내에 관해 살펴보았다(잠 30-31장). **오늘은** 하나님을 사모하는 시편 기자의 모습을 살펴볼 것이다.

| 핵심 개념 | 시편 기자는 예루살렘으로 돌아가 하나님과 교제하기를 간절히 바란다.

| 큰 그림 | 시편 42편과 43편은 예루살렘에서 멀리 떨어져 있음이 분명한 시편 기자가 예루살렘 성전으로 돌아가 하나님의 임재를 누리고 싶어 하는 간절한 마음이 담긴 아름다운 시의 1부와 2부에 해당한다. 시편 44편에서는 이스라엘 백성이 하나님이 과거에 구원하신 역사를 생각하며 현재 구원이 필요함을 아뢴다. 시편 45편은 왕의 혼인을 다룬 시편이고, 46편은 이스라엘의 하나님을 찬양하며 신뢰와 감사를 드리는 시편이다.

| 변화를 위한 진리 | 하나님과 관계가 올바른 사람은 그분의 임재를 사모한다(시 42:1). 시편 기자는 "하나님이여 주는 나의 하나님이시라 내가 간절히 주를 찾되 물이 없어 마르고 황폐한 땅에서 내 영혼이 주를 갈망하며 내 육체가 주를 앙모하나이다"(시 63:1)라고 고백한다. 그는 "하늘에서는 주 외에 누가 내게 있으리요 땅에서는 주 밖에 내가 사모할 이 없나이다"(73:25)고 구한다.

| 묵상 구절 | "하나님이여 사슴이 시냇물을 찾기에 갈급함 같이 내 영혼이 주를 찾기에 갈급하니이다"(시 42:1).

| 생각해볼 문제 | 당신은 어떤 환경에서 하나님을 가장 간절히 사모하는가?

191일 하나님은 **주권자시다**

시편 47-49편, 84-85편, 87편

어제는 하나님을 사모하는 시편 기자의 모습을 살펴보았다(시 42-46편). **오늘은** 하나님의 주권성에 관해 살펴볼 것이다.

| 핵심 개념 | 하나님은 모든 만물의 주권자시다.

| 큰 그림 | 시편 47편은 온 세상을 다스리시는 하나님의 주권적 왕권을 찬양한다. 시편 48편은 하나님의 위대하심을 찬양한다. 시편 49편은 하나님의 축복을 찬양하지 않고 재물이 주는 일시적 쾌락을 신뢰하는 어리석음을 지적한다. 시편 84편은 예루살렘 성전에서 하나님의 임재를 누리는 기쁨을 이야기한다. 시편 85편은 하나님이 과거에 보이신 신실하심을 회상하고 하나님의 백성이 당하는 현재의 고통을 언급하며 하나님이 장차 구원해주실 것이라는 소망을 드러낸다. 시편 87편은 예루살렘이라는 아름다운 성에 관해 이야기한다.

| 변화를 위한 진리 | 하나님은 온 세상의 주권자시다. 시편 47:7-8은 "하나님은 온 땅의 왕이심이라 지혜의 시로 찬송할지어다 하나님이 뭇 백성을 다스리시며 하나님이 그의 거룩한 보좌에 앉으셨도다"고 말한다. 또 다른 시편 기자는 "여호와께서 그의 보좌를 하늘에 세우시고 그의 왕권으로 만유를 다스리시도다"(시 103:19)고 말한다.

| 묵상 구절 | "지존하신 여호와는 두려우시고 온 땅에 큰 왕이 되심이로다"(시 47:2).

| 생각해볼 문제 | 하나님이 온 세상의 위대한 왕이심을 알 때 안정감이 생기는가?

192일 하나님의 **말씀에 관한 묵상**

시편 1-2편, 10편, 33편, 71편, 91편

어제는 하나님의 주권에 관해 살펴보았다(시 47-49편, 84-85편, 87편). **오늘은** 하나님의 말씀을 묵상하는 기쁨을 살펴볼 것이다.

| 핵심 개념 | 하나님의 말씀을 묵상하면 영적인 기쁨을 누릴 수 있다.

| 큰 그림 | 시편 1편은 하나님의 말씀을 묵상하고 순종하는 사람들에게 복이 있다고 말한다. 시편 2편은 위대한 메시아적 왕에 관해 말한다. 시편 10편은 악인들에게서 건져달라고 하나님께 호소하는 탄원시다. 시편 33편은 의인들에게 여호와를 찬양하라고 요청한다. 시편 71편은 하나님께 도움을 부르짖으며, 시편 91편은 하나님의 사랑과 보호하심에 관한 신뢰를 표현한다.

| 변화를 위한 진리 | 하나님의 말씀을 묵상하면 기쁨으로 충만한 영적 삶을 살 수 있다(시 1:2). '묵상하다'를 뜻하는 히브리어에는 '웅얼거리다'는 뜻이 있다. 하나님 말씀과 그분의 속성을 묵상할 때 입술로 웅얼거릴 정도로 깊이 집중해야 한다.

| 묵상 구절 | "복 있는 사람은 악인들의 꾀를 따르지 아니하며 죄인들의 길에 서지 아니하며 오만한 자들의 자리에 앉지 아니하고 오직 여호와의 율법을 즐거워하여 그의 율법을 주야로 묵상하는도다"(시 1:1-2).

| 생각해볼 문제 | 당신 자신을 돌아볼 때 하나님의 말씀을 읽는 자인가, 아니면 묵상하는 자인가? 아니면 둘 다인가?

193일 부메랑 **효과**

시편 92-97편

어제는 하나님의 말씀을 묵상하는 기쁨을 살펴보았다(시 1-2편). **오늘은** '부메랑 효과'를 살펴볼 것이다.

| 핵심 개념 | 우리는 뿌린 대로 거둔다.

| 큰 그림 | 시편 92편은 악인들을 심판하시는 하나님께 감사드린다. 시편 93편은 주권적인 왕이신 하나님을 찬양한다. 시편 94편은 악인들이 결국 보복당할 것임을 확인한다. 시편 95편은 하나님을 찬양하고 경배하라고 요청한다. 시편 96편은 주를 찬양하고 경배하며 그 안에서 기뻐하라고 부른다. 시편 97편은 하나님이 우주의 왕으로서 존귀하신 분이라고 말한다.

| 변화를 위한 진리 | 시편 94:23은 "그들의 죄악을 그들에게로 되돌리시며"라고 확인해준다. 성경은 하나님이 악인들이 자기가 쳐놓은 함정에 빠지도록 하신다는 사실을 일관되게 강조한다. "함정을 파는 자는 그것에 빠질 것이요"(잠 26:27). 부메랑 효과의 한 예라 할 수 있다(욥 1:15, 갈 6:7).

| 묵상 구절 | "오라 우리가 굽혀 경배하며 우리를 지으신 여호와 앞에 무릎을 꿇자 그는 우리의 하나님이시요 우리는 그가 기르시는 백성이며 그의 손이 돌보시는 양이기 때문이라"(시 95:6-7).

| 생각해볼 문제 | 부메랑 효과를 경험한 사람이 주위에 있는가?

194일 하나님께 **감사함**

시편 98-100편, 102편, 104편

어제는 부메랑 효과에 관해 살펴보았다(시 92-97편). **오늘은** 하나님을 향한 감사의 시편을 살펴볼 것이다.

| 핵심 개념 | 우리는 늘 하나님께 감사해야 한다.

| 큰 그림 | 시편 98편은 하나님을 구원자와 왕, 통치자로 찬양한다. 시편 99편은 하나님의 놀라운 다스리심을 찬양한다. 시편 100편은 사람들에게 하나님을 찬양하고 경배하라고 요청한다. 시편 102편은 고통 중에 드리는 기도로서 고통 속에서도 하나님의 주권적 뜻을 신뢰한다. 시편 104편은 하나님이 우주의 창조주이자 통치자로서 찬양받으시기에 합당하심을 노래한다.

| 변화를 위한 진리 | 시편 기자는 "감사함으로 그의 문에 들어가며 찬송함으로 그의 궁정에 들어가서 그에게 감사하며 그의 이름을 송축할지어다"(시 100:4)라고 요청한다. 감사는 시편의 공통된 주제다. 우리는 하나님께 영원히 감사드리며(30:12) 감사함으로 하나님을 높여드려야 한다(69:30). 감사함으로 그 앞에 나아가야 하며(95:2) 감사의 제사를 드려야 한다(116:17). 신약에서도 이 주제를 강조한다. 우리는 언제나 하나님께 감사하며(엡 5:20) 감사로 넘쳐흘러야 한다(골 2:7).

| 묵상 구절 | "여호와가 우리 하나님이신 줄 너희는 알지어다 그는 우리를 지으신 이요 우리는 그의 것이니 그의 백성이요 그의 기르시는 양이로다"(시 100:3).

| 생각해볼 문제 | 오늘 하나님께 감사드릴 수 있는 축복은 무엇인가?

195일 하나님이 **행하신 놀라운 일**

시편 105-106편

어제는 하나님을 향한 감사의 시편을 살펴보았다(시 98-100편, 102편, 104편). **오늘은** 하나님이 그분의 백성에게 행하신 놀라운 역사를 살펴볼 것이다.

| 핵심 개념 | 하나님은 그분의 백성이 수많은 죄악을 저질렀는데도 계속해서 놀라운 일을 행하신다.

| 큰 그림 | 시편 105편은 이스라엘 백성에게 보여주신 하나님의 놀라운 일을 생각하며 찬양하라고 요청한다. 구체적으로 요셉의 생애와 그가 애굽에서 권력자로 부상한 일, 모세와 이스라엘을 구원하는 데 그가 맡은 역할, 하나님이 광야에서 이스라엘 백성을 돌보아주신 일, 가나안 땅에 들어간 일이 포함된다. 시편 106편은 광야 생활 중에 하나님을 원망한 일, 금송아지 우상을 만들어 섬긴 일, 이방 신을 섬긴 일, 가나안에 들어가서도 계속 불순종한 일을 포함해 수많은 이스라엘의 죄악을 서술한 탄식시다.

| 변화를 위한 진리 | 시편 기자는 "내가 평생토록 여호와께 노래하며 내가 살아 있는 동안 내 하나님을 찬양하리로다"(시 104:33)고 고백한다. 노래는 종종 찬양을 표현하는 좋은 방법이다. 시편 69:30은 "내가 노래로 하나님의 이름을 찬송하며"라고 말한다. 시편 95:2은 "우리가 감사함으로 그 앞에 나아가며 시를 지어 즐거이 그를 노래하자"고 말한다. 신약에서도 동일한 내용을 볼 수 있다(엡 5:19-20).

| 묵상 구절 | "여호와여 주께서 하신 일이 어찌 그리 많은지요 주께서 지혜로 그들을 다 지으셨으니 주께서 지으신 것들이 땅에 가득하니이다"(시 104:24).

| 생각해볼 문제 | 당신이 좋아하는 찬양은 무엇인가? 지금 그 노래를 부르지 않는 이유는 무엇인가?

196일 하나님이 **행하신 놀라운 일**

시편 107편, 111–114편

어제는 하나님이 자기 백성에게 행하신 놀라운 일을 살펴보았다(시 105–106편). **오늘도** 하나님의 놀라운 행적에 관해 살펴볼 것이다.

| 핵심 개념 | 이스라엘 역사를 보면 하나님은 계속해서 놀랍고 큰일을 보여주셨다.

| 큰 그림 | 시편 107편은 구원에 관한 네 가지 언어 그림을 제시한다. 각 언어 그림을 보면 문제가 생기고, 백성이 기도하면 하나님이 도우시며, 백성은 하나님의 구원하심을 찬양하는 패턴이 반복된다. 시편 111편은 능하신 일을 행하신 하나님을 찬양하라고 권면한다. 시편 112편은 의인들이 받을 축복과 악인들에게 닥칠 저주를 대조해서 이야기한다. 시편 113편은 하나님을 찬양하라는 또 다른 요청이다. 시편 114편은 출애굽 때 보이신 하나님의 놀라운 행적을 찬양한다.

| 변화를 위한 진리 | 시편 기자는 "은혜를 베풀며 꾸어 주는 자는 잘 되나니"(시 112:5)라고 말한다. 성경은 이 주제를 공통으로 강조한다. 잠언 22:9은 후히 베푸는 사람이 복이 있다고 말한다. 경건한 자들은 언제나 후하게 꾸어준다(시 37:26, 참조. 롬 12:8, 엡 4:28).

| 묵상 구절 | "할렐루야, 여호와를 경외하며 그의 계명을 크게 즐거워하는 자는 복이 있도다"(시 112:1).

| 생각해볼 문제 | 우리에게 아낌없이 베푸시는 하나님의 모습을 보고 다른 사람들에게 관용을 베풀어야 한다는 마음이 생기는가?

197일 하나님을 **찬양하고 감사하자**

시편 115-118편

어제는 자기 백성에게 행하신 하나님의 놀라운 일에 관해 살펴보았다(시 107편, 111-114편). **오늘도** 하나님이 찬양과 감사를 받으시기에 합당하신 분임을 살펴볼 것이다.

| 핵심 개념 | 놀라운 구원과 축복을 베푸신 하나님께 마땅히 찬양과 감사를 돌려드려야 한다.

| 큰 그림 | 시편 115편은 우주의 주권자이신 참되신 한 분 하나님과 무능한 세상의 우상들을 대조해서 보여준다. 시편 116편은 하나님이 고통스러운 상황 속에서 행하신 많은 구원 사건에 대해 감사한다. 시편 117편은 찬양하라는 단순한 요청을 담고 있다. 시편 118편은 예배자들이 성전에 들어갈 때 부르는 감사 시편이다.

| 변화를 위한 진리 | 시편 기자는 "여호와여 영광을 우리에게 돌리지 마옵소서 우리에게 돌리지 마옵소서 오직 주는 인자하시고 진실하시므로 주의 이름에만 영광을 돌리소서"(115:1)라고 말한다. 인간은 남들 앞에서 자기 자신을 드러내며 영광을 탐하기 쉽다. 그러나 영광은 오직 하나님께만 돌려드려야 한다. 하나님은 "나는 여호와이니 이는 내 이름이라 나는 내 영광을 다른 자에게, 내 찬송을 우상에게 주지 아니하리라"(사 42:8)고 확인해주셨다.

| 묵상 구절 | "이 날은 여호와께서 정하신 것이라 이 날에 우리가 즐거워하고 기뻐하리로다"(시 118:24).

| 생각해볼 문제 | 매일 아침 눈을 뜰 때마다 "기뻐하고 즐거워하기"로 작정하면 인생이 얼마나 달라지겠는가?

198일 하나님 말씀의 **축복**

시편 119편

어제는 하나님이 찬양과 감사를 받으시기에 합당하심을 살펴보았다(시 115-118편). **오늘은** 하나님의 말씀이 주는 많은 축복을 살펴볼 것이다.

| 핵심 개념 | 하나님의 말씀이 주는 축복은 헤아릴 수 없을 정도로 많다.

| 큰 그림 | 시편 119편은 하나님의 말씀이 주는 수많은 축복을 알려준다. 이 시편은 여덟 절이 한 연을 이루고, 각 연의 첫 글자가 히브리어 알파벳 순서로 되어 있는 알파벳 시다. 이런 알파벳 시는 히브리인들이 활용한 효과적인 학습 방식이었다.

| 변화를 위한 진리 | 시편 119편은 유익한 영적 보석으로 가득하다. 예를 들어 하나님은 개인의 고난을 사용하셔서 그분 말씀에 더 가까이 나아가도록 이끄신다. "고난 당하기 전에는 내가 그릇 행하였더니 이제는 주의 말씀을 지키나이다"(119:67). 시편 기자는 또한 "고난 당한 것이 내게 유익이라 이로 말미암아 내가 주의 율례들을 배우게 되었나이다"(119:71)고 말한다. 하나님 말씀을 늘 읽고 그 가르침에서 떠나지 않으면 죄를 예방할 수 있다. "내가 주께 범죄하지 아니하려 하여 주의 말씀을 내 마음에 두었나이다"(119:11). "청년이 무엇으로 그의 행실을 깨끗하게 하리이까 주의 말씀만 지킬 따름이니이다"(119:9).

| 묵상 구절 | "내 길을 굳게 정하사 주의 율례를 지키게 하소서 내가 주의 모든 계명에 주의할 때에는 부끄럽지 아니하리이다"(시 119:5-6).

| 생각해볼 문제 | 삶에 닥친 어려움 때문에 하나님의 말씀을 다시 묵상하고 헌신하게 된 경험이 있는가?

199일 하나님, **우리의 구원자**

시편 120–121편, 123편, 125–126편

어제는 하나님의 말씀이 주는 축복을 살펴보았다(시 119편). **오늘은** 하나님이 우리의 구원자이심을 살펴볼 것이다.

| 핵심 개념 | 하나님은 자기 백성을 구원하시고 건져주신다.

| 큰 그림 | 시편 120편은 하나님이 적에게 보응하시고 구원해주시기를 구하는 탄식시다. 시편 121편은 우리의 도움이 "졸지도 아니하시고 주무시지도 아니하시는" 주에게서 온다고 고백한다(121:4). 시편 123편은 구원을 바라는 기도다. 시편 125편은 하나님의 백성이 안전함을 확신하는 신뢰의 노래다. 시편 126편은 회복의 기쁨을 노래한다.

| 변화를 위한 진리 | 시편 기자는 기도의 힘을 믿는다. "내가 환난 중에 여호와께 부르짖었더니 내게 응답하셨도다"(시 120:1). 시편 기자는 하나님께 구체적으로 요청한다. 마찬가지로 주기도문은 날마다 우리 삶의 필요를 채워주시기를 기도하라고 가르친다(마 6:11). 사도 바울은 "아무것도 염려하지 말고 다만 모든 일에 기도와 간구로, 너희 구할 것을 감사함으로 하나님께 아뢰라"(빌 4:6)고 권면했다.

| 묵상 구절 | "여호와께서 너를 지켜 모든 환난을 면하게 하시며 또 네 영혼을 지키시리로다 여호와께서 너의 출입을 지금부터 영원까지 지키시리로다"(시 121:7–8).

| 생각해볼 문제 | 오늘 하나님께 기도드려야 할 삶의 구체적인 필요가 있는가?

200일 하나님께 **감사드리라**

시편 128-130편, 132편, 134-135편

어제는 하나님이 우리의 구원자이심을 살펴보았다(시 120-121편, 123편, 125-126편). **오늘도** 고통스러운 과거에도 불구하고 하나님을 찬양하고 감사드린 내용을 살펴볼 것이다.

| 핵심 개념 | 과거에 어떤 일이 있었든지 감사할 일은 너무나 많다.

| 큰 그림 | 시편 128편은 가정과 공동체에 임하는 축복을 이야기한다. 시편 129편은 감사의 시편이다. 시편 130편은 이스라엘의 대적자로 인한 탄식과 이스라엘의 소망에 관해 말한다. 시편 132편은 다윗이 예루살렘에 언약궤를 가져온 일을 회상하고 다윗 언약을 재확인한다. 시편 134편은 제사장들에게 여호와를 찬양하라고 요청한다. 시편 135편은 찬양의 시다.

| 변화를 위한 진리 | 주님이 죄를 용서해주신다는 것은 놀라운 일이다. 시편 기자는 "여호와여 주께서 죄악을 지켜보실진대 주여 누가 서리이까 그러나 사유하심이 주께 있음은 주를 경외하게 하심이니이다"(시 130:3-4)고 고백한다. 다른 곳에서는 "동이 서에서 먼 것 같이 우리의 죄과를 우리에게서 멀리 옮기셨으며"(103:12)라고 말했다. "허물의 사함을 받고 자신의 죄가 가려진 자는 복이 있도다"(32:1).

| 묵상 구절 | "여호와께서 그가 기뻐하시는 모든 일을 천지와 바다와 모든 깊은 데서 다 행하셨도다"(시 135:6).

| 생각해볼 문제 | 당신의 신앙생활은 하나님께 죄를 온전히 용서받은 사실에 근거를 두고 있는가?

201일 하나님을 **찬양하라**

시편 136편, 146–150편

어제는 하나님께 찬양과 감사를 드리는 시편을 살펴보았다(시 128–130편). **오늘도** 하나님을 찬양해야 하는 이유를 살펴볼 것이다.

| 핵심 개념 | 하나님은 우리의 찬양을 받으시기에 합당하신 분이다.

| 큰 그림 | 시편 136편은 하나님의 흔들림 없는 사랑의 증거를 강조한다. 시편 146편과 147편은 하나님의 위대하심과 은혜로우심을 찬양해야 할 이유를 소개한다. 시편 148편은 하늘과 땅에게 하나님을 찬양하라고 요청한다. 시편 149편은 찬양의 요청이자 승리의 노래다. 시편 150편은 마지막 송영이다.

| 변화를 위한 진리 | 시편 기자는 "우리 주는 위대하시며 능력이 많으시며 그의 지혜가 무궁하시도다"(시 147:5)고 선포한다. 우리 주는 전능하시며 전지하신 분이다. 하나님의 전지하심과 관련해 중요한 사실 하나는 우리가 과거에 저지른 모든 죄와 미래에 저지를 모든 죄를 다 아시고도 구원해주셨다는 점이다. (그 후에도 전혀 후회하지 않으셨다.) 하나님의 전능하심과 관련한 한 가지 놀라운 진리는 그분에게 우리를 구원할 힘이 있으시다는 것이다(요 10:27–28).

| 묵상 구절 | "나의 생전에 여호와를 찬양하며 나의 평생에 내 하나님을 찬송하리로다"(시 146:2).

| 생각해볼 문제 | 하나님이 전능하시고 전지하시다는 사실로 인해 당신은 구원을 확신하고 안전함을 느끼는가?

<예수 빌리지> 구약 II. 22과

202일 하나님이 범죄한 **열국을 정죄하시다**

이사야 19–23장

어제는 하나님을 찬양해야 하는 이유를 살펴보았다(시 136편, 146–150편). **오늘은** 다시 이사야서로 돌아가 하나님이 범죄한 열국을 정죄하신 내용을 살펴볼 것이다.

| 핵심 개념 | 하나님은 범죄하고 돌이키지 않는 열국을 정죄하신다.

| 큰 그림 | 이사야는 유다를 정죄한 뒤(사 1:1–12:6) 다른 나라들에 대한 일련의 신탁을 선포한다. 바벨론(13:1–14:23), 앗수르(14:24–27), 블레셋(14:28–32), 모압(15:1–16:14), 다메섹(시리아)과 그 우방, 이스라엘(17:1–14), 에티오피아(18:1–7), 애굽(19:1–20:6), 바벨론(21:1–10), 에돔(21:11–12), 아라비아(21:13–17), 예루살렘(22:1–25), 두로(23:1–18)가 그 나라들이다.

| 변화를 위한 진리 | 애굽은 "지혜로운 모사"가 많기로 유명했다(사 19:11). 그러나 실제로 그들은 하나같이 어리석고 우둔했다. 참 지혜는 하나님에게서 온다. 하나님은 지혜를 구하는 자에게 지혜를 주신다(약 1:5, 또한 왕상 3:9, 대하 1:10, 시 27:11, 119:12, 18, 34, 125, 딤후 2:7).

| 묵상 구절 | "여호와께서 이르시되 나의 종 이사야가 삼 년 동안 벗은 몸과 벗은 발로 다니며 애굽과 구스에 대하여 징조와 예표가 되었느니라"(사 20:3).

| 생각해볼 문제 | 하나님의 지혜가 꼭 필요한 어려운 상황에 빠져 있지는 않은가?

203일 유다가 포로로 **끌려갈 날이 임박하다**

이사야 24–27장, 29장

어제는 하나님이 열국을 정죄하신 내용을 살펴보았다(사 19–23장). **오늘은** 장차 바벨론에 포로로 끌려갈 유다의 미래에 관해 살펴볼 것이다.

| 핵심 개념 | 유다는 멀지 않은 미래에 포로로 끌려가 바벨론에서 70년간 유배 생활을 할 것이다. (이사야의 예언 사역은 주전 740년에 시작해 주전 680년에 끝났다. 주전 605년에 유다의 바벨론 포로 생활이 시작되었으므로 시간적으로 큰 차이가 나지 않는다. 이사야는 도래할 포로 생활과 남은 자들의 존속에 관해 예언했다.)

| 큰 그림 | 유다는 회개하지 않고 계속 우상을 숭배하였으므로 바벨론에 끌려가 70년 동안 포로 생활을 할 것이다. 유다의 주변 국가들 역시 바벨론에 패망할 것이다(사 25장). 이사야는 예루살렘이 죄악으로 무너질 것이라고 선포하는 예레미야 선지자에 관해 말한다. 유다의 지도자들은 예레미야에게 분노했고 그를 죽이려고 했다(26장). 예레미야는 바벨론에 무조건 항복하는 것이 유일한 희망이라고 경고했다(27장). 나중에 예레미야는 이미 바벨론 포로로 끌려간 유대인들에게 편지를 써서 악조건을 최대한 이용하라고 권고했다(29장). (유다는 주전 605년, 주전 597년, 주전 586년, 세 번에 걸쳐 바벨론에 포로로 끌려갔다. 예레미야는 일차로 끌려간 이들에게 편지를 보냈을 것이 분명하다.)

| 변화를 위한 진리 | 특히 이사야 24장에서 하나님의 심판을 매우 강력히 경고한다. 그러나 심판에 관해 이 한 장을 할애한 뒤 하나님의 구원과 회복에 관한 내용을 3장에 걸쳐 소개한다(25–27장). 심판 이후에는 하나님의 백성을 기다리는 기쁨이 있다(48:1–28). 많은 사람은 이 본문들이 미래에 임할 7년 환란기를 말하며 이 뒤에 그리스도의 천국 왕국(기쁨)이 도래한다고 믿는다. 얼마나 멋진 날이겠는가!

| 묵상 구절 | "주께서 심지가 견고한 자를 평강하고 평강하도록 지키시리니 이는 그가 주를 신뢰함이니이다"(사 26:3).

| 생각해볼 문제 | 어떻게 하면 '완전한 평화'를 누릴 수 있는가?

204일 약속의 땅으로 **귀환**

이사야 30-33장

어제는 유다가 바벨론에 포로로 끌려갈 날이 임박했음을 살펴보았다(사 24-27장, 29장). **오늘은** 70년간의 포로 생활이 끝나고 남은 자들이 약속의 땅으로 돌아온다는 내용을 살펴볼 것이다.

| 핵심 개념 | 심판 다음에는 회복이 온다.

| 큰 그림 | 이사야는 유다가 바벨론 포로로 잡혀가는 벌을 받지만 남은 자들이 살아남아 약속의 땅으로 돌아올 것이라고 예언했다. 후에는 하나님이 새 언약을 맺으시고 죄를 용서해주실 것이다(렘 31:31-40). 남은 자들이 돌아올 것을 확신한 예레미야는 고향인 아나돗에서 땅을 매입했다(렘 32:1-44). 이사야 33장은 다윗의 후손이 언젠가 유다에서 다윗의 보좌에 앉아 다스릴 것이라고 알려준다(삼하 7:12-16).

| 변화를 위한 진리 | 사람들은 바벨론에 포로로 잡혀갈 것이라는 경고처럼 부정적인 말은 듣지 않으려고 한다. 이사야 시대에 그들은 "우리에게 바른 것을 보이지 말라 우리에게 부드러운 말을 하라 거짓된 것을 보이라 너희는 바른 길을 버리며 첩경에서 돌이키라"(사 30:10-11)고 말했다. 그러나 진실을 받아들이고 현실과 맞서는 것이 더 낫다. 인생을 거짓과 착각 위에 쌓는 것은 어리석다.

| 묵상 구절 | "너희가 돌이켜 조용히 있어야 구원을 얻을 것이요"(사 30:15).

| 생각해볼 문제 | 듣기 불편한 진실을 외면하고 귀를 막은 적은 없는가?

〈예수 빌리지〉 구약 III. 11과

205일 약속의 땅으로 **귀환**

이사야 34-35장, 미가 2-5장

어제는 포로 생활이 끝나고 남은 자들이 약속의 땅으로 귀환할 것을 살펴보았다(사 30-33장). **오늘도** 이 내용을 살펴볼 것이다.

| 핵심 개념 | 남은 자들이 포로 생활을 끝내고 약속의 땅으로 돌아올 것이다.

| 큰 그림 | 이사야는 바벨론 포로 생활로 무서운 심판을 받음에도(34장) 남은 자들이 믿음의 연단을 받고 결국 석방되어 약속의 땅으로 돌아올 것이라고 예언한다. 그러므로 이사야는 "겁내는 자들에게 이르기를 굳세어라, 두려워하지 말라, 보라 너희 하나님이…오사 너희를 구하시리라"(사 35:4)고 권면한다.

| 변화를 위한 진리 | 미가는 바벨론 포로 생활이 시작되기 오래전에 유다와 이스라엘의 부자들과 권력자들(남과 북의 두 왕국)이 탐욕을 채우고 가난한 자들을 억압하며 착취한 데 대해 하나님의 심판을 받을 것이라고 경고했다(미 2:2). 이 지도자들은 불의라는 죄악과 하나님의 공정한 심판이 직접적인 인과 관계가 있음을 곧 배우게 될 것이다.

| 묵상 구절 | [메시아적 예언] "그 때에 맹인의 눈이 밝을 것이며 못 듣는 사람의 귀가 열릴 것이며 그 때에 저는 자는 사슴 같이 뛸 것이며 말 못하는 자의 혀는 노래하리니"(사 35:5-6).

| 생각해볼 문제 | 부자들과 권력자들이 저지르는 탐욕과 착취와 불의의 죄악에 분노한 적이 있는가?

〈예수 빌리지〉 구약 III. 23과

206일 산헤립의 **위협 전략**

이사야 36장, 미가 6-7장, 역대하 32:1-8, 열왕기하 18:13-37

어제는 바벨론 포로 생활이 끝나고 남은 자들이 본국에 돌아오리라는 약속에 관해 살펴보았다(사 34-35장). **오늘은** 산헤립이 주전 701년 남 유다 왕 히스기야를 협박하며 심리전을 벌인 일을 살펴볼 것이다.

| 핵심 개념 | 산헤립과 그의 앗수르 군대는 히스기야를 상대로 심리전을 벌였다.

| 큰 그림 | 산헤립과 그의 군대는 예루살렘 성 밖에 있었다. 그는 물리적 전쟁을 실행하기 앞서 심리전을 전개했다. 히스기야에게 전갈을 보내 유다의 우군인 애굽을 조롱하고 침략을 막지 못하는 하나님의 무능력을 비웃었다(사 36장).

| 변화를 위한 진리 | 산헤립은 유다를 물리적으로 공격하기에 앞서 히스기야의 마음에 동요가 일어나도록 위협했다. 이 작전이 성공하면 심리전에서 우위에 설 것이다. 우리는 위협을 받을 때 절대 위축되어서는 안 된다. 디모데후서 1:7에서 말한 대로 "하나님이 우리에게 주신 것은 두려워하는 마음이 아니요 오직 능력과 사랑과 절제하는 마음"이다.

| 묵상 구절 | [산헤립이 예루살렘 성민들을 조롱하며] "너희는 히스기야에게 미혹되지 말라 그가 능히 너희를 건지지 못할 것이니라 히스기야가 너희에게 여호와를 신뢰하게 하려는 것을 따르지 말라 그가 말하기를 여호와께서 반드시 우리를 건지시리니 이 성이 앗수르 왕의 손에 넘어가지 아니하리라 할지라도"(사 36:14-15). (이에 대한 하나님의 반응은 207일의 내용을 참고하라.)

| 생각해볼 문제 | 당신은 누군가에게 위협을 당할 때 보통 어떻게 반응하는가?

207일 산헤립에 대한 **하나님의 반응**

이사야 37장, 열왕기하 19장, 역대하 32:9-23

어제는 히스기야와 예루살렘 성민에 대한 산헤립의 협박 전략을 살펴보았다(사 36장). **오늘은** 산헤립의 신성 모독에 대해 하나님이 어떻게 반응하셨는지 살펴볼 것이다.

| 핵심 개념 | 밤사이에 산헤립 군대에 심판이 임할 것이다.

| 큰 그림 | 히스기야는 산헤립의 조롱을 듣고 이사야에게 기도를 요청했다. 이사야는 하나님이 산헤립의 신성 모독을 아시므로 히스기야에게 걱정하지 말라고 권면했다. 즉각 하나님의 천사가 단 하룻밤 사이에 185,000명에 달하는 앗수르 병사를 죽이셨다(사 37:36).

| 변화를 위한 진리 | 산헤립은 살아계신 하나님께 도전했다. "히스기야가 너희에게 여호와를 신뢰하게 하려는 것을 따르지 말라…그 나라들의 신들이 건졌더냐"(사 36:15, 37:12). 히스기야는 곧바로 하나님께 호소했다. "주는 천하 만국에 유일하신 하나님이시라 주께서 천지를 만드셨나이다…산헤립이 사람을 보내어 살아 계시는 하나님을 훼방한 모든 말을 들으시옵소서"(사 37:16-17). 하나님은 응답하셨다. 결국 산헤립의 계획은 수포로 돌아갔다.

| 묵상 구절 | "여호와의 사자가 나가서 앗수르 진중에서 십팔만 오천인을 쳤으므로 아침에 일찍이 일어나 본즉 시체뿐이라 이에 앗수르의 산헤립 왕이 떠나 돌아가서 니느웨에 거주하더니"(사 37:36-37).

| 생각해볼 문제 | 당신은 견디기 힘든 상황 속에서 하나님을 의지한다고 조롱받은 적이 있는가?

208일 하나님이 히스기야의 **생명을 연장해주시다**

이사야 38–39장, 열왕기하 20:1–19, 역대하 32:24–31

어제는 산헤립의 신성 모독에 대한 하나님의 반응을 살펴보았다(사 37장). **오늘은** 하나님이 히스기야의 생명을 연장해주신 내용을 살펴볼 것이다.

| 핵심 개념 | 하나님은 히스기야의 생명을 연장해주셨다.

| 큰 그림 | 이사야는 히스기야에게 죽을 날이 멀지 않았다고 알렸다. 히스기야는 겸손히 기도하며 하나님을 찾았고, 하나님은 히스기야의 생명을 15년 더 연장해주셨다(사 38장). 생명이 연장되자 그는 바벨론 사신에게 국고를 모두 다 노출하는 어리석은 일을 저질렀다. 바벨론은 곧 유다를 공격할 나라였던 것이다(39장).

| 변화를 위한 진리 | 곧 죽을 것이라는 경고를 들은 히스기야는 이렇게 기도했다. "여호와여 구하오니 내가 주 앞에서 진실과 전심으로 행하며 주의 목전에서 선하게 행한 것을 기억하옵소서"(사 38:3). 하나님은 이렇게 응답해주셨다. "너는 가서 히스기야에게 이르기를 네 조상 다윗의 하나님 여호와께서 이같이 말씀하시기를 내가 네 기도를 들었고 네 눈물을 보았노라 내가 네 수한에 십오 년을 더하고"(38:5). 하나님은 기도에 응답해주신다(약 4:2, 빌 4:6–7).

| 묵상 구절 | "주여 사람이 사는 것이 이에 있고 내 심령의 생명도 온전히 거기에 있사오니 원하건대 나를 치료하시며 나를 살려 주옵소서"(사 38:16).

| 생각해볼 문제 | 히스기야의 상황이 특수한 경우라고 생각하는가? 아니면 오늘날에도 하나님이 기도에 응답해주셔서 누군가의 생명을 연장해주실 수 있다고 생각하는가?

209일 포로 생활이 끝나고 남은 **자들이 구원받을 것이다**

이사야 40:1–44:5

어제는 하나님이 히스기야의 목숨을 연장해주신 내용을 살펴보았다(사 38–39장). **오늘은** 하나님이 포로로 잡혀간 이들 중 남은 자들을 구원해주신다는 내용을 살펴볼 것이다.

| 핵심 개념 | 하나님은 남은 자들을 건져주실 것이다.

| 큰 그림 | 이사야는 하나님이 포로 생활을 징계의 일환으로 사용하실 것이라고 예언했다. 그러나 하나님은 포로들이 약속의 땅으로 돌아오도록 역사하실 것이다(사 40장). 하나님은 늘 그분을 의지하는 자들을 건져주신다(41장). 이사야 42장은 더 먼 미래를 예언하며 오실 '종'에 관해 이야기한다. 이것은 메시아 예수가 오심으로 궁극적으로 성취된다. 이어서 이사야는 이스라엘을 향한 하나님의 끝없는 사랑을 이야기한다(43:1–44:5).

| 변화를 위한 진리 | 이사야 40:11은 하나님을 온유하시고 목자처럼 우리를 안아주며 돌보시는 분으로 묘사한다. 이 모습은 선한 목자이신 예수님과 유사하다. "나는 선한 목자라 나는 내 양을 알고 양도 나를 아는 것이"(요 10:14). 여기서 중요한 교훈을 배울 수 있다. 목자를 가까이 하는 것이 양에게는 언제나 가장 유익하다는 것이다.

| 묵상 구절 | "소년이라도 피곤하며 곤비하며 장정이라도 넘어지며 쓰러지되 오직 여호와를 앙망하는 자는 새 힘을 얻으리니 독수리가 날개치며 올라감 같을 것이요 달음박질하여도 곤비하지 아니하겠고 걸어가도 피곤하지 아니하리로다"(사 40:30–31).

| 생각해볼 문제 | 하나님은 왜 자기 백성을 양에 비유하신다고 생각하는가?

210일 포로 생활을 허락하시는 **하나님의 목적**

이사야 44:6-48:11

어제는 하나님이 포로로 잡혀간 이들 중 남은 자들을 구원해주신다는 내용을 살펴보았다(사 40:1-44:5). **오늘은** 하나님이 이런 고통을 허락하신 목적을 살펴볼 것이다.

| 핵심 개념 | 하나님은 바벨론 포로 생활을 자기 백성을 정결케 하시는 수단으로 사용하신다.

| 큰 그림 | 이사야 44장은 이스라엘의 과거와 현재를 주권적으로 다스리시는 분으로 하나님을 소개한다. 이사야는 바사 왕 고레스가 하나님의 도구로 선택되어 바벨론을 무너뜨리고 하나님의 백성을 포로 생활에서 건져내 고향으로 돌아오게 하시며 성전을 재건하게 하실 것이라고 예언한다(45장). 하나님의 백성은 미래에도 그들을 돌보아주실 하나님에 대해 변함없이 확신을 가져야 한다(46장). 바벨론이 자비를 베풀지 않았으므로 하나님은 그들을 무자비하게 심판하실 것이다(47장). 하나님은 바벨론 포로 생활을 자기 백성을 정결케 하시고 우상 숭배에서 떠나게 하는 목적으로 활용하실 것이다(사 48:1-11).

| 변화를 위한 진리 | 하나님은 오직 그만이 신이심을 선포하실 때가 있다. "나는 처음이요 나는 마지막이라 나 외에 다른 신이 없느니라"(사 44:6). "나 외에 신이 있겠느냐 과연 반석은 없나니 다른 신이 있음을 내가 알지 못하노라"(44:8). "나는 여호와라 나 외에 다른 이가 없나니"(사 45:5). 오직 하나님만을 섬겨야 한다(참조. 렘 9:24).

| 묵상 구절 | "나는 하나님이라 나 같은 이가 없느니라 내가 시초부터 종말을 알리며 아직 이루지 아니한 일을 옛적부터 보이고"(사 46:9-10).

| 생각해볼 문제 | 하나님만이 하나님이시라는 수많은 선언에도 이스라엘 백성이 우상 숭배를 포기하지 않았던 이유가 무엇이라고 생각하는가?

211일 구원의 **기쁨**

이사야 48:12–52:12

어제는 하나님이 바벨론 포로 생활을 허락하신 목적을 살펴보았다(사 44:6–48:11). **오늘은** 포로 생활에서 해방될 때 누릴 기쁨을 살펴볼 것이다.

| **핵심 개념** | 포로 생활에서 해방될 때 큰 기쁨으로 노래할 것이다.

| **큰 그림** | 이스라엘의 완악함과 불신앙에도 불구하고 이사야는 하나님이 그분 자신의 영광을 위해 자기 백성을 바벨론에서 건져주실 것이라고 예언했다(사 48:12–22). 이사야는 더 먼 미래를 바라보며 주의 종, 거룩한 메시아가 절망한 백성을 구원해주실 것이라고 말했다. 이 구원은 유대인과 이방인을 가리지 않고 모두에게 적용될 것이다(49:1–50:3). 이 구원은 영원할 것이다(50:4–52:12).

| **변화를 위한 진리** | 이사야 48:20은 "너희는 바벨론에서 나와서 갈대아인을 피하고"라고 말한다. 이스라엘 백성은 포로 생활에서 해방된 기쁨으로 크게 외칠 것이다. 죄나 나쁜 습관이나 나쁜 태도의 종이 되어 사는가? 우리를 건져주실 주를 의지하라. 그러면 우리도 기쁨으로 소리치며 노래할 것이다(눅 4:18).

| **묵상 구절** | "너희의 구속자시요 이스라엘의 거룩하신 이이신 여호와께서 이르시되 나는 네게 유익하도록 가르치고 너를 마땅히 행할 길로 인도하는 네 하나님 여호와라 네가 나의 명령에 주의하였더라면 네 평강이 강과 같았겠고 네 공의가 바다 물결 같았을 것이며"(사 48:17–18).

| **생각해볼 문제** | 이사야 48:17–18을 읽고 하나님이 정해주신 길을 떠나지 않고 따라야 한다는 마음이 생기는가?

212일 고난당하는 **야훼의 종**

이사야 52:13–57:21

어제는 포로 생활에서 해방되고 누릴 기쁨을 살펴보았다(사 48:12–52:12). **오늘은** 고난당하는 야훼의 종, 예수 그리스도가 온전한 구원을 이루실 것을 살펴볼 것이다.

| 핵심 개념 | 야훼의 종이 모든 백성을 완전히 구원하실 것이다.

| 큰 그림 | 야훼의 종은 고난당하는 종이다. "간고를 많이 겪었으며 질고를 아는 자라"(사 53:3). 이것은 십자가에서 인간의 죄를 위해 고통당하실 예수님에 대한 메시아적 예언이다(52:1–55:13, 마 8:17, 눅 22:37). 하나님은 자기 백성을 완전히 구원하시지만 여전히 그들이 그분의 법을 지키고 정의를 실천하기를 기대하신다(사 56:1–12). 우상을 섬기면서 동시에 하나님을 예배할 수는 없다(57:1–21).

| 변화를 위한 진리 | "[예수님이] 찔림은 우리의 허물 때문이요 그가 상함은 우리의 죄악 때문이라 그가 징계를 받으므로 우리는 평화를 누리고 그가 채찍에 맞으므로 우리는 나음을 받았도다"(사 53:5). 허물과 죄악이 언급된 것으로 보아 영적 치유를 염두에 둔 것으로 보인다. 예수님이 역사하시면 못 고칠 병이 없다.

| 묵상 구절 | "우리는 다 양 같아서 그릇 행하여 각기 제 길로 갔거늘 여호와께서는 우리 모두의 죄악을 그에게 담당시키셨도다"(사 53:6).

| 생각해볼 문제 | 치료가 불가능할 정도로 자신의 '영적 질병'이 중하다는 생각이 들었던 적은 없는가?

213일 유다를 **기다리는 영광**

이사야 58:1-63:14

어제는 야훼의 종이 궁극적 구원을 베푸시는 것을 살펴보았다(사 52:13-57:21). **오늘은** 유다를 기다리는 영광에 관해 살펴볼 것이다.

| 핵심 개념 | 유다의 과거는 암울했지만 놀라운 영광이 기다리고 있다.

| 큰 그림 | 진정한 종교는 종교 의식에만 치중하지 않는다. 하나님에 대한 순종이 핵심 역할을 한다(사 58장). 유다 백성은 수많은 죄를 지었고 하나님은 그들을 심판하실 수밖에 없었다(59:1-21). 하지만 하나님은 장차 예루살렘을 영광스럽게 하기로 작정하셨다. 언젠가는 그분의 백성을 기뻐하실 날이 올 것이다. 그들은 세상에 밝은 빛이 될 것이다(60:1-62:12).

| 변화를 위한 진리 | 이사야 51:7은 "의를 아는 자들아, 마음에 내 율법이 있는 백성들아, 너희는 내게 듣고 그들의 비방을 두려워하지 말라 그들의 비방에 놀라지 말라"고 말씀한다. 친구여, 누군가 당신을 비방해도 힘들어하지 말라. 하나님이 처리하시게 하라. 우리 관심을 오직 그분, 예수께로 향하자.

| 묵상 구절 | [메시아에 관한 예언] "주 여호와의 영이 내게 내리셨으니 이는 여호와께서 내게 기름을 부으사 가난한 자에게 아름다운 소식을 전하게 하려 하심이라 나를 보내사 마음이 상한 자를 고치며 포로된 자에게 자유를, 갇힌 자에게 놓임을 선포하며"(사 61:1).

| 생각해볼 문제 | 신앙 때문에 누군가에게 놀림과 조롱을 당했을 때 어떻게 반응했는가?

214일 두 길

이사야 63:15–66:24, 열왕기하 20:20–21:26, 역대하 32:32–33

어제는 예루살렘이 장차 누릴 영광을 살펴보았다(사 58:1–63:14). **오늘은** 사람이 택할 수 있는 두 가지 길을 살펴볼 것이다.

| 핵심 개념 | 악인들이 파멸의 길로 간다면 의인들은 기쁨과 평강의 길로 간다.

| 큰 그림 | 하나님의 백성에게 영광이 기다리고 있지만 먼저 죄와 배역에 대한 응당한 대가를 치러야 했다. 이사야는 하나님이 고통 중에 있는 그들을 붙들어주시기를 기도했다(63:15–64:12). 그는 서로 다른 영원한 운명에 처해질 두 그룹을 대조하는 것으로 마무리한다. 악인은 파멸의 길로 가고 의인은 기쁨과 평강의 길로 간다(65:1–66:24).

| 변화를 위한 진리 | 우리가 선한 일을 행하고자 노력해도 그 노력은 죄로 얼룩져 있다. 그러므로 행위로 구원을 얻고자 해서는 안 된다. 이사야 64:6은 "무릇 우리는 다 부정한 자 같아서 우리의 의는 다 더러운 옷 같으며 우리는 다 잎사귀 같이 시들므로"라고 말씀한다. 감사하게도 우리 구원은 행위가 아니라 오직 은혜로만 얻을 수 있다(엡 2:8–9).

| 묵상 구절 | "나 여호와가 말하노라 내 손이 이 모든 것을 지었으므로 그들이 생겼느니라"(사 66:2).

| 생각해볼 문제 | 성경은 우리가 선한 행위로 하나님의 은혜를 얻을 수 없다고 말한다. 그렇다면 선행을 어떻게 이해해야 하는가?

215일 우상 숭배와 **임박한 심판**

예레미야 1:1-2:22, 열왕기하 21:1-22:2, 역대하 33:1-34:7

어제는 사람들이 택할 수 있는 두 가지 길을 살펴보았다(사 63:15-66:24). **오늘은** 예레미야서로 가서 우상숭배를 회개하지 않는 이들에게 임박한 심판을 살펴볼 것이다.

| 핵심 개념 | 하나님의 백성은 여전히 우상 숭배를 포기하지 않았다. 그러므로 이제 그들에게 심판이 임박했다.

| 큰 그림 | 예레미야는 주전 627년 요시야(주전 640-609) 왕 때 유다(남왕국)에서 사역을 시작했다. 여호아하스(주전 609), 여호야김(주전 609-598), 여호야긴(주전 598-597), 시드기야(주전 597-586)에 이르기까지 네 왕의 통치 기간을 거치며 사역했다. 예레미야는 수십 년 동안 유다 백성에게 심판이 임박했다고 경고했지만 무시당했다(렘 1-2장). 그들은 우상 숭배와 불의, 약자를 억압함, 부정직 등의 악을 버리지 않았다. 그런 죄악으로 그들은 결국 무서운 심판을 자초하였다(참조. 39-45장). 포로로 잡혀갈 날이 다가오고 있었다.

| 변화를 위한 진리 | 하나님이 소명을 위임하러 부르셨을 때 예레미야는 "나는 아이라 말할 줄을 알지 못하나이다"(렘 1:6)고 말했다. 하나님은 그런 변명을 받아주지 않으셨다. 대신 예레미야와 함께하시고 보호하시며 그의 입에 그분의 말씀을 두겠다고 약속해주셨다(1:7-8).

| 묵상 구절 | "내가 너를 모태에 짓기 전에 너를 알았고 네가 배에서 나오기 전에 너를 성별하였고 너를 여러 나라의 선지자로 세웠노라"(렘 1:5).

| 생각해볼 문제 | 예레미야처럼 하나님을 대변하는 데 스스로 부적절하다는 생각이 들지는 않는가?

216일 우상 숭배와 **임박한 심판**

예레미야 2:23–5:19

어제는 우상 숭배를 회개하지 않은 죄로 유다에 심판이 임박했음을 살펴보았다(렘 1:1–2:22). **오늘도** 같은 내용을 살펴볼 것이다.

| 핵심 개념 | 죄를 회개하지 않으므로 유다에 곧 심판이 임할 것이다.

| 큰 그림 | 예레미야는 우상 숭배로 하나님께 반역한 백성에게 경고하라는 지시를 받았다(렘 2장). 이스라엘은 창녀처럼 수많은 거짓 신과 더불어 음행을 저질렀고, 이스라엘의 누이 유다는 그 악한 행실을 본받았다(3장). 이런 이유로 하나님은 곧 심판을 내리실 것이다(4장). 백성이 부정하게 행하였으므로 하나님은 멀리 있는 나라를 징계의 채찍으로 쓰실 것이다(5장). 바벨론에 포로로 잡혀갈 것이다.

| 변화를 위한 진리 | 하나님은 종교적 위선을 좋아하시지 않는다. 그는 "이 모든 일이 있어도 그의 반역한 자매 유다가 진심으로 내게 돌아오지 아니하고 거짓으로 할 뿐이니라 여호와의 말씀이니라"(렘 3:10)고 선포하셨다. 유다 백성은 위선자들이었다. 위선이란 실제로는 아니면서 훌륭한 성품(도덕적/ 종교적 신념과 원칙)을 소유한 것처럼 위장하는 것이다(계 3:1). 위선자가 되지 말라.

| 묵상 구절 | "그의 반역한 자매 유다가 두려워하지 아니하고 자기도 가서 행음함을 내가 보았노라"(렘 3:8).

| 생각해볼 문제 | 자신이 위선의 탈을 쓰고 있음을 자각한 적이 있는가?

217일 하나님의 백성이 스스로 **축복을 저버리다**

예레미야 5:20-6:30, 열왕기하 22:3-20, 역대하 34:8-28

어제는 우상 숭배에서 돌이켜 회개하지 않는 유다에 심판이 임박했다는 경고를 살펴보았다(렘 2:23-5:19). **오늘은** 하나님의 백성이 하나님의 축복을 저버리고 있음을 살펴볼 것이다.

| 핵심 개념 | 유다 백성은 죄를 회개하지 않음으로 그들 자신을 망가뜨리고 있었다. 심판이 멀지 않았다.

| 큰 그림 | 하나님의 백성은 범죄함으로 놀라운 축복을 스스로 저버렸다(렘 5:20-31). 곧 강한 군대가 와서 그들을 파멸의 재앙에 빠트리는 심판이 임할 것이다(6:1-30).

| 변화를 위한 진리 | 하나님은 유다 백성에게 "너희 허물이 이러한 일들을 물리쳤고 너희 죄가 너희로부터 좋은 것을 막았느니라"(렘 5:25)고 말씀하셨다. 하나님은 계속해서 죄를 짓는 자기 백성을 축복해주실 수 없었다. 특별히 풍년이 들어 풍족히 먹을 수 있는 축복을 주시지 않았다. 이것은 하나님이 백성에게 "네가 그를 떠남으로 이를 자취함이 아니냐"고 하신 예레미야 2:17과 유사하다. 예레미야 4:18은 "네 길과 행위가 이 일들을 부르게 하였나니"라고 말씀한다.

| 묵상 구절 | "어리석고 지각이 없으며 눈이 있어도 보지 못하며 귀가 있어도 듣지 못하는 백성이여 이를 들을지어다 여호와의 말씀이니라 너희가 나를 두려워하지 아니하느냐"(렘 5:21-22).

| 생각해볼 문제 | 죄를 회개하지 않음으로 하나님의 축복을 스스로 저버리는 것이 가능하다고 생각하는가?

〈예수 빌리지〉 구약 III. 10과

218일 니느웨에 **임할 심판**

나훔 1-3장, 열왕기하 23:1-28, 역대하 34:29-35:19

어제는 하나님의 백성이 범죄함으로 하나님의 축복을 스스로 저버린 것을 살펴보았다(렘 5:20-6:30). **오늘은** 니느웨에 심판이 임박했음을 살펴볼 것이다.

| 핵심 개념 | 니느웨는 범죄함으로 심판을 자초했다. 심판이 곧 임할 것이다.

| 큰 그림 | 나훔의 예언 사역은 주전 663년에 시작되었다. 스바냐, 예레미야, 하박국과 동시대 인물인 나훔은 앗수르의 수도 니느웨의 함락과 파멸을 선포했다. 니느웨는 우상 숭배, 이교, 야만적 잔혹함으로 파국을 향해 달려가고 있었다(나 3:1-4). 자기 자신을 무적이라고 믿은 니느웨는 하나님이 참되시고 궁극적인, 우주의 유일한 권세자이심을 인정하지 않았다. 나훔은 앗수르인들이 누구도 무너뜨리지 못할 무적의 존재처럼 보인다 해도 하나님이 그들의 수를 세고 계신다고 예언하였다. 심판이 급속히 임할 것이다. 니느웨는 예언대로 주전 612년에 멸망하였다.

| 변화를 위한 진리 | 우리 하나님은 질투하시는 하나님이다. 자기 백성이 신실하고 순종하기를 원하시며 심지어 부정한 흔적조차 없기를 바라신다(나 1:2, 참조. 신 4:24, 5:9, 6:15, 32:21). 하나님은 그분만이 받으셔야 할 영광을 우상이 가로채도록 두고 보지 않으신다(사 42:8, 48:11).

| 묵상 구절 | "화 있을진저 피의 성이여 그 안에는 거짓이 가득하고 포악이 가득하며 탈취가 떠나지 아니하는도다"(나 3:1).

| 생각해볼 문제 | 오늘날에는 하나님과의 관계에서 저지르는 '음행'이 어떤 형태로 드러나는가?

219일 유다의 범죄와 **임박한 심판**

하박국 1-3장, 스바냐 1:1-2:7

어제는 니느웨에 심판이 임박했음을 살펴보았다(나 1-3장). **오늘은** 죄를 회개하지 않는 유다가 얼마나 신속히 심판으로 달려가는지 살펴볼 것이다.

| 핵심 개념 | 회개하라는 요청을 철저히 묵살한 유다에 심판이 임박했다.

| 큰 그림 | 하박국은 주전 612년에 유다에 대한 사역을 시작했다. 유다에서 벌어지는 일을 목도한 하박국은 고통스럽고 괴로웠다. 유다는 계속해서 회개하라는 재촉을 받았지만 귀가 먼 것처럼 들은 척도 하지 않았다. 하박국은 하나님께 "언제까지 이런 상태가 계속될 것입니까? 이렇게 날로 파국을 향해 달려가는데 언제까지 침묵하실 것입니까?"라고 여쭈었다. 마침내 하나님은 포로로 잡혀가는 심판의 날이 올 것이라고 계시해주셨다. 유다는 그 고통을 견디기 어려울 것이다.

| 변화를 위한 진리 | 하박국은 하나님께 드리는 찬양의 시편으로 책을 마무리한다(합 3:1-5). 그는 하나님의 계획이 언제나 최선이라는 사실을 드디어 깨닫게 되었다. 하나님의 주권적 계획에 확신을 얻은 그는 여호와 앞에서 크게 기뻐했다(3:18). 하나님처럼 바라보는 눈이 열린 것이다!

| 묵상 구절 | "만든 자가 이 말하지 못하는 우상을 의지하니 무엇이 유익하겠느냐"(합 2:18).

| 생각해볼 문제 | 인생에서 이해하기 힘든 환경을 허락하시는 이유가 무엇인지 모른다 해도 하나님의 주권적 계획을 믿고 기뻐하는가?

220일 블레셋과 모압에 **임할 심판**

예레미야 47–48장, 스바냐 2:8–3:20, 역대하 35:20–27, 열왕기하 23:29–30

어제는 죄를 회개하지 않은 유다가 심판을 향해 급속히 달려가는 것을 살펴보았다(합 1–3장). **오늘은** 블레셋과 모압에 심판이 임박했음을 살펴볼 것이다.

| 핵심 개념 | 블레셋과 모압에 임할 심판의 때가 무르익었다.

| 큰 그림 | 하나님은 곧 블레셋(렘 47장)과 모압(48장)을 심판하실 것이다. 하나님은 블레셋에 대해 "사람들이 부르짖으며…블레셋 사람을 유린하시며…다 끊어 버리시는 날이 올 것임이라"(47:2, 4)고 말씀하셨다. 모압에 대해서는 "파멸하는 자가 각 성읍에 이를 것인즉 한 성읍도 면하지 못할 것이며"(48:8)라고 말씀하셨다.

| 변화를 위한 진리 | 예레미야는 애굽(렘 46:2–28), 블레셋(47:1–7), 모압(48:1–47), 암몬(49:1–6), 에돔(49:7–22), 다메섹(49:23–27), 게달과 하솔(49:28–33), 엘람(49:34–39), 바벨론(50:1–51:64)에 대해 예언을 선포했다. 범죄하고 죄를 회개하지 않는 나라는 하나님의 심판을 피하지 못할 것이다. 모든 나라, 실제로는 모든 사람이 자신이 지은 죄에 대해 책임을 지게 될 것이다.

| 묵상 구절 | "여호와의 말씀이라 모압 산당에서 제사하며 그 신들에게 분향하는 자를 내가 끊어버리리라"(렘 48:35).

| 생각해볼 문제 | 하나님이 열국을 심판하셨음을 볼 때 언젠가 우리나라를 심판하실 수도 있다는 걱정을 해본 적이 있는가?

221일 임박한 바벨론 **포로 생활의 심판**

예레미야 22:1-23, 25:1-14, 26장, 역대하 36:1-5, 열왕기하 23:31-24:4

어제는 블레셋과 모압에 심판이 임박했음을 살펴보았다(렘 47-48장). **오늘은** 유다가 바벨론에 포로로 잡혀갈 날이 멀지 않았음을 살펴볼 것이다.

| 핵심 개념 | 유다가 죄를 회개하지 않음으로 바벨론에 포로로 끌려갈 날이 멀지 않았다.

| 큰 그림 | 예레미야는 유다의 세 왕에게 재앙이 임할 것을 예언했다. 세 왕은 여호아하스(렘 22:10-12), 여호야김(22:13-23), 여호야긴(22:24-30)이다. 우상을 숭배한 죄악으로 유다 거민은 70년간 바벨론에서 포로로 유배생활을 할 것이다(25:1-14). 제사장들은 비관적인 예언을 하는 예레미야에게 분노하여 그를 죽이고자 했다(26장).

| 변화를 위한 진리 | 말씀을 전파해도 끊임없이 거부당한다면 견디기가 쉽지 않다. 예레미야가 유다에서 23년 동안 바로 이런 일을 겪었다. 예레미야는 계속해서 "회개하고 악에서 돌이키라"고 촉구했다. 백성은 그의 말을 듣지 않았다. 그러나 예레미야는 포기하지 않았다. 우리도 그래야 한다.

| 묵상 구절 | "너희가 정의와 공의를 행하여 탈취 당한 자를 압박하는 자의 손에서 건지고 이방인과 고아와 과부를 압제하거나 학대하지 말며 이 곳에서 무죄한 피를 흘리지 말라"(렘 22:3).

| 생각해볼 문제 | 당신이 현재 속한 공동체에서 어떤 형태로든 자행되는 사회적 불의가 있는가?

<예수 빌리지> 구약 III. 12과

222일 열국에 대한 **하나님의 진노**

예레미야 25:15-38, 36장, 45-46장

어제는 유다가 바벨론의 포로로 끌려갈 날이 임박했음을 살펴보았다(렘 22:1-23, 25:1-14, 26장). **오늘은** 다른 범죄한 열국에 임할 하나님의 진노를 살펴볼 것이다.

| 핵심 개념 | 범죄한 여러 민족에게 하나님의 진노가 곧 임할 것이다.

| 큰 그림 | 열국은 범죄함으로 하나님의 진노의 잔을 마시게 될 것이다(렘 25:15-38). 성전에 갈 수 없었던 예레미야(36:5)는 비서인 바룩을 시켜 성전에서 두루마리에 쓴 그의 예언을 읽게 하였다. 여호야김 왕은 예레미야의 두루마리를 가져오게 해 불에 태웠다(36장). 예레미야는 바룩이 앞으로 임할 재앙에서 건짐을 받을 것이라고 확인해주었다. 예레미야는 애굽을 시작으로 범죄한 열국에 관한 하나님의 메시지를 기록하였다(46장).

| 변화를 위한 진리 | 여호야김이 예레미야의 두루마리를 불태우고 하나님이 백성에게 주시는 말씀을 없애버리려 하였지만 하나님의 말씀을 없앨 수 있는 자는 세상에 없다. 예수님은 "천지는 없어질지언정 내 말은 없어지지 아니하리라"(마 24:35)고 말씀하셨다. 실제로 "오직 주의 말씀은 세세토록 있도다"(벧전 1:25).

| 묵상 구절 | "여호와께서 뭇 민족과 다투시며 모든 육체를 심판하시며"(렘 25:31).

| 생각해볼 문제 | 감사하게도 오늘날에는 모든 사람이 하나님의 말씀을 소유할 수 있게 되었다. 당신은 이 사실을 얼마나 진지하게 생각해보았는가?

223일 예레미야가 당한 박해와 **다니엘의 신실함**

예레미야 19–20장, 다니엘 1장

어제는 범죄한 열국에 임하는 하나님의 진노를 살펴보았다(렘 25:15–38, 36장, 45–46장). **오늘은** 예레미야가 당한 박해와 다니엘의 신실함을 살펴볼 것이다.

| 핵심 개념 | 예레미야는 하나님의 진리를 전한다고 박해를 받았다. 다니엘은 바벨론에서 하나님이 주시는 힘으로 자신의 신앙을 공개적으로 표현했다.

| 큰 그림 | 바벨론은 유다에 승리를 거두고 세 번에 걸쳐 포로를 끌고 갔다. 첫 번째 포로 압송은 주전 605년에 일어났고 다니엘과 친구들이 포함되었다. 두 번째는 주전 597년에 일어났고 에스겔이 포함되었다. 세 번째는 주전 586년으로 바벨론 군대는 예루살렘과 성전을 파괴하였다. 다니엘이 포로 생활을 하는 동안(첫 포로 이동 후) 대부분의 유다 백성은 그대로 본국에서 생활했다. 그러므로 이 당시 유다는 포로 시대(주전 586–538)가 아니라 분열 왕국 시대(주전 930–586)에 해당한다고 보아도 무리가 없다. 예레미야는 자기 동족이 저지르고 있는 우상 숭배를 경고했다(렘 19장). 성전을 맡은 제사장은 그를 체포해 가두었다. 예레미야는 풀려나자 그 제사장에게 하나님의 심판이 임할 것을 선언했다(20장).

| 변화를 위한 진리 | 다니엘은 신실한 믿음의 사람이었다(단 1:8–20). 고린도후서 8:21 말씀대로 살았다. "우리가 주 앞에서뿐 아니라 사람 앞에서도 선한 일에 조심하려 함이라."

| 묵상 구절 | [예레미야의 탄식] "이는 그가 나를 태에서 죽이지 아니하셨으며 나의 어머니를 내 무덤이 되지 않게…하신 까닭이로다 어찌하여 내가 태에서 나와서 고생과 슬픔을 보며 나의 날을 부끄러움으로 보내는고 하니라"(렘 20:17–18).

| 생각해볼 문제 | 하나님의 진리를 말한다는 이유로 박해받은 적이 있는가?

224일 다니엘이 느부갓네살의 **꿈을 해몽하다**

다니엘 2–3장, 예레미야 7:1–8:3

어제는 예레미야가 당한 박해와 다니엘의 신실함을 살펴보았다(렘 19–20장, 단 1장). **오늘은** 다니엘이 느부갓네살의 꿈을 해몽한 일을 살펴볼 것이다.

| 핵심 개념 | 다니엘은 겸손히 하나님을 섬겼고 느부갓네살의 꿈을 해몽해주었다.

| 큰 그림 | 다니엘은 하나님의 능력으로 느부갓네살의 꿈을 해몽해주었다. 하나님은 네 개의 이방 제국을 세우시고 폐하실 것이다(단 2장). 이 해몽을 들은 뒤 느부갓네살은 황금 신상을 세우고 모두에게 절하라는 명령을 내렸다(3:1–7). 다니엘의 친구들은 이 명령을 거부했고 그 대가로 뜨거운 풀무에 던져졌다. 하나님은 그들을 건져주셨고 그들은 모두 승진하였다(3:8–30).

| 변화를 위한 진리 | 다니엘은 자신이 아니라 하나님께 사람들의 시선이 집중되도록 자신을 낮추는 겸손한 사람이었다(단 2:27–28). 세례 요한과 유사한 겸손함을 갖추고 있었다. "그는 흥하여야 하겠고 나는 쇠하여야 하리라 하니라"(요 3:30, 참조. 눅 1:52, 약 4:10).

| 묵상 구절 | "오직 은밀한 것을 나타내실 이는 하늘에 계신 하나님이시라 그가 느부갓네살 왕에게 후일에 될 일을 알게 하셨나이다 왕의 꿈 곧 왕이 침상에서 머리 속으로 받은 환상은 이러하니이다"(단 2:28).

| 생각해볼 문제 | 다니엘에게서 본받고 싶은 성품이 있다면 무엇인가?

〈예수 빌리지〉 구약 III. 24과

225일 언약 위반과 **심판**

예레미야 8:4–11:23

어제는 다니엘이 느부갓네살 왕의 꿈을 해몽해준 일(단 2–3장, 렘 7:1–8:3)을 살펴보았다. **오늘은** 하나님의 백성이 언약 위반으로 심판이 임박한 내용을 살펴볼 것이다.

| 핵심 개념 | 하나님의 백성이 그분과 맺은 언약을 위반하였다. 심판이 임박하였다.

| 큰 그림 | 예루살렘 사람들은 그릇된 길로 가고 있었고 주의 길로 돌아오기를 거부했다(렘 8장). 하나님은 곧 그들을 심판하셔서 뿔뿔이 흩어 버리실 것이며 온 땅에서 애통하는 소리가 들릴 것이다(9장). 우상 숭배는 항상 파멸을 초래한다(10장). 하나님의 백성은 그분과 맺은 언약을 위반하였고 재앙이 임할 것이다. 예레미야에게 이 백성을 위해 기도하지 말라는 지시가 내린다(11장).

| 변화를 위한 진리 | 예레미야 8:4은 "너는 또 그들에게 말하기를 여호와의 말씀에 사람이 엎드러지면 어찌 일어나지 아니하겠으며 사람이 떠나갔으면 어찌 돌아오지 아니하겠느냐"고 말한다. 하지만 이런 호소에도 예루살렘 사람들은 잘못된 길에서 돌이키지 않았다. 가던 길을 돌이켜 바른 길로 돌아와야 할 인생의 부분은 없는지 스스로 살펴야 한다.

| 묵상 구절 | "지혜로운 자는 그의 지혜를 자랑하지 말라 용사는 그의 용맹을 자랑하지 말라 부자는 그의 부함을 자랑하지 말라"(렘 9:23).

| 생각해볼 문제 | 하나님을 아는 것이 자랑해야 할 가장 중요하고 유일한 일인 이유는 무엇인가?

226일 예레미야의 **번민**

예레미야 12–15장

어제는 언약을 위반한 예루살렘 사람들에게 심판이 임박했음을 살펴보았다(렘 8:4–11:23). **오늘은** 예레미야의 내적 싸움을 살펴볼 것이다.

| 핵심 개념 | 예레미야는 자기 동족이 처한 상태를 보고 괴로워하고 번민했다.

| 큰 그림 | 예레미야는 의인들이 고통당하는 데 비해 악인들이 번성하는 것 같은 현실이 괴롭고 힘들었다. 하나님은 유다 땅을 심판하실 때 상황이 바로잡힐 것이라고 말씀해주셨다(렘 12장). 곧이어 "유다의 교만과 예루살렘의 큰 교만을 이같이 썩게 하리라"(렘 13:9)고 확인해주셨다. 하지만 거짓 선지자들은 걱정할 필요가 전혀 없다고 백성을 안심시켰다. 하나님은 거짓 평화를 말하는 이 가짜 선지자들이 아니라 예레미야가 하나님을 대변한다고 알려주셨다(14장). 예레미야는 하나님의 진리를 대변하느라 많은 조롱과 박해를 견뎌야 했다고 토로했다. 하나님은 그를 보호해주시겠다고 약속하셨다(15장).

| 변화를 위한 진리 | 하나님은 자기 백성을 "악한 백성"으로서 "그 마음의 완악한 대로 행한다"고 묘사하셨다(렘 13:10). "만물보다 거짓되고 심히 부패한 것은 마음이라"(17:9). 희망적인 것은 하나님이 인간의 마음을 변화시켜주신다는 것이다(롬 12:2, 고후 3:18, 갈 5:22).

| 묵상 구절 | "여호와께서 또 내게 이르시되 너는 이 백성을 위하여 복을 구하지 말라"(렘 14:11).

| 생각해볼 문제 | 당신도 예레미야처럼 하나님께 원망하고 싶었던 적이 있는가?

227일 임박한 **심판**

예레미야 16–18장, 35장

어제는 예레미야의 내적 갈등에 관해 살펴보았다(렘 12–15장). **오늘도** 하나님의 백성에게 심판이 임박한 내용을 살펴볼 것이다.

| 핵심 개념 | 하나님은 현재의 상황이 지속되도록 두고 보지 않으실 것이다.

| 큰 그림 | 하나님은 예레미야에게 결혼하고 자녀를 낳지 말라고 지시하셨다. 파멸이 임박한 상황에서 결혼하고 자녀를 낳는다는 것은 어리석은 일이다(렘 16장). 유다는 죄로 오염되었고 죄악이 온 유다에 만연하였다. 유일한 해결책은 완전한 회개였다(17장). 하나님은 원래 작정하셨던 계획대로 유다를 빚으시고 만들어가실 것이라고 선언하셨다. 이를 거부한다면 유다는 심판을 피할 수 없을 것이다(18장).

| 변화를 위한 진리 | 유다는 바벨론의 공격에 맞서 애굽에 도움을 구했다. 하나님은 "무릇 사람을 믿으며 육신으로 그의 힘을 삼고 마음이 여호와에게서 떠난 그 사람은 저주를 받을 것이라"(렘 17:5)는 말씀으로 응답해주셨다. 주를 온전히 신뢰하는 것보다 나은 것은 없다(잠 3:5–6).

| 묵상 구절 | "만물보다 거짓되고 심히 부패한 것은 마음이라 누가 능히 이를 알리요마는 나 여호와는 심장을 살피며 폐부를 시험하고 각각 그의 행위와 그의 행실대로 보응하나니"(렘 17:9–10).

| 생각해볼 문제 | 하나님이 심장을 살피시고 폐부를 시험하신다는 사실이 위로이자 경고인 이유는 무엇인가?

228일 남은 자

예레미야 22:24–23:32, 49장, 열왕기하 24:5–9, 역대하 36:6–9

어제는 유다에 심판이 임박했음을 살펴보았다(렘 16–18장, 35장). **오늘은** 하나님의 백성 중 심판에서 살아남을 남은 자들에 관해 살펴볼 것이다.

| 핵심 개념 | 임박한 심판에도 남은 자들은 살아남을 것이다. 또한 언젠가 메시아가 오셔서 모든 사람에게 큰 복을 베푸실 것이다.

| 큰 그림 | 예레미야는 신실한 남은 자들이 포로 생활을 견디고 약속의 땅으로 돌아올 것이라고 예언했다. 또한 "여호와 우리의 공의"라고 호칭한 메시아의 오심에 대해서도 이야기했다(렘 23:1–6). 그런 다음 심판이 임박했음을 부정하는 거짓 선지자들을 비판했다(23:9–32).

| 변화를 위한 진리 | 예레미야 23:9–14은 그 땅의 거짓 선지자들이 백성이 타락하는 데 일조했다고 밝힌다. 그들은 백성에게 모든 일이 다 형통할 것이라고 안심시키며 거짓 안전감을 주었다. 예레미야는 그들에게 진실을 들려주었다. "너희는 범죄했고 심판이 임박했다. 거짓 선지자들을 멀리하라"(참조. 마 7:15, 24:11, 24, 벧후 2:1, 요일 4:1).

| 묵상 구절 | [메시아적 예언] "여호와의 말씀이니라 보라 때가 이르리니 내가 다윗에게 한 의로운 가지를 일으킬 것이라 그가 왕이 되어 지혜롭게 다스리며 세상에서 정의와 공의를 행할 것이며"(렘 23:5).

| 생각해볼 문제 | 의롭고 지혜로우며 공의로운 메시아와 유다의 지도자들은 어떤 점이 다른가?

〈예수 빌리지〉 구약 III. 23과

229일 남은 자

예레미야 23:33-24:10, 29:1-31:14

어제는 하나님의 백성 중 남은 자들이 있을 것임을 살펴보았다(렘 22:24-23:32, 49장). **오늘도** 동일한 내용을 살펴볼 것이다.

| 핵심 개념 | 신실한 남은 자들이 바벨론 포로 생활에서 살아남아 본토로 귀환할 것이다.

| 큰 그림 | 예레미야는 거짓 평화를 말하는 선지자들을 계속해서 비판한다. 그들은 모두 하나님께 심판받을 것이다(렘 23:33-40). 그런 다음 하나님은 예레미야에게 좋은 무화과 나무와 나쁜 무화과 나무 바구니를 보여주셨다. 좋은 무화과 나무는 포로 생활을 마치고 돌아올 신실한 남은 자들을 상징했다. 나쁜 무화과 나무는 "유다의 왕 시드기야와 그 고관들과 예루살렘의 남은 자로서 이 땅에 남아 있는 자와 애굽 땅에 사는 자들"을 상징했다(24:8). 그들 모두 심판을 받을 것이다.

| 변화를 위한 진리 | 하나님은 범죄한 당신 자녀들에게 놀라운 약속을 해 주신다. "여호와의 말씀이니라 너희를 향한 나의 생각을 내가 아나니 평안이요 재앙이 아니니라 너희에게 미래와 희망을 주는 것이니라"(렘 29:11). 심판 이후 축복이 임한다(렘 30-33장).

| 묵상 구절 | [거짓 선지자에 대한 경고] "다시는 여호와의 엄중한 말씀이라 말하지 말라 각 사람의 말이 자기에게 중벌이 되리니 이는 너희가 살아 계신 하나님, 만군의 여호와 우리 하나님의 말씀을 망령되이 사용함이니라"(렘 23:36).

| 생각해볼 문제 | 당신의 삶에서 시련의 시기를 넘기고 하나님의 축복을 받았던 경험이 있는가?

<예수 빌리지> 구약 III. 13과

230일 새 언약

예레미야 31:15-40, 49:34-51:14

어제는 포로 생활에서 남은 자들이 약속의 땅으로 돌아올 것을 살펴보았다(렘 23:33-24:10, 29:1-31:14). **오늘은** 새 언약을 살펴볼 것이다.

| 핵심 개념 | 새 언약에는 모든 사람이 완전하게 죄 용서를 받는다는 조항이 포함되어 있다.

| 큰 그림 | 옛 언약에서는 예배자들이 완전하게 죄를 용서받을 길이 없었다. 그러나 새 언약에서는 우리의 대제사장이신 그리스도가 죄를 완전히 용서받는 길을 열어주셨다(렘 31:15-40).

| 변화를 위한 진리 | 오실 메시아의 사역으로 최종적 회복이 이루어질 것이다. 완전한 죄 용서가 보장될 새 언약이 제정될 것이다(렘 31:31-34). 예수님은 다락방에서 제자들과 유월절 식사를 하시면서 이렇게 말씀하셨다. "이 잔은 내 피로 세운 새 언약이니 이것을 행하여 마실 때마다 나를 기념하라"(고전 11:25). 예수님은 십자가에서 단번에 모두를 위한 제사를 드리셔서 죄 용서에 필요한 모든 일을 이루셨다.

| 묵상 구절 | "깨어서 그들을 뿌리 뽑으며 무너뜨리며 전복하며 멸망시키며 괴롭게 하던 것과 같이 내가 깨어서 그들을 세우며 심으리라 여호와의 말씀이니라"(렘 31:28).

| 생각해볼 문제 | 새 언약은 어떤 면에서 완전한 죄 용서를 보장하는가?

231일 바벨론에 **다가올 파멸**

예레미야 51:15–52:3, 37:1–10, 열왕기하 24:10–20, 역대하 36:10–14 역대상 3:10–16

어제는 새 언약에 관해 살펴보았다(렘 31:15–40). **오늘은** 바벨론의 파멸에 관해 살펴볼 것이다.

| 핵심 개념 | 바벨론은 유다를 치는 도구로 사용되고 나서 철저히 파멸될 것이다.

| 큰 그림 | 예레미야는 죽은 우상과 살아계신 하나님을 대비하며 찬양의 노래를 드린다(렘 51:15–19). 살아계신 하나님은 유다와 같은 여러 나라를 심판하실 매로 바벨론을 사용하실 것이다. 하지만 여러 나라를 심판하는 용도가 다하면 예루살렘을 학대한 죄를 물어 바벨론을 심판하실 것이다(51:20–44). 하나님은 이 심판이 닥치기 전에 남은 자들이 바벨론에서 탈출해야 한다고 경고하셨다(51:45–53).

| 변화를 위한 진리 | 하나님의 백성은 포로 생활을 하는 동안 과거에 지은 죄로 죄책감에 시달릴 것이다(렘 51:51). 그러나 인생에 어떤 일이 일어나든지 과거에 머무르지 말고 현재든 미래든 하나님을 위해 사는 삶에 집중해야 한다(참조. 빌 3:13).

| 묵상 구절 | "금장색마다 자기가 만든 신상으로 말미암아 수치를 당하나니 이는 그 부어 만든 우상은 거짓이요 그 속에 생기가 없음이라…야곱의 분깃은 그와 같지 아니하시니 그는 만물을 지으신 분이요 이스라엘은 그의 소유인 지파라 그의 이름은 만군의 여호와시니라"(렘 51:17–19).

| 생각해볼 문제 | 과거에 지은 죄로 지금도 번민하고 갈등하는 일은 없는가? 빌립보서 3:13은 어떤 도움이 되는가?

232일 하나님이 에스겔에게 **사명을 맡기시다**

예레미야 37:11-38, 에스겔 1:1-3:15

어제는 하나님이 장차 바벨론을 멸망시키실 것을 살펴보았다(렘 51:15-52:3). **오늘은** 하나님이 에스겔에게 사명을 위임하신 내용을 살펴볼 것이다.

| 핵심 개념 | 에스겔은 남유다 왕국의 선지자였다. 처음에 그는 심판을 선언했지만 후에는 위로의 메시지를 선포했다.

| 큰 그림 | 에스겔은 주전 623년에 태어났다. 주전 597년에 바벨론에 포로로 잡혀갔으며, 주전 593년에 예언 사역을 시작했다. 바벨론의 3차 포로 이송이 주전 586년에 일어난 것으로 보아 당시 유다 백성 전체가 포로 생활을 한 것은 아니었다. 에스겔은 유다가 죄를 지음으로 하나님의 심판이 임했다고 전했다. 유다 거민들은 포로로 끌려가자 낙심에 빠졌고 에스겔은 희망과 위로의 메시지를 선포하기 시작했다.

| 변화를 위한 진리 | 하나님은 유다 백성을 "패역한 백성", "마음이 굳은 자", 곧 들으려 하지 않는 자(겔 2:3-4)라고 부르셨다. 그런데도 에스겔을 부르셔서 그들에게 자신의 말씀을 전하게 하셨다. 우리는 어떤 반응이 돌아올지라도 언제나 적극적으로 하나님의 진리를 전해야 한다.

| 묵상 구절 | [하나님이 에스겔에게 하신 당부] "그들이 비록 반역하는 족속이라도 두려워하지 말며 그들의 얼굴을 무서워하지 말라"(겔 3:9).

| 생각해볼 문제 | 사람들의 부정적인 반응이 두려워 하나님의 진리를 말하는 데 주저한 적은 없는가?

233일 바벨론의 포위 공격에 대한 **에스겔의 메시지**

예레미야 27–28장, 51:59–64, 에스겔 3:16–4:17

어제는 하나님이 에스겔을 부르셔서 두려움 없이 말씀을 전하라는 사명을 맡기신 것을 살펴보았다(렘 37:11–38:28, 겔 1:1–3:15). **오늘은** 바벨론의 포위 공격에 관한 에스겔의 메시지를 살펴볼 것이다.

| 핵심 개념 | 에스겔은 임박한 심판과 관련한 하나님의 경고를 백성에게 알리기 위해 생생한 예시를 활용하였다.

| 큰 그림 | 에스겔은 바벨론이 예루살렘을 포위하고 공격할 날이 멀지 않았음을 극적인 행동으로 표현했다. 또한 곧 예루살렘이 포위되어 굶주림에 시달릴 것을 묘사하기 위해 인분 불에 구운 빵을 아주 조금씩 먹었다(겔 4:1–17). 곧 비극적 상황이 닥칠 예정이었다.

| 변화를 위한 진리 | 예레미야는 에스겔처럼 하나님의 임박한 심판에 관해 말했고 사람들은 그런 예레미야를 좋아하지 않았다(렘 28:8–17). 하나냐는 거짓말로 백성에게 거짓 안전감을 주었다. 백성은 모든 일이 형통할 것이라고 말하는 '선지자'의 말을 더 좋아했다. 오늘날도 마찬가지다. 사람들은 고통스러운 진실과 마주하기보다 위안이 되는 거짓말을 더 좋아한다. 우리는 포기하지 말고 진실을 말해야 한다.

| 묵상 구절 | "너희는 너희 선지자나 복술가나 꿈꾸는 자나 술사나 요술자가 이르기를 너희가 바벨론의 왕을 섬기게 되지 아니하리라 하여도 너희는 듣지 말라 그들은 너희에게 거짓을 예언하여 너희가 너희 땅에서 멀리 떠나게 하며 또 내가 너희를 몰아내게 하며 너희를 멸망하게 하느니라"(렘 27:9–10).

| 생각해볼 문제 | 사람들을 미혹하는 오늘날의 거짓 선지자들에 관해 사례를 들어 말할 수 있는가?

234일 남은 자들이 **돌아올 것이다**

에스겔 5-9장

어제는 바벨론의 포위 공격이 임박했음을 알리는 에스겔의 극적 메시지를 살펴보았다(렘 27-28장). **오늘은** 바벨론의 포로 생활 이후 살아남을 남은 자들에 관한 예언을 살펴볼 것이다.

| 핵심 개념 | 파멸이 임박했지만 남은 자들이 있을 것이다.

| 큰 그림 | 에스겔이 삭도로 머리털과 수염을 민 것은 유다 백성이 네 그룹으로 나누어질 것을 상징하는 것이었다. 첫 번째 그룹은 성에서 망할 것이다. 두 번째 그룹은 전투 중에 죽을 것이다. 세 번째 그룹은 포로로 끌려갈 것이다. 네 번째 그룹은 살아남을 남은 자들이다(겔 5장). 칼에 죽은 자들은 그들이 섬기던 우상 바로 옆에 누울 것이다(6-7장). 예루살렘 성전은 우상 숭배로 더러워졌다(8장). 하나님은 성전이 더러워진 것을 슬퍼하는 자는 모두 이마에 표식을 받으라고 지시하셨다. 그 표식이 없으면 망할 것이다(9장).

| 변화를 위한 진리 | 하나님은 범죄한 백성의 태도를 에스겔에게 지적해 주셨다. "여호와께서 우리를 보지 아니하시며"(겔 8:12). 유다 백성은 하나님이 그들의 죄를 모르고 계신다고 생각했다. 그러나 하나님은 모든 것을 알고 계신다. 어떤 것도 그분의 전지하신 시야에서 벗어날 수 없다(시 44:21, 139:4, 사 40:28, 히 4:13). 그러니 그에 맞게 살아야 한다.

| 묵상 구절 | "여호와의 말씀이니라 내가 술법으로도 제어할 수 없는 뱀과 독사를 너희 가운데 보내리니 그것들이 너희를 물리라 하시도다"(렘 8:17).

| 생각해볼 문제 | 하나님이 우리가 그동안 지은 모든 죄와 앞으로 지을 모든 죄를 아시고도 예수 그리스도 안에서 우리를 완전히 용서해주셨다는 사실을 알 때 어떤 생각이 드는가?(고후 5:21)

235일 곧 성취될 **예루살렘에 관한 예언**

에스겔 10–13장

어제는 임박한 심판에서 남은 자들에 관해 살펴보았다(겔 5–9장). **오늘은** 심판에 관한 하나님의 예언이 곧 이루어질 것에 대해 살펴볼 것이다. (예언 중 일부 내용은 반복되는 것처럼 보인다. 그러나 하나님은 그들이 회개하여 축복받기를 간절히 원하셨으므로 거듭 경고하셨다.)

| 핵심 개념 | 심판에 관한 하나님의 말씀이 곧 성취될 것이다.

| 큰 그림 | 백성이 이교도 신앙으로 성전을 더럽혔으므로 하나님의 영광이 성전을 떠나고 있었다(겔 10장). 에스겔은 임박한 심판이 아니라 번영을 말했던 예루살렘 지도자들을 정죄했다(11장). 그런 다음 예루살렘의 함락과 포로 생활을 극으로 연출하여 보여주었다(12장). 또한 하나님의 진리가 아니라 백성이 듣고 싶어하는 대로 말했던 거짓 선지자들을 정죄했다(13장).

| 변화를 위한 진리 | 이스라엘에는 "모든 묵시가 사라지리라"(겔 12:22)는 흔한 속담이 있다. 이스라엘 백성은 심판에 대한 경고를 무시했고 하나님의 말씀은 아무것도 아니라고 생각했다. 하나님은 "내가 이 속담을 그치게 하리니 사람이 다시는 이스라엘 가운데에서 이 속담을 사용하지 못하리라"(12:23)고 말씀하셨다. 다시 말해 곧 심판이 임할 것이다. 오늘날에도 예수님의 재림을 비웃는 사람들이 있다(벧후 3:3–4). 그런 사람들은 아직 기회가 있을 때 회개해야 한다.

| 묵상 구절 | "나는 여호와라 내가 말하리니 내가 하는 말이 다시는 더디지 아니하고 응하리라"(겔 12:25).

| 생각해볼 문제 | 당신은 종말에 관한 예언을 어떤 태도로 받아들이는가?

236일 끝까지 충성하고 변절하지 않기를 **요구하시는 하나님**

에스겔 14–16장

어제는 하나님의 경고를 무시하며 조롱하는 이들이 있었지만 심판에 대한 하나님의 말씀이 곧 이루어지려 한다는 내용을 살펴보았다(겔 10–13장). **오늘은** 끝까지 충성하며 변절하지 말라고 하시는 하나님의 요구를 살펴볼 것이다.

| 핵심 개념 | 끝까지 충성하고 변절하지 않으면 하나님의 축복을 받는다. 그렇지 않은 자는 심판을 받는다.

| 큰 그림 | 하나님은 자기 백성이 거짓 신들을 예배하도록 두고 보지 않으신다(겔 14장). 유다 백성은 열매 맺지 못하는 포도나무와 같다. 열매 없는 포도나무는 잘려서 땔감으로 쓰일 것이다(15장). 하나님은 자기 백성에게 놀라운 축복을 베풀어주셨지만 그들은 여전히 이방 종교를 섬기고 있었다. 그런데도 하나님은 결국 언약을 신실하게 지키실 것이다(16장).

| 변화를 위한 진리 | 노아, 다니엘, 욥은 의인이었고 경건한 사람들이었다(창 6:8–9, 단 2:47–48, 욥 1:1). 그러나 그들이 있어도 유다에 임박한 심판을 막지 못했다(겔 14:14–20). 경건한 사람들이 가까이 있더라도 죄인들은 자기가 지은 죄의 결과를 책임져야 한다. 경건한 목사님이 있는 교회에 다닌다 해도 스스로 죄를 회개하지 않으면 여전히 그 대가를 치러야 한다.

| 묵상 구절 | "네가 네 의복을 가지고 너를 위하여 각색으로 산당을 꾸미고 거기에서 행음하였나니 이런 일은 전무후무하니라"(겔 16:16).

| 생각해볼 문제 | 자신이 열매맺지 못하는 포도나무같다고 생각해본 적은 없는가? 그렇다면 이것을 해결할 방법은 무엇인가?

237일 죄에 대한 **개인적 책임**

에스겔 17–19장

어제는 하나님이 자기 백성에게 신실함과 충성을 요구하시는 것을 살펴보았다(겔 14–16장). **오늘은** 죄에 대한 개인의 책임을 살펴볼 것이다.

| 핵심 개념 | 우리는 모두 자신의 죄에 대해 책임을 져야 한다.

| 큰 그림 | 주전 597년 바벨론 왕 느부갓네살은 유다의 여호야긴 왕을 바벨론으로 끌고 갔다. 느부갓네살은 시드기야를 유다의 왕으로 삼았다. 유다는 바벨론의 속국이 되었다. 그러나 시드기야는 느부갓네살과의 언약을 깨고 애굽에 도움을 호소했다. 이 일로 유다에 파멸의 그림자가 드리워졌다(겔 17장). 유다 백성은 자신들이 지금 겪는 어려움이 조상들 탓이라고 생각했다. 그러나 에스겔은 자기의 죄에 대해 각자 책임을 지는 것이라고 대답했다(18–19장).

| 변화를 위한 진리 | 하나님은 "범죄하는 그 영혼은 죽을지라 아들은 아버지의 죄악을 담당하지 아니할 것이요 아버지는 아들의 죄악을 담당하지 아니하리니"(겔 18:20)라고 선언하셨다. 하나님 앞에서 인생을 결산할 때 자기 자신 외에 그 누구도 탓할 수 없다. 이 사실을 깨닫고 자신의 책임을 받아들이고 의롭게 살아야 한다.

| 묵상 구절 | "주 여호와의 말씀이니라 내가 어찌 악인이 죽는 것을 조금인들 기뻐하랴 그가 돌이켜 그 길에서 떠나 사는 것을 어찌 기뻐하지 아니하겠느냐"(겔 18:23).

| 생각해볼 문제 | 에스겔 18:23이 복음 전도에 긍정적인 동기부여가 된다고 생각하는가?

238일 선택에는 **대가가 따른다**

에스겔 20:1-22:16

어제는 우리 모두 자기 죄에 대한 책임이 있음을 살펴보았다(겔 17-19장). **오늘은** 선택에는 결과가 따른다는 사실을 다시 살펴볼 것이다.

| 핵심 개념 | 선택에는 언제나 결과가 따른다.

| 큰 그림 | 유다의 일부 지도자는 에스겔에게 하나님의 뜻을 알려달라고 요청했다. 하나님은 "너희가 내게 물으려고 왔느냐 내가 나의 목숨을 걸고 맹세하거니와 너희가 내게 묻기를 내가 용납하지 아니하리라 주 여호와의 말씀이니라"(겔 20:3)고 대답해주셨다. 에스겔은 백성에게 그들이 끊임없이 반역했음을 지적하며 역사적 교훈을 알려주었다(20장). 하나님은 바벨론 군대를 진노의 도구로 삼아 그들의 반역을 심판하실 것이다(20:45-21:32). 우상 숭배의 죄를 지은 하나님의 백성에게 임할 심판의 때가 무르익고 있었다(22:1-16).

| 변화를 위한 진리 | 선택에는 대가가 따른다. 에스겔은 이스라엘의 반역과 범죄의 역사를 파노라마처럼 보여준다(겔 20장). 백성을 올바른 길로 돌이키시려는 하나님의 노력에도 불구하고 그들은 끊임없이 반역하고 범죄하며 우상을 숭배하는 영적 간음을 저질렀다. 이제 그들은 심판을 받을 것이다. 그들의 어리석음에서 배워야 한다.

| 묵상 구절 | "네가 만든 우상으로 말미암아 스스로 더럽혔으니 네 날이 가까웠고 네 연한이 찼도다"(겔 22:4).

| 생각해볼 문제 | 최근에 "선택에는 대가가 따른다"는 말을 확인해주는 일이 있었는가?

239일 영적 **간음**

에스겔 22:17–24:14, 열왕기하 24:20–25:2, 예레미야 52:3–5, 39:1

어제는 선택에 대가가 따른다는 내용을 살펴보았다(겔 20:1–22:16). **오늘은** 영적 간음의 대가를 살펴볼 것이다.

| 핵심 개념 | 하나님 앞에서 영적 간음을 회개하지 않으면 무서운 심판이 임할 것이다.

| 큰 그림 | 이스라엘과 유다(북왕국과 남왕국)는 음란한 두 자매에 비유되었다. 그들은 자기들이 하고 싶은 대로 '연인'들을 쫓아다녔다. 하나님 앞에서 영적으로 간음하며 이방 우상들을 섬겼다(겔 23장). 이로 인해 하나님의 백성에게 가마의 요리처럼 심판의 불이 임할 것이다 (24:1–14).

| 변화를 위한 진리 | 뜨거운 열을 가하면 금속에서 불순물을 제거할 수 있다. 금속이 달아오르면 찌끼가 위로 떠오르고 이것을 걷어내면 된다(참조. 겔 22:17–22). 하나님은 우리 인생의 불순물을 제거하시려고 시련을 사용하신다. "너희 믿음의 확실함은 불로 연단하여도 없어질 금보다 더 귀하여 예수 그리스도께서 나타나실 때에 칭찬과 영광과 존귀를 얻게 할 것이니라"(벧전 1:7).

| 묵상 구절 | "나 여호와가 말하였은즉 그 일이 이루어질지라 내가 돌이키지도 아니하고 아끼지도 아니하며 뉘우치지도 아니하고 행하리니 그들이 네 모든 행위대로 너를 재판하리라 주 여호와의 말씀이니라"(겔 24:14).

| 생각해볼 문제 | 시련을 당할 때 우리는 어떤 태도를 견지해야 하는가?

240일 하나님을 따르기 위해 **치러야 할 대가**

에스겔 24:15-25:17, 29:1-16, 30:20-31:18, 예레미야 21:34

어제는 영적 간음의 대가를 살펴보았다(겔 22:17-24:14). **오늘은** 하나님을 따르려면 큰 희생을 치러야 함을 살펴볼 것이다.

| 핵심 개념 | 하나님을 따르기 위해서는 큰 희생을 치러야 한다는 사실을 보여주는 대표적 인물이 에스겔이다.

| 큰 그림 | 하나님은 에스겔에게 그의 아내가 죽을 것이라고 알려주셨다. 그러나 에스겔은 아내의 죽음을 애도해서는 안 된다. 이 죽음은 바벨론에 포로로 있는 유대인들에게 예루살렘의 사랑하는 이들이 바벨론 군대에게 죽임을 당한다는 징조로 제시되었다. (유다에서 바벨론으로 강제 이주는 3차에 걸쳐 이루어졌다. 곧 주전 605년, 주전 597년, 마지막으로 바벨론 군대가 예루살렘을 살육하고 성전을 파괴한 주전 586년이다. 에스겔은 이 마지막 사건이 아직 일어나지 않은 때에 이 예언을 들었다.) 바벨론에 잡혀 온 포로들은 에스겔처럼 이런 살육의 소식에도 겉으로 슬픔을 드러내며 왜곡해서는 안 되었다. 자신들이 그동안 저지른 악행 때문에 속으로 고통을 삭혀야 했다(겔 24:15-27).

| 변화를 위한 진리 | 에스겔이 아내를 잃은 일은 심판이 임박한 유다를 가리키는 언어 그림의 일부였다. 하나님을 따르려면 큰 희생을 각오해야 한다. 그리스도인들 역시 큰 희생을 치를 것이다. 예수님이 직접 이렇게 말씀하셨다. "누구든지 나를 따라오려거든 자기를 부인하고 자기 십자가를 지고 나를 따를 것이니라"(마 16:24).

| 묵상 구절 | "수건으로 머리를 동인 채, 발에 신을 신은 채로 두고 슬퍼하지도 아니하며 울지도 아니하되 죄악 중에 패망하여 피차 바라보고 탄식하리라"(겔 24:23).

| 생각해볼 문제 | 그리스도를 위해 희생한다는 것이 무슨 의미인지 어떻게 설명할 수 있겠는가?

241일 기뻐하지 **말아야 할 때**

에스겔 26:1–14, 예레미야 32–33장

어제는 하나님을 따르는 데 큰 희생이 요구된다는 사실을 살펴보았다(겔 24:15–25:17). **오늘은** 누군가의 몰락을 보고 기뻐하지 말아야 함을 살펴볼 것이다.

| 핵심 개념 | 다른 사람의 몰락을 기뻐해서는 안 된다.

| 큰 그림 | 에스겔은 주전 586년 바벨론이 유다를 공격하기 직전에 이 글을 쓰고 있었다. 두로는 예루살렘에 대한 바벨론의 공격이 임박하자 기뻐하고 고소해하였다. 그러자 하나님은 바벨론의 느부갓네살 왕을 보내 두로의 모든 성읍을 무너뜨리실 것이라고 말씀하셨다(겔 26:1–14). 바벨론 군대가 예루살렘을 공격하고 있는 와중에 예레미야는 자신의 고향인 아나돗의 밭을 샀다. 이것은 언젠가 자기 동족이 포로 생활에서 돌아오리라고 확신했기 때문이었다(렘 32장). 다음으로 예레미야는 다윗의 후손 중 하나가 유다의 위에서 다스릴 것을 확인해주었다(33장). (이분이 예수 그리스도시다.)

| 변화를 위한 진리 | 하나님은 예루살렘의 멸망을 기뻐하는 두로를 심판하셨다(겔 26:1–14). 하나님은 설령 적이라고 해도 누군가의 비극을 보고 기뻐하는 것을 원하지 않으신다. 잠언 24:17–18은 이렇게 말씀한다. “네 원수가 넘어질 때에 즐거워하지 말며 그가 엎드러질 때에 마음에 기뻐하지 말라 여호와께서 이것을 보시고 기뻐하지 아니하사 그의 진노를 그에게서 옮기실까 두려우니라.”

| 묵상 구절 | “그러나 보라 내가 이 성읍을 치료하며 고쳐 낫게 하고 평안과 진실이 풍성함을 그들에게 나타낼 것이며 내가 유다의 포로와 이스라엘의 포로를 돌아오게 하여 그들을 처음과 같이 세울 것이며”(렘 33:6–7).

| 생각해볼 문제 | 누군가의 몰락을 보고 쾌재를 부르고 싶었던 적이 있는가?

242일 두로, 시돈 그리고 **루시퍼의 타락**

에스겔 26:15-28:26, 열왕기하 25:3-7, 예레미야 39:2-10, 52:6-11

어제는 다른 사람의 몰락을 기뻐해서는 안 된다는 경고를 살펴보았다(겔 26:1-14, 렘 32-33장). **오늘은** 루시퍼의 타락과 함께 하나님이 두로와 시돈을 정죄하신 이야기를 살펴볼 것이다.

| 핵심 개념 | 하나님은 두로와 시돈을 정죄하셨다. 루시퍼가 타락한 내용이 소개된다.

| 큰 그림 | 하나님은 계속해서 두로(겔 26:15-28:19)와 시돈(28:20-26)을 비롯한 여러 나라에 심판을 선언하셨다. 오늘 본문은 두로의 왕뿐만 아니라 막후에서 움직이는 두로의 영적 왕, 곧 루시퍼이자 후에 사탄으로 이름이 바뀐 존재에 관해 이야기한다(참조. 28:11-19).

| 변화를 위한 진리 | 에스겔 28:11-19은 루시퍼의 타락에 관해 이야기한다. 그가 지은 죄는 교만이었다. 그는 오직 하나님만 받으셔야 할 영광과 명예를 원했다. 하나님은 그를 심판하시고 지상으로 추방하셨다(28:17-18). 사탄이 우리를 넘어뜨리려 노리고 있으니 그리스도인은 경계심을 늦추지 말아야 한다. 그는 우리를 유혹하고(살전 3:5) 훼방하며(살전 2:18) 우리를 공격하고(엡 6:11-12) 박해를 받도록 선동할 것이다(계 2:10).

| 묵상 구절 | "너는 네 미모를 자랑하다가 마음이 교만하여졌고, 네 영화를 자랑하다가 지혜가 흐려졌다. 그래서 내가 너를 땅바닥에 쓰러뜨려 왕들 앞에 구경거리가 되게 하였다"(겔 28:17, 새번역).

| 생각해볼 문제 | 영적 전쟁을 심각하게 받아들이고 있는가?(엡 6:10-20을 묵상하라.)

243일 심판이 임하고 예레미야의 **목숨이 보전되다**

예레미야 39:11–40:6, 52:12–27, 열왕기하 25:8–21, 역대하 36:15–21

어제는 하나님이 두로와 시돈을 정죄하신 것과 루시퍼의 타락을 살펴보았다(겔 26:15–28:26). **오늘은** 마침내 예루살렘에 심판이 임한 이야기를 살펴볼 것이다.

| 핵심 개념 | 하나님이 약속하신 대로 예루살렘에 심판이 임하였다. 선지자들이 거듭 예언한 대로 이루어졌다. 예레미야는 생명을 보전했다.

| 큰 그림 | 바벨론이 예루살렘을 공격하기 시작하였으나 예레미야는 목숨이 보전되었고 유다에 남을 수 있는 자유를 허락받았다(렘 39:11–40:6). 예루살렘 성전이 파괴되었다. 바벨론은 성전의 귀중한 기물들을 전리품으로 가져갔다(렘 52:12–27, 왕하 25:8–21). 예루살렘에서 수많은 사람이 목숨을 잃었다(대하 36:15–21).

| 변화를 위한 진리 | 하나님은 계속해서 자기 백성에게 회개할 기회를 주셨다. "그 조상들의 하나님 여호와께서 그의 백성과 그 거하시는 곳을 아끼사 부지런히 그의 사신들을 그 백성에게 보내어 이르셨으나 그의 백성이 하나님의 사신들을 비웃고 그의 말씀을 멸시하며 그의 선지자를 욕하여 여호와의 진노를 그의 백성에게 미치게 하여 회복할 수 없게 하였으므로"(대하 36:15–16). 회개는 심판을 피할 수 있는 최고의 방편이다.

| 묵상 구절 | [하나님이 예레미야에게 주신 말씀] "내가 반드시 너를 구원할 것인즉 네가 칼에 죽지 아니하고 네가 노략물 같이 네 목숨을 얻을 것이니 이는 네가 나를 믿었음이라"(렘 39:18).

| 생각해볼 문제 | 하나님의 사랑의 징계를 피하기 위해 회개해야 할 일은 없는가?(히 12:5–6)

244일

시대 6: 포로 생활

주전 586-538년

열왕기하, 시편, 예레미야, 예레미야애가, 에스겔, 다니엘, 오바댜 일부나 전체

오늘부터 새로운 성경 시대에 관해 살펴볼 것이다. 즉, 주전 586-538년에 해당하는 '포로 생활기'다. 이 시대에 해당하는 성경은 열왕기하, 시편, 예레미야, 예레미야애가, 에스겔, 다니엘, 오바댜이다.

신명기는 우리 연구의 중요한 배경이 되어준다. 하나님은 모세를 통해 이스라엘 백성에게 시내산 언약에 충실하면 큰 복을 베풀겠다고 약속해주셨다. 하지만 또한 명령에 불순종하면 언약에 규정된 대로 벌을 내리겠다고 경고하셨다. 약속의 땅에서 추방되는 것도 이 경고에 포함된다. "여호와께서 너와 네가 세울 네 임금을 너와 네 조상들이 알지 못하던 나라로 끌어 가시리니"(신 28:36).

이 경고에도 불구하고 오랫동안 유대 사회의 전 계층에 죄악이 만연했다. 열왕기하를 보면 북왕국 이스라엘과 남왕국 유다 모두 악한 왕이 더 많았음을 확인할 수 있다(참조. 왕하 2-17장). 이 악한 왕들이 저지른 악은 낙수 효과를 일으켰다. 다시 말해 왕이 저지른 악이 일반 백성에게 영향을 미친 것이다. 백성은 지도자들의 악한 모습을 본받고 돌이키지 않았다. 그러므로 심판을 받아 마땅했다(왕하 17:7-41).

구약 역사는 이스라엘과 유다가 시내산 언약에 얼마나 불충실했는지를 보여주는 예로 가득하다. 유대 백성이 포로 생활을 한 가장 중요한 두 시기는 주전 722년 이스라엘이 앗수르에게 멸망한 것과 주전 605–586년에 유다가 바벨론에게 멸망한 때다. 불순종한 그들은 하나님의 약속대로 포로가 되었다. 유다를 예로 들어보자.

이사야 첫 장은 유다를 고발하는 형식을 띤다. 출애굽 당시 하나님이 주신 시내산 언약을 어김으로 '계약 위반'을 한 유다를 하나님은 이사야를 통해 기소하신다. 이 법정 장면에서 하나님은 하늘과 땅을 고소의 증인으로 호출하신다. "하늘이여 들으라 땅이여 귀를 기울이라 여호와께서 말씀하시기를 내가 자식을 양육하였거늘 그들이 나를 거역하였도다"(사 1:2). 온 우주는 하나님의 심판이 정당하다고 증언해줄 것이다.

하나님은 유다가 그분을 거역하였다고, 즉 반역을 저질렀다고 기소하셨다. 이사야 1:2에 나오는 "거역"에 해당하는 히브리어는 종종 속국이 종주국과 맺은 언약을 위반한 것을 가리켜 고대인들이 사용하던 단어였다. 이사야 1장에서 이 단어는 유다가 하나님의 언약을 어겼음을 가리킨다. 그러므로 포로로 끌려가는 것은 유다가 응당 받아야 할 벌이었다.

이 경우, 바벨론 포로 생활은 유다를 징계하시는 하나님의 수단이다. 앞에서 지적했듯이 유다는 세 차례에 걸쳐 바벨론에 포로로 끌려갔다. 1차는 주전 605년에 일어났고 다니엘과 그의 친구들이 포함되었다. 2차는 주전 597년에 있었고 에스겔과 그 외 사람들이 포함되었다. 3차는 주전 586년으로, 이때 바벨론 군대는 예루살렘과 성전을 완전히 파괴하였다.

바벨론 군대는 성전의 모든 거룩한 기물을 약탈해갔다. "금 단과 진설병의 금 상과 내소 앞에 좌우로 다섯씩 둘 정금 등잔대며 또 금 꽃과 등잔과 불집게며 또 정금 대접과 불집게와 주발과 숟가락과 불을 옮기는 그릇이며 또 내소 곧 지성소 문의 금 돌쩌귀와 성전 곧 외소 문의 금 돌쩌귀더라"(왕상 7:48–50). 바벨론 군대는 이 거룩한 기물들을 전리품으로 약탈해감으로 바벨론의 신들이 이스라엘의 하나님을 이긴 것이라고 생각했다. 그러나 이 일은 참되신 하나님이 자기 백성을 징계하시고자 그들에게 넘기신 것임을 그들은 알지 못했다. "바벨론 왕 느부갓네살이 예루살렘에 이르러 성을 에워쌌더니 주께서 유다 왕 여호야김과 하나님의 전 그릇 얼마를 그의 손에 넘기시매 그가 그것을 가지고 시날 땅 자기 신들의 신전에 가져다가 그 신들의 보물 창고에 두었더라"(단 1:2, 참조. 신 28:64, 렘 25:8-14). 유다는 이렇게 고통스러운 징계를 받았다.

물론 이 심판의 목적은 자기 백성을 교정하려는 것이었다. 구약과 신약에서는 하나님이 자기 자녀들을 징계하셔서 정결하게 하시는 내용을 수없이 볼 수 있다. 세상의 아버지가 자녀들을 훈육하듯이 하나님 아버지도 자기 자녀들을 징계하고 훈련하며 가르치신다(히 12:1-5).

포로기 이전에 유다의 거짓 선지자들은 심판이 임하지 않을 것이라고 거듭 주장했다. 예레미야 선지자는 유다가 70년 동안 바벨론에 포로로 잡혀 있을 것이라고 예언하며 그들의 주장을 반박했다. 예레미야는 비관적인 예언을 한다는 이유로 큰 박해와 반대를 경험했다(렘 26-45장). 거짓 선지자들은 그를 죽이라고 요구했다. 그러나 유다 지도자는 그의 목숨을 지켜주었다.

예레미야에 대한 반발은 강도를 더해갔다(렘 34-35장). 그는 성전 출입을 금지당했다. 그래서 그의 조수인 바룩이 예레미야 대신 성전에서 그의 예언을 대독해야 했다. 왕은 예레미야의 예언이 쓰인 두루마리를 불태웠다. 이 모든 고초는 그가 하나님의 진리를 말했기 때문이었다.

유다 백성이 포로로 끌려가자 예레미야는 연민을 느꼈고 그들을 위로하려고 했다. 전심으로 하나님을 찾으면 좋은 일이 일어난다고 강조했다.

> "너희가 온 마음으로 나를 구하면 나를 찾을 것이요 나를 만나리라 이것은 여호와의 말씀이니라 나는 너희들을 만날 것이며 너희를 포로된 중에서 다시 돌아오게 하되 내가 쫓아 보내었던 나라들과 모든 곳에서 모아 사로잡혀 떠났던 그 곳으로 돌아오게 하리라 이것은 여호와의 말씀이니라"(렘 29:13-14).

이제부터 우리는 열왕기하, 시편, 예레미야, 예레미야애가, 에스겔, 다니엘, 오바댜를 살펴보면서 포로 생활기와 관련한 흥미로운 내용들을 살펴볼 것이다. 몇몇 장에서는 회개의 필요성, 예루살렘 파멸에 대한 애곡, 회복의 기도와 같은 익숙한 주제들을 중점적으로 살펴볼 것이다. 그러나 이 중 두 책인 에스겔과 다니엘은 흥미롭게도 먼 종말의 때에 성취될 예언들을 상당히 많은 지면을 할애해 다루고 있다. 오랫동안 세계 도처에 흩어져 살던 이스라엘이 국가로서 재탄생한다는 예언이나 종말의 환란, 적그리스도의 역할, 그리스도가 다스리시는 천년 왕국이 그 대표적 내용이다. 에스겔과 다니엘은 이스라엘의 미래와 관련해 희망을 주기 위해 종말에 관한 예언으로 이스라엘을 향한 하나님의 장기 계획을 소개한다. 마치 포로들에게 "우리는 곧 닥칠 미래에 대해서는 이미 다 알려 주었다. 이제는 베일을 걷어 먼 미래에 대해 알려줄 것이다"라고 말하는 것 같다.

아래 연대표는 이 시기를 연대기적으로 파악하는 데 도움이 될 것이다.

주전 930년	이스라엘이 북왕국 이스라엘과 남왕국 유다로 분열되었다.
주전 722년	북왕국이 앗수르에 포로로 끌려갔다.
주전 627년	유다에 대한 예레미야의 예언 사역이 시작되었다.
주전 605년	유다의 1차 바벨론 강제 이주. 다니엘과 그의 친구들이 포로에 포함되었고, 그들은 바벨론에서 하나님의 확실한 증인 역할을 했다.
주전 597년	유다의 2차 바벨론 강제 이주가 이루어졌다. 에스겔이 포로에 포함되었다.
주전 593년	에스겔이 바벨론 포로를 대상으로 예언 사역을 했다.
주전 586년	유다의 3차 바벨론 강제 이주. 예루살렘 성전이 파괴되었다. 예레미야는 자기 동족을 위해 애곡하며 예레미야애가를 썼다. 예레미야의 사역이 끝났다.
주전 571년	에스겔의 사역이 마무리되었다.
주전 535년	다니엘의 사역이 마무리되었다.

예습: 245일에는 예루살렘의 멸망에 대해 백성이 애통해하는 이야기를 살펴볼 것이다.

245일 예루살렘 멸망을 **비통해함**

예레미야애가 1-4장

어제는 주전 586-538년에 해당하는 '포로 생활기'라는 제목의 제6 시대를 살펴보았다. **오늘은** 예루살렘의 파멸을 바라보는 유다 백성의 비통한 심정을 살펴볼 것이다.

| 핵심 개념 | 예루살렘의 멸망은 유다 백성에게 가슴이 무너지는 고통스러운 사건이었다.

| 큰 그림 | 예레미야의 예언 사역은 주전 627년에 시작되었다. 바벨론 군대는 주전 586년에 예루살렘을 파괴했다. 예레미야는 같은 해에 예레미야애가를 썼다. 애가는 '장례곡'이라는 뜻으로 이 책의 내용을 잘 포착하고 있다. 바벨론 군대가 예루살렘을 파괴한 사건을 두고 백성의 비통한 마음을 표현하고 있다. 예레미야는 그 장면을 직접 목격했던 것으로 보인다. 성전은 파괴되었고 백성은 끌려가 포로로 살아야 했다. 이 책은 어느 성에 대한 장례식을 묘사한다.

| 변화를 위한 진리 | 예레미야는 40년 이상 선지자로 사역하며 임박한 심판을 자기 동족에게 경고했다. 그는 예루살렘이 무너지자 비통한 심정을 표현하며 동족으로서 극도의 아픔을 드러냈다. 그러나 이제부터는 하나님의 자비와 동족의 회복을 간구하면서 영적 아버지로 섬길 것이다(애 3:1-66). 영적 지도자는 종종 여러 역할을 감당한다.

| 묵상 구절 | "여호와의 인자와 긍휼이 무궁하시므로 우리가 진멸되지 아니함이니이다 이것들이 아침마다 새로우니 주의 성실하심이 크시도소이다"(애 3:22-23).

| 생각해볼 문제 | 하나님이 당신에게 매일 새롭게 베풀어주시는 자비는 무엇인가?

246일 회복을 **위한 기도**

예레미야애가 5장, 오바다 1장, 열왕기하 25:22–26, 예레미야 40:7–41:18

어제는 예루살렘의 파멸을 바라보는 백성의 비통한 심정을 살펴보았다(애 1–4장). **오늘은** 바벨론 포로들이 애통한 심정으로 회복을 위해 기도하는 내용을 살펴볼 것이다.

| 핵심 개념 | 포로로 잡혀온 유대인들은 낙심과 절망 가운데 회복을 위해 기도했다.

| 큰 그림 | 예레미야애가 1장은 바벨론에게 파괴당한 예루살렘을 바라보는 예레미야의 애통한 심정을 표현한다. 2장은 바벨론이 하나님의 채찍이었음을 밝힌다. 3장은 예레미야가 하나님의 자비를 구하고 동족의 회복을 위해 기도하는 내용을 설명한다. 4장은 예루살렘이 하나님의 진노로 처절한 심판을 받았음을 이야기한다. 오늘 본문인 5장은 유대인들이 자신들이 처한 끔찍한 상태를 돌아보고 회복을 위해 기도하는 내용을 보여준다.

| 변화를 위한 진리 | 인생에서 고난을 당할 때 가장 우선으로 해야 할 최선의 반응은 기도로 주님을 의지하는 것이다. 포로로 잡혀온 유대인들은 구원과 회복을 갈망하며 기도했다. 이 기도에는 죄의 고백과 하나님의 은혜를 구하는 호소가 포함되어 있다(애 5장). 유대인들은 결국 회복되겠지만 먼저 시련으로 인한 적절한 열매를 맺어야 하는데 그 열매는 회개하고 하나님께 재헌신하는 것이었다.

| 묵상 구절 | "여호와여 우리를 주께로 돌이키소서 그리하시면 우리가 주께로 돌아가겠사오니 우리의 날들을 다시 새롭게 하사 옛적 같게 하옵소서"(애 5:21).

| 생각해볼 문제 | 당신을 기도의 자리로 이끄는 것은 무엇인가?

247일 애굽으로 피하는 **유대 난민**

예레미야 42–44장, 에스겔 33:21–33

어제는 포로로 전락한 유대인들이 애통하며 회복을 위해 기도하는 내용을 살펴보았다(애 5장). **오늘은** 유다 주민들이 애굽 망명을 시도하는 내용을 살펴볼 것이다.

| 핵심 개념 | 포로 생활기에 유다를 지켜야 할 유대인들이 애굽으로 도망갔다.

| 큰 그림 | 예레미야는 이 유대인들에게 바벨론의 위협에도 유다에 머물면 안전할 것이라고 말했다. 애굽으로 가면 파멸할 것이다(렘 42장). 그러나 그들은 예레미야의 말을 거부하고 애굽을 향해 떠났고 예레미야를 강제로 데려갔다. 예레미야는 바벨론이 애굽을 정복할 것이고 애굽으로 도망간 사람들이 죽임당할 것이라고 예언했다(43장). 애굽으로 도망간 사람들은 다시는 유다 땅을 밟지 못할 것이다(44장).

| 변화를 위한 진리 | 유다에 남겨진 유대인들은 하나님께 헌신하는 척했다. 예레미야가 이것을 잘 요약한다. "너희가 나를 너희 하나님 여호와께 보내며 이르기를 우리를 위하여 우리 하나님 여호와께 기도하고 우리 하나님 여호와께서 말씀하신 대로 우리에게 전하라 우리가 그대로 행하리라 하여 너희 마음을 속였느니라 너희 하나님 여호와께서 나를 보내사 너희에게 명하신 말씀을 내가 오늘 너희에게 전하였어도 너희가 너희 하나님 여호와의 목소리를 도무지 순종하지 아니하였은즉"(렘 42:20–21). 이러한 상황을 피하려면 야고보서 1:22을 묵상하라.

| 묵상 구절 | "그들이 오늘까지 겸손하지 아니하며 두려워하지도 아니하고"(렘 44:10).

| 생각해볼 문제 | 그렇게 많은 하나님의 백성이 그토록 '거짓 헌신'을 하는 이유는 무엇이라고 생각하는가?

248일 회개하고 **살아남기**

에스겔 32:17-33:20, 예레미야 52:28-30, 역대상 4:24-5:17, 시편 137편

어제는 유다 거민 중 일부가 애굽으로 망명하는 어리석은 선택을 한 일을 살펴보았다(렘 42-44장, 겔 33:21-33). **오늘은** 회개하고 살아남는 길을 선택해야 함을 살펴볼 것이다. 예루살렘이 바벨론 군대에 무너진 사건에서 우리가 새겨들어야 할 아주 중요한 교훈이다.

| 핵심 개념 | 의인은 살아남아 축복을 받을 것이다. 악인은 패망할 것이다.

| 큰 그림 | 하나님은 에스겔을 파수꾼으로 부르셨다(겔 33:1-9). 이 파수꾼은 하나님이 악인들의 죽음을 기뻐하시지 않으며 오히려 그들이 회개하기를 원하신다고 전했다. 의를 택하는 자들은 살아남아 축복을 받을 것이다. 악을 선택하고 버리지 않는 자들은 파멸에 이를 것이다(33:10-20).

| 변화를 위한 진리 | 하나님은 악인들에게 회개하라고 요청하신다. 그는 악인의 멸망을 바라시지 않는다(겔 33:11). 베드로후서 3:9에서도 이를 확인할 수 있다. "오직 주께서는 너희를 대하여 오래 참으사 아무도 멸망하지 아니하고 다 회개하기에 이르기를 원하시느니라."

| 묵상 구절 | "너는 그들에게 말하라 주 여호와의 말씀이니라 나의 삶을 두고 맹세하노니 나는 악인이 죽는 것을 기뻐하지 아니하고 악인이 그의 길에서 돌이켜 떠나 사는 것을 기뻐하노라 이스라엘 족속아 돌이키고 돌이키라 너희 악한 길에서 떠나라 어찌 죽고자 하느냐 하셨다 하라"(겔 33:11).

| 생각해볼 문제 | 구약 선지자들은 이 주제를 거듭 강조했는데, 이를 통해 선택에는 결과가 따른다는 사실을 마음에 새기게 되었는가?

249일 소망이 있는 **미래**

역대상 5:18–26, 6:3–15, 7:1–8:28

어제는 회개하고 살아남는 선택을 해야 함을 살펴보았다. 예루살렘이 바벨론에 멸망당한 사건에서 배워야 할 매우 중요한 교훈이다(겔 32:17–33:20, 렘 52:28–30, 대상 4:24–5:17, 시 137편). **오늘은** 미래의 소망에 관해 살펴볼 것이다.

| 핵심 개념 | 유다는 비록 포로로 잡혀갔지만 희망이 있었다. 포로 생활에서 남은 자들이 약속의 땅으로 돌아올 것이다.

| 큰 그림 | 역대상은 포로로 끌려간 유대인의 관점에서 결국 남은 자들이 바벨론에서 예루살렘으로 돌아올 것임을 이야기한다. 현재 상황에서 미래는 비관적이고 암울해 보이지만 역대상은 백성에게 희망을 준다. 그들의 땅과 성전, 제사장직에 대한 하나님의 약속을 일깨워주고 그들이 하나님의 선택된 백성임을 알려준다. 또한 하나님이 과거에 세우신 목적과 족보의 상관성 그리고 특별히 다윗 언약과의 상관성을 확인해준다(대상 5:18–26, 6:3–15, 7:1–8:28).

| 변화를 위한 진리 | 희망이 없이는 어려움을 견딜 수 없다. 희망을 잃은 사람들은 포기한다. 오늘 성경 본문에서 포로들은 미래에 대한 희망을 갖는다. 우리 역시 소망을 품고 미래를 바라볼 수 있다. 하늘에서 우리를 기다리는 유업이 있기 때문이다(벧전 1:4).

| 묵상 구절 | "여호와께서 느부갓네살의 손으로 유다와 예루살렘 백성을 옮기실 때에 [여러 지파들도] 가니라"(대상 6:15).

| 생각해볼 문제 | 당신은 미래의 희망과 유업에 관해 얼마나 생각하는가?

250일 비천한 자리로 떨어진 **느부갓네살**

다니엘 4장, 역대상 8:29-9:1

어제는 회개하고 살아남는 선택의 필요성을 살펴보았다(대상 5:18-26, 6:3-15, 7:1-8:28). **오늘은** 유다가 포로 생활을 할 때 하나님이 바벨론 왕 느부갓네살을 낮추셨다가 다시 왕권을 회복해주신 내용을 살펴볼 것이다.

| 핵심 개념 | 하나님은 바벨론 왕 느부갓네살을 비천하게 하셨다가 다시 복권해주셨다.

| 큰 그림 | 교만한 느부갓네살은 하나님이 그를 왕좌에서 끌어내리시고 한동안 비천한 상태에서 짐승들과 살게 하실 것을 암시하는 꿈을 꾸었다. 그는 결국 복권되어 하나님께 찬양을 돌렸다. "내가 지극히 높으신 이에게 감사하며 영생하시는 이를 찬양하고 경배하였나니"(단 4:34).

| 변화를 위한 진리 | 다니엘은 느부갓네살에게 "공의를 행함으로 죄를 사하고"(단 4:27)라고 권면했다. 다니엘의 이 경고는 두 가지 영적 진리를 근거로 했다. (1) 죄는 파멸과 사망을 낳는다. (2) 의는 복과 장수를 준다. 다니엘은 죄에서 돌이켜 의를 좇는 것이 왕에게 최고의 유익이 됨을 알았다. 우리도 마찬가지다(출 19:5, 신 4:40, 마 5:2-12).

| 묵상 구절 | "참으로 크도다 그의 이적이여, 참으로 능하도다 그의 놀라운 일이여, 그의 나라는 영원한 나라요 그의 통치는 대대에 이르리로다"(단 4:3).

| 생각해볼 문제 | 당신의 삶에서 '죄에서 돌이키고 의를 행해야 할' 부분이 있는가?

251일 다니엘과 **사자 굴**

다니엘 6장, 9장

어제는 하나님이 바벨론 왕 느부갓네살을 비천하게 하셨다가 왕위를 다시 회복해주신 내용을 살펴보았다(단 4장, 대상 8:29–9:1). **오늘은** 다니엘이 사자 굴에서 살아난 사건을 살펴볼 것이다.

| 핵심 개념 | 하나님은 사자 굴에서 다니엘을 구해주셨다.

| 큰 그림 | 유다가 바벨론에서 포로 생활을 할 때 다니엘을 시기한 정부 관리들이 그를 해하려고 흉계를 꾸몄다(단 6:1–9). 결국 다니엘은 사자 굴에 던져졌다(6:10–17). 하나님은 그날 밤이 새도록 다니엘을 보호해주셨다(6:18–23). 이 일은 주전 539년에 일어났다. 나중에 다니엘은 일곱 이레 혹은 490년이라는 이스라엘을 향한 예언의 시간표를 알려주었다. 7년 중 마지막 "주"는 종말에 있을 7년 환난을 말한다(9:20–27).

| 변화를 위한 진리 | 다니엘은 하나님과 사람들 앞에서 흠 없는 삶을 살았고 하나님은 그런 다니엘을 축복해주셨다(단 6:4). 시편 119편은 거짓이 없는 삶을 묘사한다. 시편 기자는 "행위가 온전하여 여호와의 율법을 따라 행하는 자들은 복이 있음이여"라고 자랑한다(1절, 참조. 2–6절). 우리는 모두 '시편 119편의 그리스도인'처럼 되어야 한다.

| 묵상 구절 | "나의 하나님이 이미 그의 천사를 보내어 사자들의 입을 봉하셨으므로 사자들이 나를 상해하지 못하였사오니 이는 나의 무죄함이 그 앞에 명백함이오며"(단 6:22).

| 생각해볼 문제 | 위험한 상황에서 천사의 보호를 받아본 적이 있는가?

<예수 빌리지> 구약 III. 15과

252일 이스라엘에 **임할 축복**

에스겔 34-36장

어제는 다니엘이 사자 굴에서 살아난 일을 살펴보았다(단 6장, 9장). **오늘은** 먼 미래에 하나님의 백성이 받을 축복을 살펴볼 것이다.

| 핵심 개념 | 바벨론 포로 생활이 끝나면 하나님의 백성은 큰 복을 받을 것이다.

| 큰 그림 | 하나님의 백성은 그들을 인도하는 목자들에게 부당한 대우를 받았다. 자기 백성을 진심으로 돌봐줄 선하신 목자, 즉 메시아는 그들과 달리 정말 좋은 목자였다(겔 34장). 하나님은 바벨론 포로 생활이 끝나고 자기 백성을 다시 본토로 돌아오게 하겠다고 약속하셨다. 또한 먼 종말의 때에 자기 백성을 약속의 땅으로 돌아오게 하고 유대인을 세상 모든 나라에서 불러들이겠다고 약속하셨다(주후 70년 로마의 침략으로 흩어진 후). 그래서 1948년이 중요한 해다. 이스라엘은 이 해에 국가로 다시 태동했고 이후 유대인들은 그 땅으로 돌아오기 시작했다. 하나님은 또한 자기 백성에게 새 마음과 새 영을 주시겠다고 약속하셨다(36장).

| 변화를 위한 진리 | 하나님은 자기 백성을 징계하시고 다시 회복해주신다(겔 36:24). 마찬가지로 하나님은 우리가 시련을 겪고 나면 회복의 때를 주신다(벧전 5:10). 터널 끝에 빛이 기다리고 있음을 항상 기억하고 기대하라.

| 묵상 구절 | "또 새 영을 너희 속에 두고 새 마음을 너희에게 주되 너희 육신에서 굳은 마음을 제거하고 부드러운 마음을 줄 것이며"(겔 36:26).

| 생각해볼 문제 | 에스겔 36:26 말씀이 바벨론에서 포로 생활을 하는 유대인에게 어떤 영향을 주었으리라 생각하는가?

253일 위대한 **구원자 하나님**

에스겔 37-39장, 32:1-16

어제는 먼 미래에 하나님의 백성에게 임할 복에 관해 살펴보았다(겔 34-36장). **오늘은** 하나님이 종말의 때에 자기 백성에게 위대한 구원자가 되어주신다는 내용을 살펴볼 것이다.

| 핵심 개념 | 하나님은 마지막 때에 거대한 침략군에게서 자기 백성을 건져주실 것이다.

| 큰 그림 | 에스겔은 이스라엘이 다시 한 나라를 이루며 말세에 유대인들이 "열국"에서 이스라엘로 다시 돌아올 것이라고 예언했다(겔 36-37장). 이 일은 1948년부터 실제로 이루어지고 있다. 에스겔은 이어서 북의 침략군이 이스라엘을 전면 공격할 것이며 러시아가 현재의 이란과 수단, 터키와 리비아를 포함한 무슬림 연합군을 이끌 것이라고 예언했다. 그러나 하나님이 개입하셔서 이들 침략군을 초자연적으로 무너뜨리실 것이다(38-39장). [나의 책 『북쪽에서 일어날 폭풍』(*Northern Storm Rising*, Harvest House publishers)을 참고하라.]

| 변화를 위한 진리 | 어마어마한 규모의 연합군이 이스라엘을 공격한다 해도 하나님이 직접 이들을 무너뜨리실 것이다(겔 39장, 시 121:4, 사 54:17). 하나님이 불가능해 보이는 상황에서 이스라엘을 구해주시듯이 우리도 구원해주실 것이다(참조. 엡 3:20, 히 13:5).

| 묵상 구절 | "이스라엘 땅으로 들어가게 하리라 내 백성들아 내가 너희 무덤을 열고 너희로 거기에서 나오게 한즉 너희는 내가 여호와인 줄을 알리라"(겔 37:12-13).

| 생각해볼 문제 | 이런 종말의 예언을 듣고 바벨론 포로들은 어떤 기분이었으리라 생각하는가?

254일 로마 제국의 **부흥**

다니엘 7-8장, 5장

어제는 말세에 하나님이 자기 백성에게 위대한 구원자가 되어주신다는 내용을 살펴보았다(겔 37-39장, 32:1-16). **오늘은** 미래에 적그리스도가 세상을 통치하고 환난의 때에 로마 제국이 다시 부흥한다는 예언에 관해 살펴볼 것이다.

| 핵심 개념 | 말세의 악한 통치자, 적그리스도는 그리스도의 재림에 앞서 일어날 7년 환난기에 부활한 로마 제국의 실권을 잡을 것이다.

| 큰 그림 | 다니엘은 네 개의 왕국을 상징하는 이상한 네 짐승에 관한 환상을 보았다. 이들은 성경의 예언에서 중요한 역할을 할 것이다. 이들은 바벨론, 메대-바사, 알렉산더 대제 치하의 그리스, 아직 이루어지지 않았지만 미래에 부활할 로마 제국을 말한다. 적그리스도가 환난의 때에 다스리는 나라가 바로 이 제국이다(단 7-8장).

| 변화를 위한 진리 | 다니엘 7:10은 "천천"의 천사가 하나님을 섬긴다고 말한다. 다른 곳에서는 "보좌와 생물들과 장로들을 둘러 선 많은 천사의 음성이 있으니 그 수가 만만이요 천천이라"(계 5:11)고 묘사한다. 욥기 25:3은 "그의 군대를 어찌 계수할 수 있으랴"고 반문한다. 그리스도인에게 "섬기는 영"으로 수종드는 천사의 수는 이루 헤아릴 수 없이 많다(히 1:14).

| 묵상 구절 | [메시아적 예언] "인자 같은 이가 하늘 구름을 타고 와서…그의 권세는 소멸되지 아니하는 영원한 권세요"(단 7:13-14).

| 생각해볼 문제 | 성경에 기록된 예언을 공부하면 하나님을 믿는 믿음과 성경에 대한 확신이 더욱 확고해질 수 있다고 보는가? 이러한 예언이 포로 생활을 하는 유대인에게 동일한 역할을 했을 것이라 생각하는가?

255일 천년 왕국의 **성전**

에스겔 40:1-43:27

어제는 대환난기에 적그리스도가 부활한 로마 제국을 다스릴 것을 살펴보았다(단 7-8장, 5장). **오늘은** 말세의 천년 왕국에 세워질 성전을 살펴볼 것이다.

| 핵심 개념 | 에스겔은 포로들에게 천년 왕국에 세워질 성전에 관해 말한다.

| 큰 그림 | 에스겔 40:38-43:27은 그리스도가 다스릴 천년 왕국에 관해 말한다. 이 왕국은 완전한 평화와 의가 있는 지상에 세워지는 천년 왕국이다. 이 시기에 하나님은 이스라엘에 약속하신 언약의 땅에 관한 모든 내용을 이루실 것이다. 오늘 본문은 천년 왕국의 성전에 관해 말해준다. 이 성전에서 제사를 드린다고 모세 율법으로 회귀한다는 말은 아니다. 이 성전은 한 가지 목적, 즉 성전에서 모든 의식적 부정을 제거하는 용도로 쓰일 뿐이기 때문이다.

| 변화를 위한 진리 | 그리스도의 천년 왕국은 예배가 가장 중요한 특징이다(겔 43:13-46:24). 에스겔은 포로 생활을 하는 이들에게 예언을 전하며 강력한 소망을 일깨워주었다. 우리 역시 이런 소망을 품을 수 있다. 이 소망은 의롭게 살고 싶은 동기를 더욱 확고하게 해준다(딛 2:12-14, 벧후 3:11-12, 요일 3:2-3).

| 묵상 구절 | "이스라엘 하나님의 영광이 동쪽에서부터 오는데 하나님의 음성이 많은 물 소리 같고 땅은 그 영광으로 말미암아 빛나니"(겔 43:2).

| 생각해볼 문제 | 성경의 예언을 자신의 소망으로 확고히 붙들고 있는가? 그 소망이 삶의 태도에 어떤 변화를 일으켰는가?

256일 천년 왕국의 **제사**

에스겔 44-46장

어제는 말세의 천년 왕국에 세워질 성전에 관해 살펴보았다(겔 40:1-43:27). **오늘은** 천년 왕국에서 드릴 제사의 의미를 살펴볼 것이다.

| 핵심 개념 | 천년 왕국의 제사는 의식적 부정을 제거하고 성전의 부정을 막는 용도로만 기능한다.

| 큰 그림 | 에스겔은 포로들에게 제사장과 레위인, 천년 왕국의 성전에서 치러질 의식들에 관해 알려준다. 제사장들은 성전에서 제사를 드릴 것이다. 제사의 목적은 의식적 부정을 제거하고 성전의 환경적 순결성이 오염되지 않도록 하는 데 있다. 이 작업이 꼭 필요한 이유는 여호와 하나님이 다시 지상에서 유한한 인간들 가운데 거주하실 것이기 때문이다. 이들은 여전히 죄성을 지닌 채 천년 왕국에 들어왔다(참조. 마 25:31-46). 또한 희생 제사는 그리스도의 완성된 사역을 기념하는 역할을 한다.

| 변화를 위한 진리 | 에스겔 44:4은 유한한 육신을 지닌 인간이 하나님의 영광을 볼 때 얼굴을 가리고 엎드리는 모습을 설명한다. 사후에 우리는 부활의 몸으로 영화롭게 되어 하나님의 존전에 거할 것이다(고전 13:12, 참조. 시 17:15, 계 21:3). 그날이 빨리 왔으면 좋겠다!

| 묵상 구절 | "내가 보니 여호와의 영광이 여호와의 성전에 가득한지라 내가 얼굴을 땅에 대고 엎드리니"(겔 44:4).

| 생각해볼 문제 | 천국에서 하나님을 직접 뵈면서 산다는 것이 어떤 모습일지 생각해본 적이 있는가?

257일 천년 왕국의 **땅 분배**

에스겔 47–48장, 29:17–30:19, 왕하 25:27–30, 렘 52:31–34

어제는 천년 왕국에서 드리는 제사의 용도를 살펴보았다(겔 44–46장). **오늘은** 천년 왕국의 땅 분배에 관해 살펴볼 것이다.

| 핵심 개념 | 아브라함 언약의 궁극적 성취라는 측면에서 천년 왕국에서 이루어지는 이스라엘의 땅 분배가 서술되어 있다.

| 큰 그림 | 에스겔은 천년 왕국 시대의 이스라엘 국경에 관해 예언한다(겔 47:13–20). 이스라엘 지파 중 일곱 지파는 성전 지역의 북쪽 땅을 배당받을 것이다(48:1–7). 땅의 거룩한 부분은 성전을 위한 용도로 쓰이며, 제사장과 레위인들에게 할당될 것이다(48:8–22). 이스라엘 지파 중 다섯 지파는 성전 지역의 남쪽 땅을 할당받을 것이다(48:23–29). 이 모든 일은 하나님의 지시에 따라 이루어졌다.

| 변화를 위한 진리 | 대환난 전에 휴거한 그리스도인들은 천년 왕국 때에 하늘에서 주의 통치에 참여할 것이다(참조. 계 5:10, 20:6, 딤후 2:12). 얼마나 영광스러운 특권인가!

| 묵상 구절 | "주 여호와께서 이같이 말씀하셨느니라 너희는 이 경계선대로 이스라엘 열두 지파에게 이 땅을 나누어 기업이 되게 하되"(겔 47:13).

| 생각해볼 문제 | 그리스도가 직접 통치하시며 사람들 가운데 거하시는 완벽한 삶의 환경을 상상할 수 있겠는가?

258일

시대 7: 포로 생활에서 귀환

주전 538-6년

역대상, 역대하, 에스라, 느헤미야, 에스더, 시편, 다니엘, 요엘, 학개, 스가랴, 말라기 일부나 전체

오늘부터는 주전 538-6년에 해당하는 '포로들의 귀환'이라는 제목의 새로운 성경 시대에 관해 살펴볼 것이다. 이 시대와 관련한 성경은 역대상, 역대하, 에스라, 느헤미야, 에스더, 시편, 다니엘, 요엘, 학개, 스가랴, 말라기다. 구약의 마지막 시대다.

유대인은 바벨론에서 70년간 포로 생활을 하였다. 포로기 초기에 느부갓네살 왕이 꾼 꿈을 다니엘이 해몽해주었다. 이 꿈은 메대 바사 제국이 언젠가 바벨론을 점령할 것을 암시했다(단 2:39). 실제로 메대인과 바사인은 주전 539년에 바벨론을 정복했다. 바사의 고레스 왕은 유대인의 본국 귀환을 허락하는 칙령을 발표했다.

유대 백성은 한꺼번에 본국으로 돌아오지 않았다. 여러 차례로 나뉘어 귀환이 진행되었다. 스룹바벨의 지도 아래 유대 포로들은 주전 538년, 메대와 바사가 바벨론을 정복한 지 1년 후에 예루살렘으로 돌아왔다. 이것이 1차 귀환이다. 그들은 본국에 도착한 즉시 제단을 쌓고 하나님께 제사를 드리며 초막절을 지켰다. 다음으로 성전의 기초를 놓고 그 땅에 안착했다.

성전 건축은 바사 왕에게 성전 재건을 중지하도록 설득한 적의 방해로 중단되고 말았다(참조. 스 4장). 이후 유대 백성은 영적으로 점점 나태해졌고 이전의 거주지가 심하게 훼손된 것을 보고 낙담했다. 그들은 성전을 재건할 의욕을 상실하고 말았다.

학개 선지자는 성전 재건을 지체하는 유대 백성을 책망했다(학 1:2-6). 그들은 자신들이 살 집을 지었지만 하나님의 집을 짓는 일에는 무관심했다. 학개는 서둘러 성전을 재건하도록 재촉했다(1:7-8). 하나님이 그들을 축복하시지 않는 이유가 그들이 하나님을 잊었기 때문임을 알려주었다(1:9-11). 이런 잘못은 즉각 고쳐야 했다. 그들은 학개의 말을 경청했고 성전 건축을 재개했다(1:12-15).

학개는 또한 귀환한 포로들에게 이 성전의 크기가 작다고 낙심하지 말라고 타일렀다(솔로몬의 성전보다 규모가 아주 작은 성전이었다). 이 성전의 영광이 이전 성전의 영광보다 더 클 것이라는 하나님의 약속을 전해주었다(학 2:4-5, 9). 나아가 삶에서 하나님을 최우선순위로 다시 섬기면 큰 복을 받을 것임을 알려주었다(2:18-19).

반면 학개와 동시대인인 스가랴 선지자는 백성을 영적 나태함에서 벗어나게 할 목적으로 네 가지 메시지를 전했다. (1) 공허한 의식주의를 책망했다(슥 7:4-7). (2) 불순종하면 언제나 하나님의 보응이 따를 것을 경고했다(7:8-14), (3) 하나님은 이스라엘에 귀환과 회복과 축복을 약속해주셨다(8:1-17). (4) 하나님의 백성에게 큰 기쁨이 있을 것이다(8:18-23).

학개 선지자와 스가랴 선지자의 독려와 경고를 들은 백성은 성전을 완공하기 위해 힘을 쏟았다. 성전 재건을 중단하도록 바사 왕을 설득한 대적들과 관련해서는 왕이 문제를 재조사하여 귀환한 유대인들에게 우호적인 결정을 내려주었다. 성전은 포로들이 본국에 도착한 지 20여 년이 지난 주전 516년에 완공되었다.

2차 유대인 포로 귀환은 거의 60년 뒤인 주전 458년 에스라의 지도 아래 이루어졌다. 약 2천 가정이 귀환했다. 귀환한 에스라는 먼저 돌아와 있던 포로들의 영적 생활이 완전히 파탄 상태임을 보았다. 에스라는 영적 회복을 도모하기로 했다. 그는 유대인들에게 먼저 하나님의 율법을 가르쳤다. 율법대로 동족이 다시 회복되도록 힘썼다(스 9:1-10:44). 그는 회개와 갱신을 호소했다.

몇 년 후 느헤미야 선지자가 소규모의 무리를 이끌고 본국으로 귀환했다. 느헤미야의 목표는 성벽을 재건하고 보수하는 것이었다(느 2-3장). 사마리아 왕이 보수 작업을 방해했지만 느헤미야는 재건 작업을 미루지 않았다. 백성의 절반은 성벽 재건 작업에 투입하고 나머지 절반은 경계 작업에 투입해 외부의 방해에 대비했다(4장). 느헤미야의 기도와 단호한 리더십으로 재건 작업이 중단되지 않고 진행되었고(5장) 결국 52일만에 완성되었다(6장). 이 시기에 느헤미야는 또한 백성에게 죄와 영적 나태함을 회개하도록 촉구했다.

요엘 선지자와 말라기 선지자 역시 죄를 책망하고 하나님께 신실하도록 촉구하며 귀환한 백성에게 하나님의 사랑을 확인해주었다. 이스라엘 백성은 당면한 어려움에 급급한 나머지 그들을 향한 하나님의 사랑을 보지 못했다. 하나님은 말라기 선지자를 통해 그들을 얼마나 지극히 사랑하시는지를 확인해주셨다. 말라기 역시 강력히 회개를 촉구했다. 그대로 계속 범죄한다면 더 무서운 심판이 임할 수밖에 없었다.

이제부터는 역대상, 역대하, 에스라, 느헤미야, 에스더, 시편, 다니엘, 요엘, 학개, 스가랴, 말라기를 살펴보면서 포로 귀환 이후 시대에 대해 흥미로운 내용을 배울 것이다. 아래 연대표는 연대기적으로 유익한 정보를 제공한다.

주전 539년	고레스가 유대인의 해방을 선언하다.
주전 538-457년	에스라서에 서술된 사건들이 발생한 시기
주전 538년	사람들이 유배지에서 본국으로 귀환하기 시작하다.
주전 536년	성전 건축 시작
주전 530년	건축 작업 중단
주전 522-486년	학개의 사역 기간
주전 520년	학개가 학개서를 쓰다. 스가랴가 예언 사역을 시작하다. 성전 재건 작업이 재개되다.
주전 516년	성전이 완공되다.
주전 465년	아닥사스다 1세가 바사 왕이 되다.

주전 458년	에스라가 예루살렘으로 돌아오다.
주전 457–444년	에스라서가 기록되다.
주전 445년	느헤미야가 예루살렘으로 돌아와 총독이 되다. 예루살렘 성벽을 재건하다.
주전 433–400년	말라기가 말라기서를 쓰다.

예습: 259일부터는 포로들의 귀환에 관해 살펴볼 것이다.

259일 포로들의 **귀환**

에스라 1:1-4:5, 역대하 36:22-23, 역대상 3:17-24

어제는 '포로들의 귀환'이라는 제목으로 주전 538-6년에 이르는 제7 시대를 살펴보았다. **오늘은** 포로들의 1차 예루살렘 귀환에 관해 살펴볼 것이다.

| 핵심 개념 | 포로들의 1차 예루살렘 귀환이 이루어졌다.

| 큰 그림 | 에스라서에는 2차에 걸친 바벨론 포로 귀환이 기록되어 있다. 먼저 스룹바벨이 주도한 귀환(스 1-6장)과 60여 년 후 에스라가 주도한 귀환(7-10장)이다. 첫 번째 귀환의 목표는 성전 재건이었다(1:1-2:70). 2차 귀환은 유대 백성의 영적 생활 재건이라는 에스라의 목표에 초점이 있다(7:1-8:36). 이 모든 일은 주전 539년 바사 왕 고레스가 유대인 해방을 명하는 칙령이 선언된 이후 일어났다.

| 변화를 위한 진리 | 유대인은 바벨론에서 이스라엘로 돌아옴으로 하나님의 약속에 대한 믿음을 보여주었다. "여호와께서 예레미야의 입을 통하여 하신 말씀을 이루게 하시려고"(스 1:1). 하나님은 약속을 지키시는 분이라는 주제는 성경의 공통된 주제다(민 23:19, 수 23:14). 그는 약속하시면 이루시는 분이다. 그러므로 그분의 말씀을 그대로 받아들여야 한다.

| 묵상 구절 | "모든 백성이 여호와의 성전 기초가 놓임을 보고 여호와를 찬송하며 큰 소리로 즐거이 부르며"(스 3:11).

| 생각해볼 문제 | 귀환한 유대인들에게 성전 재건이 그토록 중요한 이유는 무엇인가?

〈예수 빌리지〉 구약 III. 17-18과

260일 천사의 도움으로 **기도가 응답되다**

다니엘 10-12장, 에스라 4:24-5:1, 학개 1장

어제는 포로들의 1차 예루살렘 귀환에 관해 살펴보았다(스 1:1-4:5). **오늘은** 기도하던 다니엘에게 천사가 나타나 그를 도운 내용을 살펴볼 것이다.

| 핵심 개념 | 유대인들은 본국으로 자유롭게 돌아올 수 있었지만 다니엘은 바벨론에 남기로 선택했다. 오늘 성경 본문을 보면 그는 천사를 만나 예언을 해석하는 데 도움을 받았다.

| 큰 그림 | 하나님은 기도에 응답하셔서 천사를 보내시고 미래의 예언에 관해 다니엘에게 상세히 해석해주도록 하셨다. 그것은 주로 대환란기 때 적그리스도의 역할과 관련된 내용이다(단 10장, 11:44, 12:1, 4). 반면 학개 선지자는 백성이 영적 안일함과 나태를 벗어버리고 새롭게 헌신하고 회복되도록 노력했다(학 1장).

| 변화를 위한 진리 | 때로 하나님은 천사들을 보내셔서 우리가 기도로 간구한 것을 해결해주신다(행 12:6-19). 타락한 천사들은 때로 하나님이 기도 응답을 위해 보내신 천사를 훼방하려고 시도한다. 다니엘이 기도할 때 바로 이런 일이 일어났다(단 10:13). 우리는 기도할 때 하나님의 응답이 지체되는 것처럼 보이더라도 견고하게 믿음을 지켜야 한다. 막후의 영적 세계에서 어떤 일이 벌어지는지 우리는 모른다.

| 묵상 구절 | "그가 내게 이르되 다니엘아 두려워하지 말라 네가 깨달으려 하여 네 하나님 앞에 스스로 겸비하게 하기로 결심하던 첫날부터 네 말이 응답 받았으므로 내가 네 말로 말미암아 왔느니라"(단 10:12).

| 생각해볼 문제 | 오늘 본문을 읽고 응답이 지체되더라도 낙심하지 않고 더 간절히 기도해야겠다는 의욕이 생기는가?

〈예수 빌리지〉 구약 III. 18과

261일 성전 재건을 **독려하다**

스가랴 1-5장, 학개 2장, 에스라 5:2

어제는 천사가 기도 응답으로 다니엘에게 나타난 내용을 살펴보았다(단 10-12장, 학 1장). **오늘은** 귀환한 유대인들이 성전 재건을 완성하도록 독려받은 내용을 살펴볼 것이다.

| 핵심 개념 | 의기소침해 있던 유대인들은 성전 재건을 완료하고자 하는 동기를 부여받았다.

| 큰 그림 | 유대인들은 주전 538년 본국으로 돌아오기 시작했다. 주전 536년에 성전 건축이 시작되었지만 주전 530년에 중단되고 말았다(스 4:4-5). 하나님은 스가랴를 부르셔서 다시 힘을 내어 그 일을 완료하도록 백성을 독려하게 하셨다. 스가랴는 성전의 중요성을 알리며 백성을 독려했다. 성전은 유대인의 종교적 중심이었고 그 백성 가운데 계시는 하나님의 임재를 상징했다.

| 변화를 위한 진리 | 하나님은 "너희는 내게로 돌아오라 만군의 여호와의 말이니라 그리하면 내가 너희에게로 돌아가리라"(슥 1:3)고 확인해주셨다. 야고보서 4:8 말씀과 유사하다. "하나님을 가까이하라 그리하면 너희를 가까이하시리라." 하나님이 멀리 계신다고 느껴지면 오늘 하나님께 한발 더 가까이 나아감으로 첫걸음을 내디뎌라.

| 묵상 구절 | "오호라 너희는 북방 땅에서 도피할지어다…바벨론 성에 거주하는 시온아 이제 너는 피할지니라"(슥 2:6-7).

| 생각해볼 문제 | 매일 습관처럼 하나님께 가까이 나아가야 하는 이유는 무엇인가?

262일 공허한 의식주의에 **대한 경계**

스가랴 6-8장, 에스라 5:3-6:14

어제는 귀환한 유대인들이 성전 재건을 완성하도록 독려받은 내용을 살펴보았다(슥 1-5장, 학 2장). **오늘은** 공허한 의식주의를 삼가야 함을 살펴볼 것이다.

| 핵심 개념 | 귀환한 유대인들은 하나님을 섬기는 시늉만 하고 있었다. 진정으로 헌신해야 했다.

| 큰 그림 | 스가랴는 귀환한 이들에게 네 가지 메시지를 전달했다. (1) 공허한 의식주의를 경계해야 한다(슥 7:4-7). (2) 불순종에는 하나님의 보응이 따른다(7:8-14). (3) 하나님은 이스라엘을 다시 모으시고 회복하시며 축복하실 것을 약속하셨다(8:1-17). (4) 하나님의 백성이 크게 기뻐할 것이다(8:18-23).

| 변화를 위한 진리 | 하나님은 전심을 다해 그분을 섬기지 않고 시늉만 하는 이들을 싫어하신다(슥 7:4-7). 하나님과의 관계뿐 아니라 이웃과의 관계에서도 헌신적인 진정한 신자들을 찾으신다(7:9-10). 야고보서 1:22도 비슷한 말씀을 선포한다. "너희는 말씀을 행하는 자가 되고 듣기만 하여 자신을 속이는 자가 되지 말라."

| 묵상 구절 | "너희는 진실한 재판을 행하며 서로 인애와 긍휼을 베풀며 과부와 고아와 나그네와 궁핍한 자를 압제하지 말며 서로 해하려고 마음에 도모하지 말라"(슥 7:9-10).

| 생각해볼 문제 | 하나님이 스가랴 7:9을 통해 교훈하시는 내용이 왜 그토록 중요한가?

263일 여호와는 **나의 목자**

스가랴 9-14장

어제는 공허한 의식주의에 관해 살펴보았다(슥 6-8장, 스 5:3-6:14). **오늘은** 하나님이 그분 백성의 거룩한 목자이신 것을 살펴볼 것이다.

| 핵심 개념 | 하나님은 거룩한 목자로서 자기 백성을 돌보아주신다.

| 큰 그림 | 스가랴는 미래의 메시아에 관한 두 가지 신탁으로 책을 마무리한다. (1) 초림하신 메시아는 배척을 당하고 은 30개에 팔릴 것이다(슥 11:13). (2) 예수님이 재림하시기 직전에 유대인들은 공격을 받고 메시아에게 구원을 간구하며 부르짖을 것이다(12장). 스가랴는 메시아가 이스라엘을 구속하시고 구원해주실 것이고(13장), 감람산에 서실 것이며, 그 후 열국을 심판하시고 세상을 통치하실 것이라고 말한다(14장).

| 변화를 위한 진리 | 스가랴 11:1-17은 하나님은 백성을 '불쌍히 여기지 않는' 악한 목자들을 심판하시는 분으로 묘사한다(11:5). 거룩한 목자가 돌보는 양들은 얼마나 좋겠는가(11:7). 신약에서는 예수님을 선한 목자(요 15:1-10), 큰 목자(히 13:20), 목자장(벧전 5:4)으로 부른다.

| 묵상 구절 | "내가 잡혀 죽을 양 떼를 먹이니 참으로 가련한 양들이라"(슥 11:7).

| 생각해볼 문제 | 거룩한 목자가 매일 친구로 동행해주신다는 것이 당신에게는 어떤 의미인가?

264일 에스더가 동족을 **위해 중재하다**

에스더 1-4장, 에스라 6:14-22, 4:6

어제는 거룩한 목자 되신 하나님이 자기 백성을 돌보아주시는 것을 살펴보았다(슥 9-14장). **오늘은** 에스더가 동족을 위해 중재에 나서는 내용을 살펴볼 것이다.

| 핵심 개념 | 에스더는 황후의 지위를 이용해 동족을 파멸에서 보호한다.

| 큰 그림 | 와스디는 바사의 왕후였지만 폐위당한다(에 1장). 유대인인 에스더는 주전 479년에 왕후가 되었는데 이때는 유대인들이 바벨론 포로 생활에서 해방된 지 거의 60년이 흐른 뒤였다. 그녀는 왕에게 큰 총애를 받았다(2장). 아하수에로 왕의 고위 관리로서 악인이었던 하만은 유대인을 증오하여 그들을 말살하려 했고, 그것을 실행할 음모를 꾸몄다(3장). 모르드개의 격려와 하나님의 섭리로 에스더는 왕후의 지위를 이용해 동족을 보호해달라고 왕에게 호소했다(4장).

| 변화를 위한 진리 | 하나님은 때로 특정한 목적을 위해 전략적으로 중요한 권력자의 지위를 자기 백성에게 주신다. 에스더가 좋은 예다(에 2장). 또한 성경에서는 하나님이 섭리하셔서 요셉을 애굽의 총리로 세우신 것을 볼 수 있다(창 38-39장, 41장, 50:20).

| 묵상 구절 | "네가 왕후의 자리를 얻은 것이 이 때를 위함이 아닌지 누가 알겠느냐"(에 4:14).

| 생각해볼 문제 | 하나님이 우리 인생에 섭리하시는 것과 관련해 에스더서에서 어떤 깨달음을 얻을 수 있는가?

〈예수 빌리지〉 구약 III. 16과

265일 하나님의 섭리로 **유대인이 구원받다**

에스더 5-10장

어제는 에스더가 왕후의 지위를 이용해 동족을 보호하고자 중재에 나선 내용을 살펴보았다(에 1-4장, 스 6:14-22, 4:6). **오늘은** 하나님이 에스더를 사용하셔서 자기 백성을 파멸에서 보호해주시는 내용을 살펴볼 것이다.

| 핵심 개념 | 하나님은 에스더를 주권적으로 사용하셔서 유대인이 멸족당할 위기를 막아내셨다.

| 큰 그림 | 에스더가 주최한 연회에서 왕은 그녀가 원하면 왕국의 절반이라도 주겠다고 말했다. 에스더는 동족인 유대인을 구해줄 것과 그들을 죽이려 하는 음모의 배후 인물을 심판해달라고 요청했다. 하만은 곧 교수형에 처해졌다. 그런 다음 왕은 유대인을 살해하지 못하게 막는 칙령을 발표했다(에 5-10장).

| 변화를 위한 진리 | 왕은 에스더에게 "왕후 에스더여 그대의 소청이 무엇이냐"(에 7:2)고 물었다. 용기를 낸 에스더는 왕에게 동족을 위해 중재하면서 악한 하만이 그녀의 동족을 진멸하고자 획책하고 있다고 고발했다. 필요할 때 누군가를 대변하는 것이 늘 쉬운 일은 아니다. 하나님이 우리에게 담대함을 허락해주시기를!

| 묵상 구절 | "왕이여 내가 만일 왕의 목전에서 은혜를 입었으며 왕이 좋게 여기시면 내 소청대로 내 생명을 내게 주시고 내 요구대로 내 민족을 내게 주소서"(에 7:3).

| 생각해볼 문제 | 하나님이 섭리하셔서 우리 생명을 지키시고 보호해주심을 믿는가?

〈예수 빌리지〉 구약 III. 16과

266일 영적 생활의 **재건**

에스라 4:7–23, 7–8장

어제는 하나님이 섭리하셔서 유대 민족의 파멸을 막는 데 에스더를 사용하신 이야기를 살펴보았다(에 5–10장). **오늘은** 에스라가 백성의 영적 생활을 재건하고자 노력하는 이야기를 살펴볼 것이다.

| 핵심 개념 | 재건이 필요한 것은 성전만이 아니었다. 백성의 영적 생활도 재건이 필요했다.

| 큰 그림 | 유대 백성은 두 차례에 걸쳐 바벨론 포로에서 본토로 귀환하였다. 첫 번째는 스룹바벨이 주도하였고(스 1–6장), 두 번째는 60여 년 후 에스라가 주도했다(7–10장). 첫 번째 귀환은 성전 재건이 주목표였다(1:1–2:70). 두 번째 귀환은 백성의 영적 생활을 재건하는 것이 목표였다(7:1–8:36). 오늘 본문에서는 에스라가 두 번째 귀환 목표에 주력하는 모습을 볼 수 있다.

| 변화를 위한 진리 | 에스라는 "여호와의 율법을 연구하여 준행하며 율례와 규례를 이스라엘에게 가르쳤다"(스 7:10). 유대인들은 본국으로 돌아왔을 뿐 아니라 드디어 하나님의 말씀으로 돌아오고 있었다! 우리 역시 인생을 변화시키는 말씀의 영향력이 필요하다(참조. 딤후 3:15–17, 시 119:25, 37).

| 묵상 구절 | "또 나로 왕과 그의 보좌관들 앞과 왕의 권세 있는 모든 방백의 앞에서 은혜를 얻게 하셨도다 내 하나님 여호와의 손이 내 위에 있으므로 내가 힘을 얻어"(스 7:28).

| 생각해볼 문제 | 말씀을 매일 묵상하는 것을 가장 중요한 우선순위로 실천하고 있는가? 하나님의 말씀에서 멀어질 때 우리의 영적 생활에 어떤 일이 일어나는가?

〈예수 빌리지〉 구약 III. 18과

267일 예루살렘 **성벽 재건**

느헤미야 1-2장, 에스라 9-10장

어제는 에스라가 백성의 영적 생활을 재건하기 위해 주력하는 것을 살펴보았다(스 4:7-23, 7-8장). **오늘은** 예루살렘 성벽 재건과 관련한 이야기를 살펴볼 것이다.

| 핵심 개념 | 느헤미야는 성벽 재건 작업을 감독했다.

| 큰 그림 | 느헤미야는 동족을 위해 기도했고 그들의 죄를 고백했으며, 회개할 때 축복해주시기를 하나님께 구했다(느 1장). 그런 다음 아닥사스다 1세의 허락을 얻어 예루살렘으로 돌아와 예루살렘 성의 상태를 점검했다. 그리고 성벽의 보수가 필요하다는 회신을 보냈다(2장). 느헤미야는 주전 445년에 예루살렘의 총독이 되었고, 같은 해 무너진 예루살렘 성벽이 재건되었다.

| 변화를 위한 진리 | 하나님이 느헤미야의 기도에 응답하신 한 가지 이유는 그가 의로운 사람이었기 때문이다(느 1:4-7). 야고보서 5:16 말씀도 유사하다. "의인의 간구는 역사하는 힘이 큼이니라." 하나님은 "의인의 기도를 들으신다"(잠 15:29).

| 묵상 구절 | "주여 구하오니 귀를 기울이사 종의 기도와 주의 이름을 경외하기를 기뻐하는 종들의 기도를 들으시고 오늘 종이 형통하여 이 사람들 앞에서 은혜를 입게 하옵소서"(느 1:11).

| 생각해볼 문제 | 중요한 사람에게 호의를 얻게 해달라고 하나님께 기도해본 적이 있는가?

<예수 빌리지> 구약 III. 19과

268일 예루살렘 **성벽 재건**

느헤미야 3:1–7:3

어제는 예루살렘 성벽 재건에 관한 내용을 살펴보았다(느 1–2장, 스 9–10장). **오늘도** 같은 내용을 살펴볼 것이다.

| 핵심 개념 | 성벽 재건을 방해하는 세력이 있었지만 느헤미야는 작업을 감행했다.

| 큰 그림 | 느헤미야는 일단의 무리를 이끌고 예루살렘 성벽을 중수하였다(느 3장). 사마리아 왕이 보수 작업을 방해했지만 느헤미야는 굴하지 않고 작업을 진행했다. 백성의 절반에게는 재건 작업을 맡기고 나머지 절반은 경계를 서게 했다(4장). 느헤미야의 기도와 과감한 리더십으로 건축 작업이 계속되었고(5장) 결국 52일만에 마무리되었다(6장).

| 변화를 위한 진리 | 많은 유대인이 경제적인 어려움을 겪고 있었다. 그래서 그들은 땅과 심지어 자녀를 담보로 부유한 유대인들에게 돈을 빌려야 했다. 빚을 갚지 않으면 담보로 잡힌 아이들은 종이 되어야 했다(느 5:1–5). 느헤미야는 부자 유대인들을 책망하고 이런 착취 행태를 종결시켰다(5:6–13). 사회 정의를 위한 노력은 중요하다.

| 묵상 구절 | [느헤미야가 동족을 착취하는 이들에게 한 말] "너희의 소행이 좋지 못하도다…우리 하나님을 경외하는 가운데 행할 것이 아니냐"(느 5:9).

| 생각해볼 문제 | 오늘날 우리 사회에서 벌어지고 있는 심각한 불의의 예를 든다면 무엇이 있겠는가?

〈예수 빌리지〉 구약 III. 20과

269일 말씀을 통한 **부흥**

느헤미야 7:4-8:12

어제는 예루살렘 성벽 재건에 관해 살펴보았다(느 3:1-7:3). **오늘은** 이스라엘 백성이 하나님의 말씀으로 영적 회복을 경험하는 내용을 살펴볼 것이다.

| 핵심 개념 | 백성은 낭독되는 하나님의 말씀과 해설을 듣고 영적 회복을 경험했다.

| 큰 그림 | 느헤미야는 조상들의 유업이었던 성으로 자기 백성을 돌아오게 하시리라는 기록을 발견했다(느 7장). 백성은 에스라에게 모세의 율법을 낭독해달라고 요청했다. 레위인들은 백성이 성경을 이해하도록 도왔다. 하나님의 말씀을 들은 온 백성은 큰 소리로 울었지만 말씀을 이해하게 되자 크게 기뻐했다(8장).

| 변화를 위한 진리 | 하나님의 말씀을 이해한 유대인들은 삶의 변화를 경험했다. 그들은 "율법의 말씀을 듣고 다 울었다." 하지만 그 말씀을 이해하자 "크게 즐거워" 했다(8:9, 12). 온 백성이 "자기의 죄와 조상들의 허물을 자복하였다"(9:2). 온 나라에 부흥이 일어났다(9:3-37).

| 묵상 구절 | "수문 앞 광장에서 새벽부터 정오까지 남자나 여자나 알아들을 만한 모든 사람 앞에서 읽으매 뭇 백성이 그 율법책에 귀를 기울였는데"(느 8:3).

| 생각해볼 문제 | 오늘날 그리스도인이라고 자처하는 수많은 사람이 하나님의 말씀을 읽는 데 시간을 거의 투자하지 않는 이유는 무엇이라 생각하는가?

〈예수 빌리지〉 구약 III. 21과

270일 순종하기로 **결단함**

느헤미야 8:13–10:39

어제는 하나님의 말씀을 들은 백성이 영적 부흥을 경험한 이야기를 살펴보았다(느 7:4–8:12). **오늘은** 백성이 순종하기로 결단한 이야기를 살펴볼 것이다.

| 핵심 개념 | 부흥을 경험한 이스라엘 백성은 하나님께 순종하기로 결단하였다.

| 큰 그림 | 에스라는 백성에게 모세의 율법을 낭독하였고 레위인들은 그 말씀을 이해하도록 도왔다. 백성은 기뻐했고(느 8장) 부흥을 체험했다(9장). 그러자 그들은 주의 명령에 순종하기로 결단했다(10장). "저주로 맹세하기를 우리가 하나님의 종 모세를 통하여 주신 하나님의 율법을 따라 우리 주 여호와의 모든 계명과 규례와 율례를 지켜 행하여"(10:29).

| 변화를 위한 진리 | 유다 백성은 주변 민족들이 유대 땅을 침략할까 두려워했다(느 9장). 느헤미야는 일찍이 "너희는 그들을 두려워하지 말고 지극히 크시고 두려우신 주를 기억하고"(4:14)라고 권면하였다. 바울도 로마서 8:31에서 비슷한 권면을 했다. "만일 하나님이 우리를 위하시면 누가 우리를 대적하리요"(참조. 시 3:6, 27:3, 56:4).

| 묵상 구절 | "이 날에 낮 사분의 일은 그 제자리에 서서 그들의 하나님 여호와의 율법책을 낭독하고 낮 사분의 일은 죄를 자복하며 그들의 하나님 여호와께 경배하는데"(느 9:3).

| 생각해볼 문제 | 당신은 날마다 죄를 고백하고 하나님을 예배하는 기도의 시간을 갖는가?

271일 봉헌식

느헤미야 11-12장, 역대상 9:1-34

어제는 하나님의 말씀에 순종하겠다는 백성의 결단을 살펴보았다(느 8:13-10:39). **오늘은** 중요한 봉헌식 하나를 살펴볼 것이다.

| 핵심 개념 | 예루살렘 성벽 봉헌식이 진행되었다.

| 큰 그림 | 이스라엘의 지도자들, 유다와 베냐민의 여러 마을에서 온 소수의 사람들과 일부 관리가 예루살렘에 거주하게 되었다(느 11장). 드디어 재건된 예루살렘 성벽 봉헌식이 열렸다. 레위인들, 노래하는 사람들, 제사장들, 찬양대가 이 즐거운 축하 예식에 참여했다(12장).

| 변화를 위한 진리 | 악기를 연주하는 찬양대들이 봉헌식에 중요한 역할을 했다(느 12:35-36, 참조. 대상 25장, 시 4-6편). 오늘을 살아가는 신자들 역시 "시와 찬미와 신령한 노래"를 부르고 "마음으로 주께 노래하라"(엡 5:19)고 성경은 권면한다.

| 묵상 구절 | "예루살렘 성벽을 봉헌하게 되니 각처에서 레위 사람들을 찾아 예루살렘으로 데려다가 감사하며 노래하며 제금을 치며 비파와 수금을 타며 즐거이 봉헌식을 행하려 하매"(느 12:27).

| 생각해볼 문제 | 주님이 우리에게 부어주신 축복을 생각하면서 일 년 내내 감사하고 찬양해야 한다는 생각을 해본 적이 있는가?

272일 영적 **냉담함**

말라기 1:1–2:9, 느헤미야 12:27–13:31, 5:14–19

어제는 성벽 봉헌식을 살펴보았다(느 11–12장). **오늘은** 제사장들과 백성이 영적으로 냉담해진 상황을 살펴볼 것이다.

| 핵심 개념 | 이스라엘 백성은 성전을 재건한 뒤 영적으로 냉담해졌고, 말라기 선지자는 그들에게 이 상태에서 벗어나라고 촉구하였다. 백성은 회복과 침체를 오가며 신앙의 기복을 보였다.

| 큰 그림 | 성전 재건은 주전 536년에 시작되어 주전 530년에 중단되었고, 주전 520년에 재개되어 주전 515년에 완성되었다. 이스라엘 백성은 본국으로 돌아왔지만 하나님과 친밀하게 교제하려는 열망이 회복되지는 않았다. 오히려 영적인 나태함이 만연하였다. 하나님은 말라기 선지자를 통해 그들에 대한 사랑을 확인해주셨다(말 1:1–5). 그러나 또한 말라기는 사회적 타락과 공허한 예배에 굴복한 백성에게 엄중히 경고했다. 특히 제사장들의 타락이 더 심각했다(1:6–2:16).

| 변화를 위한 진리 | 오늘 본문에서 우리가 배워야 할 원리는 하나님의 사랑을 절대 의심해서는 안 된다는 것이다. 설령 상황이 매우 어려워도 하나님의 사랑을 흔들림 없이 신뢰해야 한다(말 1:1–5). 로마서 5:8은 우리를 향한 하나님의 사랑을 이렇게 선포한다. "우리가 아직 죄인 되었을 때에 그리스도께서 우리를 위하여 죽으심으로 하나님께서 우리에 대한 자기의 사랑을 확증하셨느니라."

| 묵상 구절 | "여호와께서 이르시되 내가 너희를 사랑하였노라"(말 1:2).

| 생각해볼 문제 | 상황이 어려워질 때 하나님의 사랑을 의심하고 싶은 유혹이 생기지는 않는가?

273일 영적 냉담함이 **계속되다**

말라기 2:10-4:6

어제는 제사장들과 백성의 영적 냉담함을 살펴보았다(말 1:1-2:9). **오늘도** 같은 내용을 살펴볼 것이다.

| 핵심 개념 | 이스라엘 백성의 영적 나태, 환멸, 냉담함이 계속되었다. 이런 나태함은 성의 없는 제사 의식으로 나타났다. 하나님의 백성이 가서는 안 되는 길로 가고 있었다.

| 큰 그림 | 범죄한 이들은 비단 제사장들만이 아니었다(말 1:6-2:9). 일반 백성 역시 하나님께 불순종했다. 그들은 이방 여인들과 결혼했고, 마땅히 드려야 할 십일조와 예물을 드리지 않았으며, 하나님의 성품에 교만하게 도전했다(2:10-3:15). 하나님은 심판의 때가 오고 있다고 경고하셨다. 하나님의 백성이 범죄하였으므로 그 어느 때보다 오실 메시아의 필요성이 커졌다(3:16-4:6). 이런 면에서 예수 그리스도가 오시도록 길을 예비한 세례 요한에 대한 예언이 특히 중요하다(3:1, 참조. 마 11:10).

| 변화를 위한 진리 | 이스라엘 백성은 실상 무신론자나 마찬가지였다. 그들은 하나님이 계시지 않는 것처럼 행동했다. 우상을 섬기는 이방 여인들과 결혼하고 싫증이 나면 이혼했다. 하나님의 심판을 두려워하지 않고 자기들 소견에 옳은 대로 행했다(말 2:10-16). 우리 역시 하나님을 외면하고 우리가 원하는 대로 살아서는 안 된다(벧전 1:13-25).

| 묵상 구절 | "나 여호와는 변하지 아니하나니"(말 3:6).

| 생각해볼 문제 | 당신은 마치 하나님이 계시지 않는 것처럼 사실상 무신론자로 살아가고 있지는 않은가? 구체적으로 어떤 모습이 그러한가?

<예수 빌리지> 구약 III. 22과

274일

시대 8: 예수 그리스도의 강림

주전 6–주후 30년

마태복음, 마가복음, 누가복음, 요한복음

오늘부터는 '예수 그리스도의 강림'이라는 제목으로 새로운 성경 시대를 살펴볼 것이다. 이 시대와 관련한 성경으로는 사복음서, 즉 마태복음, 마가복음, 누가복음, 요한복음이 있다.

신약 성경은 여러 다양한 저자가 50여 년에 걸쳐 저술한 27권의 책을 모은 것이다. 신약 성경의 주인공은 예수 그리스도시다. 주요 주제는 새 언약에 근거한 예수 그리스도 안의 구원이다.

영어 단어 테스터먼트(testament)는 '언약' 혹은 '협정'이라는 의미를 내포한다. 구약은 하나님과 이스라엘 백성이 맺은 옛 언약이 핵심이었다. 이 언약(시내산 언약)에 따르면 유대인은 하나님의 백성이므로 하나님께 순종해야 했고, 하나님은 그들을 축복하셔야 했다(출 19:3–25). 이스라엘은 수없이 불순종하며 끊임없이 이 언약을 위반했다. 그러므로 구약 시대에 이미 선지자들은 외형적 율법을 지키는 것이 아니라 내면의 실체와 인간 마음의 변화에 초점을 맞춘 새 언약에 관해 말하기 시작했다(렘 31:31). 옛 언약과 달리 새 언약은 죄 용서를 보장해야 했다. 신약은 이 새 언약과 예수님에 관한 모든 것을 이야기해준다.

예수님은 다락방에서 제자들과 유월절 식사를 하시면서 잔을 들고 하나님과 그 백성 사이에 맺어진 새 언약에 관해 "이 잔은 내 피로 세우는 새 언약이니 곧 너희를 위하여 붓는 것이라"(눅 22:20, 참조. 고전 11:25) 고 말씀하셨다. 히브리서 7장은 그리스도의 제사장직이 옛 제사장직보다 더 우월함을 보여주며 따라서 그런 우월한 제사장의 사역 역시 더 우월하다는 논리적 결론을 도출한다. 예수님은 십자가에서 단번에 제사를 드리심으로 죄 용서에 필요한 모든 일을 이루셨다. 이 새 언약은 하나님과 우리가 맺은 관계의 근거가 된다.

신약의 첫 네 권은 복음서, 즉 마태복음, 마가복음, 누가복음, 요한복음이다. 이 복음서에는 그리스도의 생애에 관한 이야기가 담겨 있다. 그분의 일생을 전부 다 세세히 묘사하는 복음서는 없지만 사복음서를 종합해보면 예수님의 생애에 관한 전체적인 내용을 재구성할 수 있다.

각 저자는 복음서의 목적에 따라 그리스도의 생애의 다른 면들을 소개한다. 예를 들어, 마태복음은 어느 복음서보다 구약을 인용하거나 암시하는 구절이 많다. 예수님이 구약에서 약속하신 메시아임을 유대인에게 증명하고자 했기 때문이다. 반대로 마가복음은 그런 유대적 동기가 전혀 없었고 선생으로보다는 행동가로 예수님을 묘사하려고 한다. 누가복음은 모든 백성을 위한 구원이라는 놀라운 축복을 강조한다. 요한복음은 상당한 비중을 할애해 예수님의 정체성을 부각시키며 그분의 신적 기원과 신성을 철저히 증거한다. 예수님의 신성은 성경 전반에서, 특히 신약에서 확인된다. 신약을 공부할 때 이 점을 제대로 파악하는 것이 중요하다.

예수님의 신성. 성경에서 그리스도의 신성을 증언하는 증거는 매우 많다. 예를 들어, 성경에서 그분을 가리키는 이름들이 그분의 신성을 증거한다. 하나님(히 1:8), 주(마 22:43-44), 만왕의 왕과 만유의 주(계 19:16)가 대표적이다. 그분은 또한 전능하심(마 28:18), 전지하심(요 1:48), 무소부재하심(마 18:20)과 같은 신성의 모든 속성을 다 갖추셨다.

복음서와 서신서들을 보면 예수님은 하나님으로 여러 번 경배를 받으셨다. 도마의 경배를 받으셨고(요 20:28), 천사들(히 1:6)과 동방 박사들(마 2:11), 나병환자(8:2), 관원(9:18), 맹인(요 9:38), 가나안 여인(마 15:25), 막달라 마리아(28:9), 제자들(28:17)에게 경배를 받으셨다. 예수님이 이러한 경배를 기꺼이 받으시고 용인하신 사실은 그분의 진정한 신분에 관해 많은 것을 시사한다. 오직 하나님만이 예배의 대상이라는 것이 성경의 일관된 증언이기 때문이다(출 34:14).

예수님은 하나님의 아들. 예수님은 또한 하나님의 거룩하신 아들이다. 그리스도의 이름 혹은 호칭 중에 '하나님의 아들'처럼 오해의 대상이었던 것은 없다. 어떤 이들은 이 명칭을 두고 그리스도가 어느 시점에 존재하게 되셨다는 의미이며, 따라서 아버지보다 열등하다는 의미라고 해석한다. 어떤 이들은 그리스도가 하나님의 아들이므로 성부 하나님과 동일한 의미의 하나님일 수 없다고 믿는다.

이런 이해는 '누군가의 아들'이 고대인들에게 의미하는 그릇된 개념에 근거하고 있다. 고대 셈족과 동양인들은 '~의 아들'이라는 구절을 본성상 유사하거나 동일함 그리고 존재의 평등함을 의미하는 것으로 이해했다. 그래서 예수님이 하나님의 아들이라고 하면 유대인들은 그분이 전적으로 하나님이라고 주장하고 계신다는 의미로 정확히 이해했다. 실제로 유대인들은 "우리에게 법이 있으니 그 법대로 하면 그가 당연히 죽을 것은 그가 자기를 하나님의 아들이라 함이니이다"(요 19:7, 참조. 5:18)고 주장했다. 예수님이 자신을 하나님으로 인식하셨음을 본 유대인들은 신성모독죄로 예수님을 죽이고자 했다.

예수님의 기적. 예수님의 기적 역시 그분의 신적 신분을 증거한다. 신약은 예수님의 기적을 종종 "표적"으로 표현한다. 표적은 항상 무엇인가를 가리킨다. 예수님의 경우는 그분이 신적 메시아이심을 가리킨다. 예수님이 행하신 유명한 기적으로는 물로 포도주를 만든 기적(요 2:7-8), 물 위로 걸으심(마 14:25, 막 6:48, 요 6:19), 5,000명의 남자들과 그 가족을 먹이심(마 14:19, 막 6:41, 눅 9:16, 요 6:11), 나사로를 죽은 자 가운데서 살리심(요 11:43-44), 제자들이 많은 물고기를 잡게 하심(눅 5:5-6) 등이 있다.

예수님의 말씀. 예수님의 말씀도 그분의 신성을 증거한다. 예수님의 가르침은 항상 궁극적이고 최종적인 것으로 소개되었다. 그분은 이 점에 있어서 흔들림이 없었다. 그분은 모세와 선지자들의 가르침보다 자신의 가르침을 더 우위에 두셨다. 언제나 자신의 권위로 말씀하셨다. 선지자들처럼 "여호와께서 이같이 말씀하시기를"이라고 하신 적이 한 번도 없었다. 언제나 "진실로 진실로 네게 이르노니"라고 말씀하셨다. 자신의 말씀을 철회하시지도, 추측성의 표현을 쓰거나 불확실하게 말씀하시지도 않았다. 자신의 말씀을 수정하시거나 스스로 부정하신 적도 없었고, 자신이 한 말씀에 대해 사과하신 적도 없었다. 심지어 "천지는 없어지겠으나 내 말은 없어지지 아니하리라"(막 13:31)고 주장하시면서 자신의 말씀을 천상의 영역에 속한 것으로 격상시키셨다.

예수님의 가르침은 사람들에게 심대한 영향을 끼쳤다. 청중은 언제나 그분의 말씀이 평범한 인간의 말이 아님을 인정하였다. 예수님이 안식일에 가버나움에서 가르치시자 사람들은 이렇게 반응했다. "그 가르치심에 놀라니 이는 그 말씀이 권위가 있음이었다"(눅 4:32). 산상설교를 들은 사람들의 반응도 마찬가지였다. "무리들이 그의 가르치심에 놀라니 이는 그 가르치시는 것이 권위 있는 자와 같고 그들의 서기관들과 같지 아니함일러라"(마 7:28-29). 일부 유대인 지도자가 성전 경비대에게 신성모독의 말을 하는 예수를 왜 체포하지 않느냐고 묻자 그들은 이렇게 대답했다. "그 사람이 말하는 것처럼 말한 사람은 이 때까지 없었나이다"(요 7:46).

복음서를 읽으면 예수님이 자신과 자신이 전하는 메시지를 불가분의 관계로 간주하시는 것을 쉽게 알 수 있다. 예수님의 가르침이 궁극적 권위를 지니는 이유는 그분이 하나님이시기 때문이다. 예수님의 말씀은 곧 하나님의 말씀이다.

예수님의 직위. 거룩한 메시아이신 예수님은 선지자, 제사장, 왕이라는 세 가지 중요한 직책을 온전히 감당하셨다. 선지자로서 예수님은 다락방 강화(요 14-16장), 감람산 강화(마 24-25장), 산상 설교(마 5-7장) 같은 중요한 강화를 주셨다. 또한 많은 경우 선지자로서 하나님의 나라에 관해 말씀하셨다.

거룩한 대제사장으로서 예수님은 우리에게 하나님 아버지를 대변하시고, 성부 하나님께 우리를 대변하신다. 그분은 중재자시다(딤전 2:5).

예수님은 마지막 대제사장으로서 궁극적 희생 제사를 드리셨다. 우리 대신 자신의 피를 흘리신 것이다(히 7:27). 구약의 대제사장들이 백성을 위해 기도하듯이 예수님도 우리 대신 기도하셨다(7:25).

성경은 창세기에서 요한계시록까지 시종일관 예수님의 왕 되심을 이야기한다. 창세기 49:10은 메시아가 유다 지파에서 나올 것이며 왕으로 통치할 것이라고 예언한다. 사무엘하 7:16의 다윗 언약은 메시아가 왕조를 이루고 민족을 다스리며 그 보좌가 영원할 것을 약속한다. 시편 2:6에서는 성자 하나님이 예루살렘에서 왕으로 즉위할 것을 선포하시는 성부 하나님을 소개한다. 시편 110편은 메시아가 대적을 무너뜨리고 그들을 다스릴 것이라고 확인한다. 다니엘 7:13-14은 메시아이자 왕이신 분이 영원한 위를 가지실 것이라고 말한다. 이런 구절들과 그 밖에 구약에 나오는 수많은 구절은 주권적 왕으로서 그리스도의 역할을 가리킨다.

신약에 들어서면 예수님이 태어나시기 전 천사가 마리아에게 나타나 그녀에게서 날 아들이 "영원히 야곱의 집을 왕으로 다스리실 것이며 그 나라가 무궁하리라"(눅 1:32-33)고 알려준다. 예수님이 베들레헴에서 태어나신 뒤 동방에서 몇 명의 박사가 예루살렘으로 찾아와 "유대인의 왕으로 나신 이가 어디 계시냐 우리가 동방에서 그의 별을 보고 그에게 경배하러 왔노라"(마 2:2)고 묻는다. 다시 오실 예수님은 만왕의 왕과 만유의 주로 오실 것이다(계 19:16). 그리스도가 영원히 다스리실 것이다.

이제부터는 마태복음, 마가복음, 누가복음 그리고 요한복음을 읽으면서 '예수 그리스도의 오심'이라는 제목의 시대에 관해 흥미로운 내용을 배우게 될 것이다. 선지자와 제사장, 왕의 역할을 하실 그리스도를 보게 될 것이다.

아래 연대는 연대기적으로 유용한 정보를 제공한다.

주전 6년	예수님이 태어나시다.
주전 6-주후 7년	예수님이 유아기를 거쳐 소년으로 성장하시다.

주후 8–26년	예수님이 사춘기를 거쳐 청년이 되시다.
주후 26–27년	예수님이 세례 요한에게 세례를 받으시다.
주후 27년	예수님이 사역을 시작하시다.
주후 28년	죄인인 여인이 값비싼 향유를 예수님께 부어드리다. 하나님 나라에 관한 비유를 가르치시다.
주후 29년	예수님이 복음을 전하도록 열두 제자를 위임하시다. 세례 요한이 처형되다. 예수님이 5,000명 이상을 먹이시다. 그리스도인에게 그들의 십자가를 지고 예수님을 따르라고 촉구하시다. 나면서부터 눈먼 자를 고쳐주시다. 현장에서 간음하다 잡힌 여인을 변호하시다. 복음을 전하도록 70명의 제자를 파송하시다. 선한 사마리아인의 비유를 가르치시다. 자신이 선한 목자라고 밝히시다.
주후 30년	예수님이 재물의 위험을 경고하시다. 기도에 관한 비유를 가르치시다. 탕자의 비유를 가르치시다. 부자와 나사로의 비유를 가르치시다. 열매 맺지 않는 무화과나무를 보시다. 서기관들과 바리새인들에게 저주를 선포하시다. 말세의 징조에 관해 말씀하시다.
주후 30년(고난 주간, 4월 2일 목요일)	예수님이 제자들과 마지막 유월절을 기념하시고 성만찬을 제정하시면서 성령의 오심에 관해 가르치시고 베드로가 배신할 것을 예언하시다. 겟세마네에서 기도하시다.
주후 30년(고난 주간, 4월 3일 금요일)	예수님이 십자가에 못 박히시다.
주후 30년(4월 5일–5월 14일 주일)	예수님이 죽은 자 가운데서 부활하셔서 제자들에게 여러 차례 나타나시다.
주후 30년(5월 14일)	예수님이 승천하시다.
주후 50–60년	마태가 복음서를 쓰다.
주후 55년	마가가 복음서를 쓰다.
주후 60년	누가가 복음서를 쓰다.
주후 85–90년	요한이 복음서를 쓰다.

예습: 275일에는 예수님의 탄생과 '하나님이 우리와 함께 계시다'는 그분의 정체성을 살펴볼 것이다.

* 예수님의 실제 출생 연도 및 사역 시작 시간은 성경에 제시되어 있지 않다. 그래서 학자들마다 의견의 차이가 있을 수 있다. 이 도표는 저자의 독자 의견임을 밝힌다(편집자 주).

275일 "하나님이 우리와 **함께 계시다**"

마태복음 1장, 누가복음 1장, 3:23-38, 요한복음 1:1-5

어제는 성경 역사에서 주전 6년에서 주후 30년에 해당하는 '예수 그리스도의 강림'이라는 제목의 제8 시대를 소개하였다. **오늘은** 예수님의 탄생을 살펴볼 것이다.

| 핵심 개념 | 영원한 하나님이신 예수님이 이 땅에 육신을 입고 오셨다. 그 때문에 "하나님이 우리와 함께하신다"는 의미의 임마누엘로 불리게 되셨다.

| 큰 그림 | 예수님의 성육신은 오랜 기간 하나님이 메시아 혈통을 주권적이고 섭리적으로 관리하신 결과다(마 1:1-17, 눅 3:23-38). 마리아의 임신은 여느 임신과 달랐다. 성령이 그녀를 덮으셔서 인간 본성을 지니신 예수님을 잉태하였다. 예수님은 죄성이 없는 인간으로 태어나셨다. 성경 학자들은 마리아가 주전 7년에 임신해서 주전 6년에 예수님을 낳았다고 믿는다.

| 변화를 위한 진리 | 하나님은 종종 완벽하지 않은 인간을 사용하셔서 이 땅에서 자신의 뜻을 이루신다. 예수님의 족보에 죄를 지은 세 명의 여인이 등장한다는 3사실이 이것을 증명한다(마 1:3, 5-6, 참조. 고전 1:26-30). 하나님이 종종 불완전한 인간을 사용하시기 때문에 우리에게는 희망이 있다!

| 묵상 구절 | "보라 처녀가 잉태하여 아들을 낳을 것이요 그의 이름은 임마누엘이라 하리라 하셨으니 이를 번역한즉 하나님이 우리와 함께 계시다 함이라"(마 1:23).

| 생각해볼 문제 | 예수님이 성육신하시지 않았다면 어떤 일이 벌어졌으리라 생각하는가?

〈예수 빌리지〉 신약 I. 1-2과

276일 예수님의 **유아기와 소년기**

마태복음 2장, 누가복음 2장

어제는 예수님이 세상에 오신 이야기를 살펴보았다(마 1장, 눅 1장, 3:23-38, 요 1:1-5). **오늘은** 예수님의 어린 시절을 살펴볼 것이다.

| 핵심 개념 | 예수님의 탄생으로 어떤 이들은 기쁨을 누렸으나, 어떤 이들은 그분의 죽음을 도모하게 되었다.

| 큰 그림 | 예수님은 비천한 신분으로 세상에 태어나셨다. 그러나 아기로 나셨을 때부터 이미 메시아이자 구세주(눅 2:21-38)로, 왕(마 2:1-23, 눅 2:39-40)으로 인정을 받으셨다. 헤롯은 이 아기가 왕위에 위협이 된다고 생각하고 죽이려고 했다(참조. 계 12:4). 열두 살 소년으로 성장한 예수님은 성경에 관한 해박한 지식으로 성전 지도자들을 놀라게 했다(눅 2:41-52). 예수님이 주전 6년에 태어나셨으므로 소년기는 대략 주후 7년까지였을 것이다. 성인이 되어 사역을 시작하신 때는 주후 27년 경이었다.

| 변화를 위한 진리 | 동방 박사들은 예수님을 보자마자 바로 "엎드려 아기께 경배했다"(마 2:11). 예수님은 3년간 사역하시면서 여러 차례 경배를 받으셨다(마 2:11, 8:2, 9:18, 15:25, 요 9:38, 20:28, 히 1:6). 천국에서는 예수님을 예배하는 일이 일상이 될 것이다(계 5:8, 14, 19:4). 우리도 예수님을 예배하는 것이 습관이 되도록 훈련해야 한다.

| 묵상 구절 | "예수는 지혜와 키가 자라가며 하나님과 사람에게 더욱 사랑스러워 가시더라"(눅 2:52).

| 생각해볼 문제 | 어떤 사람은 예수님을 미워하고 증오하는 데 반해 어떤 사람은 그분을 사랑하고 섬기는 이유가 무엇이라고 생각하는가?

〈예수 빌리지〉 신약 I. 3-4과

277일 세례 요한

마태복음 3장, 마가복음 1:1-11, 누가복음 3:1-22, 요한복음 1:6-34

어제는 예수님의 어린 시절을 살펴보았다(마 2장, 눅 2장). **오늘은** 세례 요한이 예수님의 사역을 예비한 내용을 살펴볼 것이다.

| 핵심 개념 | 세례 요한은 약속된 메시아이신 예수님의 길을 예비하며 사람들에게 회개를 촉구했다.

| 큰 그림 | 요한은 백성에게 죄를 회개하라고 촉구했다. 주후 26년 겨울과 봄에 사역한 그는 주후 27년 시작된 예수님의 사역을 예비하는 역할을 했다. 실제로 회개하는 이들이 있었지만(마 3:5-6) 바리새인들과 사두개인들은 스스로 의롭다 생각하고 회개의 필요성을 느끼지 않았다(7-9절). 회개하고 하나님께 돌아온 사람들은 하나님의 자녀가 되었다.

| 변화를 위한 진리 | 세례 요한은 "회개에 합당한 열매를 맺으라"(마 3:8)고 촉구했다. 특히 입으로는 하나님을 위해 산다고 하지만 실제로 위선이 가득한 바리새인들과 사두개인들에게 회개를 촉구했다. 우리는 바리새인들과 같은 잘못을 저지르기 쉽다. 사람들은 "회개하고 하나님께로 돌아와서 회개에 합당한 일을"(행 26:20) 해야 한다.

| 묵상 구절 | "영접하는 자 곧 그 이름을 믿는 자들에게는 하나님의 자녀가 되는 권세를 주셨으니"(요 1:12).

| 생각해볼 문제 | 회개를 촉구하는 세례 요한의 요청을 오늘날에는 어떤 식으로 이어가야 한다고 생각하는가?

〈예수 빌리지〉 신약 I. 5-6과

278일 사탄의 시험을 **받으신 예수님**

마태복음 4:1-22, 마가복음 1:12-20, 누가복음 4:1-15, 5:1-11, 요한복음 1:35-2:25

어제는 세례 요한이 예수님의 사역을 예비한 것을 살펴보았다(마 3장, 막 1:1-11, 눅 3:1-22, 요 1:6-34). **오늘은** 예수님이 사탄에게 시험받으신 이야기를 살펴볼 것이다.

| 핵심 개념 | 예수님은 사탄의 시험을 받으셨지만 죄의 유혹에 흔들리지 않으셨다.

| 큰 그림 | 예수님은 주후 27년 사역을 시작하시면서 마귀에게 유혹을 받으셨다. 이런 유혹의 경험을 통해 예수님은 자신이 죄가 없으신 분임을 보여주셨다. 사탄은 40일이 다 지나기를 기다렸다. 예수님이 굶주림으로 매우 취약해지시는 때를 노린 것이다. 하지만 그의 계략은 통하지 않았다. 예수님은 하나님의 말씀으로 시험을 이기셨다(마 4:1-17, 눅 4:1-15). 이렇게 유혹을 받아보신 예수님은 유혹받는 우리를 도와주실 수 있다(히 2:17-18, 4:15).

| 변화를 위한 진리 | 우리는 유혹에 넘어가지 않도록 조심해야 한다(갈 6:1). 바울은 "몸의 사욕에 순종하지 말라"(롬 6:12)고 권면한다. 성경은 "오직 하나님은 미쁘사 너희가 감당하지 못할 시험 당함을 허락하지 아니하시고 시험 당할 즈음에 또한 피할 길을 내사 너희로 능히 감당하게 하시느니라"(고전 10:13)고 약속한다.

| 묵상 구절 | "사람이 떡으로만 살 것이 아니요 하나님의 입으로부터 나오는 모든 말씀으로 살 것이라"(마 4:4).

| 생각해볼 문제 | 마태복음 4장에서 사탄의 유혹을 이기시는 예수님의 모습을 보고 어떤 교훈을 얻었는가?

<예수 빌리지> 신약 I. 7, 8, 11과

279일 거듭남

요한복음 3장

어제는 예수님이 사탄에게 시험받으신 것을 살펴보았다(마 4:1-22, 막 1:12-20, 눅 4:1-15, 5:1-11, 요 1:35-2:25). **오늘은** 예수님이 거듭남에 관해 교훈하신 내용을 살펴볼 것이다.

| 핵심 개념 | 하나님 나라에 들어가기 위해서는 영적으로 거듭나야 한다.

| 큰 그림 | 예수님은 니고데모에게 중생의 필요성을 알려주셨다. 우리는 육신의 출생으로 이 땅에 태어나 살아가지만 결국 죽는다. 그러므로 우리는 두 번째 출생, 즉 위로부터 영적으로 출생해야 천국에 갈 수 있다(요 3:1-21). "새로운 출생"은 그리스도를 믿는 자에게 영원한 생명을 주시는 하나님의 사역을 가리킨다(딛 3:5). 천국에서는 절대 죽지 않는다.

| 변화를 위한 진리 | 그리스도인은 "영생"(요 3:16)을 약속받았다. 다시 말해 그리스도가 우리를 구원할 주이심을 믿는 사람은 천국에서 영원히 그분과 함께 살 수 있다. 이 얼마나 영광스러운 일인가! 하나님은 "모든 눈물을 그 눈에서 닦아 주시니 다시는 사망이 없고 애통하는 것이나 곡하는 것이나 아픈 것이 다시 있지 아니하리니 처음 것들이 다 지나갔음이러라"(계 21:4)고 말씀하셨다.

| 묵상 구절 | "진실로 진실로 네게 이르노니 사람이 거듭나지 아니하면 하나님의 나라를 볼 수 없느니라"(요 3:3).

| 생각해볼 문제 | 당신은 자신이 거듭났는지 어떻게 아는가?

<예수 빌리지> 신약 I. 9과

280일 성령 안의 **새 생명**

요한복음 4:4-42, 46-54

어제는 거듭남에 관한 예수님의 교훈을 살펴보았다(요 3장). **오늘은** 성령 안에 있는 새 생명에 관해 살펴볼 것이다.

| 핵심 개념 | 예수님은 성령 안에 있는 새 생명의 근원이시다.

| 큰 그림 | 예수님은 순회 여행을 하시던 중 사마리아 여인을 만나셨다. 갈증을 느끼신 예수님은 사마리아 여인에게 물을 달라고 요청하셨다. 그러나 예수님이 더 원하신 것은 물이 아니라 여인의 구원이었고, 그녀에게 구원의 "생수"(새 생명, 요 4:10)를 주겠다고 하셨다. 여인은 이 생수를 달라고 청했다. 그러나 생수를 받기에 앞서 그녀는 먼저 죄에 직면해야 했다(요 4:16-24). 이렇게 죄를 지적하신 예수님은 자신이 영원한 구원을 줄 수 있는 약속된 메시아라고 밝히셨다.

| 변화를 위한 진리 | 하나님은 영이시다(요 4:24). 영은 살과 뼈가 없다(눅 24:39). 하나님은 영이시므로 "보이지 아니하는 하나님"이며(골 1:15) "보이지 아니하고 홀로 하나이신 하나님"(딤전 1:17)이다. 하나님은 또한 무소부재하시다(시 139:2-12). 다시 말해 하나님은 눈에 보이지 않는 분이지만 우리가 어디로 가든지 언제나 우리와 함께하신다.

| 묵상 구절 | "내가 주는 물을 마시는 자는 영원히 목마르지 아니하리니 내가 주는 물은 그 속에서 영생하도록 솟아나는 샘물이 되리라"(요 4:14).

| 생각해볼 문제 | 영적 삶에서 갈증을 느끼고 있다면 오늘 말씀에서 받은 교훈은 무엇인가?

〈예수 빌리지〉 신약 I. 10과

281일 예수님의 **신적 권위**

마태복음 4:23-25, 8:1-4, 14-17, 9:1-8, 마가복음 1:21-2:12, 누가복음 4:31-44, 5:12-26

어제는 성령 안에 있는 새 생명에 관해 살펴보았다(요 4:4-42, 46-54). **오늘은** 예수님의 신적 권위를 살펴볼 것이다.

| 핵심 개념 | 예수님은 자신의 신적 권위를 분명하게 드러내셨다.

| 큰 그림 | 주후 28년 초 예수님은 성경에 예언된 신적 메시아로서 자신의 권위를 세 가지 방면에서 보여주셨다. 예수님은 귀신을 쫓아내셨다(막 1:21-28, 눅 4:31-44). 사람들의 죄를 용서하는 신적 권위를 행사하셨다(막 2:5-10, 마 9:2-6). 사람들의 여러 질병을 고쳐주셨다(막 1:29-34, 1:40-2:12, 눅 5:12-26, 마 4:23-25, 8:1-4, 14-17, 9:1-8).

| 변화를 위한 진리 | 예수님은 쉴 틈 없이 바쁜 와중에도 언제나 기도할 시간을 따로 가지셨다(막 1:35). 다른 사람들을 위해 자주 기도하셨다(마 19:13). 때로 홀로 기도하셨고(눅 5:16), 때로는 다른 사람들과 함께 기도하셨다(눅 9:28). 가장 중요한 사실은 정기적으로 기도하셨다는 점이다(눅 5:16). 우리도 그래야 한다(눅 9:18, 11:1-4, 18:1, 22:32). 이와 관련해 읽고 연구하면 좋은 성경 구절은 다음과 같다. 다니엘 6:10, 마태복음 7:7-8, 요한복음 14:13-14, 야고보서 5:17-18, 빌립보서 4:4-6, 데살로니가전서 5:17.

| 묵상 구절 | [예수께서 하신 말씀] "그러나 인자가 땅에서 죄를 사하는 권세가 있는 줄을 너희로 알게 하리라 하시고 중풍병자에게 말씀하시되 내가 네게 이르노니 일어나 네 침상을 가지고 집으로 가라 하시매"(눅 5:24).

| 생각해볼 문제 | 예수님이 모든 만물에 대해 절대적 권위를 가지신다는 사실이 어떤 면에서 위로가 되는가?

282일 예수를 따르다

마태복음 9:9-17, 마가복음 2:13-22, 누가복음 5:27-39, 요한복음 5장

어제는 예수님의 신적 권위에 관해 살펴보았다(마 4:23-25, 8:1-4, 14-17, 9:1-8, 막 1:21-2:12, 눅 4:31-44, 5:12-26). **오늘은** 예수님을 따르라는 부르심에 관해 살펴볼 것이다.

| 핵심 개념 | 예수님은 "나를 따르라"는 부름에 응하는 모든 사람을 초청하신다.

| 큰 그림 | 주후 28세기 초 예수님은 제자들을 부르기 시작하셨다. 그러나 예수님은 종교 지도자들을 부르시지 않았다. 그분은 어부와 세리 같은 평범한 사람들을 부르셨다(마 9:9-13, 막 2:13-17, 눅 5:27-32). 바리새인들이나 사두개인들과 같은 종교 엘리트들은 예수님을 업신여겼다. 사회의 하류층과 어울린다고 예수님을 깔보았다. 예수님은 스스로 의롭다 여기는 위선자들이 아니라 회개하는 죄인을 부르러 오셨다고 대답해주셨다. 예수님의 독설은 대부분 이 자칭 의로운 위선자들을 향한 것이었다.

| 변화를 위한 진리 | 죄는 질병과 같다. 그러나 예수님은 우리의 영적 의사가 되신다. "건강한 자에게는 의사가 쓸 데 없고 병든 자에게라야 쓸 데 있느니라"(막 2:17, 참조. 마 9:12, 눅 5:31). 죄는 우리를 아프게 한다. 그러나 예수님은 십자가에서 흘리신 피로 그 병을 고쳐주신다. 죄를 범하여 지금 영적 질병에 걸려 있다면 즉각 주님을 의지하라.

| 묵상 구절 | "나를 따르라"(마 9:9).

| 생각해볼 문제 | 그리스도인이 되는 것과 예수 그리스도를 따르는 것은 다른 문제라고 생각하는가?

283일 인생의 **참 행복**

마태복음 5:1-16, 12:1-21, 마가복음 2:23-3:19, 누가복음 6:1-26

어제는 예수님을 따르라는 부르심에 관해 살펴보았다(마 9:9-17, 막 2:13-22, 눅 5:27-39, 요 5장). **오늘은** 참 행복에 관한 예수님의 가르침을 살펴볼 것이다.

| 핵심 개념 | 행복은 인간이 만든 규칙을 지키는 데서가 아니라 예수님의 산상수훈대로 사는 삶에 있다.

| 큰 그림 | 예수님은 진정으로 행복할 수 있는 법을 사람들에게 가르치셨다. 요약하면 겸손하고 오래 참으며 의를 갈망하고 자비가 풍성하며 순결하고 평화를 추구하는 자들이 행복하다는 것이다(마 5:1-12, 눅 6:20-26). 예수님은 또한 제자들에게 세상에서 그분과 기독교 가치를 적극 대변하라고 도전하셨다. 모든 그리스도인은 사회의 '소금'이 되어야 한다(마 5:13-16).

| 변화를 위한 진리 | '복이 있다'는 말은 '행복한' '행운인' '더없이 행복한'과 같은 의미다. '평안'이라는 의미가 함축되어 있다. 예수님은 산상 수훈에서 개인이 일상생활에서 거룩한 행복감을 누릴 수 있는 방법을 설명해주셨다(마 5:1-12). 우리는 그런 축복을 통해 아주 조금이나마 천국을 미리 맛볼 수 있다. 삶의 참된 행복을 얻는 유일한 최선의 방법은 예수님이 가르쳐주신 산상 수훈대로 사는 것이다.

| 묵상 구절 | "마음이 청결한 자는 복이 있나니 그들이 하나님을 볼 것임이요"(마 5:8).

| 생각해볼 문제 | 오늘 본문을 통해 행복에 대한 생각이 바뀌었는가?

<예수 빌리지> 신약 I. 12-13과

284일 변화에 관한 **교훈**

마태복음 5:17-7:6, 누가복음 6:27-42

어제는 진정한 행복에 관한 예수님의 교훈을 살펴보았다(마 5:1-16, 12:1-21, 막 2:23-3:19, 눅 6:1-26). **오늘은** 변화에 관한 교훈을 살펴볼 것이다.

| 핵심 개념 | 그리스도의 가르침은 삶의 변화를 가져다준다.

| 큰 그림 | 예수님은 변화에 관한 수많은 교훈을 가르치셨다. 그 중 일부는 다음과 같다. 노하지 말라. 그러면 잘못된 행동을 할 수도 있다(마 5:21-26). 근본적이고 철저하게 죄를 다루어야 한다(5:27-30). 자신의 말이 진실함을 강조하려고 맹세해서는 안 된다(5:33-37). 사람들의 칭찬을 듣기 위해서가 아니라 하나님을 기쁘시게 해드리려고 베풀어야 한다(6:1-4). 일시적이고 금방 사라질 세상의 보상 대신 천국의 상급을 구해야 한다(6:19-34).

| 변화를 위한 진리 | 예수님 당시 유대인 지도자들은 주변의 친한 사람들을 사랑하고(레 19:18) 원수는 미워해야 한다고 가르쳤다. 그러나 예수님은 이런 생각을 반박하고 원수까지도 사랑하라고 가르치셨다. 마태복음 5:48은 "그러므로 하늘에 계신 너희 아버지의 온전하심과 같이 너희도 온전하라"고 가르친다. 문맥상 예수님은 사랑을 강조하시고 있다. 우리는 성부 하나님처럼 완전하게 사랑해야 한다.

| 묵상 구절 | "또 네 이웃을 사랑하고 네 원수를 미워하라 하였다는 것을 너희가 들었으나 나는 너희에게 이르노니 너희 원수를 사랑하며 너희를 박해하는 자를 위하여 기도하라"(마 5:43-44).

| 생각해볼 문제 | 사랑에 관한 예수님의 가르침이 실제 삶에서 적용될 수 있다고 생각하는가?

〈예수 빌리지〉 신약 I. 14과

285일 올바른 **기초**

마태복음 7:7-29, 8:5-13, 11:1-19, 누가복음 6:43-7:35

어제는 변화를 요구하시는 그리스도의 가르침을 일부 살펴보았다(마 5:17-7:6, 눅 6:27-42). **오늘은** 올바른 기초 위에 인생을 지어야 한다는 것을 살펴볼 것이다.

| 핵심 개념 | 예수님의 가르침에 인생의 기초를 두는 사람이 현명하다.

| 큰 그림 | 예수님은 자신의 가르침을 삶으로 실천하는 것이 중요하다고 강조하셨다. 우리는 그분의 말씀을 듣고 이해하며 순종해야 한다(비교. 약 1:22-25). 지치지 말고 기도해야 하며(마 7:7-11) 항상 황금률대로 살아야 한다(7:12). 그리스도에 대한 헌신이 날마다 일상 속에서 열매로 드러나는 것을 목표로 삼아야 한다(마 7:15-20). 어떤 일이 있어도 흉내만 내는 가짜가 되어서는 안 된다. 그런 가짜들에게 언젠가 예수님은 "나는 절대 너를 모른다"고 하실 것이다.

| 변화를 위한 진리 | 예수님이 가르쳐주신 황금률에는 율법과 선지자들을 통해 하나님이 요구하신 핵심이 담겨 있다(마 7:12). 가정과 직장과 모든 모임의 지침이 되어야 한다.

| 묵상 구절 | "그러므로 무엇이든지 남에게 대접을 받고자 하는 대로 너희도 남을 대접하라 이것이 율법이요 선지자니라"(마 7:12).

| 생각해볼 문제 | 예수님이 마태복음 7:24-27에서 가르치신 대로 '집'을 잘 세우고 있는가?

286일 변화에 관한 **교훈**

마태복음 11:20-30, 12:22-45, 마가복음 3:20-30, 누가복음 7:36-8:3, 11:14-32

어제는 올바른 기초 위에 인생을 세워야 함을 살펴보았다(마 7:7-29, 8:5-13, 11:1-19, 눅 6:43-7:35). **오늘은** 변화에 관한 예수님의 교훈을 더 살펴볼 것이다.

| 핵심 개념 | 예수님의 가르침은 인생을 변화시킨다.

| 큰 그림 | 예수님은 장차 심판이 있을 것이며, 그때 악인들은 저마다 행한 대로 심판을 받을 것이라고 가르치셨다(마 11:20-30). 율법주의의 무게에 눌려 허덕이는 이들에게 그분께 와서 쉼을 얻으라고 초청하셨다(마 11:28). 다른 사람들의 인격을 정죄하지 말라고 경고하셨다(눅 7:36-50). 또한 마음이 너무나 완악해서 기적으로도 그 불신의 마음을 고칠 수 없는 사람들이 있음을 지적하셨다(마 12:38-45, 눅 11:24-32).

| 변화를 위한 진리 | 예수님은 무거운 짐을 지고 지친 모든 이에게 안식을 약속하셨다(마 11:28). 죄의 무게로 짓눌리는 사람은 예수님께 나아와야 한다. 미래가 두려운 사람도 예수님께 나아와야 한다. 정신적, 육체적 질병에 시달리는 모든 이도 예수님께 나아와야 한다. 어떤 문제에 봉착해 있든지 예수님께 나아오라. 예수님은 "내가 너희를 쉬게 하리라"(28절)고 약속하셨고 "너희 마음이 쉼을 얻으리니"(29절)라고 약속해 주셨다.

| 묵상 구절 | "수고하고 무거운 짐 진 자들아 다 내게로 오라 내가 너희를 쉬게 하리라"(마 11:28).

| 생각해볼 문제 | 지치고 힘든가? 무엇을 기다리며 지체하고 있는가?

287일 하나님 나라에 **관한 비유**

마태복음 12:46-13:30, 마가복음 3:31-4:29, 누가복음 8:4-21

어제는 변화에 관한 예수님의 교훈을 살펴보았다(마 11:20-30, 12:22-45, 막 3:20-30, 눅 7:36-8:3, 11:14-32). **오늘은** 하나님 나라에 관한 예수님의 가르침을 살펴볼 것이다.

| 핵심 개념 | 하나님의 말씀이 선포될 때 사람들은 저마다 다른 반응을 보인다.

| 큰 그림 | 예수님은 그분의 진짜 가족은 아버지의 뜻대로 하는 이들이라고 강조하셨다. 세속적인 충성심보다 하나님께 영원히 충성하는 것이 훨씬 더 중요하다(마 12:46-50). 예수님은 또한 사람들이 저마다 하나님의 말씀에 다르게 반응할 것이라고 가르치셨다. 어떤 사람에게는 하나님의 말씀이 뿌리를 내리고 열매를 맺는다. 하지만 어떤 사람에게는 말씀이 전혀 뿌리를 내리지 못한다(마 13:1-23, 막 4:1-20, 눅 8:4-15).

| 변화를 위한 진리 | 예수님은 "귀 있는 자는 들으라"(마 13:9, 16)고 촉구하셨다. 예수님은 종종 중요한 영적 교훈을 가르치신 뒤 이 말씀을 덧붙이셨다(참조. 계 2-3장). 하나님의 말씀을 듣는 것만으로는 충분하지 않다. 들은 대로 실천해야 한다. 야고보서 1:22이 이 점을 강조한다. "너희는 말씀을 행하는 자가 되고 듣기만 하여 자신을 속이는 자가 되지 말라."

| 묵상 구절 | "내 어머니와 내 동생들은 곧 하나님의 말씀을 듣고 행하는 이 사람들이라"(눅 8:21).

| 생각해볼 문제 | 이 세상의 염려로 마음이 심란하고 힘든가?(마 13:22) 그리스도께 헌신하고 싶은데 그 마음을 짓누르고 막는 인생의 가시가 있는가?

288일 하나님 나라에 관한 **또 다른 비유**

마태복음 8:23–34, 13:31–52, 마가복음 4:30–5:20, 누가복음 8:22–39, 13:18–21

어제는 하나님 나라에 관한 예수님의 가르침을 살펴보았다(마 12:46–13:30, 막 3:31–4:29, 눅 8:4–21). **오늘은** 하나님 나라에 관한 비유를 살펴볼 것이다.

| 핵심 개념 | 하나님 나라는 폭발적으로 성장할 것이다. 그 나라는 사람들에게 매우 큰 가치가 있다.

| 큰 그림 | 하나님 나라는 제자들의 전도로 소박하게 출발했지만 놀랍도록 크게 성장할 것이다(마 13:31–32, 막 4:30–32, 눅 13:18–21). 종말이 올 때까지 세상은 신자들과 불신자들이 공존하며 말세가 되면 하나님의 천사들이 이들을 구분할 것이다(마 13:36–43). 하나님 나라는 형언할 수 없이 놀라운 가치가 있다(마 13:44–46).

| 변화를 위한 진리 | 예수님은 사람들에게 "그들이 알아들을 수 있는 대로"(막 4:33) 가르치셨다. 또한 요한복음 16:12에서도 비슷한 말씀을 하셨다. "내가 아직도 너희에게 이를 것이 많으나 지금은 너희가 감당하지 못하리라." 영적 진리를 전할 때 항상 듣는 사람들의 역량을 민감하게 살펴야 한다. 예를 들어 바울은 고린도 교인들에게 이렇게 말했다. "내가 너희를 젖으로 먹이고 밥으로 아니하였노니 이는 너희가 감당하지 못하였음이거니와 지금도 못하리라"(고전 3:2).

| 묵상 구절 | "그들이 두려워하고 놀랍게 여겨 서로 말하되 그가 누구이기에 바람과 물을 명하매 순종하는가 하더라"(눅 8:25).

| 생각해볼 문제 | 주님이 잠잠하게 해주셔야 할 인생의 폭풍과 씨름하고 있는가? 지금 기도함으로 주님을 의지하지 않겠는가?

〈예수 빌리지〉 신약 I. 15과

289일 믿음과 치유

마태복음 9:18-34, 13:53-58, 마가복음 5:21-6:6, 누가복음 4:16-30, 8:40-56

어제는 하나님 나라에 관한 예수님의 비유를 살펴보았다(마 8:23-34, 13:31-52, 막 4:30-5:20, 눅 8:22-39, 13:18-21). **오늘은** 병이 치유되는 데 믿음이 어떤 역할을 하는지 살펴볼 것이다.

| 핵심 개념 | 예수님은 많은 사람을 고쳐주셨다. 이런 치유에는 믿음이 중요한 역할을 한다고 말씀하셨다.

| 큰 그림 | 예수님이 사역하시는 지금 이 시기는 주후 29년 초반이었다. 예수님은 두 개의 기적, 곧 병 고침과 부활이라는 기적으로 이 해를 시작하셨다(마 9:18-26, 막 5:21-43, 눅 8:40-56). 이런 기적들은 예수님이 약속된 메시아시라는 증표였다. 구약의 선지자들은 메시아가 오시면 눈먼 자가 보고 귀먼 자가 들으며 저는 자가 걷게 될 것이고 이것이 메시아의 증표라고 말했다(사 35:5-6).

| 변화를 위한 진리 | 신약 성경을 관통하는 공통된 주제는 믿음과 기적의 직접적 상관성이다(막 5:34, 히 11:6). 나사렛 주민들의 경우처럼(마 13:58) 예수님을 믿지 않은 이들은 기적을 경험하지 못했다.

| 묵상 구절 | "주의 성령이 내게 임하셨으니 이는 가난한 자에게 복음을 전하게 하시려고 내게 기름을 부으시고 나를 보내사 포로 된 자에게 자유를, 눈 먼 자에게 다시 보게 함을 전파하며 눌린 자를 자유롭게 하고"(눅 4:18).

| 생각해볼 문제 | 오늘날에도 기적이 일어날 수 있다고 생각하는가? 왜 그런가, 혹은 왜 그렇지 않은가?

290일 예수님이 열두 사도를 **파송하시다**

마태복음 9:35–10:42, 14:3–12, 마가복음 6:6–13, 17–29, 누가복음 9:1–6

어제는 질병이 치유되는 데 믿음이 하는 역할을 살펴보았다(마 9:18–34, 13:53–58, 막 5:21–6:6, 눅 4:16–30, 8:40–56). **오늘은** 예수님이 열두 제자를 파송하신 이야기를 살펴볼 것이다.

| 핵심 개념 | 예수님은 복음의 증인으로 열두 사도를 보내셨다.

| 큰 그림 | 예수님은 하나님 나라를 선포하도록 열두 사도를 보내셨다(마 10:1–15, 막 6:6–13, 눅 9:1–6). 그들은 박해를 받을 것이지만 두려워할 필요가 없다고 말씀하셨다. 하나님은 모든 신자를 주권적으로 돌보아주실 것이다(마 10:16–42). 복음이 선포될 때 어떤 이들은 그리스도를 영접하지만 어떤 이들은 그리스도를 거부할 것이다(10:34).

| 변화를 위한 진리 | 예수님은 "제자가 그 선생 같고 종이 그 상전 같으면 족하도다"(마 10:25)고 말씀하셨다. 신약 시대에 제자는 언제나 스승을 닮고자 노력했다. 모든 그리스도인의 목표 역시 예수님을 닮는 것이다. 예수님을 닮아가려면 날마다 성령을 의지하며 살아야 한다. 성령의 열매를 설명하는 구절은 예수님의 성품을 완벽하게 묘사해준다(참조. 갈 5:16–23).

| 묵상 구절 | "추수할 것은 많되 일꾼이 적으니 그러므로 추수하는 주인에게 청하여 추수할 일꾼들을 보내 주소서 하라"(마 9:37–38).

| 생각해볼 문제 | 주변 사람들에게 어떤 형태로든 복음을 전하고 있는가?

291일 예수님이 기적을 **행하시다**

마태복음 14:1-2, 13-33, 마가복음 6:14-16, 30-52, 누가복음 9:7-17, 요한복음 6:1-21

어제는 예수님이 열두 사도를 파송하신 내용을 살펴보았다(마 9:35-10:42, 14:3-12, 막 6:6-13, 17-29, 눅 9:1-6). **오늘은** 예수님이 행하신 기적에 관해 좀 더 살펴볼 것이다.

| 핵심 개념 | 예수님은 가장 놀라운 기적 중 두 가지를 행하심으로 신적 메시아로서 자신의 정체성을 더욱 확고히 증거하셨다.

| 큰 그림 | 예수님은 두 가지 놀라운 기적을 행하셨다. 5,000명 이상을 먹이신 기적(마 14:21)과 물 위로 걸으신 기적이다(마 14:22-33, 막 6:45-52, 요 6:16-21). 자연의 창조주이신 하나님만이 발휘할 수 있는 능력을 보여주셨다. 그리스도가 창조주시므로 이런 기적에 놀랄 이유는 없다(요 1:3, 골 1:16).

| 변화를 위한 진리 | 하나님은 작은 것이라도 크게 들어 사용하실 수 있다(요 6:8-9). 한 어린 소년이 보잘것없는 점심을 바쳤고 하나님(예수님)은 그것으로 5,000명에 이르는 남자와 그들의 가족을 먹여주셨다. 우리는 때로 스스로 하찮고 하나님께 드릴 것이 아무것도 없다는 생각이 들 수 있다. 그러나 재능이나 영적 은사 혹은 시간처럼 작은 것이라도 하나님께 드리면 하나님은 이것들을 사용해 큰일을 행하실 수 있다.

| 묵상 구절 | "믿음이 작은 자여 왜 의심하였느냐"(마 14:31).

| 생각해볼 문제 | 하나님이 사용하실 수 있도록 작은 것이라도 드릴 마음이 있는가? 망설이는 이유는 무엇인가?

<예수 빌리지> 신약 I. 16-17과

292일 생명의 떡

마태복음 14:34-15:20, 마가복음 6:53-7:23, 요한복음 6:22-71

어제는 예수님이 행하신 놀라운 두 기적에 관해 살펴보았다(마 14:1-2, 13-33, 막 6:14-16, 30-52, 눅 9:7-17, 요 6:1-21). **오늘은** 자신을 생명의 떡이라고 하신 예수님의 주장을 살펴볼 것이다.

| 핵심 개념 | 예수님은 생명의 떡이다. 그분께 나아가면 영원한 생명을 얻을 수 있다.

| 큰 그림 | 예수님은 보리떡 다섯 개와 생선 두 마리로 5,000명의 남자와 그들의 가족을 먹이셨다. 나아가 그들의 육신적 허기뿐 아니라 영적 굶주림도 해결해주기를 원하셨다. 우리는 육신의 생명을 유지하기 위해 음식을 먹어야 하듯이 영적 생명을 유지하기 위해 생명의 떡이신 그리스도를 먹어야 한다. "나는 생명의 떡이니 내게 오는 자는 결코 주리지 아니할 터이요"(요 6:35). 예수님이 이 가르침을 주신 때는 주후 29년 중반이다.

| 변화를 위한 진리 | 예수님은 영감된 하나님의 말씀보다 인간의 전통을 더 우선시하는 유대 지도자들을 비판하셨다(마 15:1-9). 인간이 만든 전통이 우선시되면 종교가 흉내만 내는 틀에 박힌 행위로 변질될 수 있다. 살아있는 초자연적인 하나님의 말씀을 붙드는 것이 정말 중요하다.

| 묵상 구절 | "너희는 어찌하여 너희의 전통으로 하나님의 계명을 범하느냐"(마 15:3).

| 생각해볼 문제 | 당신은 인간이 만든 종교적 전통에 그동안 얼마나 휘둘렸다고 생각하는가?

293일 예수님이 **베푸신 기적**

마태복음 15:21–16:20, 마가복음 7:24–8:30, 누가복음 9:18–21

어제는 자신을 생명의 떡이라고 하신 예수님의 주장을 살펴보았다(마 14:34–15:20, 막 6:53–7:23, 요 6:22–71). **오늘은** 예수님이 베푸신 기적과 그 의미에 관해 좀 더 살펴볼 것이다.

| 핵심 개념 | 예수님은 기적을 행하심으로 신적 메시아로서 자신의 정체성을 확인하는 일을 계속하셨다.

| 큰 그림 | 그리스도는 신적 메시아라는 자신의 정체성을 기적을 일으키심으로 계속 입증하셨다. 다리 저는 자, 눈 먼 자, 불구자, 말 못 하는 자, 귀신 들린 자들을 고쳐주셨다(참조. 마 15:21–28, 막 7:24–30). 또한 적은 음식으로 많은 무리를 먹이셨다. 예수님은 제자들에게 자신을 누구라고 생각하느냐고 물으셨다. 베드로는 예수님이 그리스도시며 거룩한 메시아시라고 정확히 대답했다(마 16:16).

| 변화를 위한 진리 | 우리는 늘 위선을 경계해야 한다. 예수님은 종종 바리새인의 위선을 경고하셨다(마 23:28, 막 8:15, 12:15, 눅 12:1). 품성이 좋은 척하거나 종교적이고 도덕적인 믿음과 원칙이 있는 냥 허세를 부리는 것도 위선이다(참조. 계 3:1). 겉으로만 그런 척 위선을 행해서는 안 된다.

| 묵상 구절 | "이르시되 너희는 나를 누구라 하느냐 시몬 베드로가 대답하여 이르되 주는 그리스도시요 살아 계신 하나님의 아들이시니이다"(마 16:15–16).

| 생각해볼 문제 | 적극적으로 맞서 싸우지 않았을 때 위선이 마치 누룩처럼 점점 부풀어오르는 것을 경험해본 적이 있는가?

〈예수 빌리지〉 신약 I. 20과

294일 절대적 **헌신**

마태복음 16:21-17:20, 마가복음 8:31-9:29, 누가복음 9:22-43

어제는 예수님이 베푸신 기적과 그 의미를 살펴보았다(마 15:21-16:20, 막 7:24-8:30, 눅 9:18-21). **오늘은** 예수님께 절대적으로 헌신해야 함을 살펴볼 것이다.

| 핵심 개념 | 예수님은 제자들에게 철저한 헌신을 요구하셨다. 심지어 죽기까지 헌신할 것을 요구하셨다.

| 큰 그림 | 제자도의 길은 자기 중심성과 욕심에서 돌이켜 희생하며 전적으로 그리스도께 복종하는 삶을 말한다(마 16:21-28, 막 8:31-9:1, 눅 9:22-27). 예수님의 말씀은 이렇게 풀어쓸 수 있다. "너희가 나를 따르고 싶다면 말로만 해서는 안 되고 목숨을 걸고 십자가의 길로 나를 따라야 한다. 이 길은 희생과 자기 부정, 심지어 나를 위해 죽음까지 각오해야 하는 길이다."

| 변화를 위한 진리 | 예수님의 제자들은 변화산 사건을 경험한 직후 영적 패배를 경험했다(마 17:14-18). 그들은 예수님이 하나님의 영광으로 빛나며 변화하시는 모습을 보고 산에서 막 내려온 터였다. 하지만 그들은 귀신들린 사람을 고쳐줄 수 없었다. 이런 제자들의 모습에서 우리는 정상에 오르는 경험을 한 뒤 패배의 길을 걷기가 얼마나 쉬운지 알 수 있다. 그리스도인은 스스로 살피고 조심해야 한다.

| 묵상 구절 | "누구든지 나를 따라오려거든 자기를 부인하고 자기 십자가를 지고 나를 따를 것이니라"(막 8:34).

| 생각해볼 문제 | 목숨을 잃으면 목숨을 얻는다는 것이 어떻게 가능하다고 생각하는가?

<예수 빌리지> 신약 I. 21과

295일 중요한 **영적 교훈**

마태복음 17:22-18:35, 마가복음 9:30-50, 누가복음 9:43-50, 요한복음 7:1-9

어제는 예수님께 철저하게 헌신해야 함을 살펴보았다(마 16:21-17:20, 막 8:31-9:29, 눅 9:22-43). **오늘은** 예수님이 가르치신 중요한 영적 교훈을 살펴볼 것이다.

| 핵심 개념 | 예수님은 겸손, 실족지 않게 함, 다른 이들을 용서하는 것에 관해 가르치셨다.

| 큰 그림 | 예수님은 계속해서 중요한 영적 교훈을 가르치셨다. 하나님 나라에서 위대해지는 방법은 어린아이처럼 되는 것이다(마 18:1-5, 막 9:33-37, 눅 9:46-48). 협소한 배타주의를 삼가야 한다(막 9:38-41, 눅 9:49-50). 누군가가 시험에 들어 실족하지 않게 해야 한다(마 18:6-10, 막 9:42-50). 다른 사람의 죄를 용서해야 한다(마 18:21-35).

| 변화를 위한 진리 | 우리는 어린아이 같은 믿음이 필요하다(마 18:2). 그렇다고 성인이 어린아이처럼 행동하라는 말이 아니다. 어린아이에게서 볼 수 있는 단순한 믿음을 지녀야 한다는 말이다. 어린아이들은 누군가를 신뢰하는 데 어려움이 없다. 고등 교육을 받거나 세상 철학에 노출될 때 생기는 믿음의 장애물이 어린아이에게는 없다. 심지어 이성적으로 이해할 수 없는 상황에서도 신뢰를 버리지 않는다. 하나님은 그런 믿음을 기뻐하시고 반응해주신다.

| 묵상 구절 | "그러므로 누구든지 이 어린 아이와 같이 자기를 낮추는 사람이 천국에서 큰 자니라"(마 18:4).

| 생각해볼 문제 | 어린아이처럼 하나님을 신뢰하기가 어려웠던 적은 없는가?

296일 예수님에 대한 **다양한 반응**

마태복음 8:18-22, 19:1-2, 마가복음 10:1, 누가복음 9:51-62, 요한복음 7:10-8:20

어제는 예수님이 가르쳐주신 영적 진리를 몇 가지 살펴보았다(마 17:22-18:35, 막 9:30-50, 눅 9:43-50, 요 7:1-9). **오늘은** 사람들이 예수님께 보인 여러 반응을 살펴볼 것이다.

| 핵심 개념 | 어떤 사람들은 예수님께 긍정적으로 반응했지만 어떤 사람들은 부정적으로 반응했다.

| 큰 그림 | 예수님의 사역 기간이 이제 주후 29년 중후반에 이르렀다. 순회 여정에서 만난 사람들은 예수님께 다양한 반응을 보였다. 어떤 이들은 예수님을 영접했지만 어떤 이들은 거부했다(마 19:1-2, 막 10:1, 눅 9:51-56). 변명하고 핑계를 대는 이들도 있었다(마 8:18-22, 눅 9:57-62). 친형제도 예수님을 믿지 않고 조롱했다(요 7:1-5). 바리새인들은 예수님을 체포하려고 했다(요 7:32-53). 예수님에 대한 사람들의 반응은 양극단으로 나뉘었다.

| 변화를 위한 진리 | 예수님은 말씀하셨다. "나를 믿는 자는 성경에 이름과 같이 그 배에서 생수의 강이 흘러나오리라 하시니 이는 그를 믿는 자들이 받을 성령을 가리켜 말씀하신 것이라"(요 7:38-39). 신자들에게 성령은 기쁨과 위로와 만족과 하나님의 임재를 친밀하게 의식할 수 있는 끊임없는 원천이다.

| 묵상 구절 | "나는 세상의 빛이니 나를 따르는 자는 어둠에 다니지 아니하고 생명의 빛을 얻으리라"(요 8:12).

| 생각해볼 문제 | 성령과 친밀한 교제를 누리고 있는가?

297일 선한 **사마리아인**

누가복음 10장, 요한복음 8:21-59

어제는 예수님에 대한 사람들의 다양한 반응을 살펴보았다(마 8:18-22, 19:1-2, 막 10:1, 눅 9:51-62, 요 7:10-8:20). **오늘은** 선한 사마리아인에 대한 예수님의 교훈을 살펴볼 것이다.

| 핵심 개념 | '선한 사마리아인'처럼 주위 사람들을 보살펴주라.

| 큰 그림 | 예수님은 주후 29년 후반에 이웃에게 선을 베푸는 것이 무엇인지 그 진정한 의미를 가르쳐주시기 위해 선한 사마리아인의 비유를 들려주셨다. 이 비유에서 강도당한 사람을 돌봐주리라 기대되는 사람들, 즉 제사장과 레위인들은 강도당한 이웃을 외면하고 돌보아주지 않았다. 무정하고 무관심했다. 도리어 친절을 베풀 것이라 전혀 예상하지 못한 사람, 즉 사마리아인(유대인이 싫어하는)이 그를 긍휼히 여기고 돌보아주었다(눅 10:25-37). 그리스도인은 선한 사마리아인처럼 되어야 한다.

| 변화를 위한 진리 | 예수님의 진리는 교리적 오류, 자기 기만, 사탄의 속임수, 죄에 예속됨, 정죄에서 우리를 자유하게 해준다(요 8:32). 누군가가 말한 것처럼 예수님은 우리가 원하는 대로 하기 위해서가 아니라 하나님을 마음껏 따르도록 하기 위해서 우리를 자유하게 해주셨다. 예수님을 따를 때 율법주의라는 무거운 멍에에서 벗어날 수 있다(마 11:28).

| 묵상 구절 | "진리를 알지니 진리가 너희를 자유롭게 하리라"(요 8:32).

| 생각해볼 문제 | 이번 주에 선한 사마리아인처럼 당신의 돌봄이 필요한 사람이 있는가?

〈예수 빌리지〉 신약 I. 18과

298일 영적 **건강**

누가복음 11:1-13, 33-54, 12:1-48

어제는 선한 사마리아인 비유를 살펴보았다(눅 10장, 요 8:21-59). **오늘은** 영적 건강에 대한 예수님의 가르침을 살펴볼 것이다.

| 핵심 개념 | 예수님은 기도, 종교적 위선과 탐욕을 경계할 것, 하나님을 믿고 염려하지 말 것, 영원한 시각을 견지할 것과 신실함에 대해 가르치셨다.

| 큰 그림 | 예수님은 제자들에게 영적 건강에 관한 모든 것을 가르쳐주셨다. 기도하는 법을 가르쳐주셨다(눅 11:1-13). 바리새인들과 서기관들을 예로 들어 위선의 영적 위험성을 가르치셨다(11:37-54). 속은 비어 있는데 겉만 그럴 듯한 외식을 경계하라고 하셨다(12:1-12). 영원을 바라보는 시각을 가지라고 말씀하셨다(12:13-34). 하나님께 흔들림 없이 신실하여야 함을 강조하셨다(12:35-48).

| 변화를 위한 진리 | 하나님을 마음에 모시지 않은 상태에서 겉으로만 신앙심이 있는 척하기 쉽다(눅 12:1-2). 이것이 위선이다. 위선이 바리새인들과 서기관들에게만 해당하는 것은 아니다. 오늘날 교회에도 위선이 만연하다. 마음으로는 세속과 타협하면서 겉으로는 신실한 척하는 위선자들이 교회 안에 적지 않다. 이런 문제로 싸우고 있다면 지금도 늦지 않았으니 돌이키고 회개해야 한다.

| 묵상 구절 | "삼가 모든 탐심을 물리치라 사람의 생명이 그 소유의 넉넉한 데 있지 아니하니라"(눅 12:15).

| 생각해볼 문제 | 스스로 위선자가 아닌지 어떻게 확인할 수 있는가?

299일 선한 **목자**

누가복음 12:49-13:17, 요한복음 9:1-10:21

어제는 영적 건강에 관한 예수님의 가르침을 살펴보았다(눅 11:1-13, 33-54, 12:1-48). **오늘은** 선한 목자이신 예수님에 관해 살펴볼 것이다.

| 핵심 개념 | 예수님은 양을 위해 자기 목숨을 버리는 선한 목자시다.

| 큰 그림 | 선한 목자이신 예수님은 양과 친밀한 관계를 맺으시며 그들의 이름을 부르신다. 그들은 그분의 음성을 듣고 그분을 따르며 순종한다. 그분은 양을 자유롭게 하셔서 어떤 속박에도 얽매이지 않고 참 자유를 누리게 하신다. 위험에서 보호해주시고 그들의 행복을 끊임없이 추구하신다. 선한 목자는 자기 양들을 지극히 사랑하시므로 자기 목숨도 기꺼이 내어놓으신다(요 10:1-21).

| 변화를 위한 진리 | 예수님은 제자들이 "생명을 얻게 하고 더 풍성히 얻게 하려고"(요 10:10) 오셨다. 영어 성경 ESV는 이 구절을 "그들이 생명을 얻고 풍성하게 얻도록 하려고 내가 왔다"고 번역한다. NIV는 "그들이 생명을 얻고 최대한 얻도록 하려고 내가 왔다"고 번역한다. 예수님은 풍성하고 충만하며 생동감이 넘치고 역동적이며 기쁨이 넘치는 삶을 우리에게 주신다. 우리가 생각하는 어떤 것보다 더 좋은 삶을 우리에게 주신다.

| 묵상 구절 | "나는 선한 목자라 선한 목자는 양들을 위하여 목숨을 버리거니와"(요 10:11).

| 생각해볼 문제 | 예수님이 우리 인생을 지켜주시는 선한 목자시라는 것이 당신에게는 어떤 의미인가?

300일 예수님을 **거부하는 유대인들**

마태복음 23:37-39, 누가복음 13:22-15:10, 요한복음 10:22-42

어제는 선한 목자 되신 예수님에 관해 살펴보았다(눅 12:49-13:17, 요 9:1-10:21). **오늘은** 끈질기게 예수님을 거부하는 유대인에 관해 살펴볼 것이다.

| 핵심 개념 | 유대 지도자들과 백성은 예수님을 노골적으로 배척하고 거부했다.

| 큰 그림 | 주후 29년 후반과 주후 30년 초 사이에 유대의 종교 지도자들은 하나님과 한 몸이라고 주장하는 예수님을 죽이려고 사사건건 기회를 노렸다(요 10:22-42). 예루살렘의 유대인들은 끊임없이 예수님을 거부했다(마 23:37-39, 눅 13:31-35). 유대인 지도자들은 안식일에 사람을 고친다는 이유로 예수님을 비난했다(눅 14:1-6). 예수님이 하나님 나라를 계속해서 선포하셨음에도 이스라엘 백성은 그 말씀을 받아들이려 하지 않았다(눅 14:15-24).

| 변화를 위한 진리 | 예수님은 "잔치를 베풀거든 차라리 가난한 자들과 몸 불편한 자들과 저는 자들과 맹인들을 청하라 그리하면 그들이 갚을 것이 없으므로 네게 복이 되리니 이는 의인들의 부활시에 네가 갚음을 받겠음이라"(눅 14:13-14)고 가르치셨다. 잠언 14:31은 어려운 이들에게 베푸는 자가 하나님을 공경하는 사람이라고 말한다. "가난한 자를 불쌍히 여기는 것은 여호와께 꾸어 드리는 것이니 그의 선행을 그에게 갚아 주시리라"(잠 19:17).

| 묵상 구절 | "무릇 내게 오는 자가 자기 부모와 처자와 형제와 자매와 더욱이 자기 목숨까지 미워하지 아니하면 능히 내 제자가 되지 못하고"(눅 14:26).

| 생각해볼 문제 | 그 누구보다 예수님을 더 사랑하는가?

301일 탕자

누가복음 15:11-17:10

어제는 유대인들이 예수님을 배척하는 것에 관해 살펴보았다(마 23:37-39, 눅 13:22-15:10, 요 10:22-42). **오늘은** 탕자의 비유와 그 교훈을 살펴볼 것이다.

| 핵심 개념 | 하나님은 회개하는 죄인을 환영하고 맞아주신다.

| 큰 그림 | 예수님이 탕자에 관한 교훈을 주신 때는 주후 30년 초였다. 예수님은 이 비유로 방탕한 생활을 하다가 돌아와 용서를 구하는 이들을 하나님이 무한히 사랑하신다는 교훈을 알려주셨다(눅 15:11-32). 이 비유의 의미를 이렇게 풀어볼 수도 있다. "너희 자신이 무가치하다는 생각이 들면, 다시 말해 하나님께 소외되었다는 생각이 들면 즉시 그분에게 돌아오라. 그분은 언제나 우리를 안아줄 준비를 하고 계신다."

| 변화를 위한 진리 | 방탕한 아들은 아버지에게 자신의 어리석음을 고백했다(눅 15:21). 언제든지 아들을 용서할 마음이 있었던 아버지는 두 팔을 벌려 아들을 맞아주었다. 우리도 우리 죄를 자각하고 아버지께 고백해야 한다. 죄로 하나님과 우리의 교제가 단절되지만 죄를 고백하면 즉각 그 교제가 회복되기 때문이다(요 1:9, 참조. 잠 28:13).

| 묵상 구절 | "집 하인이 두 주인을 섬길 수 없나니 혹 이를 미워하고 저를 사랑하거나 혹 이를 중히 여기고 저를 경히 여길 것임이니라 너희는 하나님과 재물을 겸하여 섬길 수 없느니라"(눅 16:13).

| 생각해볼 문제 | 스스로 탕자와 같다고 생각해본 적은 없는가? 오늘 본문이 어떤 도움이 되었는가?

〈예수 빌리지〉 신약 I. 19과

302일 부활이자 생명이신 **예수님**

누가복음 17:11-37, 요한복음 11장

어제는 탕자 비유를 살펴보았다(눅 15:11-17:10). **오늘은** 부활이자 생명이신 예수님에 관해 살펴볼 것이다.

| 핵심 개념 | 예수님은 나사로를 죽은 자 가운데서 살리심으로 부활이자 생명이심을 증명해주셨다.

| 큰 그림 | 예수님은 나사로가 병에 걸렸다는 소식을 듣자 이 일로 하나님이 영광을 받으실 것이라고 제자들에게 말씀하셨다(요 11:1-44). 그러나 예수님은 그 소식을 들으시고도 나사로를 구하러 바로 출발하시지 않았다. 예수님이 도착하셨을 때에는 나사로가 죽은 지 4일이 지난 뒤였다. 그래서 나사로를 살리신 기적이 더욱더 놀랍다.

| 변화를 위한 진리 | 마르다는 눈에 보이는 현실과 믿음으로 행해야 하는 요구 사이에서 갈등했다(요 11:3-4, 16). 눈으로 보면 나사로의 육신이 무덤에 있은 지 4일이나 지났다. 그런 상황에서 죽은 자가 살아날 가능성은 없었다. 마르다는 나사로를 돕기에는 이미 때가 늦었다고 생각했다. 그러나 믿음의 눈으로 보면 환경을 넘어서 기적을 일으키시는 주를 바라보게 된다. 나사로의 부활로 마르다는 믿음으로 행하는 법을 배웠다.

| 묵상 구절 | "나는 부활이요 생명이니 나를 믿는 자는 죽어도 살겠고"(요 11:25).

| 생각해볼 문제 | 부활한 몸이 어떤 상태(더는 병들지도 않고, 늙지도 않으며, 죽음도 없는 상태) 일지 생각해보았는가?

<예수 빌리지> 신약 I. 24과

303일 그리스도인의 **삶**

마태복음 19:3-30, 마가복음 10:2-31, 누가복음 18:1-30

어제는 부활이자 생명이신 예수님에 관해 살펴보았다(눅 17:11-37, 요 11장). **오늘은** 예수님이 가르쳐주신 그리스도인의 삶에 관해 살펴볼 것이다.

| 핵심 개념 | 예수님은 포기하지 말고 끈질기게 기도해야 하는 것과 겸손의 필요성, 율법주의를 경계할 것, 재물의 위험성에 대해 가르치셨다.

| 큰 그림 | 예수님은 여러 관련된 주제에 대해 가르치셨다. 그리스도인은 포기하지 말고 기도해야 한다(눅 18:1-8). 자기 의를 경계하고 겸손히 기도해야 한다(눅 18:9-14). 하나님은 가능하다면 결혼 생활을 끝까지 유지하기를 원하신다(마 19:3-12, 막 10:2-12). 예수님은 어린아이들을 사랑하신다(마 19:13-15, 막 10:13-16, 눅 18:15-17). 누구도 계명을 지키는 것으로 영생을 얻을 수 없다(마 19:16-30, 막 10:17-31, 눅 18:18-30).

| 변화를 위한 진리 | 부유한 사람은 하나님에 대한 필요를 거의 느끼지 않으므로 하나님을 의지하기 어렵다(눅 18:24-25). 물론 재물 자체는 문제가 없다. 그러나 재물이 있으면 영적인 일에 관심을 집중하기 쉽지 않다. 물질을 사랑한다면 영원한 시각이 아니라 세상적 시각으로 살고 있다는 증거다(눅 16:13, 딤전 6:10, 히 13:5). 돈을 사랑하면 파멸에 이를 수 있다(딤전 6:9).

| 묵상 구절 | "예수께서 제자들에게 이르시되 내가 진실로 너희에게 이르노니 부자는 천국에 들어가기가 어려우니라"(마 19:23).

| 생각해볼 문제 | 하나님의 일에서 당신의 관심을 멀어지게 만드는 이 세상 일은 무엇인가?

<예수 빌리지> 신약 I. 22과

304일 예수님의 **가르침**

마태복음 20장, 마가복음 10:32-52, 누가복음 18:31-19:10

어제는 그리스도인의 신앙생활에 대한 예수님의 가르침을 살펴보았다(마 19:3-30, 막 10:2-31, 눅 18:1-30). **오늘도** 예수님의 가르침을 살펴볼 것이다.

| 핵심 개념 | 예수님은 겸손히 그분을 섬기라고 가르치셨고, 하나님 나라에서 인정받는 진정한 위대함이 무엇인지 이야기해주셨다.

| 큰 그림 | 예수님은 저마다 일한 시간이 다르지만 하루가 끝났을 때 같은 삯을 받은 일꾼들의 비유를 들려주셨다(마 20:1-16). 이 비유가 가르치고자 하는 핵심은 개인적 권리를 주장하지 말고 겸손히 주를 섬겨야 한다는 것이다. 예수님은 또한 하나님 나라에서 크고자 하는 자는 종이 되어야 한다고 가르치셨다(마 20:20-28, 막 10:35-45).

| 변화를 위한 진리 | 삭개오는 예수님을 영접한 뒤 이렇게 말했다. "내 소유의 절반을 가난한 자들에게 주겠사오며 만일 누구의 것을 속여 빼앗은 일이 있으면 네 갑절이나 갚겠나이다"(눅 19:8). 야고보서 2:17은 "이와 같이 행함이 없는 믿음은 그 자체가 죽은 것이라"고 말씀한다. 참된 믿음은 행동의 변화로 나타난다.

| 묵상 구절 | "너희 중에는 그렇지 않아야 하나니 너희 중에 누구든지 크고자 하는 자는 너희를 섬기는 자가 되고 너희 중에 누구든지 으뜸이 되고자 하는 자는 너희의 종이 되어야 하리라"(마 20:26-27).

| 생각해볼 문제 | 예수님의 가르침이 때로 우리의 일반적인 상식에 반하는 경우가 있음을 알고 있는가?

〈예수 빌리지〉 신약 I. 23과

305일 지극히 높은 곳에서는 **호산나**

마태복음 21:1-11, 26:6-13, 마가복음 11:1-11, 14:3-9, 누가복음 19:11-40, 요한복음 12:1-19

어제는 예수님의 중요한 가르침을 몇 가지 살펴보았다(마 20장, 막 10:32-52, 눅 18:31-19:10). **오늘은** 예수님이 약속된 메시아로서 나귀를 타고 예루살렘으로 입성하신 내용을 살펴볼 것이다.

| 핵심 개념 | 예수님은 구약의 예언을 성취하시는 메시아시다.

| 큰 그림 | 예수님은 나귀를 타고 예루살렘에 입성하심으로 예언을 성취하셨다(마 21:1-11, 막 11:1-11, 눅 19:28-40, 요 12:12-19, 슥 9:9). 예수님이 예루살렘에 입성하신 때는 십자가에 못 박히시기 전 일요일이었다. 이스라엘 백성은 기뻐하며 로마의 압제에서 구원받을 순간이 드디어 도래했다고 생각했다. 예수님이 이 땅에 오신 사명이 영적 구원에 있음을 그들은 외면했다.

| 변화를 위한 진리 | 주님은 우리가 하나님께 받은 은사와 재능과 시간을 최선으로 사용하기를 원하신다(눅 19:13). 그리스도의 심판대 앞에서 각자 인생을 결산할 날이 올 때까지 "선한 일"에 힘쓰기를 원하신다(롬 14:10, 고후 5:10). 매일 눈을 뜰 때마다 "오늘 열심을 다해 주님을 섬기겠다"고 결단해야 한다.

| 묵상 구절 | "호산나 찬송하리로다 주의 이름으로 오시는 이 곧 이스라엘의 왕이시여"(요 12:13).

| 생각해볼 문제 | 장차 있을 그리스도의 심판을 생각하면 시간과 재능을 주님을 위해 써야겠다는 생각이 드는가?

<예수 빌리지> 신약 II. 1과

306일 유대 지도자들과의 **갈등**

마태복음 21:12-27, 마가복음 11:12-33, 누가복음 19:41-20:8, 요한복음 12:20-50

어제는 예수님이 예언된 메시아로서 나귀를 타고 예루살렘에 입성하신 내용을 살펴보았다(마 21:1-11, 26:6-13, 막 11:1-11, 14:3-9, 눅 19:11-40, 요 12:1-19). **오늘은** 예수님과 유대 지도자들 사이에 심화되는 갈등을 살펴볼 것이다.

| 핵심 개념 | 유대 종교 지도자들은 예수님의 말씀과 행적을 끊임없이 문제 삼고 공격했다.

| 큰 그림 | 주후 30년 후반기에도 예수님과 유대 지도자들 사이의 갈등은 계속되었다. 예수님은 예루살렘 거민들이 그분을 거부했으므로 유대 성전이 곧 무너질 것이라고 말씀하셨다(눅 19:41-44). 예수님은 십자가에 못 박히시기 전 월요일에 성전을 정화하시고자 타락한 서기관들과 바리새인들을 성전에서 쫓아내셨다(막 11:12-19).

| 변화를 위한 진리 | 예수님은 다른 사람들의 죄를 용서해주어야 한다고 강조하셨다. 기도하다가 누군가가 잘못한 일이 생각나면 먼저 그 사람을 용서해주어야 한다고 말씀하셨다(막 11:25-26). 다른 사람을 용서하지 않으면 하나님 앞에 마음이 올바르게 서 있지 않다는 증거다. 신약에서 '용서'(*aphiemi*, 아피에미)에 사용된 헬라어는 '떠나보내다'는 의미의 단어에서 파생한 것이다. 용서는 분노와 원한과 같은 자기 파괴적 감정을 내려놓는 것이다. 늘 용서하는 사람이 되어야 한다.

| 묵상 구절 | "서서 기도할 때에 아무에게나 혐의가 있거든 용서하라 그리하여야 하늘에 계신 너희 아버지께서도 너희 허물을 사하여 주시리라"(막 11:25).

| 생각해볼 문제 | 내려놓아야 할 원한이나 미움이 있는가?

〈예수 빌리지〉 신약 II. 2과

307일 계속된 유대인의 **거부**

마태복음 21:28–22:22, 마가복음 12:1–17, 누가복음 20:9–26

어제는 유대 지도자들과 예수님 사이에 갈등의 골이 더욱 깊어졌음을 살펴보았다(마 21:12–27, 막 11:12–33, 눅 19:41–20:8, 요 12:20–50). **오늘도** 같은 내용을 살펴볼 것이다.

| 핵심 개념 | 예수님은 유대 지도자들이 언젠가는 종교적 위선과 메시아인 그분을 거부한 죄로 심판받을 것이라고 말씀하셨다.

| 큰 그림 | 주후 30년 후반기 초반, 예수님은 비유로 자칭 의롭고 교만한 바리새인과 회개하는 죄인들을 확실하게 대조해 보여주셨다(마 21:28–32). 또 다른 비유를 통해서는 유대 지도자들이 수백 년 동안 하나님이 보내신 선지자들을 거부하고 심지어 죽이며 나아가 하나님의 아들마저 그렇게 하고 있다고 지적했다(마 21:33–46, 막 12:1–12, 눅 20:9–19). 그들은 그 죄의 대가를 치를 것이다.

| 변화를 위한 진리 | 예수님은 제자들에게 가이사의 것은 가이사에게 바치고 하나님의 것은 하나님께 바치라고 가르치셨다(눅 20:25). 예수님의 말씀은 그리스도인에게 세상과 천국에 대해 이중적인 시민의 의무가 있음을 암시한다. 우리에게는 하늘 시민권이 가장 중요하다. 우리는 또 다른 나라, 또 다른 성을 향해 나아가는 순례자로 이 땅을 살아가고 있다(히 11:16). 지상에 살면서도 우리는 하늘의 시민권에 맞게 살아가야 한다(참조. 빌 1:27, 3:20).

| 묵상 구절 | "가이사의 것은 가이사에게, 하나님의 것은 하나님께 바치라"(막 12:17).

| 생각해볼 문제 | 구체적으로 어떻게 해야 하늘의 시민권자라는 의식을 갖고 살아갈 수 있는가?

308일 가장 큰 계명

마태복음 22:23-23:36, 마가복음 12:18-44, 누가복음 20:27-21:4

어제는 예수님이 계속해서 유대인에게 배척받으신 내용을 살펴보았다(마 21:28-22:22, 막 12:1-17, 눅 20:9-26). **오늘은** 가장 큰 계명과 두 번째 큰 계명에 관한 예수님의 가르침을 살펴볼 것이다.

| 핵심 개념 | 가장 큰 계명은 하나님을 지극히 사랑하는 것이다.

| 큰 그림 | 이제 고난 주간이 되었고 주후 30년 후반기 초에 이르렀다. 십자가에 못 박히실 날이 다가오고 있었으므로 예수님은 제자들에게 마지막 교훈을 가르치셨다. 그 중 가장 중요한 교훈은 우리의 온 존재를 다해 하나님을 사랑하라는 것이며 이것이 우리가 지켜야 할 가장 큰 계명이다(신 6:4-5). 두 번째 중요한 계명은 이웃을 사랑하는 것이다(레 19:18, 마 22:34-40, 막 12:28-34).

| 변화를 위한 진리 | 예수님은 율법주의가 치명적이므로 무슨 일이 있더라도 피해야 한다고 가르치셨다(마 23:13-36). 율법주의와 규례에 치중한 영성은 실패하기 마련이다. 예수님이 이렇게 가르치신 이유는 서기관과 바리새인들이 끝도 없는 규례와 규율의 목록을 사람들에게 강요했기 때문이다. 우리 구원이 처음부터 끝까지 하나님의 은혜로만 가능하다는 사실에 하나님께 감사해야 한다(엡 2:8-9).

| 묵상 구절 | "네 마음을 다하고 목숨을 다하고 뜻을 다하여 주 너의 하나님을 사랑하라 하셨으니 이것이 크고 첫째 되는 계명이요 둘째도 그와 같으니 네 이웃을 네 자신 같이 사랑하라"(마 22:37-39).

| 생각해볼 문제 | 가장 중요한 두 계명에 비추어볼 때 자신의 인생을 어떻게 평가하고 싶은가?

〈예수 빌리지〉 신약 II. 3과

309일 말세

마태복음 24장, 마가복음 13장, 누가복음 21:5-38

어제는 가장 큰 계명과 두 번째 큰 계명에 대한 예수님의 가르침을 살펴보았다(마 22:23-23:36, 막 12:18-44, 눅 20:27-21:4). **오늘은** 종말에 대한 예수님의 가르침을 살펴볼 것이다.

| 핵심 개념 | 예수님은 시대의 종말에 관한 징조를 알려주셨다.

| 큰 그림 | 제자들은 "주님의 재림과 세상의 종말을 알려주는 징조는 무엇입니까?"라고 물었다. 주후 30년 후반기 초, 고난 주간에 이루어진 감람산 담화는 이 질문으로 시작되었다. 거짓 그리스도의 출현, 전쟁, 지진, 기근, 우주적 혼란에 대한 예수님의 예언이 담화에 포함되어 있다(마 24:1-28, 막 13:1-23, 눅 21:5-24). 말세에 일어날 극적인 사건은 그리스도의 재림이다. 그분이 재림하시기 전에 사람들은 노아 시대처럼 방탕한 생활을 할 것이다(마 24:36-44).

| 변화를 위한 진리 | 예수님은 종말을 거론하시면서 거짓 선생들의 등장을 경고하셨다. "너희가 사람의 미혹을 받지 않도록 주의하라"(마 24:4)고 촉구하셨다. 미혹을 받지 않을 유일한 길은 말씀에 뿌리를 내리는 것이다. 우리는 베뢰아 사람들처럼 진리라고 하는 모든 주장을 성경에 비추어 확인해야 한다(행 17:11). "범사에 헤아려 좋은 것을 취해야"(살전 5:21) 한다.

| 묵상 구절 | "노아의 때와 같이 인자의 임함도 그러하리라"(마 24:37).

| 생각해볼 문제 | 지금이 말세라고 생각하는가?

310일 열국을 심판하시는 **그리스도**

마태복음 25장

어제는 말세에 관한 예수님의 교훈을 살펴보았다(마 24장, 막 13장, 눅 21:5-38). **오늘은** 그리스도가 말세에 열국을 심판하시는 것에 관해 살펴볼 것이다.

| 핵심 개념 | 그리스도는 재림하신 뒤 모든 나라 백성을 모으시고 그들을 심판하실 것이다.

| 큰 그림 | 여전히 고난 주간이다. 예수님은 재림하신 뒤 열국을 심판하실 것이라고 말씀하셨다(마 25:31-46). 열국은 "양"과 "염소"로, 즉 이방인은 구원받은 자들과 그렇지 못한 자들로 나뉠 것이다. 심판의 기준은 그리스도의 "형제"들을 어떻게 대했느냐에 있다. 심판의 결과는 두 가지다. 의인들(양)은 그리스도의 나라에 들어갈 것이고 불의한 자들(염소)은 불못에 던져질 것이다.

| 변화를 위한 진리 | 우리는 그리스도의 재림을 고대하며 하나님을 신실하게 섬겨야 한다(마 25:21). 시간과 재능과 재물을 이용해 그리스도를 섬겨야 한다. 야고보서 2:17이 이와 유사한 교훈을 준다. "이와 같이 행함이 없는 믿음은 그 자체가 죽은 것이라." 신실한 종은 주님에게 "잘하였도다 착하고 충성된 종아"(마 25:21)라는 칭찬을 들을 것이다.

| 묵상 구절 | "잘하였도다 착하고 충성된 종아 네가 적은 일에 충성하였으매 내가 많은 것을 네게 맡기리니 네 주인의 즐거움에 참여할지어다"(마 25:21).

| 생각해볼 문제 | 오늘 본문을 읽고 그리스도 안의 형제와 자매를 어떻게 대해야 한다고 생각하는가?

311일 유월절 **기념**

마태복음 26:1–5, 14–25, 마가복음 14:1–2, 10–21, 누가복음 22:1–13, 요한복음 13:1–30

어제는 그리스도가 열국을 심판하실 것을 살펴보았다(마 25장). **오늘은** 예수님이 마지막으로 유월절을 기념하시는 내용을 살펴볼 것이다.

| 핵심 개념 | 예수님은 제자들의 발을 씻겨주심으로 겸손과 자기 부인의 필요성을 몸소 보여주셨다. 그런 다음 유다의 배신을 예언하셨다.

| 큰 그림 | 예수님은 주후 30년 4월 2일 목요일, 십자가에 못 박히시기 전날 밤 유월절을 기념하셨다. 죽음을 목전에 두고 맞이한 이 유월절은 예수님께 특히 의미가 있었다(마 26:17–19, 막 14:12–16, 눅 22:7–13). 예수님은 만찬을 기념하시면서 제자들에게 겸손과 자기 부정을 가르치시고(요 13:1–20) 자신이 배신당하실 것을 예언하셨다(마 26:20–25, 막 14:17–21, 요 13:21–30).

| 변화를 위한 진리 | 예수님은 우주에서 가장 큰 권위를 소유한 분이시지만 제자들의 발을 씻기는 겸손을 몸소 보여주셨다(요 13:1–17). 하나님의 위대한 사람들은 권위를 행사할 수 있을 때에도 겸허함을 버리지 않았다. 다윗 왕(삼하 7:18–21), 사도 바울(딤전 1:15–16)이 대표적이다. 하나님은 우리에게 겸손을 요구하신다. 하나님의 백성은 "범사에 온유함을 모든 사람에게 나타내어야"(딛 3:1–2) 한다. 베드로는 "다 서로 겸손으로 허리를 동이라"(벧전 5:5–6)고 권면했다. 무엇보다 "하나님이 교만한 자를 물리치시고 겸손한 자에게 은혜를 주신다"(약 4:6).

| 묵상 구절 | "내가 주와 또는 선생이 되어 너희 발을 씻었으니 너희도 서로 발을 씻어 주는 것이 옳으니라"(요 13:14).

| 생각해볼 문제 | 우리 자신에게 교만한 모습이 보일 때 어떻게 해야 하는가?

<예수 빌리지> 신약 II. 5과

312일 예언과 마지막 **가르침**

마태복음 26:26-35, 마가복음 14:22-31, 누가복음 22:14-34, 요한복음 13:31-14:31

어제는 예수님이 마지막 유월절을 지키신 내용을 살펴보았다(마 26:1-5, 14-25, 막 14:1-2, 10-21, 눅 22:1-13, 요 13:1-30). **오늘은** 예수님이 십자가에 못 박히시기 전 마지막으로 하신 일을 살펴볼 것이다.

| 핵심 개념 | 예수님은 십자가 죽음을 앞두시고 제자들이 알아야 할 중요한 교훈을 가르쳐주셨다.

| 큰 그림 | 예수님은 이제 십자가에 못 박히시기 전날 밤인 주후 30년 4월 2일 목요일에 마지막으로 처리할 일을 하셨다. 이제 곧 십자가에 달리실 것을 아신 그분은 제자들에게 서로 사랑하라(요 13:31-35)는 중요한 교훈을 가르쳐주셨다. 또한 주의 만찬을 제정하시고(마 26:26-29), 베드로의 배신을 예언하시며(막 14:26-31), 성령에 대한 약속을 주셨다(요 14:15-31).

| 변화를 위한 진리 | 제자들 모두 실족하여 넘어질 것이라는 예수님의 예언에 자기 확신이 강한 베드로는 절대 그런 일은 없을 것이라고 장담했다(막 14:29-31). 이후 베드로의 행동은 다 아는 사실이다. 베드로는 예수님을 세 번이나 부인했다. 모든 그리스도인은 자기 과신을 경계해야 한다. 이것은 고린도전서 10:12에서 사도 바울이 경고한 바와 유사하다. "그런즉 선 줄로 생각하는 자는 넘어질까 조심하라."

| 묵상 구절 | "서로 사랑하라 내가 너희를 사랑한 것 같이 너희도 서로 사랑하라 너희가 서로 사랑하면 이로써 모든 사람이 너희가 내 제자인 줄 알리라"(요 13:34-35).

| 생각해볼 문제 | 오늘 당신의 사랑이 필요한 사람은 누구인가?

313일 마지막 유언

요한복음 15–17장

어제는 예수님이 십자가에 못 박히시기 전 마지막으로 하신 일을 살펴보았다(마 26:26–35, 막 14:22–31, 눅 22:14–34, 요 13:31–14:31). **오늘도** 그 내용에 관해 살펴볼 것이다.

| 핵심 개념 | 예수님은 참 포도나무시다. 성령은 모든 신자의 조력자가 되어주실 것이다.

| 큰 그림 | 이 본문의 시간적 배경은 여전히 예수님이 십자가에 못 박히시기 전날 밤인 주후 30년 4월 2일 목요일이다. 예수님은 그리스도인("가지")이 예수님께 붙어 있어야 열매를 맺을 수 있다는 교훈을 마지막으로 주셨다(요 15:1–17). 세상은 예수님의 제자들을 미워할 것이다(15:18–26). 예수님은 하늘로 가신 뒤 성령을 보내셔서 신자들을 돕도록 하실 것이다(16:1–33). 예수님은 이제 죽임을 당하시지만 걱정할 필요가 없다. 그분은 다시 부활하실 것이다(16:16–23).

| 변화를 위한 진리 | 예수님은 "내가 이것을 너희에게 이름은 내 기쁨이 너희 안에 있어 너희 기쁨을 충만하게 하려 함이라"(요 15:11)고 말씀하셨다. 주님의 이 말씀은 그리스도인이 가지로서 포도나무(예수)에 붙어 있어야 함을 강조한다. 우리 기쁨은 예수님과 친밀한 관계에서 생긴다. 예수님께 더 강하게 붙어 있을수록 우리 기쁨도 커진다(참조. 요 16:33).

| 묵상 구절 | "내가 아버지께로부터 너희에게 보낼 보혜사 곧 아버지께로부터 나오시는 진리의 성령이 오실 때에 그가 나를 증언하실 것이요"(요 15:26).

| 생각해볼 문제 | 성령이 예수 그리스도에 대해 어떻게 증거하시리라 생각하는가?

314일 배신당하신 **예수님**

마태복음 26:36-56, 마가복음 14:32-52, 누가복음 22:35-53, 요한복음 18:1-14

어제는 예수님이 가르쳐주신 마지막 교훈을 일부 살펴보았다(요 15-17장). **오늘은** 예수님이 배신당하시고 체포되신 내용을 살펴볼 것이다.

| 핵심 개념 | 예수님은 겟세마네에서 기도하시며 십자가에서 겪을 일을 생각하셨다. 그리고 유다에게 배신을 당하시고 체포되셨다.

| 큰 그림 | 때는 여전히 예수님이 십자가에 못 박히시기 전날 밤인 주후 30년 4월 2일 목요일이다. 예수님은 겟세마네에서 그 어느 때보다 깊은 고통으로 번민하시고 괴로워하셨다. 제자들이 함께 기도해주기를 바라셨지만 그들은 잠들어 있었다(마 26:36-46). 유다는 스승을 배신하고 성전 경비대를 이끌고 겟세마네로 왔다. 유다는 입맞춤으로 그리스도가 누구인지 알렸고 예수님은 체포되셨다(요 18:1-14).

| 변화를 위한 진리 | 예수님은 십자가의 고통을 외면하고 싶으셨다. 하지만 "내 아버지여 만일 할 만하시거든 이 잔을 내게서 지나가게 하옵소서 그러나 나의 원대로 마시옵고 아버지의 원대로 하옵소서"(마 26:39)라고 기도하셨다. 예수님은 하나님께 완전하게 순종하는 것이 어떤 모습인지 그 모범을 보여주셨다. "내가 하늘에서 내려온 것은 내 뜻을 행하려 함이 아니요 나를 보내신 이의 뜻을 행하려 함이니라"(요 6:38)고 확인해주셨다.

| 묵상 구절 | "아빠 아버지여 아버지께는 모든 것이 가능하오니 이 잔을 내게서 옮기시옵소서 그러나 나의 원대로 마시옵고 아버지의 원대로 하옵소서"(막 14:36).

| 생각해볼 문제 | 예수님은 우리를 위해 어떤 고통을 겪으셨는가?

315일 가야바에게 **심문을 받으신 예수님**

마태복음 26:57-75, 마가복음 14:53-72, 누가복음 22:54-71, 요한복음 18:15-27

어제는 예수님이 배신당하시고 체포되신 일을 살펴보았다(마 26:36-56, 막 14:32-52, 눅 22:35-53, 요 18:1-14). **오늘은** 예수님이 가야바에게 심문받으신 사건을 살펴볼 것이다.

| 핵심 개념 | 예수님은 고초를 당하셨고 베드로는 예수님을 세 번 부인했다.

| 큰 그림 | 예수님은 주후 30년 4월 3일 금요일, 가야바와 공의회 앞에서 심문을 받으셨다. 하지만 언젠가는 가야바와 그 일당이 예수님께 심판을 받을 것이다. 예수님이 재판장이 되셔서 그들을 심판하실 것이다(마 26:57-68). 그날에는 서로 입장이 완전히 달라질 것이다. 베드로는 예언대로 예수님을 부인했고 곧 비통한 마음으로 눈물을 흘렸다(눅 22:54-65).

| 변화를 위한 진리 | 베드로가 세 번째 예수님을 부인하자 예수님은 베드로의 눈을 바라보셨다(눅 22:61). 어떤 이들은 예수님이 베드로를 바라보신 것은 그가 배신할 것이라는 예언을 상기시키기 위해서라고 말한다. 하지만 나는 그렇게 생각하지 않는다. 예수님은 베드로를 사랑하셨다. 하나님처럼 예수님도 우리가 얼마나 연약한 존재인지 아신다. "그가 우리의 체질을 아시며 우리가 단지 먼지뿐임을 기억하심이로다"(시 103:14). 주님은 용서의 마음을 담은 연민의 눈으로 베드로를 바라보셨을 것이다.

| 묵상 구절 | "인자가 권능자의 우편에 앉은 것과 하늘 구름을 타고 오는 것을 너희가 보리라"(막 14:62).

| 생각해볼 문제 | 피고가 아니라 재판장이 되신 예수님의 모습을 생각해 본 적이 있는가?

316일 계속 심문을 받으시는 **예수님**

마태복음 27:1-26, 마가복음 15:1-15, 누가복음 23:1-25, 요한복음 18:28-19:16

어제는 예수님이 가야바에게 심문받으신 것을 살펴보았다(마 26:57-75, 막 14:53-72, 눅 22:54-71, 요 18:15-27). **오늘도** 예수님이 재판받으신 내용을 살펴볼 것이다.

| 핵심 개념 | 유다는 스승을 배신했다는 죄책감을 견디지 못하고 스스로 목매달아 죽었다. 예수님에 대한 심문이 계속되었다.

| 큰 그림 | 주후 30년 4월 3일 십자가 처형 당일이다. 유다는 무고한 사람을 배신했다는 죄책감을 견디지 못하고 결국 자살을 선택했다(마 27:3-10). 유대 공의회는 유대 총독인 빌라도에게 예수님을 끌고 가 거짓으로 고소했다. 빌라도는 예수님을 헤롯에게 보냈다. 헤롯이 예수님을 취조했지만 예수님은 침묵하셨다. 헤롯은 아무 판결도 내리지 않고 예수님을 다시 빌라도에게 보냈다. 빌라도는 예수님에게 아무 혐의가 없다고 확신하고 석방해주기를 원했다. 무리는 "십자가에 못 박으소서"라고 소리질렀다. 결국 빌라도는 굴복하고 말았다(마 27:15-26).

| 변화를 위한 진리 | 예수님은 빌라도에게 자신이 진짜 왕이라고 알려주셨다. "내 나라는 이 세상에 속한 것이 아니니라…이제 내 나라는 여기에 속한 것이 아니니라"(요 18:36). 예수님의 나라는 사람들이 구속함을 받고 삶이 영원히 달라지는 영적인 나라다. 우리는 이 짧은 지상의 삶을 살아갈 때 그 나라의 충성스러운 백성으로 최선을 다해야 한다. 그분은 영원히 통치하실 것이다(참조. 계 19:16).

| 묵상 구절 | "내 나라는 이 세상에 속한 것이 아니니라…이제 내 나라는 여기에 속한 것이 아니니라"(요 18:36).

| 생각해볼 문제 | 왕 되신 그리스도께 더욱 충성할 마음이 있는가?

317일 예수님이 십자가에 **못 박히시다**

마태복음 27:27-44, 마가복음 15:16-32, 누가복음 23:26-43, 요한복음 19:17-30

어제는 예수님이 계속해서 심문당하신 내용을 살펴보았다(마 27:1-26, 막 15:1-15, 눅 23:1-25, 요 18:28-19:16). **오늘은** 예수님이 십자가에 못 박히시는 사건을 살펴볼 것이다.

| 핵심 개념 | 예수님은 조롱과 모욕을 당하시고 십자가에 못 박히셨다.

| 큰 그림 | 주후 30년 4월 3일 금요일, 예수님이 십자가에 못 박히신 날이다. 로마 군사들은 예수님의 옷을 벗기고 자주색 의복으로 갈아입혔다. 그들은 예수님을 조롱하고 침을 뱉고 때린 후 처형장으로 끌고 갔다(마 27:27-31, 막 15:16-20). 골고다 언덕에 도착하자 예수님은 고통을 줄여줄 1세기식의 마취제를 권유받았지만 거부하셨다. 그리고 곧 십자가 처형을 당하셨다(마 27:33-44, 막 15:22-32, 눅 23:33-43, 요 19:17-30).

| 변화를 위한 진리 | 예수님은 우리를 사랑하신다. 로마식 십자가형은 사람을 천천히 죽음에 이르게 하는 고통스러운 처형 방식이었다. 극도의 고통을 줄 뿐 아니라 천천히 질식해서 죽음에 이르도록 하는 방법이었다. 예수님은 우리를 사랑하셨으므로 이 모든 일을 기꺼이 감당하셨다. "나는 선한 목자라 선한 목자는 양들을 위하여 목숨을 버리거니와"(요 10:11). "사람이 친구를 위하여 자기 목숨을 버리면 이보다 더 큰 사랑이 없나니"(15:13).

| 묵상 구절 | "아버지 저들을 사하여 주옵소서 자기들이 하는 것을 알지 못함이니이다"(눅 23:34).

| 생각해볼 문제 | 예수님이 누가복음 23:34에서 보여주신 용서와 사랑의 모범보다 더 놀라운 예가 있는가?

318일 예수님의 **죽음과 장례**

마태복음 27:45–66, 마가복음 15:33–47, 누가복음 23:44–56, 요한복음 19:31–42

어제는 예수님이 십자가에 못 박혀 돌아가신 사건을 살펴보았다(마 27:27–44, 막 15:16–32, 눅 23:26–43, 요 19:17–30). **오늘은** 예수님의 죽으심과 장례에 관해 살펴볼 것이다.

| 핵심 개념 | 예수님은 십자가에서 죽으신 후 무덤에 묻히셨고 로마 군사들이 그 무덤을 지켰다.

| 큰 그림 | 예수님이 십자가에서 죽으신 후 아리마대 사람인 요셉이 자기 소유의 무덤에 예수님의 시신을 안치하였다. 그리고 지렛대로 큰 돌을 굴려 입구를 막았다(마 27:57–61, 막 15:42–47, 눅 23:50–56, 요 19:38–42). 로마 경비대가 무덤을 지켰다(마 27:62–66).

| 변화를 위한 진리 | 예수님이 숨을 거두시자 "성소 휘장이 위로부터 아래까지 찢어져 둘이 되었다"(마 27:51). 그동안 이 두꺼운 휘장을 기점으로 대제사장을 제외하고는(1년에 한 번) 누구도 이 지성소에 들어가지 못했다. 찢어진 휘장은 이제 누구든지 예수님을 통해 하나님께 자유롭게 나아갈 수 있게 되었음을 상징한다. "그러므로 우리는 긍휼하심을 받고 때를 따라 돕는 은혜를 얻기 위하여 은혜의 보좌 앞에 담대히 나아갈 것이니라"(히 4:16).

| 묵상 구절 | "예수를 향하여 섰던 백부장이 그렇게 숨지심을 보고 이르되 이 사람은 진실로 하나님의 아들이었도다 하더라"(막 15:39).

| 생각해볼 문제 | 예수님은 왜 "나의 하나님, 나의 하나님, 어찌하여 나를 버리셨나이까"(마 27:46)라고 말씀하셨을까?

319일 예수님의 **부활**

마태복음 28:1-15, 마가복음 16:1-13, 누가복음 24:1-35, 요한복음 20:1-18

어제는 예수님의 죽으심과 장례에 관해 살펴보았다(마 27:45-66, 막 15:33-47, 눅 23:44-56, 요 19:31-42). **오늘은** 그리스도가 죽은 자 가운데서 부활하신 사건을 살펴볼 것이다.

| 핵심 개념 | 예수님은 죽은 자 가운데서 살아나셨고 제자들에게 여러 차례 나타나셔서 확신을 주셨다.

| 큰 그림 | 이제 주후 30년 4월 5일 예수님이 부활하신 일요일이다. 한 천사가 "또 다른 마리아"인 막달라 마리아와 살로메에게 나타나 예수님이 죽은 자 가운데서 살아나셨음을 알려주었다. 무덤은 비어 있었다. 그들은 제자들에게 좋은 소식을 알리라는 지시를 받았다. 그 이후 예수님은 부활하신 몸으로 사람들에게 여러 차례 나타나셨다(마 28:1-10, 막 16:1-11, 눅 24:1-12, 요 20:1-18).

| 변화를 위한 진리 | 엠마오로 가는 두 제자가 "우리에게 말씀하시고 우리에게 성경을 풀어 주실 때에 우리 속에서 마음이 뜨겁지 아니하더냐"(눅 24:32)라고 서로 말했다. 예수님은 그분 자신에 관해 예언한 구약의 모든 구절을 그들에게 알려주셨다. 전체 구약 성경의 주제가 자신이라고 말씀하신 적도 있다(마 5:17, 눅 24:27, 44, 요 5:39, 히 10:7). 그리스도인이라면 누구나 이 두 제자처럼 뜨거운 마음을 가질 수 있다. 주님에 대한 열정을 잃지 말라.

| 묵상 구절 | "그가 여기 계시지 않고 그가 말씀하시던 대로 살아나셨느니라 와서 그가 누우셨던 곳을 보라"(마 28:6).

| 생각해볼 문제 | 예수님이 살아계시다는 것이 당신에게는 어떤 의미가 있는가?

〈예수 빌리지〉 신약 II. 6과

320일 부활하셔서 더 많은 사람에게 **나타나신 예수님**

마태복음 28:16-20, 마가복음 16:14-20, 누가복음 24:36-53, 요한복음 20:19-21:25

어제는 그리스도가 죽은 자 가운데서 부활하셨음을 살펴보았다(마 28:1-15, 막 16:1-13, 눅 24:1-35, 요 20:1-18). **오늘은** 그리스도의 대위임 명령과 더불어 그분이 더 많은 사람에게 나타나신 이야기를 살펴볼 것이다.

| 핵심 개념 | 예수님은 더 많은 사람에게 나타나셔서 자신이 실제로 죽은 자 가운데서 부활하셨음을 증거하셨다.

| 큰 그림 | 이제 주후 30년, 부활절이 조금 지난 시점이다. 예수님은 부활한 몸으로 더 많은 사람에게 나타나셨고(요 20:24-31, 21:1-14) 제자들에게 대위임 명령을 주셨다(마 28:16-20, 막 16:14-18, 눅 24:36-49, 요 20:19-23). 그런 다음 크게 상심한 베드로를 회복해주시고(요 21:15-19) 하늘로 올라가셨다(막 16:19-20, 눅 24:50-53).

| 변화를 위한 진리 | 베드로는 예수님을 세 번 부인했다. 안타까운 일이었다. 그러나 예수님이 그를 회복해주려 하셨다는 사실에 주목하라. 예수님은 베드로에게 당신을 사랑하는지 세 번이나 물어보셨다. 베드로는 주님을 사랑한다고 분명하게 대답했다(참조. 요 21:7). 이후 베드로는 초대 교회를 이끄는 위대한 지도자가 되었다(요 21:15-19, 참조. 사도행전). 마찬가지로 주님은 모든 약점에도 불구하고 우리를 사용하실 수 있다.

| 묵상 구절 | "그러므로 너희는 가서 모든 민족을 제자로 삼아 아버지와 아들과 성령의 이름으로 세례를 베풀고 내가 너희에게 분부한 모든 것을 가르쳐 지키게 하라 볼지어다 내가 세상 끝날까지 너희와 항상 함께 있으리라 하시니라"(마 28:19-20).

| 생각해볼 문제 | 그리스도가 주신 대위임 명령에 적극적으로 순종하고 있는가? 아니면 방관하고 있는가?

<예수 빌리지> 신약 II. 7과

321일

시대 9: 초대 교회

주후 30–95년

사도행전에서 요한계시록까지

오늘부터 '초대 교회'라는 제목으로 새로운 성경 시대에 관해 공부할 것이다. 이 시대에 해당하는 성경으로는 사도행전, 로마서, 고린도전후서, 갈라디아서, 에베소서, 빌립보서, 골로새서, 데살로니가전후서, 디모데전후서, 디도서, 빌레몬서, 히브리서, 야고보서, 베드로전후서, 요한일이삼서, 유다서, 요한계시록이 있다. 이 마지막 시대에서 논의되는 지역은 매우 광범위하다.

앞에서 신약은 여러 다양한 저자가 50여 년이 넘는 기간에 저술한 27권의 책을 모은 모음집이라고 말했다. 신약의 주인공은 예수 그리스도시다. 주요 주제는 새 언약에 근거한 예수 그리스도 안의 구원이다.

네 개의 복음서 다음에는 사도행전이라는 역사서가 배치되어 있다. 그리스도의 죽으심과 부활 이후 기독교가 전파되는 과정을 다룬다. 이 책은 전통적으로 사도들의 행적으로 불리지만 성령의 행적으로 부르는 것이 더 적합해 보인다. 실제로 사도행전은 장마다 성령이 역사하시는 내용이 등장한다.

사도행전 다음에는 서신서가 나온다. 대략 신약의 3분의 1이 서신서다. 서신은 고대 헬라어 사용권에서 매우 중요한 소통 형태였다. 서신서는 일반적으로 서론(수신자의 이름과 인사)과 본론, 결론으로 이루어져 있다. 우편 시스템으로 배달된 것이 아니라 전달자가 직접 배달하는 식이었다.

신약 서신서는 대체로 설립된 지 얼마 되지 않은 신생 교회에 해결해야 할 문제나 가르칠 주제가 있을 경우 보낸 편지였다(데살로니가전후서가 대표적이다). 사도 바울 역시 에베소서의 경우처럼 선교 사역에 대한 후속 조치로 편지를 써보냈다. 그러므로 바울의 서신들은 성격상 매우 개인적인 것이었다. 디모데전후서의 경우처럼 특정 교회 지도자에게 조언을 주고자 쓴 편지도 있다. 빌립보서처럼 교회 전체에 편지를 쓴 경우도 있다.

일부 서신서는 특정 교회에 보낸 것이 아니라 많은 교회가 회람하게 하려는 용도로 쓰였고 일반적인 문제를 다루었기 때문에 '일반 서신'으로 분류된다. 여기에는 주로 바울이 쓰지 않은 서신들이 포함되며 베드로전후서와 요한일이삼서가 있다.

이 서신들의 수신인은 1세기 교회와 신자들이지만 오늘날의 그리스도인에게도 깊은 연관이 있다. 서신서들이 다루는 문제들은 모든 세대에 적용된다.

신약의 마지막 책은 요한계시록으로 예언적 미래에 관한 묵시론적 책이다. 이 책은 박해받는 성도들에게 소망과 용기와 확신을 줌으로 당면한 박해와 싸움을 인내로 이겨내도록 돕기 위해 쓴 것이다. 결국 하나님이 승리하시며 우리는 언젠가 새 하늘과 새 땅에서 영원히 그분과 얼굴을 맞대고 살 것을 보여준다.

이제부터 사도행전과 서신서, 요한계시록을 배우면서 초대 교회 시대에 관한 흥미로운 내용을 살펴볼 것이다. 아래 연대는 연대기적으로 유익한 정보를 제공한다.

주후 30년 (5월 24일)	오순절, 교회가 태동한 날
주후 37년	사도 바울이 회심한 후 처음으로 예루살렘을 방문해 야고보와 베드로를 만나다.
주후 40년	베드로가 고넬료에게 복음을 증거하다.

주후 44년	야고보가 예루살렘 교회의 지도자가 되다.
주후 44-49년	야고보가 유대 그리스도인들에게 편지를 쓰다.
주후 47-49년	바울, 바나바, 마가 요한이 1차 선교 여행을 떠나다.
주후 49년	바울이 이방인들과 함께 먹지 않는 베드로를 꾸짖다. 베드로, 바울, 디도, 바나바가 예루살렘 공의회에 참석하려고 예루살렘을 방문하다.
주후 49-50년	디모데가 북부 갈라디아에서 드로아로 여행 중인 바울과 실라와 합류하다. 바울이 갈라디아인들에게 편지를 써서 율법주의라는 거짓 복음을 경계하도록 하다.
주후 49-52년	바울과 실라가 두 번째 선교 여행을 하다.
주후 50년	바울과 동료들이 2차 선교 여행 기간에 빌립보를 방문해 교회를 개척하다. 바울, 실라, 디모데가 데살로니가에서 복음을 선포하다. 데살로니가에 교회가 설립되다.
주후 50-51년	바울이 고린도로 가서 교회를 개척하고 18개월간 사역하다.
주후 51년	바울이 고린도에서 갈리오 총독 앞에서 심문을 받다. 바울이 선교한 지 수개월이 지난 후 데살로니가인들에게 1, 2차 편지를 보내다.
주후 52년	바울이 2차 선교 여행 중에 에베소를 방문하다. 에베소에서 아볼로가 아굴라와 브리스길라에게 가르침을 받다.
주후 53-57년	바울이 3차 선교 여행을 떠나다.
주후 54년	바울이 에베소로 돌아와 몇 년을 사역하다.
주후 54-68년	네로가 로마에서 통치하다.
주후 55년	바울이 에베소에서 고린도에 첫 번째 편지를 보내다.
주후 56년	바울이 에베소에서 고린도로 두 번째 편지를 보내다. 디도를 보내어 바울과 고린도 교회의 갈등을 중재하도록 하다.
주후 57년	바울이 고린도에서 로마서를 쓰다. 빌립보를 다시 방문해 예루살렘 교회에 보낼 연보를 모금하다.
주후 60년	누가가 복음서를 쓰다.
주후 60-61년	바울이 로마를 방문하다.
주후 61년	누가가 사도행전을 쓰다.
주후 61년	바울이 로마 감옥에 갇히다. 감옥에서 에베소서와 골로새서를 쓰다.

주후 62년	야고보가 돌에 맞아 죽다.
주후 62-63년	바울이 감옥에서 석방되다.
주후 62-64년	바울이 디도에게 편지를 보내다. 디도에게 그레데 교회의 장로들을 훈련하도록 위임하다. 젊은 제자인 디모데에게 첫 편지를 보내다.
주후 63년	바울이 로마로 압송되어 다시 감옥에 투옥되다. 바울이 투옥 상태에서 빌립보인들에게 편지를 보내다. 또한 도망한 노예인 오네시모를 감옥에서 만나다. 오네시모 대신 빌레몬에게 짧은 편지를 보내다.
주후 63-64년	베드로가 첫 편지를 쓰다.
주후 64년	네로가 로마의 대형 화재를 그리스도인 탓으로 돌리고 박해하기 시작하다.
주후 66년	베드로가 거꾸로 십자가에 못 박히다.
주후 67년	주후 70년 예루살렘 함락 전 요한이 에베소로 이동해 다른 그리스도인들과 합류하다. 바울이 자신의 죽음이 임박했음을 알고 디모데후서를 쓰다. 곧 바울이 순교당하다.
주후 67-68년	유다가 독자들을 보호하는 차원에서 짧은 서신을 쓰다.
주후 68년	익명의 저자가 히브리서를 쓰다.
주후 70년	티투스 장군이 로마 군대를 이끌고 예루살렘과 성전을 파괴하다.
주후 81-96년	로마 황제 도미티아누스가 황제 숭배를 강요하다. 요한의 독자들에게 위기가 닥치다.
주후 90년	초기 영지주의 이단이 등장하다. 요한의 독자들이 또 다른 위기에 맞닥뜨리다. 요한이 세 통의 편지(요한일이삼서)를 써서 성도들이 직면한 위기에 맞서도록 가르치다.
주후 95년	요한이 예수 그리스도에 대한 복음을 전한다는 '죄목'으로 에게해의 밧모 섬으로 유배되다(계 1:9). 계시록을 쓰다.
주후 97년	요한이 에베소로 돌아오다.
주후 98-100년	요한이 에베소에서 임종하다.

예습: 322일에는 예수님이 승천하신 것과 오순절에 성령이 강림하신 것을 살펴볼 것이다.

322일 예수님이 승천하시고 **성령이 강림하시다**

사도행전 1–3장

어제는 주후 30–95년에 이르는 '초대 교회'라는 제목의 제9 시대를 살펴보았다. **오늘은** 예수님의 승천과 오순절날 성령이 강림하신 내용을 살펴볼 것이다.

| 핵심 개념 | 예수님은 승천하셨다. 그 후 얼마 지나지 않아 성령이 오순절날 신자들 위에 임하셨다.

| 큰 그림 | 부활하신 주님은 제자들에게 예루살렘을 떠나지 말고 성령에 관한 약속이 성취되도록 하라고 지시하셨다. 그리스도는 주후 30년 5월 14일 목요일에 하늘로 올라가셨다. 오순절은 그 달 후반인 주후 30년 5월 24일이었다. 제자들은 성령의 역사하심으로 초자연적 능력을 입게 되었다(행 2장). 제자들은 새로운 용기로 충만하여 부활하신 주님의 메시지를 담대하게 선포하기 시작했다.

| 변화를 위한 진리 | 성령의 내주하심과 능력 주심으로 그리스도의 제자들은 담대하고 효과적인 복음의 증인이 될 수 있다(행 1:8, 참조. 2:4, 고전 6:19–20, 엡 3:16, 20). 에베소서 5:18은 우리가 지속적으로 성령으로 충만하고 그분의 통치를 받아야 한다고 말한다.

| 묵상 구절 | "오직 성령이 너희에게 임하시면 너희가 권능을 받고 예루살렘과 온 유대와 사마리아와 땅 끝까지 이르러 내 증인이 되리라 하시니라"(행 1:8).

| 생각해볼 문제 | 사도행전 1–3장을 읽고 성령에 관해 더 알고 싶다는 생각이 들지 않는가?

〈예수 빌리지〉 신약 II. 8, 9, 10과

323일 사도들의 **사역**

사도행전 4-7장

어제는 예수님이 승천하신 것과 오순절날 성령이 강림하신 것을 살펴보았다(행 1-3장). **오늘은** 초대 교회 사도들의 사역을 살펴볼 것이다.

| 핵심 개념 | 사도들이 일으킨 기적들은 그들이 전한 메시지가 진리임을 증명해주었다.

| 큰 그림 | 주후 30년, 유대 산헤드린 공회는 누군가의 병을 고쳐준 베드로와 요한을 심문하고 있었다. 베드로와 요한은 부활하신 그리스도가 그를 낫게 해주셨다고 증언했다. 사두개인들은 부활 교리를 믿지 않았으므로 그 말을 듣고 당황했다. 산헤드린은 제자들에게 더는 예수의 이름으로 전하지 말라고 경고했다. 그러자 제자들은 사람이 아니라 하나님께 순종해야 한다고 대답했다(행 4장).

| 변화를 위한 진리 | 사도들은 그리스도를 증거한다고 박해를 받았다(행 5:41). 경건한 사람들은 박해를 받는다(딤후 3:12). 세상이 그리스도를 미워하므로 그분을 믿는 그리스도인을 미워한다고 해서 놀랄 필요가 없다(요일 3:13). 그리스도를 전하다가 고난을 받을 때 그리스도인들은 고난받기에 합당한 자로 여겨진다는 사실에 오히려 기뻐해야 한다(행 5:41, 참조. 마 5:10-11).

| 묵상 구절 | "너희와 모든 이스라엘 백성들은 알라 너희가 십자가에 못 박고 하나님이 죽은 자 가운데서 살리신 나사렛 예수 그리스도의 이름으로 이 사람이 건강하게 되어 너희 앞에 섰느니라"(행 4:10).

| 생각해볼 문제 | 사도들처럼 하나님께 순종하기 위해 사람들에게 불복종할 수밖에 없었던 적은 없는가?

<예수 빌리지> 신약 II. 11-12과

324일 사울의 회심과 베드로의 **이방인 사역**

사도행전 8-11장

어제는 초대 교회 사도들의 사역에 관해 살펴보았다(행 4-7장). **오늘은** 사울이 회심한 사건과 베드로가 이방인을 대상으로 사역한 일을 살펴볼 것이다.

| 핵심 개념 | 복음은 유대인만이 아니라 이방인에게도 전해져야 했다.

| 큰 그림 | 오늘 성경 본문은 주후 36년부터 40년 초에 이르는 기간을 다룬다. 예수님은 다메섹으로 가고 있던 사울에게 나타나셨다. 사울은 회심했고 곧 예수 그리스도의 강력한 증인이 되었다. 그는 이방인을 위한 사도로 부름받았으므로 그리스와 로마식 이름인 바울을 사용하게 되었다(행 9:1-43). 예수님은 베드로에게 이제 이방인에게 하나님의 복음을 전해야 한다고 가르쳐주셨다(행 9:32-11:18).

| 변화를 위한 진리 | 사울(바울)은 그리스도인이 되기 전에 교회를 핍박하던 자였다. "예루살렘에서 이런 일을 행하여 대제사장들에게서 권한을 받아 가지고 많은 성도를 옥에 가두며 또 죽일 때에 내가 찬성 투표를 하였고"(행 26:10). 그러나 하나님의 은혜로 교회를 가장 극렬히 핍박하던 자가 가장 열렬한 선교사가 되었다. 아무리 악한 죄인이라도 구속함을 받고 변화될 수 있다.

| 묵상 구절 | "이 사람은 내 이름을 이방인과 임금들과 이스라엘 자손들에게 전하기 위하여 택한 나의 그릇이라"(행 9:15).

| 생각해볼 문제 | 사울의 회심이 얼마나 기적적인 일인가?

〈예수 빌리지〉 신약 II. 13-16과

325일 바울과 바나바의 **복음 전도**

사도행전 12:1-15:35

어제는 사울이 회심한 일과 베드로가 이방인에게 사역한 일을 살펴보았다(행 8-11장). **오늘은** 바울과 바나바가 복음을 전파한 일을 살펴볼 것이다.

| 핵심 개념 | 바울과 바나바는 여러 도시에서 복음을 전했다. 예루살렘 공의회는 이방인 신자들이 할례를 받을 필요가 없다고 선언했다.

| 큰 그림 | 오늘 성경 본문은 주후 44-49년에 이르는 기간을 다룬다. 초대 교회에 대한 박해가 더 거세졌다. 야고보(요한의 형제)가 처형되었다. 베드로는 감옥에 갇혔지만 하나님이 천사를 보내셔서 감옥에서 나오도록 해주셨다(행 12장). 바울과 바나바는 순회 선교사로서 여러 도시에서 사역을 계속하였다(행 13:1-14:28). 예루살렘 공의회는 이방인 회심자들이 반드시 유대교의 의식적 의무를 이행하지 않아도 된다고 선언했다(행 15장).

| 변화를 위한 진리 | 바울은 선교 여행을 하는 동안 계획 없이 도시를 이동하지 않았다. 이미 존재하는 무역로를 이용해 이동이 용이한 로마의 주요 도시들을 전략적으로 방문했다. 이런 전략 덕분에 이 무역로를 통해 세계 여러 지역까지 복음이 전파될 수 있었다(행 13-14장). 복음 전파를 위한 전략 개발은 꼭 필요한 일이다.

| 묵상 구절 | "성령이 이르시되 내가 불러 시키는 일을 위하여 바나바와 사울을 따로 세우라 하시니"(행 13:2).

| 생각해볼 문제 | 사도행전 13:2에서 성령에 관해 무엇을 알 수 있는가?

<예수 빌리지> 신약 II. 17과

326일 순종과 **믿음**

야고보서

어제는 바울과 바나바가 복음을 전파한 이야기를 살펴보았다(행 12:1-15:35). **오늘은** 야고보서가 전하는 순종과 믿음에 관한 교훈을 살펴볼 것이다.

| 핵심 개념 | 말씀을 듣기만 하지 말고 행하는 자가 되라.

| 큰 그림 | 예루살렘 공의회(어제 언급한)는 주후 49년에 소집되었다. 야고보서는 같은 해에 기록되었다. 그러므로 사도행전 공부를 잠시 중단하고 야고보서를 살펴볼 필요가 있다. 야고보는 예수님의 형제이자 예루살렘 교회의 지도자였다(행 12:17, 갈 2:9). 그는 날로 더해가는 박해 탓에 입으로만 예수님을 섬기려고 하는 유대 그리스도인들에게 편지를 보냈다. 야고보는 예수님을 믿는 믿음이 외적인 행동으로 드러나야 한다고 강조했다.

| 변화를 위한 진리 | 야고보는 오직 믿음으로 구원받지만 믿음은 반드시 삶으로 드러나야 한다는 중요한 사실을 강조했다. 우리 믿음은 하나님과 다른 사람들과의 관계, 사회적 정의감, 개인 윤리에 영향을 미친다(약 2:14-26).

| 묵상 구절 | "너희는 말씀을 행하는 자가 되고 듣기만 하여 자신을 속이는 자가 되지 말라"(약 1:22).

| 생각해볼 문제 | 하나님의 말씀을 행하는 자로서 개선이 필요한 삶의 영역은 무엇인가?

327일 참된 복음

갈라디아서 1-3장

어제는 야고보서가 전하는 순종과 믿음에 관한 교훈을 살펴보았다. **오늘은** 참된 복음의 특성을 살펴볼 것이다.

| 핵심 개념 | 행위만을 강조하는 거짓 복음에 속지 말라. 참된 복음은 믿음으로 말미암아 은혜로 구원을 얻는다고 말한다.

| 큰 그림 | 예루살렘 공의회는 주후 49년에 소집되었다. 야고보서는 같은 해에 기록되었다. 갈라디아서는 그 이후인 주후 50년에 기록되었다. 바울의 회중(갈라디아 교회 같은) 속으로 침투한 유대주의자들은 복음이 이방인에게 더 호소력을 갖도록 유대교가 정한 의무 조항들을 제거한다고 바울을 비난했다(행 15:24, 20:29-30). 그들은 은혜에 행위를 더하고자 했고 바울은 그것을 거부했다(행 4:20). 구원은 오직 그리스도를 믿는 믿음으로만 받는 은혜의 선물이라고 강조했다(갈 3:6-9).

| 변화를 위한 진리 | 구원을 받기 위해서 무엇인가를 해야 한다는 잘못된 생각의 올무에 빠져서는 안 된다. 우리는 오직 믿음으로 말미암아 은혜로만 구원을 얻는다(엡 2:8-9). 바울은 교회에 이전에 전해준 복음(은혜로 구원받는다는 복음)이 아닌 다른 복음을 전하는 사람이 있다면 하나님 앞에서 정죄받을 것이라고 경고했다(갈 1:8).

| 묵상 구절 | "우리나 혹은 하늘로부터 온 천사라도 우리가 너희에게 전한 복음 외에 다른 복음을 전하면 저주를 받을지어다"(갈 1:8).

| 생각해볼 문제 | 하나님의 사랑을 받기 위해 무엇인가를 해야 한다는 생각을 해본 적이 있는가?

328일 종의 멍에를 **벗어버리라**

갈라디아서 4-6장

어제는 참된 복음의 본질에 관해 알아보았다(갈 1-3장). **오늘은** 종의 멍에를 벗는 것에 관해 살펴볼 것이다.

| 핵심 개념 | 우리는 그리스도 안에서 자유를 얻었다. 그러므로 모든 형태의 종의 멍에를 벗어버려야 한다.

| 큰 그림 | 갈라디아인들은 처음에는 복음을 제대로 받아들였다. 은혜의 복음을 믿었다. 그러나 하나님을 계속 기쁘시게 해드리기 위해서는 유대교가 정한 의식을 지켜야 한다는 주장에 미혹되고 말았다. 바울은 절대 그런 잘못된 생각에 빠져서는 안 된다고 경고했다. 그리스도인의 자유를 얽어매는 가장 큰 장애물은 율법주의다(갈 5:1-12). 또한 신자들은 불법과 방탕에 빠지지 않도록 경계해야 한다(5:13-6:10). 그리스도인은 율법의 종뿐 아니라 죄의 종이 되어서도 안 된다(5:16-26).

| 변화를 위한 진리 | 우리는 성령을 의지하여 살아감으로 죄를 이기고 승리한다. 갈라디아서 5:16-26에서 "행하다"는 단어는 현재 시제 동사로서 행동의 지속성을 암시한다. 우리는 계속해서 끊임없이 성령을 의지하여 행해야 한다. 이렇게 할 때 하나님이 기뻐하시는 삶을 살 수 있다. 성령 안에서 행하면 또한 삶에서 성령의 열매를 풍성히 맺을 수 있다(갈 5:16-26).

| 묵상 구절 | "그리스도께서 우리를 자유롭게 하려고 자유를 주셨으니 그러므로 굳건하게 서서 다시는 종의 멍에를 메지 말라"(갈 5:1).

| 생각해볼 문제 | 지금 당신을 얽매는 종의 멍에가 있는가?

329일 바울의 계속된 **복음 전도**

사도행전 15:36-18:11

어제는 종의 멍에를 벗어버리라는 바울의 가르침을 살펴보았다(갈 4-6장). **오늘은** 바울이 계속해서 여러 도시를 다니며 선교하는 내용을 살펴볼 것이다.

| 핵심 개념 | 바울은 여러 도시에서 복음을 선포했다.

| 큰 그림 | 야고보서(주후 49년 기록)와 갈라디아서(주후 50년)에 관한 공부를 마치고 이제 다시 사도행전으로 돌아와 주후 50년과 51년 사이에 일어난 일들을 살펴볼 것이다. 바울은 2차 선교 여행 때 수리아, 길리기아, 더베, 루스드라, 빌립보, 데살로니가, 베뢰아, 고린도를 방문했다. 이 도시들에서 일어난 일을 보면 한 가지 패턴이 보인다. (1) 바울이 복음을 선포한다. (2) 유대인들이 거부한다. (3) 박해가 일어난다. 바울은 실라와 디모데, 루디아를 위시하여 훌륭한 그리스도인들과 사역했다. 성령은 이 모든 과정에서 바울의 걸음을 인도해주셨다(행 15:36-18:11).

| 변화를 위한 진리 | 지금처럼 거짓 종교가 극성인 시절에 우리는 베뢰아 사람들처럼 진리라고 하는 모든 주장을 성경에 비추어 시험해보아야 한다. 성경을 살펴보고 거짓된 교리들에서 우리를 지켜야 한다. 성경은 진리의 바로미터다(행 17:11, 살전 5:21).

| 묵상 구절 | "베뢰아에 있는 사람들은 데살로니가에 있는 사람들보다 더 너그러워서 간절한 마음으로 말씀을 받고 이것이 그러한가 하여 날마다 성경을 상고하므로"(행 17:11).

| 생각해볼 문제 | 모든 것을 시험해보는 베뢰아 사람들의 방법이 성경 시대보다 오늘날 더 필요하다고 생각하지 않는가?

<예수 빌리지> 신약 II. 18과

330일 예수님이 언젠가 **우리를 위해 오실 것이다**

데살로니가전서

어제는 바울이 여러 도시에서 계속 복음을 전한 이야기를 살펴보았다(행 15:36–18:11). **오늘은** 예수님이 다시 오실 것이라는 바울의 가르침을 살펴볼 것이다.

| 핵심 개념 | 바울은 휴거 때 우리가 신앙을 가진 사랑하는 이들과 재회할 것이라고 가르쳐주었다.

| 큰 그림 | 어제 살펴본 사도행전 15:36–18:11에 나오는 사건들은 주후 50–51년 사이에 일어났다. 오늘은 주후 51년 초에 기록된 데살로니가전서를 살펴볼 것이다. 바울은 데살로니가인들에게 휴거 때 죽은 그리스도인들과 생존해 있는 그리스도인들이 공중으로 들려 올라가 주님을 만날 것이라고 가르쳤다. 그 이후로 그들은 영원히 주님과 함께 있을 것이다(살전 4:13–17). 그리스도인은 이 진리로 서로를 위로해야 한다(18절).

| 변화를 위한 진리 | 휴거가 임박했음을 안다면 성결하고 의롭게 살아야 한다. 주의 재림을 기대하는 사람들은 "그의 깨끗하심과 같이 자기를 깨끗하게"(요일 3:2–3) 한다. 우리 역시 미래를 생각하고 "거룩하고 경건하게" 살아야 한다(벧후 3:10–14, 참조. 롬 13:11–14, 살전 4:1–12).

| 묵상 구절 | "항상 기뻐하라 쉬지 말고 기도하라 범사에 감사하라 이것이 그리스도 예수 안에서 너희를 향하신 하나님의 뜻이니라"(살전 5:16–18).

| 생각해볼 문제 | 예언이 어떤 면에서 우리의 생활 방식에 변화를 줄 수 있는가?

331일 주의 날

데살로니가후서

어제는 예수님이 언젠가 다시 오신다는 바울의 가르침을 살펴보았다(데살로니가전서). **오늘은** 장차 있을 주의 날에 관한 바울의 가르침을 살펴볼 것이다.

| 핵심 개념 | 불신자들은 주의 날에 심판을 받을 것이다.

| 큰 그림 | 주후 51년 초 데살로니가전서를 쓴 바울은 같은 해 후반기에 데살로니가후서를 써서 주의 날과 그리스도의 재림과 관련한 하나님의 계획을 설명해주었다. 그는 주의 날이 이미 시작되었다는 일부 가짜 서신들의 주장이 허구임을 폭로했다. 또한 그들 가운데 아직 남아 있는 혼란들을 해결하도록 데살로니가 교인들을 격려했다. 그는 그리스도인이 주의 오심을 기다리며 마땅히 지녀야 할 올바른 태도를 강조했다. (1) 바른 삶으로 준비하라. (2) 게으르지 말라.

| 변화를 위한 진리 | 신자들은 주의 오심을 기다리며 게으르지 말아야 하고, 맡은 일에 계속 충실해야 한다(살후 3:6-13, 참조. 롬 12:11, 히 6:12). 이에 맞추어 로마서 12:11은 신자들에게 "부지런하여 게으르지 말고 열심을 품고 주를 섬기라"고 권면한다.

| 묵상 구절 | "주는 미쁘사 너희를 굳건하게 하시고 악한 자에게서 지키시리라"(살후 3:3).

| 생각해볼 문제 | 주님이 오늘 오신다면 영적으로 그분을 만날 준비가 되어 있는가?

332일 분열하지 **말라**

사도행전 18:12–19:22, 고린도전서 1–4장

어제는 장차 있을 주의 날에 관한 바울의 교훈을 살펴보았다(데살로니가후서). **오늘은** 교회에서 분열을 피하라는 바울의 훈계를 살펴볼 것이다.

| 핵심 개념 | 사도행전에는 브리스길라와 아굴라가 아볼로를 가르치는 내용이 있다. 우리는 고린도전서를 통해 고린도 교회에 분열이 일어났음을 볼 수 있다. 이런 문제는 즉각 대응해야 한다.

| 큰 그림 | 사도행전 18:12–19:22에 기록된 사건들은 주후 53년경 일어났다. 고린도전서는 주후 55년에 기록되었다. 바울은 고린도 교인들에게 서로 분쟁하지 말라고 권면했다(고전 1장). 그들은 하나님의 말씀을 이해하고(2장) 인간 지도자가 아니라 오직 예수 그리스도 위에 신앙의 기초를 놓아야 했다(3장). 교회 지도자들은 영적 은사의 진정한 목적이 오직 그리스도를 섬기는 데 있음을 알아야 한다(4장).

| 변화를 위한 진리 | 종말에 우리 행위는 그리스도의 심판대 앞에서 그리스도의 성결하신 불로 검증받을 것이다(고전 3:11–15). 우리 행위가 좋은 재료, 즉 그리스도께 영광을 돌리고자 하는 마음, 경건한 순종과 신실함으로 지은 것이면 그 심판을 견딜 것이다. 그러나 육신적 태도, 악한 동기, 교만한 행동, 이기적 야심처럼 쓸모없는 재료로 지으면 불타 없어질 것이다.

| 묵상 구절 | "이 닦아 둔 것 외에 능히 다른 터를 닦아 둘 자가 없으니 이 터는 곧 예수 그리스도라"(고전 3:11).

| 생각해볼 문제 | 그리스도의 심판대에 설 것을 생각하면 더욱 분발하게 되는가? 아니면 두려움으로 위축되는가?

<예수 빌리지> 신약 II. 19과

333일 기독교 **윤리**

고린도전서 5–7장

어제는 교회에서 분쟁하고 시기하지 말라는 바울의 가르침을 살펴보았다(행 18:12–19:22, 고전 1–4장). **오늘은** 교회가 부딪힌 구체적인 문제에 기독교 윤리를 적용하는 내용을 살펴볼 것이다.

| 핵심 개념 | 바울은 두 가지 윤리적 문제를 다룬다. (1) 고린도 교회의 음행, (2) 교회 내 다른 지체들과의 법적 분쟁.

| 큰 그림 | 고린도 교회의 한 남성이 근친상간 죄를 지었지만 교회는 아무 조치도 취하지 않았다. 바울은 그런 교회를 꾸짖었다. 회개할 때까지 그를 공동체에서 쫓아내야 한다고 지시했다(고전 5장). 이어서 바울은 서로 법적으로 분쟁하지 말라고 촉구했다(6장).

| 변화를 위한 진리 | 바울은 그리스도인이라면 음란한 짓을 해서는 안 된다고 가르쳤다(고전 6:13, 18). 구약의 요셉은 음란을 피한 모범적 인물이다. 애굽 관리의 아내가 유혹하자 그는 말 그대로 "그 집에서 도망갔다"(창 39:12, 영어 성경 NIV). 그리스도인은 음란한 말조차 입에 담아서는 안 된다(엡 5:3).

| 묵상 구절 | "너희 몸은 너희가 하나님께로부터 받은 바 너희 가운데 계신 성령의 전인 줄을 알지 못하느냐 너희는 너희 자신의 것이 아니라 값으로 산 것이 되었으니 그런즉 너희 몸으로 하나님께 영광을 돌리라"(고전 6:19–20).

| 생각해볼 문제 | 당신은 삶에서 성결을 추구하고 있는가?

334일 다른 성도들의 양심을 **상하게 하지 말라**

고린도전서 8:1–11:1

어제는 교회가 부딪힌 특정한 문제에 기독교 윤리를 어떻게 적용할지를 살펴보았다(고전 5–7장). **오늘은** 다른 그리스도인의 양심을 상하게 하는 문제에 관해 살펴볼 것이다.

| 핵심 개념 | 그리스도인은 약한 형제자매의 양심을 상하게 하지 않도록 노력해야 한다.

| 큰 그림 | 바울은 다른 그리스도인의 양심을 상하게 하지 말라고 가르쳤다. 어떤 그리스도인들은 특정한 행동에 대해 수용적일 수 있지만 그 일로 다른 그리스도인의 양심을 상하게 한다면 그 행동을 하지 말아야 한다(고전 8장). 복음을 더 효과적으로 전하기 위해 다른 사람들의 필요와 성격에 우리 자신을 맞추어야 한다(참조. 9:22). 그는 또한 그리스도인에게 모든 형태의 우상 숭배를 멀리하라고 경고했다(10–11:1).

| 변화를 위한 진리 | 우상 숭배는 하나님 대신 다른 것을 숭배하는 것이다. 돈이나 물질, 명성에 대한 탐닉, 성적 욕망 등 우상 숭배는 여러 형태로 나타날 수 있다. 신약은 모든 형태의 우상 숭배를 피해야 한다고 그리스도인에게 지속적으로 촉구한다(고전 5:11, 고후 6:16, 갈 5:20, 골 3:5, 요일 5:21). 우상 숭배가 팽배한 고린도의 그리스도인들에게 중요한 교훈이었을 것이다.

| 묵상 구절 | "그런즉 너희가 먹든지 마시든지 무엇을 하든지 다 하나님의 영광을 위하여 하라"(고전 10:31).

| 생각해볼 문제 | 무슨 일을 하든지 하나님의 영광을 위해 한다는 태도가 있으면 삶에 변화가 일어나리라 생각하는가?

335일 주의 만찬, **영적 은사, 부활**

고린도전서 11:2–16:24

어제는 다른 그리스도인의 양심을 상하게 하지 말라는 교훈을 배웠다(고전 8:1–11:1). **오늘은** 세 가지 중요한 문제를 살펴볼 것이다. 주의 만찬, 영적 은사, 장래의 부활이다.

| 핵심 개념 | 바울은 교리와 관련한 세 가지 중요한 문제에 관해 올바른 시각을 제시한다.

| 큰 그림 | 바울은 주의 만찬을 탐욕스럽게 먹고 마시는 기회로 삼지 말고 경건한 마음으로 지키라고 가르쳤다(고전 11:2–34). 성령이 모든 성도에게 영적 은사를 주셔서 서로 그리스도의 몸을 세울 수 있게 하신다고 가르쳤다(12장). 또한 그리스도가 죽은 자 가운데서 부활하시므로 우리도 부활할 것이라고 강조했다(15장).

| 변화를 위한 진리 | 영적 은사는 성도가 서로를 세울 수 있도록 성령이 각자에게 주신 영적 능력이다. 그리스도인은 누구나 최소한 한 가지 이상의 영적 은사가 있다. 이 은사에는 가르침, 목회, 복음 전도, 지혜, 지식, 믿음, 치유, 기적을 행하는 능력, 예언, 영 분별, 방언, 방언의 해석이 포함된다(롬 12:3–8, 고전 12:8–10, 엡 4:7–13). 이런 은사들은 사역을 감당하는 과정에서 드러난다.

| 묵상 구절 | "각 사람에게 성령을 나타내심은 유익하게 하려 하심이라"(고전 12:7).

| 생각해볼 문제 | 자신의 영적 은사가 무엇인지 알고 있는가? 어떻게 사용하고 있는가?

336일 위로와 **용서**

사도행전 19:23-20:1, 고린도후서 1:1-2:13

어제는 주의 만찬, 영적 은사, 장래의 부활에 관해 살펴보았다(고전 11:2-16:24). **오늘은** 다른 사람들을 위로하고 용서하는 것에 관해 살펴볼 것이다.

| 핵심 개념 | 하나님은 우리를 위로하셔서 우리가 다른 사람들을 위로하도록 하신다. 교회의 성도들은 회개하는 죄인들을 용서해야 한다.

| 큰 그림 | 주후 55년에 기록된 고린도전서를 다 살펴보았다. 사도행전 19:23-41에 나오는 사건들은 주후 55-56년에 일어났다. 고린도후서는 주후 56년에 기록되었다. 바울은 여기서 위로의 '연쇄 작용'에 관해 말한다. 하나님이 우리를 위로해주시고 우리는 다른 사람들을 위로함으로 하나님께 쓰임을 받는다(고후 1:1-11). 바울은 또한 고린도 교인들에게 회개하는 죄인을 그들과 다시 교제할 수 있도록 회복해줄 것을 요청한다(고후 2:5-11).

| 변화를 위한 진리 | 우리는 모두 위로의 통로가 되어 고통당하는 형제자매에게 하나님의 위로를 전달할 수 있다(고후 1:3-4). 교회는 상처 입은 이들로 가득하다. 상처 입은 교인들은 자신들처럼 상처 입은 사람들을 도와주어야 한다. 우리는 서로가 필요하다.

| 묵상 구절 | "그는…모든 위로의 하나님이시며 우리의 모든 환난 중에서 우리를 위로하사 우리로 하여금 하나님께 받는 위로로써 모든 환난 중에 있는 자들을 능히 위로하게 하시는 이시로다"(고후 1:3-4).

| 생각해볼 문제 | 오늘 우리가 위로해주어야 할 사람은 누구인가? 그들을 위해 무엇을 할 수 있는가?

337일

새 언약의 **사역자**

고린도후서 2:14-7:16

어제는 다른 이들을 위로하고 용서해야 하는 것에 관해 살펴보았다(행 19:23-20:1, 고후 1:1-2:13). **오늘은** 새 언약의 사역자로서 바울과 그 언약에 담긴 축복을 살펴볼 것이다.

| 핵심 개념 | 바울은 은혜를 선포하는 새 언약의 사역자임을 영광스럽게 여겼다.

| 큰 그림 | 바울은 은혜의 새 언약을 선포하는 일을 감당하는 자기 자신을 보화(복음의 영광)를 가득 담은 질그릇에 비유했다(고후 4장). 말세에 우리가 (현재의 몸과 달리) 영원히 죽지 않고 병들지 않는 몸으로 부활할 것이라고 확인해주었다. 우리는 예수님께 감사드려야 한다. 하나님은 예수님을 보내셔서 죄인들이 자신과 화목하도록 하셨다.

| 변화를 위한 진리 | 바울은 불신자들과 멍에를 같이 메지 말라고 경고했다(고후 6:14-15). 사방에 이방 종교가 득세했던 고린도에서 이것은 중요한 문제였다. 디모데전서 5:22은 "다른 사람의 죄에 간섭하지 말며 네 자신을 지켜 정결하게 하라"고 촉구한다. 에베소서 5:11 역시 "너희는 열매 없는 어둠의 일에 참여하지 말고 도리어 책망하라"고 권면한다.

| 묵상 구절 | "우리가 주목하는 것은 보이는 것이 아니요 보이지 않는 것이니 보이는 것은 잠깐이요 보이지 않는 것은 영원함이라"(고후 4:18).

| 생각해볼 문제 | 고린도후서 4:18이 당신의 세계관에 어떤 영향을 미치는가?

338일 바울이 자신의 **사도권을 방어하다**

고린도후서 8-13장

어제는 새 언약의 사역자로서 바울과 이 언약에 담긴 축복을 살펴보았다(고후 2:14-7:16). **오늘은** 가난한 예루살렘 교회와 바울의 사도권을 살펴볼 것이다.

| 핵심 개념 | 바울은 예루살렘 교회의 가난한 이들을 위해 연보하도록 지시한 다음 바로 이어 자신의 사도권을 방어했다.

| 큰 그림 | 바울은 고린도 교인들이 예루살렘의 가난한 성도들을 도울 수 있도록 아낌없이 연보해주기를 원했다. 이렇게 아낌없이 베풀면 하나님이 보상해주실 것이다(고후 8-9장). 그런 다음 바울은 사도의 권위와 사도의 자격을 옹호했다. 그가 이렇게 사도권을 방어한 이유는 고린도의 일부 교인들이 그에게 도전했기 때문이다(10-13장).

| 변화를 위한 진리 | 바울은 자신의 경험을 근거로 한 가지 역설을 가르쳤다. 우리가 약할수록 하나님의 능력과 은혜가 더 풍성해진다는 것이다(고후 12:9). 바울은 다른 곳에서 "우리가 이 보배를 질그릇에 가졌으니 이는 심히 큰 능력은 하나님께 있고 우리에게 있지 아니함을 알게 하려 함이라"(고후 4:7)고 말했다. 자신의 약한 모습에 낙심할 필요가 없다. 그것은 오히려 하나님의 큰 능력이 역사하실 수 있는 기회다!

| 묵상 구절 | "내 은혜가 네게 족하도다 이는 내 능력이 약한 데서 온전하여짐이라"(고후 12:9).

| 생각해볼 문제 | 어려운 일을 당할 때 자신이 연약하다는 생각이 드는가? 오늘 본문에서 어떤 교훈을 배웠는가?

339일 모두가 **죄인이다**

로마서 1:1-3:20

어제는 예루살렘 교회의 가난한 성도들을 위한 연보와 바울의 사도권에 관해 살펴보았다(고후 8-13장). **오늘은** 모든 사람이 하나님 앞에서 유죄임을 살펴볼 것이다.

| 핵심 개념 | 하나님 앞에서는 누구도 예외 없이 죄인이다.

| 큰 그림 | 어제까지 주후 56년에 기록된 고린도후서를 살펴보았다. 연대순으로 볼 때 고린도후서 다음에 쓰인 책은 주후 57년에 기록된 로마서다. 바울은 이방인들이 하나님을 아는 지식을 외면하고 우상을 숭배하며 이교 사상을 의지했기 때문에 하나님 앞에서 정죄받은 상태라고 선언하였다(롬 1:18-32). 유대인 역시 절대적인 하나님의 의의 기준에 부합되게 살지 못하고 그분 말씀을 믿지 않았으므로 하나님 앞에서 정죄받은 상태였다(롬 2:1-3:8). 결론은 분명하다. 하나님 앞에서 모두가 죄인이다(롬 3:9-20).

| 변화를 위한 진리 | 바울은 복음 전하는 일을 부끄러워하지 않는다고 말했다(롬 1:16-17). 복음은 부끄러워해야 할 것이 아니라 온 세상에 큰 소리로 전해야 하는 것이다. 무엇보다 가스펠(gospel)이라는 단어가 '좋은 소식'이라는 뜻이므로 모두가 그 소식을 들어야 한다.

| 묵상 구절 | "내가 복음을 부끄러워하지 아니하노니 이 복음은 모든 믿는 자에게 구원을 주시는 하나님의 능력이 됨이라 먼저는 유대인에게요 그리고 헬라인에게로다"(롬 1:16).

| 생각해볼 문제 | 복음을 전하는 일을 부끄럽게 생각해본 적은 없는가?

〈예수 빌리지〉 신약 II. 21과

340일 전가된 **의**

로마서 3:21-8:39

어제는 모든 사람이 하나님 앞에서 죄인임을 살펴보았다(롬 1:1-3:20). **오늘은** 의의 전가에 관해 살펴볼 것이다.

| 핵심 개념 | 바울은 칭의(의의 전가, imputation)와 성화(의의 참여, impartation)에 관한 교리를 말한다.

| 큰 그림 | 그 누구도 스스로 의롭게 되어 구원받을 수 있는 사람이 없다. 하나님의 해결책은 칭의다. 그것은 예수님을 믿는 죄인들을 모든 죄에서 해방시키는 데서 끝나지 않고 그리스도의 의를 각 개인에게 전해주는 것까지 포함한다. 개인의 힘으로 칭의를 받을 수 없다. 그것은 전적으로 하나님의 은혜다(롬 3:21-5:21). 나아가 성령이 각 성도 안에 내주하셔서 힘을 주심으로 이 세상에서 성결한 삶을 살 수 있도록 해주신다(롬 6:1-8:39).

| 변화를 위한 진리 | 바울은 로마서 8:28에서 하나님이 어떤 상황에서도 선을 이루실 수 있는 능력이 있음을 확인해주었다. 예를 들면 바울은 로마에서 감옥에 투옥되었다. 그런 상황에서 하나님은 바울에게 에베소서와 빌립보서, 골로새서와 빌레몬서를 쓸 수 있는 '여가 시간'을 주셨다. 바울은 간수들에게 복음을 전했다.

| 묵상 구절 | "우리가 알거니와 하나님을 사랑하는 자 곧 그의 뜻대로 부르심을 입은 자들에게는 모든 것이 합력하여 선을 이루느니라"(롬 8:28).

| 생각해볼 문제 | 하나님이 악에서 선을 이루어주신 경험이 있는가?

341일 이스라엘을 향한 **하나님의 계획**

로마서 9–11장

어제는 칭의와 성화에 관해 살펴보았다(롬 3:21–8:39). **오늘은** 이스라엘을 향한 하나님의 주권적 계획을 살펴볼 것이다.

| 핵심 개념 | 하나님은 이스라엘을 주권적으로 선택하셨지만 그들은 지금 불신앙 상태에 있다. 그러나 하나님께는 이스라엘을 향한 계획이 있다.

| 큰 그림 | 바울은 로마서 9–11장에서 하나님이 선택하신 백성인 유대인의 구원에 관해 이야기한다. 과거에 하나님이 이스라엘을 택하신 것과 이스라엘의 영적 특권(9장), 현재의 불신앙(10장), 회복과 구원에 관한 미래의 계획(11장)을 이야기한다. 이스라엘에게 아직 미래가 있고 그들은 하나님이 약속하신 축복의 땅으로 다시 이식되어 그분의 언약을 이룰 것이다.

| 변화를 위한 진리 | 동족 유대인을 향한 바울의 사랑은 그들 대신 목숨을 내놓겠다고 할 정도로 지극했다(롬 9:1–3). 바울은 예수님의 말씀을 실천했다. "사람이 친구를 위하여 자기 목숨을 버리면 이보다 더 큰 사랑이 없나니"(요 15:13). 예수님은 우리 대신 죽으심으로 우리를 위한 큰 사랑을 보여주셨다(요 3:16–17, 요일 2:2).

| 묵상 구절 | "깊도다 하나님의 지혜와 지식의 풍성함이여, 그의 판단은 헤아리지 못할 것이며 그의 길은 찾지 못할 것이로다"(롬 11:33).

| 생각해볼 문제 | 다른 사람을 위해 목숨을 내놓을 정도로 기꺼이 희생할 마음이 있는가?

342일 의로운 **생활**

로마서 12-16장

어제는 이스라엘을 향한 하나님의 주권적 계획을 살펴보았다(롬 9-11장). **오늘은** 하나님 앞에서 의롭게 사는 삶에 관해 살펴볼 것이다.

| 핵심 개념 | 그리스도인은 의로운 삶을 살아야 한다.

| 큰 그림 | 로마서 12장은 그리스도인이 하나님께 산 제사를 드리고 마음을 새롭게 함으로 변화를 받아야 한다고 가르친다. 로마서 13장은 모든 권위가 하나님에게서 나오므로 신자들은 정부에 복종해야 한다고 말한다. 사랑 역시 하나님에게서 오므로 신자들은 이웃을 사랑해야 한다. 로마서 14-16장은 강한 그리스도인은 약한 형제와 자매를 배려하여 상처를 주거나 시험에 들게 해서는 안 된다고 말한다.

| 변화를 위한 진리 | 바울은 그리스도인이 세상을 본받지 말고 마음으로 새롭게 되어야 한다고 강조한다(롬 12:2). 여기서 "세상"이라는 단어는 지구를 말하는 것이 아니라 하나님께 적대적이고 사탄적인 철학 체계를 말한다. 마음은 하나님의 말씀을 읽고 묵상할 때 성령이 역사하셔야만 새로워질 수 있다(시 119:11, 빌 4:8, 골 1:28, 3:10, 16).

| 묵상 구절 | "너희는 이 세대를 본받지 말고 오직 마음을 새롭게 함으로 변화를 받아 하나님의 선하시고 기뻐하시고 온전하신 뜻이 무엇인지 분별하도록 하라"(롬 12:2).

| 생각해볼 문제 | 이 세상 일이 당신의 사고에 어느 정도 영향을 끼친다고 생각하는가?

343일 바울의 계속된 **복음 전도**

사도행전 20-24장

어제는 하나님 앞에서 의롭게 사는 삶에 관해 살펴보았다(롬 12-16장). **오늘은** 바울의 계속된 복음 전도 사역을 살펴볼 것이다.

| 핵심 개념 | 바울은 복음을 전하는 사역을 계속하였고 유대인의 반발과 반대도 계속되었다.

| 큰 그림 | 어제는 주후 57년에 기록된 로마서를 마저 살펴보았다. 이제는 주후 57-58년에 해당하는 사도행전 20:1-24:27의 사건을 살펴볼 것이다. 바울은 순회 복음 전도자로서 사역을 계속하였다. 그는 예루살렘에 도착하자 일단의 분노한 유대인 무리에게 공격을 받았지만 로마 군사들이 구출해주었다(행 21장). 바울은 로마 감옥에 갇혀 보호를 받는 한편 자신이 로마 시민권자임을 밝히고 공정한 재판을 받겠다고 천명했다(22장). 유대인들은 신성 모독죄로 바울을 기소하였다. 결국 그는 가이사랴의 감옥에 투옥되었다(24장).

| 변화를 위한 진리 | 사도 바울은 자신이 "곧 모든 겸손과 눈물"(행 20:19)로 사역했다고 주장했다. 성경은 하나님의 모든 백성이 겸손으로 옷 입어야 하고(골 3:12, 벧전 5:5-6), 겸허하며 온유하고(엡 4:2), 하나님과 겸손히 동행해야 한다고 가르친다(미 6:8). 겸손하게 하나님과 동행했던 하나님의 종으로는 세례 요한(요 3:30)과 선지자 다니엘(단 2:27-28)이 있다.

| 묵상 구절 | "나도 하나님과 사람에 대하여 항상 양심에 거리낌이 없기를 힘쓰나이다"(행 24:16).

| 생각해볼 문제 | 하나님과 사람들 앞에서 깨끗한 양심을 가지려고 항상 노력하는가?

<예수 빌리지> 신약 II. 20과

344일 바울의 **변호**

사도행전 25-28장

어제는 바울이 계속해서 복음을 전한 것과 투옥된 것을 살펴보았다(행 20-24장). **오늘은** 바울이 자신을 변호한 내용을 살펴볼 것이다.

| 핵심 개념 | 바울은 로마 당국 앞에서 자신을 변호했다.

| 큰 그림 | 사도행전 25-28장에 나오는 사건들은 주후 59-60년에 일어났다. 바울은 로마의 임명을 받아 유대 총독으로 파견된 베스도 앞에서 자신을 변호했다. 유대인의 산헤드린 공회에서 심문받기를 원하지 않았던 바울은 로마 시민권자로서 가이사에게 항소했다. 로마로 압송되기 전 헤롯 아그립바 2세가 바울의 이야기를 듣고 싶어했다(행 25장). 바울은 베스도와 아그립바 앞에서 자신을 설득력 있게 변호했다. 그들은 그가 무고하다는 데 동의했다(26장). 바울은 멜리데에서 잠시 체류한 후 결국 로마에 당도했고 가택 연금을 당했다(27-28장).

| 변화를 위한 진리 | 사도행전 말미를 보면 바울은 출입의 자유가 없이 임대한 가옥에서 가택 연금 상태로 살았다(행 28:30). 바울은 연금된 상태에서 에베소서, 빌립보서, 골로새서, 빌레몬서를 썼을 뿐 아니라 주변 사람들에게 하나님의 말씀을 전했다. 이렇게 하나님은 어려운 환경을 이용해 선을 이루셨다(참조. 롬 8:28). 하나님은 우리 삶에서도 악을 이용해 선을 이루실 수 있다.

| 묵상 구절 | "바울이…자기에게 오는 사람을 다 영접하고 하나님의 나라를 전파하며 주 예수 그리스도에 관한 모든 것을 담대하게 거침없이 가르치더라"(행 28:30-31).

| 생각해볼 문제 | 바울이 예수님을 위해 담대할 수 있었던 비결은 무엇이라고 생각하는가?

<예수 빌리지> 신약 II. 20과

345일 으뜸이 되신 **그리스도**

골로새서, 빌레몬서

어제는 바울이 로마 당국자들 앞에서 자신을 변호한 내용을 살펴보았다(행 25-28장). **오늘은** 그리스도의 우월성과 충족성을 살펴볼 것이다.

| 핵심 개념 | 그리스도는 만물보다 뛰어나시며 우리의 모든 필요를 채워주실 수 있다.

| 큰 그림 | 주후 59-60년에 일어난 사도행전 25-28장의 사건을 모두 살펴보았다. 오늘은 주후 61년에 기록된 빌레몬서와 골로새서를 살펴볼 것이다. 빌레몬은 유력한 사람으로 그의 종인 오네시모는 도망을 갔다가 바울을 만나 기독교로 개종했다. 그리고 이제 바울의 조언대로 집으로 돌아가고 있었다. 바울은 편지를 써서 자신의 사역을 도와줄 수 있도록 오네시모를 자유롭게 해달라고 부탁한다. 또한 골로새인들에게도 편지를 써서 교리상의 오류를 교정하여준다. 그리스도의 우월성과 충족성을 특별히 강조한다.

| 변화를 위한 진리 | 하나님이 우리를 용서해주셨으므로 우리도 다른 사람을 용서해야 한다(빌 1:17). 바리새인들은 다른 사람을 두 번까지 용서할 수 있다고 생각했다. 베드로가 예수님께 일곱 번까지 용서해야 하느냐고 물었을 때 그는 자신이 무척 관대하다고 생각했을 것이다. 예수님은 일흔 번씩 일곱 번 용서하라고 말씀하셨다. 다시 말해 무한히 용서하라는 것이다(마 18:21-22).

| 묵상 구절 | "그러므로 너희가 그리스도 예수를 주로 받았으니 그 안에서 행하되"(골 2:6).

| 생각해볼 문제 | 그리스도가 당신의 모든 필요를 채워주실 수 있다고 생각하는가?

346일 그리스도 안에서 **누리는 축복**

에베소서 1-3장

어제는 그리스도의 우월성과 충족성을 살펴보았다(골로새서, 빌레몬서). **오늘은** 그리스도 안에서 누리는 많은 축복을 살펴볼 것이다.

| 핵심 개념 | 우리는 천국에서 풍성한 영적 축복을 누린다.

| 큰 그림 | 어제는 주후 61년에 기록된 빌레몬서와 골로새서를 살펴보았다. 오늘은 역시 주후 61년에 기록된 에베소서를 살펴볼 것이다. 바울은 에베소서 1-3장에서 교리상으로 매우 중요한 몇 가지 진리를 소개한다. 하나님의 영원한 목적 중 하나는 신자의 구속이다(엡 1:1-14). 신자는 그리스도 안에서 많은 축복을 누린다(1:15-23). 행위가 아니라 오직 은혜로만 구원을 얻는다(2:1-10). 유대인과 이방인은 그리스도와 함께 연합함으로 하나가 된다(2:11-22, 3:1-13). 그리스도의 사랑은 측량할 수 없다(3:14-21).

| 변화를 위한 진리 | 우리는 사는 곳이 저마다 달라도 근본적으로 하늘 나라의 시민이다. "오직 성도들과 동일한 시민이요"(엡 2:19). "그러나 우리의 시민권은 하늘에 있는지라 거기로부터 구원하는 자 곧 주 예수 그리스도를 기다리노니"(빌 3:20). 그러므로 우리는 여기 이 땅에서 천국 시민으로 처신하며 살아가야 한다. 그때를 생각하며 지금을 살아야 한다. 눈을 하늘에 고정해야 한다(골 3:1-2).

| 묵상 구절 | "찬송하리로다 하나님 곧 우리 주 예수 그리스도의 아버지께서 그리스도 안에서 하늘에 속한 모든 신령한 복을 우리에게 주시되"(엡 1:3).

| 생각해볼 문제 | 당신이 예수 그리스도 안에서 누리는 영적 풍성함에 관해 생각해본 적이 있는가?

347일 관계와 성결

에베소서 4–6장

어제는 그리스도 안에서 누리는 축복이 무엇인지 살펴보았다(엡 1–3장). **오늘은** 사람이 맺고 살아가는 여러 관계와 경건한 삶에 관한 바울의 교훈을 살펴볼 것이다.

| 핵심 개념 | 그리스도와 함께할 때 경건한 삶을 추구할 뿐만 아니라 모든 인간관계도 그 영향을 받게 된다.

| 큰 그림 | 바울은 교리와 의무의 관계를 설명해주었다. 에베소서 1–3장에 비추어볼 때 우리는 그리스도 안에서 연합하였으므로 이제 이 땅에서 그리스도를 위해 살아야 한다. 하나 됨(4:1–16)과 성결함(4:17–32)과 사랑으로(5:1–6), 빛 가운데서(5:7–14), 지혜로(5;15–6:9), 승리를 누리며(6:10–20) 살아야 한다.

| 변화를 위한 진리 | 성도는 구속의 날까지 성령으로 인치심을 받았다(엡 1:13, 4:30). 이 인치심으로 우리가 구원을 받고 영원한 생명을 누리도록 보장을 받는다. 또한 우리는 하나님 손안에서 안전하다(요 10:29). 하나님은 우리가 "거침이 없게", 곧 넘어지지 않게 해주실 능력이 있다(유 1:24). 그리스도를 믿는 자들은 "심판에 이르지 않는다"(요 5:24). 우리 구원은 안전하므로 이제 기쁨으로 천국을 고대하며 살아갈 수 있다(시 100:4, 빌 4:6).

| 묵상 구절 | "모든 겸손과 온유로 하고 오래 참음으로 사랑 가운데서 서로 용납하고"(엡 4:2).

| 생각해볼 문제 | 당신이 구원받았음을 의심해본 적이 있는가? 이에 대해 오늘 본문이 어떤 도움이 되었는가?

〈예수 빌리지〉 신약 II. 22과

348일 그리스도 안의 **기쁨**

빌립보서

어제는 인간관계와 경건한 삶에 관한 바울의 교훈을 살펴보았다(엡 4-6장). **오늘은** 그리스도 안의 기쁨에 관해 살펴볼 것이다.

| 핵심 개념 | 우리는 어떤 상황에서도 그리스도 안에서 기뻐할 수 있다.

| 큰 그림 | 주후 61년에 에베소서를 쓴 바울은 주후 63년에 율법주의, 세속적 삶과 관련하여 교회가 처한 문제를 해결하기 위해 빌립보서를 썼다. 또한 몇 가지 흥미로운 영적 진리를 소개했다. 우리는 어떤 어려운 상황에 처할지라도 기쁨을 누릴 수 있다(빌 1:12-26). 우리는 이 생을 떠나면 천국에서 그리스도와 함께할 수 있다(1:21-23). 교회가 하나 되기 위해서는 교회의 지체들이 겸손해야 한다(2:1-4). 진정한 의는 율법에 대한 외적 복종이 아니라 그리스도를 믿는 믿음으로 가능하다(3장). 하나님께 염려를 맡길 때 형언할 수 없는 평안을 누릴 수 있다(4:6-7).

| 변화를 위한 진리 | 우리는 사도 바울처럼 어떤 환경에서도 기뻐할 수 있다(빌 4:4). 바울은 "하나님의 평강이 그리스도 예수 안에서 너희 마음과 생각을 지키시리라"(7절)고 주장한다.

| 묵상 구절 | "주 안에서 항상 기뻐하라 내가 다시 말하노니 기뻐하라"(빌 4:4).

| 생각해볼 문제 | 바울이 말한 기쁨을 삶에서 누리고 있는가? 그렇지 않다면 오늘 살펴본 내용 중에 도움이 될 교훈은 무엇인가?

349일 하나님의 놀라운 **은혜 가운데 사는 삶**

베드로전서

어제는 그리스도 안에서 누리는 기쁨을 살펴보았다(빌립보서). **오늘은** 우리의 산 소망과 성결한 삶으로의 부르심에 관해 살펴볼 것이다.

| 핵심 개념 | 거듭나 산 소망을 갖게 된 신자는 성결한 삶을 살아야 한다.

| 큰 그림 | 바울이 빌립보서를 쓴 직후인 주후 63년 베드로는 베드로전서를 썼다. 형제들을 격려하고 강건하게 세우기 위해서였다. 천국의 소망이 있으면 시련을 겪더라도 힘을 얻을 수 있다(벧전 1:1–9). 그리스도처럼 복종하는 삶을 살아야 한다(2:13–3:8). 신자가 고난을 당해야 한다면 죄 때문이 아니라 의를 위해서여야 한다(3:17). 그리스도인은 탐욕을 버리고 사랑과 겸손을 추구하며 기도해야 하고 사탄에게 저항하며 믿음 안에서 강해야 한다(4–5장).

| 변화를 위한 진리 | 베드로는 그리스도인이 지상에서 잠시 살다 가는 "나그네"라고 말한다(벧전 1:1). 이 세상의 삶은 상대적으로 짧다. 그러나 천국의 삶은 매우 길 것이다(영원할 것이다). 지금 우리는 "천국 본향"을 향해 가고 있다(히 11:16, 참조. 빌 3:20). 그러므로 영원한 천국을 고대하며 이 짧은 지상의 삶을 살아야 한다.

| 묵상 구절 | "근신하라 깨어라 너희 대적 마귀가 우는 사자 같이 두루 다니며 삼킬 자를 찾나니"(벧전 5:8).

| 생각해볼 문제 | 격렬한 영적 전쟁을 경험해본 적이 있는가?

350일 올바른 **교리**

디도서

어제는 하나님의 놀라운 은혜 가운데 사는 삶에 관해 살펴보았다(벧전 1장). **오늘은** 올바른 교리를 가르치고 방어하는 것에 관해 살펴볼 것이다.

| 핵심 개념 | 교회는 올바른 교리를 가르치고 방어해야 한다.

| 큰 그림 | 디도서는 베드로전서가 쓰인 후 주후 64년에 기록되었다. 바울은 "나의 참 아들 디도"에게 이 편지를 썼다(딛 1:4). 디도는 그레데에 있는 교회의 젊은 목회자이자 지도자였다. 바울이 신뢰하는 핵심 동지이자 사역 조력자 중 한 사람이었다(고후 8:23). 바울이 주장한 주요 내용은 다음과 같다. 교회 장로는 엄격한 기준을 충족하는 사람이어야 한다(딛 1:5-9). 교회 장로는 거짓 선생에게서 성도를 보호해야 한다(1:5-9). 거짓 선생을 침묵하게 해야 한다(1:10-16). 올바른 교리와 올바른 행실을 위해 노력해야 한다(1:9, 2:1-3:11). 올바른 교리는 올바른 행실로 자연스럽게 나타난다(3장).

| 변화를 위한 진리 | 디도서는 올바른 행실을 강조하지만 이런 행실은 하나님의 은혜가 바탕에 있어야 한다(딛 2:11-13, 3:5-7). 행위는 구원의 조건이 아니라 결과다. 우리는 믿음으로 말미암아 은혜로 구원을 받지만 선한 행실을 하도록 구원을 받는다. 선한 행실은 구원의 결과물이다(마 7:15-23, 딤전 5:10, 25).

| 묵상 구절 | "신중함과 의로움과 경건함으로 이 세상에 살고"(딛 2:12).

| 생각해볼 문제 | 올바른 교리를 가르치지 않는 설교자를 알고 있는가?

351일 디모데에게 조언하는 바울

디모데전서 1-3장

어제는 올바른 교리를 가르치고 방어하는 것에 관해 살펴보았다(디도서). **오늘은** 바울이 젊은 목회자인 디모데에게 준 교훈을 살펴볼 것이다.

| 핵심 개념 | 거짓 선생들을 조심하라. 선한 싸움을 싸우라.

| 큰 그림 | 바울은 주후 64년에 디모데전서를 썼다. 디모데는 바울이 신뢰하는 젊은 사역자였다. 바울은 이 편지에서 경험이 많은 성숙한 사역자로서 젊고 미숙한 목회자에게 조언하고 있다. 핵심 교훈은 다음과 같다. 교회 지도자들은 거짓 선생들에 맞서 싸워야 한다(딤전 1:1-11). 선한 싸움을 싸워야 한다(1:12-20). 정부 관리들을 위해 기도해야 한다(2:1-8). 선한 성품을 견지해야 한다(3:1-13). 디모데는 이 모든 조언을 가슴에 새겼다.

| 변화를 위한 진리 | 바울은 디모데에게 "나를 능하게 하신 그리스도 예수 우리 주께 내가 감사함은 나를 충성되이 여겨 내게 직분을 맡기심이니"(딤전 1:12)라고 말한다. 이는 신약의 공통된 주제다. 바울은 "내게 능력 주시는 자 안에서 내가 모든 것을 할 수 있느니라"(빌 4:13)고 말한 적도 있다. 반대로 예수님은 제자들에게 "나는 포도나무요 너희는 가지라 그가 내 안에, 내가 그 안에 거하면 사람이 열매를 많이 맺나니 나를 떠나서는 너희가 아무 것도 할 수 없음이라"(요 15:5)고 경고하셨다. 예수님께 붙어 있어야 한다.

| 묵상 구절 | "믿음과 착한 양심을 가지라 어떤 이들은 이 양심을 버렸고 그 믿음에 관하여는 파선하였느니라"(딤전 1:19).

| 생각해볼 문제 | 당신은 깨끗한 양심을 지키는 것을 우선순위로 삼고 있는가?

352일 선한 싸움을 싸우라

디모데전서 4-6장

어제는 바울이 젊은 목회자인 디모데에게 조언한 내용을 살펴보았다(딤전 1-3장). **오늘은** 바울이 디모데에게 목회자로서 선한 싸움을 싸워야 한다고 권면한 내용을 살펴볼 것이다.

| 핵심 개념 | 말세에 변절하고 배교하는 이들이 나타날 것이다. 그러므로 그리스도를 충성스럽게 섬기고, 올바른 교리를 가르치며, 믿음의 선한 싸움을 싸워야 한다.

| 큰 그림 | 바울은 디모데가 교회 목회자로서 거짓 선생들을 조심하고 자신이 전하는 교리가 올바른지 잘 살펴야 한다고 경고했다. 올바른 교리가 건강한 영성을 낳는다. 거짓 교리는 영적으로 위험하다(딤전 4장). 또한 바울은 경건이 물질적 축복을 약속한다는 비성경적인 생각을 경고한다(6:3-16). 현재 소유한 것에 만족하라고 촉구한다.

| 변화를 위한 진리 | 바울은 디모데에게 "자족하는 마음이 있으면 경건은 큰 이익이 되느니라"(딤전 6:6)고 가르쳤다. 우리는 그리스도와의 관계 때문에 어떤 환경에서도 만족할 수 있다. "어떠한 형편에든지 나는 자족하기를 배웠노니 나는 비천에 처할 줄도 알고 풍부에 처할 줄도 알아 모든 일 곧 배부름과 배고픔과 풍부와 궁핍에도 처할 줄 아는 일체의 비결을 배웠노라"(빌 4:11-12). 이와 관련해 시편 90:14, 잠언 19:23, 전도서 5:10, 18, 히브리서 13:5을 참고하라.

| 묵상 구절 | "그러나 자족하는 마음이 있으면 경건은 큰 이익이 되느니라 우리가 세상에 아무 것도 가지고 온 것이 없으매 또한 아무 것도 가지고 가지 못하리니"(딤전 6:6-7).

| 생각해볼 문제 | 오늘 본문을 통해 재물을 대하는 당신의 태도에 어떤 변화가 생겼는가?

353일 진리를 **위해 싸우라**

디모데후서

어제는 사역을 감당할 때 선한 싸움의 중요성을 살펴보았다(딤전 4–6장). **오늘은** 하나님의 진리를 위한 싸움에 관하여 살펴볼 것이다.

| 핵심 개념 | 바울은 디모데에게 그리스도의 군사로서 하나님의 진리를 위해 싸워야 한다고 촉구했다.

| 큰 그림 | 바울은 주후 67년에 디모데후서를 썼다. 죽음이 임박했음을 안 바울은 여러 가지 교훈으로 디모데를 권면했다. 복음의 능력으로 굳게 서라. 두려움이나 수치, 위협에 굴복하지 말라(딤후 1:1–18). 복음을 선포하고 가르치며, 변함없이 헌신하고 참고 견디며, 부지런히 일하고 의를 좇으며, 젊은 날의 욕망을 피하라(2장). 굳건히 서서 하나님의 말씀을 변호하며(3장) 말씀을 선포하라(4:1–5).

| 변화를 위한 진리 | 바울은 디모데에게 "청년의 정욕을 피하라"(딤후 2:22)고 훈계했다. 이 말씀은 "음행을 피하라"고 경고하는 고린도전서 6:18과 비슷하다. 영어 성경 확대역(Amplified Bible)은 "[생각으로나 행동으로나, 눈으로나 글로나 모든 형태의] 성적 부도덕에서 도망하라"고 번역한다.

| 묵상 구절 | "모든 성경은 하나님의 감동으로 된 것으로 교훈과 책망과 바르게 함과 의로 교육하기에 유익하니 이는 하나님의 사람으로 온전하게 하며 모든 선한 일을 행할 능력을 갖추게 하려 함이라"(딤후 3:16).

| 생각해볼 문제 | 오늘날 하나님의 말씀을 읽지 않는 그리스도인이 이토록 많은 이유는 무엇이라고 생각하는가?

354일 거짓 선생들을 **주의하라**

베드로후서와 유다서

어제는 하나님의 진리를 위해 싸워야 함을 살펴보았다(디모데후서). **오늘은** 거짓 선생들을 조심해야 하는 것에 관해 살펴볼 것이다.

| 핵심 개념 | 베드로후서와 유다서는 거짓 선생들의 위험성을 경고하면서 진리로 끝까지 견디는 것의 중요성을 강조한다.

| 큰 그림 | 디모데후서가 기록되고 얼마 지나지 않아 주후 67–68년에 베드로후서와 유다서가 기록되었다. 베드로후서는 신자들이 세속적 타락을 피하고 기독교의 덕목을 추구해야 하며(벧후 1:5–11) 거짓 선생들을 조심해야 한다고 가르친다(2:1–22). 나아가 그리스도가 장차 재림하실 것이므로 의를 좇아야 한다고 가르친다(3:11–18). 유다서는 모든 그리스도인이 신자에게 주신 "믿음"을 위해 싸워야 하며(유 1:1–4) 하나님의 은혜와 자유를 죄를 지어도 되는 면죄부처럼 여기지 말라고 가르친다(5–16절). 또한 거짓 선생들과 배교를 조심해야 한다(17–25절).

| 변화를 위한 진리 | 베드로후서 3:11은 미래에 관해 계시한 후 "너희가 어떠한 사람이 되어야 마땅하냐 거룩한 행실과 경건함으로…하라"고 촉구한다(참조. 딛 2:11–13). 거룩한 행실이란 죄에서 떠나 의를 위해 구별된 삶을 사는 것을 말한다. 또한 우리 삶으로 하나님께 영광을 돌리고 하나님을 경외하는 것을 말한다(참조. 롬 13:11–14, 요일 3:2–3).

| 묵상 구절 | "성도에게 단번에 주신 믿음의 도를 위하여 힘써 싸우라" (유 1:3).

| 생각해볼 문제 | 당신은 기독교 진리를 옹호하는가?

355일 예수님의 **탁월성**

히브리서 1:1-4:13

어제는 거짓 선생들의 위험성을 살펴보았다(베드로후서, 유다서). **오늘은** 예수님이 모든 면에서 탁월하신 분임을 살펴볼 것이다.

| 핵심 개념 | 예수님은 탁월하신 분이므로 유대 신자들은 유대교의 가르침과 의식과 습관으로 돌아가지 말아야 한다.

| 큰 그림 | 히브리서는 로마가 예루살렘과 성전을 파괴하기 2년 전인 주후 68년에 기록되었다. 1세기에 기독교로 개종한 유대인들이 유대 민족의 배신자로 낙인찍히던 상황을 배경으로 한다. 그들은 회당에서 축출당했고 직장을 잃었다. 때로 감옥에 갇히기도 했다(히 10:33-34). 이런 환경에서 일부 신자는 그리스도를 믿는 믿음이 흔들렸고 대제사장의 감시를 벗어나고자 다시 유대교로 돌아가고 싶은 유혹을 받았다. 히브리서 저자는 예수님의 탁월성을 강조하며 그런 유혹에 흔들려서는 안 된다고 말한다.

| 변화를 위한 진리 | 성경은 그리스도인에게 마음이 냉담해질 가능성에 대해 경고한다(히 3:8, 4:7, 시 95:8). 굳은 피부가 외부 반응에 무감각하듯이 굳은 마음은 하나님의 일에 무감각하다. 이를 위한 최선의 해결책이 있다. 하나님의 말씀을 규칙적으로 접하고(시 119편) 말씀에 순종하면 된다(요 14:21, 요일 5:3).

| 묵상 구절 | "그러므로 우리는 들은 것에 더욱 유념함으로 우리가 흘러 떠내려가지 않도록 함이 마땅하니라"(히 2:1).

| 생각해볼 문제 | 당신은 때로 하나님의 말씀을 너무 소홀히 여기고 있지는 않은가?

356일 성숙함을 **추구하라**

히브리서 4:14-7:28

어제는 예수님의 탁월성에 관해 살펴보았다(히 1:1-4:13). **오늘은** 성숙의 중요성을 살펴볼 것이다.

| 핵심 개념 | 영적으로 침체되지 말라. 예수 그리스도 안에서 영적으로 자라가라.

| 큰 그림 | 그리스도의 제사장직은 레위 지파의 제사장직보다 우월하다(히 4:14-5:10). 레위 지파 제사장들은 죄로 더러워졌기에 끊임없이 짐승의 제사를 드렸고 그들은 결국 죽었다. 그리스도는 어떤 죄도 없으시고, 자신을 단번에 제물로 드리셨으며, 영원히 살아계시다. 그러므로 유대 그리스도인은 유대교로 다시 돌아가지 말고 그리스도 안에서 자라가야 한다. 신실하신 대제사장 예수 그리스도께 절대적으로 헌신해야 한다(5:11-6:12). 그리스도는 갈보리에서 단번에 희생 제사를 드리셔서 죄의 문제를 영원히 해결하셨다(6:13-7:28).

| 변화를 위한 진리 | 히브리서는 예수님이 선지자들(히 1:1-4)과 천사들(1:5-2:18), 모세(3:1-6)보다 더 우월하신 분임을 꼼꼼하게 논증한다. 그러므로 그분은 궁극적인 신앙의 대상이시다(3:7-4:16). 예수님은 모든 일에 뛰어나신 분이므로 우리 마음의 보좌에서 가장 높은 자리에 좌정하셔야 한다. 조금도 주저하지 말고 모든 일에 그분의 주권적 통치를 인정하고 복종하자.

| 묵상 구절 | "그러므로 우리는 긍휼하심을 받고 때를 따라 돕는 은혜를 얻기 위하여 은혜의 보좌 앞에 담대히 나아갈 것이니라"(히 4:16).

| 생각해볼 문제 | 오늘 하나님의 은혜와 자비의 보좌 앞으로 가져갈 구체적인 필요들은 무엇인가?

357일 더 나은 **언약**

히브리서 8:1–10:18

어제는 계속해서 성숙의 중요성을 살펴보았다(히 4:14–7:28). **오늘은** 예수님이 더 나은 언약의 대제사장이심을 살펴볼 것이다.

| 핵심 개념 | 예수님은 더 나은 언약의 대제사장이시다. 이 언약은 그리스도가 갈보리 십자가에서 단번에 모두를 위해 드리신 제사를 근거로 한다.

| 큰 그림 | 우리는 그리스도로 말미암은 새 언약으로 죄를 용서받고 하나님과 개인적 관계를 누릴 수 있다(히 8:1–13). 이 언약은 그리스도가 드리신 우월한 제사를 근거로 한다(9:1–10:18). 그리스도가 단번에 드리신 제사로 죄가 완전히 해결되었고 하나님의 모든 백성은 영원히 구속함을 받았다. 희생 제사가 더는 필요 없게 되었다.

| 변화를 위한 진리 | 예수님은 우리의 대제사장이시다. 그분은 하나님 아버지께 우리를 대표하시고 우리에게 하나님 아버지를 대신하신다. 그분은 하나님과 우리의 중재자시다. "하나님은 한 분이시요 또 하나님과 사람 사이에 중보자도 한 분이시니 곧 사람이신 그리스도 예수라"(딤전 2:5). 우리의 대제사장이신 예수님은 또한 우리를 위해 기도하신다(히 7:25). 예수님의 기도는 항상 응답받는다!

| 묵상 구절 | "이로 말미암아 그는 새 언약의 중보자시니 이는 첫 언약 때에 범한 죄에서 속량하려고 죽으사 부르심을 입은 자로 하여금 영원한 기업의 약속을 얻게 하려 하심이라"(히 9:15).

| 생각해볼 문제 | 영원한 유업이 당신을 기다리고 있다는 사실을 알게 되었을 때 어떤 마음이 들었는가?

358일 믿음의 **확신**

히브리서 10:19–13:25

어제는 예수님이 더 나은 언약의 대제사장이심을 살펴보았다(히 8:1–10:18). **오늘은** 하나님의 놀라운 약속을 믿음으로 확신해야 함을 살펴볼 것이다.

| 핵심 개념 | 우리는 믿음으로 하나님의 약속을 확신할 수 있다. 믿음은 바라는 것과 보이지 않는 것들을 확신하는 것이다.

| 큰 그림 | 예수님은 우리를 위한 구원 사역을 완성하셨다(히 10:19–39). 우리는 그분을 믿기만 하면 된다. 히브리서 11장은 하나님이 신실하시므로 그분이 주신 모든 약속을 믿으라고 도전한다. 히브리서 12장은 예수님만을 바라보라고 가르친다. 히브리서 13장은 우리 믿음이 삶으로 드러나야 한다고 말한다.

| 변화를 위한 진리 | 상황이 아무 희망도 없이 암울하게 보일 때 기적의 하나님은 상상할 수 없는 방법으로 상황을 해결해주시기도 한다. 이것이 하나님을 믿는 믿음을 굳건히 지켜야 하는 이유다(히 11:1). 다니엘이 사자 굴에서 구원받은 일(단 6장), 다윗이 골리앗에게 승리한 일(삼상 17장)이 그것을 보여주는 대표적인 사건이다. 하나님에 대한 믿음을 굳건히 하라(잠 3:5–6).

| 묵상 구절 | "믿음은 바라는 것들의 실상이요 보이지 않는 것들의 증거니"(히 11:1).

| 생각해볼 문제 | 당신은 지금 믿음으로 하나님께 맡겨드려야 할 힘든 환경과 맞닥뜨리고 있지는 않은가?

359일 교제

요한일이삼서

어제는 하나님의 놀라운 약속을 믿음으로 확신할 수 있음을 살펴보았다(히 10:19–13:25). **오늘은** 하나님과 나누는 교제 그리고 우리가 서로 나누는 교제에 관해 살펴볼 것이다.

| 핵심 개념 | 그리스도인은 빛 가운데 행하며 서로를 사랑해야 한다. 이렇게 해서 하나님과 교제하고 서로 교제한다.

| 큰 그림 | 요한은 주후 90년경에 요한일이삼서를 썼다. 요한은 그리스도와 영적으로 교제하기 위해 빛 가운데 행해야 한다고 말한다(요일 1:5–7). 만일 죄를 지으면 하나님께 그 죄를 고백함으로 교제를 회복해야 한다(요일 1:8–10). 하나님과 교제하면 그것이 삶으로 드러난다(요일 2:28–5:3). 성육신하신 예수님은 인간의 몸을 입고 이 땅에 오셨다(요이 1:7–13). 어떤 성도는 경건하고 후히 베풀지만(요삼 1:1–8) 어떤 성도는 교만하고 탐욕스럽다(요삼 1:9–14).

| 변화를 위한 진리 | 하나님과 우리가 나누는 수직적 관계는 다른 사람들과 맺는 수평적 관계에 영향을 미친다. "빛 가운데 있다 하면서 그 형제를 미워하는 자는 지금까지 어둠에 있는 자요"(요일 2:9, 참조. 4:8).

| 묵상 구절 | "이 세상이나 세상에 있는 것들을 사랑하지 말라 누구든지 세상을 사랑하면 아버지의 사랑이 그 안에 있지 아니하니"(요일 2:15).

| 생각해볼 문제 | 이 세상의 것들을 사랑하는 문제로 씨름하고 있지 않은가?

<예수 빌리지> 신약 II. 23과

360일 예수님과 **교회**

요한계시록 1-4장

어제는 하나님과 나누는 교제 그리고 우리가 서로 나누는 교제에 관해 살펴보았다(요한일이삼서). **오늘은** 예수님이 교회의 주 되심을 살펴볼 것이다.

| 핵심 개념 | 예수님은 교회를 다스리시는 영광의 주시다.

| 큰 그림 | 요한은 주후 95년경에 계시록을 저술했다. 그는 예수님이 영광의 주가 되심을 강조한다(계 1:5, 7-8, 17-18). 요한계시록 1:19은 이 책의 개요를 제시한다. 요한은 그동안 눈으로 보았던 일(1장), 지금 일어나고 있는 일(2-3장), 앞으로 일어날 일(4-22장)에 관해 쓸 것이다. 그리스도는 교회들에 대해 칭찬할 부분을 칭찬하시고(계 2:2-3, 6, 9, 13, 19, 3:4, 8) 책망해야 할 부분은 책망하시면서 회개를 촉구하셨다(2:4-5, 14-16, 20-23, 3:1-3, 15-20). 하나님의 보좌는 영광스럽다(계 4장).

| 변화를 위한 진리 | 그리스도인이 죄를 회개하지 않으면 하나님은 그것을 언제나 징계하신다. 다윗은 밧세바와 죄를 지은 후 하나님의 징계를 받았다(시 32:3-5, 51편). 우리도 마찬가지다(히 12:5-11). 하나님 앞에서 회개하는 훈련을 해야 한다. 고린도전서 11:31은 "우리가 우리를 살폈으면 판단을 받지 아니하려니와"라고 말한다.

| 묵상 구절 | "너의 처음 사랑을 버렸느니라 그러므로 어디서 떨어졌는지를 생각하고 회개하여 처음 행위를 가지라"(계 2:4-5).

| 생각해볼 문제 | 당신은 예전처럼 여전히 예수님을 사랑하고 있는가?

〈예수 빌리지〉 신약 II. 24과

361일 심판이 **임하다**

요한계시록 5-8장

어제는 예수님이 교회를 다스리시는 주가 되심을 살펴보았다(계 1-4장). **오늘은** "어린양"이 세상을 심판하시는 내용을 살펴볼 것이다. 어린양은 신적 메시아이신 예수님이다.

| 핵심 개념 | 일곱 인의 재앙과 첫 네 나팔 심판이 세상에 임한다.

| 큰 그림 | 어린양이신 거룩한 메시아 예수님만이 두루마리와 그 일곱 인을 개봉하기에 합당하시다. 예수님이 각 인을 개봉하실 때마다 지상에 새로운 재앙이 임한다. 144,000명의 유대인 증인은 지상에서 복음을 전할 때 초자연적으로 보호를 받는다. 일곱 번째 인의 재앙으로 나팔 재앙이 시작된다. 앞으로 일어날 일을 깨닫고 온 하늘이 조용해진다.

| 변화를 위한 진리 | 하나님은 여전히 보좌에 앉아 계시고 주변 온 세상이 소란스러울 때도 자신의 영원한 뜻을 이루고 계신다(계 5:13). "나의 뜻이 설 것이니 내가 나의 모든 기뻐하는 것을 이루리라"(사 46:10, 참조. 신 10:14, 대상 29:12, 대하 20:6, 욥 42:2, 시 33:8-11, 47:2, 요 14:1-3, 엡 1:20-22).

| 묵상 구절 | "이는 보좌 가운데에 계신 어린 양이 그들의 목자가 되사 생명수 샘으로 인도하시고 하나님께서 그들의 눈에서 모든 눈물을 씻어 주실 것임이라"(계 7:17).

| 생각해볼 문제 | 악이 기승을 부리고 하나님을 두려워하지 않는 것 같은 세상에서 하나님을 신뢰하기 위해 고투하고 있는가?

362일 두 증인

요한계시록 9-12장

어제는 거룩한 메시아이신 예수님, 즉 어린양이 세상을 심판하시는 내용을 살펴보았다(계 5-8장). **오늘은** 하나님의 두 증인에 관해 살펴볼 것이다.

| 핵심 개념 | 하나님의 두 증인은 지상과 천상에서 전쟁이 벌어진 상황에서도 참되신 하나님을 흔들림 없이 증언한다.

| 큰 그림 | 요한계시록 11장은 대환란 전반기에 기적적인 일로 하나님을 증거할 두 증인에 관해 이야기한다. 사역이 완료되면 적그리스도가 그들을 죽인다. 삼일 후 그들은 죽은 자 가운데서 부활해 하늘로 올라간다. 요한계시록 12장은 사탄이 예수님이 탄생하셨을 때 그분을 죽이려 시도했지만 성공하지 못했다고 말한다. 예수님은 부활하신 후 승천하셨다(행 1:9, 2:33, 히 1:1-3, 12:2).

| 변화를 위한 진리 | 그리스도인은 하나님을 경외하며 살아야 한다(계 11:18). 여호와를 경외한다는 것은 그분을 공경한다는 것이다(잠 2:5, 신 32:6, 호 11:1, 사 1:2, 63:16, 64:8). 이런 경외감이 있으면 자연스럽게 하나님께 순종하고 섬기고 싶은 마음이 생긴다(신 6:13). 반대로 하나님께 언제라도 불순종할 수 있다고 생각하는 사람은 하나님을 경외하지 않는다.

| 묵상 구절 | "내가 나의 두 증인에게 권세를 주리니 그들이…천이백육십 일을 예언하리라"(계 11:3).

| 생각해볼 문제 | 성경에 기록된 예언을 읽으면 위로가 되는가? 아니면 두려운 마음이 드는가?

363일 적그리스도, 거짓 선지자 **그리고 또 다른 재앙**

요한계시록 13-17장

어제는 하나님의 두 증인에 관해 살펴보았다(계 9-12장). **오늘은** 적그리스도, 거짓 선지자 그리고 지상에서 벌어지는 또 다른 재앙들을 살펴볼 것이다.

| 핵심 개념 | 적그리스도와 거짓 선지자가 나타나고 하나님의 심판이 계속될 것이다.

| 큰 그림 | 적그리스도가 등장하여 사탄에게 힘을 받을 것이다. 세상을 지배할 것이며 거짓 선지자가 그의 심복으로 활동할 것이다(계 13장). 일곱 대접 심판이 마침내 시작될 것이며 갈수록 강도가 더 높아질 것이다(계 15장). 말세에 일어난 거짓 종교가 파멸될 것이며 적그리스도가 자신을 유일한 예배 대상으로 요구할 것이다(계 17장).

| 변화를 위한 진리 | 144,000명의 유대인 증인은 "어린 양이 어디로 인도하든지 따라가며" 헌신할 것이다(계 14:4). 어떤 대가를 치르더라도 충성심을 버리지 않을 것이다. 우리 역시 어떤 대가를 치르더라도 그리스도를 따르도록 부름받았다. "누구든지 나를 따라오려거든 자기를 부인하고 자기 십자가를 지고 나를 따를 것이니라"(마 16:24, 참조. 요 12:26, 14:15).

| 묵상 구절 | "지금 이후로 주 안에서 죽는 자들은 복이 있도다 하시매 성령이 이르시되 그러하다 그들이 수고를 그치고 쉬리니 이는 그들의 행한 일이 따름이라"(계 14:13).

| 생각해볼 문제 | 천국에서 사는 삶이 어떨지 생각해본 적이 있는가?

364일 재림

요한계시록 18-20장

어제는 적그리스도와 거짓 선지자 그리고 지상에서 벌어지는 또 다른 재앙들에 관해 살펴보았다(계 13-17장). **오늘은** 예수 그리스도의 재림과 그분이 다스리시는 영광스러운 나라에 관해 살펴볼 것이다.

| 핵심 개념 | 예수님의 재림은 영광스러운 사건일 것이다. 재림하신 예수님은 영광스러운 천년 왕국을 세우실 것이다. 악인들은 흰 보좌 심판대에서 심판받을 것이다.

| 큰 그림 | 그리스도의 재림은 영광스럽고 장엄할 것이다(계 19장). 그분은 머리에 많은 관을 쓰실 것인데 그것은 절대적 주권과 왕 되심을 상징한다. 그분은 만왕의 왕이자 만유의 주로 오실 것이다. 그분이 세우실 영광스러운 나라는 모두가 풍족히 먹고, 모든 짐승이 조화롭게 살며, 더는 질병이 없고, 번영과 기쁨을 누리며 장수하는 나라일 것이다(계 20장).

| 변화를 위한 진리 | 예수님은 만왕의 왕이시고 만유의 주시다(계 19:16). 그분은 우리 인생의 모든 일을 주권적으로 감찰하신다. 우리가 어떤 일을 만나더라도 우리의 주권자 되신 만왕의 왕이 만물을 통치하신다는 사실을 알면 인생에 폭풍이 불어와도 흔들리지 않는다. 그리스도가 주권자 되시므로 환경은 우리를 집어삼키지 못한다.

| 묵상 구절 | "그 옷과 그 다리에 이름을 쓴 것이 있으니 만왕의 왕이요 만주의 주라 하였더라"(계 19:16).

| 생각해볼 문제 | 그리스도가 우주에서 궁극의 권위를 가지신 분이라는 사실이 당신에게 어떤 의미를 지니는가?

365일 영원한 **나라**

요한계시록 21-22장

어제는 예수 그리스도의 재림과 그분이 다스리실 영광스러운 나라를 살펴보았다(계 18-20장). **오늘은** 그 영광스럽고 영원한 나라를 살펴볼 것이다.

| 핵심 개념 | 하나님은 새 하늘과 새 땅을 만드실 것이다. 새 예루살렘은 새 땅에 세워질 구속받은 자들을 위한 영원한 도성이다.

| 큰 그림 | 현재의(옛) 하늘과 땅은 언젠가 사라질 것이다(시 102:25-26, 사 51:6). 하나님은 새 하늘과 새 땅을 만드실 것이다. 새 예루살렘은 새 땅에 세워지는 우리가 거할 영원한 도성이다. 하나님은 그곳에서 구속받은 인류와 함께 사실 것이다(계 21장).

| 변화를 위한 진리 | 우리는 하늘에서 사랑하는 이를 모두 알아볼 것이다(계 21-22장). 데살로니가 교회 신자들은 주를 믿다가 먼저 죽은 사랑하는 이들을 염려했다. 바울은 그들을 천국에서 다시 만날 것이라고 말했다. 이것은 서로를 알아본다는 뜻이다(살전 4:13-17). 다윗은 천국에서 죽은 아들과 재회할 것을 알았고 그를 알아볼 수 있음을 조금도 의심하지 않았다(삼하 12:23). 부자 나사로와 아브라함은 사후 세계에서 서로를 알아보았다(눅 16:19-31).

| 묵상 구절 | "하나님의 장막이 사람들과 함께 있으매 하나님이 그들과 함께 계시리니 그들은 하나님의 백성이 되고 하나님은 친히 그들과 함께 계셔서"(계 21:3).

| 생각해볼 문제 | 하향식 시각, 다시 말해 천국의 시각을 품고 이 세상을 살고 싶은 마음이 있는가?

성경 한눈에 보기

잘 계획하고 준비해서 여행을 다녀오면 뿌듯한 만족감이 남는다. "와우, 재미있었어. 여행에서 보고 배운 내용도 많으니 기분이 참 좋다"는 생각이 든다.

창세기에서 요한계시록에 이르기까지 성경을 한눈에 훑어보는 여정을 마무리하면 보고 깨달은 내용으로 뿌듯한 기쁨을 느낄 것이다. 무엇보다 성경은 우리 마음을 고양시키고 인생을 바꾸어줄 진리로 가득하다.

이제 창세기에서 요한계시록까지 각 책에서 핵심 진리를 간추리는 것으로 우리 여행의 마침표를 찍고자 한다. 인생을 바꾸어줄 진리들을 묵상할 때 주님의 축복이 함께하시기를 기도한다.

창세기	하나님은 우리 창조주시므로 피조물인 우리는 매일 그분을 경배해야 한다.
출애굽기	하나님은 감당하기 힘든 환경에서 우리를 건져주시는 기적을 행하신다.
레위기	하나님의 거룩하심은 우리 삶에 깊은 영향을 미친다.
민수기	하나님은 약속을 지키시는 분이다.

신명기	하나님의 말씀을 꾸준하게 묵상하면 정도에서 이탈하지 않는다.
여호수아	하나님의 말씀을 정기적으로 묵상하면 인생이 형통하다.
사사기	하나님은 자기 자녀들이 불성실할 때도 신실하시다.
룻기	다른 사람들을 인애로 대하면 그 보답을 받는다.
사무엘상	인간은 외모로 사람을 평가하기 쉽지만 하나님은 마음을 보신다.
사무엘하	여호와를 경외하는 것이 지혜의 시작이다.
열왕기상	'하나님께 온전히 신실한' 사람도 죄에 빠질 수 있다.
열왕기하	잘못된 지도자는 나라를 무너뜨릴 수 있다.
역대상	어떤 일이 있어도 우상을 숭배해서는 안 된다. 하나님은 우상 숭배를 미워하신다.
역대하	하나님께 순종하는 자에게는 축복이, 하나님께 불순종하는 자에게는 징계가 따른다.
에스라	하나님의 자비는 언제나 하나님의 진노보다 크다.
느헤미야	모든 신자는 사회에 정의가 바로 서도록 힘써야 한다.
에스더	하나님은 주권적 능력으로 전략적으로 중요한 고위직을 자기 백성에게 맡기실 수 있다.
욥기	의로운 사람도 인생의 어려움을 만날 수 있지만 하나님이 그 어려움을 허락하시는 이유가 있다.
시편	우리 주님은 찬양을 받기에 합당하신 분이다. 매일 하나님을 찬양하라.
잠언	성경의 지혜대로 살면 형통한 삶을 살 수 있다.
전도서	하나님은 우리 모두의 마음속에 영원을 사모하는 마음을 주셨다. 그러므로 우리는 영원을 바라보는 시각을 지녀야 한다.
아가서	부부는 하나님이 의도하신 대로 가장 깊은 유대감을 나누는 사이이다.
이사야	인생에 어떤 일이 생기더라도 두려워하지 말라. 하나님이 함께하신다.

예레미야	회개하지 않으면 하나님의 징계와 심판이 임한다.
예레미야애가	선택은 언제나 결과가 따른다. 현명한 선택을 해야 한다.
에스겔	회개는 생각에서만 머물러서는 안 된다.
다니엘	언제나 신실함을 지키는 사람이 되겠다고 결단해야 한다.
호세아	하나님의 말씀을 하찮게 여기는 사회에서는 죄악이 기승을 부린다.
요엘	하나님은 순종하는 자를 축복하신다.
아모스	영적 나태함과 안일함에 빠지지 않도록 모든 노력을 다하라. 그렇지 않으면 매우 치명적 결과를 맞을 것이다.
오바댜	교만은 파멸의 선봉이다.
요나	주님은 우리를 무너뜨리실 수도 있고 세우실 수도 있다.
미가	참된 신앙은 종교적 의식에서 끝나지 않고 사랑과 정의와 자비와 신실함으로 표현된다.
나훔	하나님은 질투하시는 분이다. 자기 백성이 그분만을 사랑하기를 원하신다. 다른 신을 섬기는 부정을 저질러서는 안 된다.
하박국	아버지 하나님은 무엇이 최선인지 아신다. 우리 인생을 향한 하나님의 계획이 가장 최선의 계획임을 늘 신뢰하라.
스바냐	끝까지 회개하지 않고 범죄하면 심판받을 수밖에 없다. 반대로 회개하면 심판을 피할 수 있다.
학개	하나님께 지금 헌신해야 미래에 축복을 받을 수 있다.
스가랴	하나님은 공허한 의식주의를 좋아하시지 않는다. 사람들이 진정으로 그분과 관계를 누리며 그분의 교훈대로 살 때 기뻐하신다.
말라기	상황이 제대로 해결되지 않을 때도 하나님의 사랑을 절대 의심하지 말라.
마태복음	메시아적 왕이신 예수님은 하나님과 올바른 관계를 맺는 법, 우리가 서로 올바른 관계를 맺는 법, 하나님을 영화롭게 하는 삶을 사는 법에 관해 알아야 할 교훈을 가르쳐주신다.

마가복음	예수님은 우리에게 영적 안식을 주시는 유일한 원천이시다. 지금 그분에게 나아오라.
누가복음	위선을 버리고 남을 판단하지 말며 교만하지 말라. 이런 자들은 예수님과 함께할 수 없다.
요한복음	하나님의 율법은 온 존재를 다해 여호와를 사랑하고 이웃을 네 몸과 같이 사랑하라는 명령으로 요약될 수 있다.
사도행전	성령은 신자가 영적 능력과 축복을 누리는 불변하는 원천이다.
로마서	우리는 행위가 아니라 오직 믿음으로만 의롭다 함을 입는다. 누구도 자기 노력으로 하나님의 구원을 얻을 수 없다. 그러니 시도조차 하지 말아야 한다.
고린도전서	신자는 언젠가 그리스도의 심판대 앞에서 그리스도와 직면할 것이다. 그러니 그 날을 기억하며 살아가야 한다.
고린도후서	하나님은 환란당하는 우리를 위로해주심으로 우리가 다른 사람들을 위로하게 해주신다.
갈라디아서	기뻐하라. 우리는 오직 그리스도를 믿는 믿음으로만 하나님과 관계를 회복할 수 있다.
에베소서	우리 구원은 하나님의 놀라운 은혜에 달려 있다. 행위로 구원을 얻을 수 없다.
빌립보서	아무리 힘든 상황에서도 기뻐할 수 있다.
골로새서	하나님의 말씀은 단순히 지식을 제공하는 데서 그치지 않고 인격의 변화로 인도한다.
데살로니가전서	우리는 천국에서 사랑하는 믿음의 형제자매들과 영광스럽게 재회할 날을 고대할 수 있다.
데살로니가후서	다시 오실 주님을 기다리며 살아가려면 분별력 있고 균형잡힌 시각으로 인생을 바라보아야 한다.
디모데전서	절대 포기하지 말라. 선한 싸움을 싸우라.
디모데후서	주를 섬기는 일에 흔들리지 말고 변함이 없어야 한다.
디도서	자기 삶에 대한 평생의 계획을 세우라. 그러나 오늘 그리스도가 오실 것처럼 최선을 다해 살라.

빌레몬서	그리스도를 믿는 믿음은 삶으로 드러나야 한다.
히브리서	하나님이 어떤 분인지 알고 싶다면 예수님을 보면 된다.
야고보서	믿음은 '말씀을 행하는 것'으로 표현된다.
베드로전서	매일 하나님의 말씀을 먹음으로 영적 자양분을 공급받는다.
베드로후서	새로운 세상이 올 것이다. 영원을 바라보는 시각을 꼭 붙들고 놓지 말아야 한다.
요한일서	죄를 지으면 예수님이 우리 변호사가 되어주신다. 그분은 하나님의 법정에서 결코 패하시지 않는다. 그러므로 하나님과 우리의 교제가 보호를 받는다.
요한이서	입으로만 하나님을 사랑한다고 하지 말라. 삶으로 하나님을 향한 사랑을 증명하라.
요한삼서	다른 사람들에게 선을 행하는 것은 하나님의 가족임을 확인하는 증명서와 같다.
유다서	하나님의 용서가 심판을 두려워하지 않고 죄를 지어도 되는 면죄부인 양 생각하지 않도록 주의하라.
요한계시록	우리는 부활한 몸으로 부활한 우주(새 하늘)의 부활한 땅(새 땅)에 세워질 부활한 도시(새 예루살렘)에서 살 것이다. 그리고 하나님과 얼굴을 맞대고 영원히 살 것이다(계 21-22장). 이 사실을 기억하며 기뻐하라!

모든 성경은 하나님의 감동으로 된 것으로

교훈과 책망과 바르게 함과 의로 교육하기에 유익하니

이는 하나님의 사람으로 온전하게 하며

모든 선한 일을 행할 능력을 갖추게 하려 함이라.

디모데후서 3:16-17